A ILUSÃO DE SEGURANÇA JURÍDICA

do controle da violência
à violência do controle penal

Conselho Editorial
André Luís Callegari
Carlos Alberto Molinaro
Daniel Francisco Mitidiero
Darci Guimarães Ribeiro
Draiton Gonzaga de Souza
Elaine Harzheim Macedo
Eugênio Facchini Neto
Giovani Agostini Saavedra
Ingo Wolfgang Sarlet
Jose Luis Bolzan de Morais
José Maria Rosa Tesheiner
Leandro Paulsen
Lenio Luiz Streck
Paulo Antônio Caliendo Velloso da Silveira

A554i   Andrade, Vera Regina Pereira de
         A ilusão de segurança jurídica: do controle da violência à violência do controle penal / Vera Regina Pereira de Andrade. 3. ed., rev. Porto Alegre: Livraria do Advogado Editora, 2015.
         338 p.; 16x23 cm.
         ISBN 978-85-7348-955-2

         1. Direito Penal. 2. Dogmática penal. 3. Sistema penal. 4. Criminologia. 5. Dogmática jurídica. I. Título.

CDU 343.2

Índices para o catálogo sistemático:
Criminologia
Dogmática jurídica
Dogmática penal
Direito Penal
Sistema penal

(Bibliotecária responsável: Sabrina Leal Araujo – CRB 10/1507)

Vera Regina Pereira de Andrade

A ILUSÃO DE SEGURANÇA JURÍDICA

do controle da violência à violência do controle penal

3ª EDIÇÃO
revista

Porto Alegre, 2015

© Vera Regina Pereira de Andrade, 2015

Capa, projeto gráfico e diagramação
Livraria do Advogado Editora

Pintura da capa:
Eneida Cidade Teixeira

Revisão
Rosane Marques Borba

Direitos desta edição reservados por
Livraria do Advogado Editora Ltda.
Rua Riachuelo, 1300
90010-273 Porto Alegre RS
Fone/fax: 0800-51-7522
editora@livrariadoadvogado.com.br
www.doadvogado.com.br

Impresso no Brasil / Printed in Brazil

Aos meus pais, Luiz Carlos e Jacy, pela sua trajetória de amor, dignidade e luta;

Ao meu irmão José Luiz, e à minha prima Myriam, pela coragem de recomeçar e pelas conquistas corajosamente obtidas;

Ao meu afilhado Igor e à minha madrinha Zaira, pelo misto de força e ternura que me transmitem sua infância e maturidade;

In memoriam, aos meus avós, José Orisaldes e Clotilde, Joaquim e Maria Bethânia, pela sabedoria, pelas lições e a saudade que me deixaram;

A Alessandro Baratta, pelo brilho da obra e da militância do cidadão cosmopolita, eternizados na humildade intelectual e na simplicidade do homem.

Enquanto nas sociedades indiferenciadas o sacrifício neutraliza a vingança graças ao Deus que, ao pôr em relevo o "sagrado" da violência, assegura-lhes a vontade de sobrevivência unitária, nas sociedades em que a teologia transformou seu referente, e a violência mantém oculta sua sacralidade, o desconhecimento, ainda que sob outras formas, segue impedindo o surgimento da violência como "própria". A exportação da violência, como poderíamos continuar definindo-a, deverá percorrer atalhos mais difíceis. A teologia adquirirá o nome de "pacto", e as violências sobrevirão individuais, culpáveis, puníveis. Haverá um saber e um poder especializados aos que a sociedade delegará a resolução da violência. Esta aparecerá alheia ao corpo da sociedade, e o caráter paradoxal da ambivalência terá que encontrar outras maneiras de eliminar os paradoxos. A partir deste ponto de vista, o saber jurídico, com esta enorme construção própria que é a Dogmática, se converte em uma inesgotável reserva simbólica. A ambivalência, esse conteúdo inesperado, tem, e não precisamente há pouco tempo, um nome específico que, ao desconhecê-lo, reduzimos a uma dimensão tão só científica e racional: phármakon. (...)

O phármakon é esta ambivalência que se duplica, se reafirma, volta sobre si mesma, joga com suas próprias possibilidades. Antes de tudo, a ambivalência de veneno e antídoto.

ELIGIO RESTA
A certeza e a esperança

Prefácio

ALESSANDRO BARATTA

"Ainda existem grandes teses". Desde que li, há muitos anos atrás, as páginas de apresentação que Michel Villey escreveu quando da publicação da pesquisa de doutorado de seu ilustre aluno parisiense Nicos Poulantzas, permaneceu na minha memória aquela frase, com a qual aquelas páginas iniciavam. O filósofo do Direito francês talvez quisesse sugerir que aquele gênero literário estivesse em via de extinção, ou talvez já estivesse extinto, e a tese de Poulantzas fosse apenas um sobrevivente num mundo acadêmico que se estava transformando. Entre tantos consolos, mas também desconsolos que acompanharam minha vida de estudioso e docente numa sociedade que parece crescer com pouquíssima interação com o saber crítico produzido na Universidade, me enche de satisfação constatar que uma alta tradição acadêmica, que até hoje tem gerado e transmitido este saber, ainda existe. E é verdade. Existem ainda grandes teses. E prova disto é este livro de Vera Regina Pereira de Andrade, que tenho a honra de apresentar. Relendo-o nestes dias me surpreendi ao perceber que o resultado obtido acrescentou relativamente pouco à certeza que a obra já em construção tinha me proporcionado: a de assistir, e de algum modo participar, de uma dessas extraordinárias aventuras intelectuais através das quais a academia vive, de quando em quando, uma *Sternstunde*, um momento de "luz", diremos, traduzindo livremente a bela expressão alemã.

Quais são as características das grandes teses, no campo das Ciências Humanas? A primeira é justamente que elas chamam nossa atenção não apenas pelo saber produzido, mas também e sobretudo pela experiência de construção deste saber, que permite percorrer, àqueles que tenham tido a sorte de acompanhar o autor através de sua caminhada, ou de repercorrê-la com o autor através da leitura do trabalho finalizado. A segunda é que essas teses apresentam, ao mesmo tempo, um sistema fechado, isto é, um tema específico tratado de modo quase exaustivo, e um sistema aberto, isto é, um aspecto relevante de um contexto epocal, que toma luz do próprio contexto e ao mesmo tempo o ilumina. Em terceiro lugar, uma grande tese no campo das Ciências Humanas explica ou interpreta o estado das coisas pelo que é, quer dizer, de forma neutra com relação às normas e aos valores em jogo, mas ao mesmo tempo comunica as opções normativas do autor que são aqueles que determinaram o seu interesse cognitivo, além da definição dos objetos e dos pontos centrais da pesquisa. E, por último, a quarta característica, que não se apresenta sempre, mas é evidente na tese de Vera Regina: a de ser um discurso capaz de centrar a atenção de muitos, embora não de criar consenso, que pode ter um efeito indireto, embora não imediato, sobre o comportamento e sobre as atitudes dos atores sociais e do público. Em outras palavras, um discurso provocante, inquietante, contracorrente, que questiona lugares comuns e hábitos mentais. Aqui podem unir-se duas circunstâncias na determinação daquilo que poderia parecer uma solidão "elitista" do autor: de um lado um crescente isolamento da Universidade, entendida como sede de produção de saber crítico (e não somente como sede de formação profissional), dos mecanismos de decisões da sociedade e da política, dos fluxos da comunicação de massa e das rotinas profissionais; do outro lado, o próprio conteúdo e o estilo político--cultural do discurso. Se algumas vezes a academia, inclusive nas suas expressões mais prestigiosas, pode parecer uma *catedral no deserto,* no deserto da cultura de massa e da política como espetáculo (que não se nutrem da verdade, mas sim de estereótipos e velhos roteiros), mesmo uma grande tese parecerá um grito lançado no deserto de uma dessas catedrais.

Encontramos todas estas características no presente livro. Em primeiro lugar, a construção do objeto. Sua extrema complexidade deriva da intersecção de três pares de metadiscurso: em primeiro lugar, o discurso da modernidade, com as suas promessas de racionalidade e de emancipação, e o metadiscurso pós-moderno que revela a ambiguidade, a assimetria, a falta de manutenção dessas promessas; em segundo lugar, o discurso da Dogmática Jurídico-Penal, entendida na sua "promessa" de ser o veículo e o controle científico da *modernidade* do sistema punitivo, e o metadiscurso crítico que revela a ilusão do controle e a subordinação funcional e ideológica da Ciência com relação ao sistema; enfim, o discurso oficial do sistema, as suas funções, os seus princípios declarados e o metadiscurso desmistificador, que desvela as funções latentes, os princípios reais de funcionamento da justiça penal. Frente à tamanha complexidade, a autora teve que se confrontar, do início ao fim do seu trabalho e, sem dúvida, realizou com sucesso duas tarefas formidáveis: traçar linhas elementares e contínuas, que permitem ao leitor não perder de vista a diferença entre aquelas dimensões e a relação entre elas; domesticar a exuberante matéria com um trabalho incansável de esclarecimentos, definições, diferenciações e categorizações, com o qual mobilizou não somente conceitos presentes numa literatura crítica atentamente selecionada, mas também um instrumental original e sua incomum capacidade de sistematização.

Tratava-se, em segundo lugar, de destacar a conexão funcional entre um objeto tão rigorosamente definido (o sistema penal em sentido amplo) e a história, a cultura, a estrutura econômico-política da sociedade industrial moderna. Também sobre esta perspectiva a tese de Vera Regina está à altura do modelo indicado. No seu discurso, não somente resulta evidente que os atuais sistemas punitivos e da Ciência dogmática do Direito pertencem à história da modernidade e das suas contradições, mas também se destaca a dependência recíproca em que se encontram a desigualdade social e a seletividade do sistema de justiça criminal em nossa sociedade.

Em terceiro lugar: para além da narração objetiva e desencantada de como o Direito e a Ciência do Direito moderno deixaram incompleta sua promessa de igualdade e de segurança dos direitos, a *busca da segurança prometida, dos direitos humanos e da igualdade*, são, do início ao fim do livro, opções normativas fundamentais que sustentam a argumentação crítica da autora. Na conclusão, o diagnóstico realista sobre a incapacidade da Dogmática de controlar o sistema punitivo conjugando racionalidade e emancipação (as duas promessas contraditórias da modernidade) se abre numa perspectiva de esperança: uma nova Ciência do Direito Penal que encontra as suas premissas numa adequada relação com a análise empírica sobre o real funcionamento do sistema punitivo, poderá talvez "resgatar" o potencial de controle da Dogmática e as promessas da modernidade "repensando-as sobre as contradições do tempo presente". Mas uma resposta *positiva* à crise secular da Ciência Penal, ao seu retórico compromisso com a quotidianeidade irracional e injusta do sistema, requer uma ação extraordinária de renovação do próprio paradigma, e também, uma "Ciência extraordinária" na terminologia usada por Thomas Kuhn para descrever as revoluções científicas. A ação entendida neste sentido por autores como Raúl Zaffaroni, Luigi Ferrajoli, Eligio Resta e outros, ensina, como claramente vê Vera Regina, a passagem do garantismo abstrato da Dogmática Penal, entendida como "Ciência normal", a um "garantismo crítico e criminologicamente fundado", que somente aquela Ciência *extraordinária* pode elaborar. Na realidade, só um novo garantismo, alimentado criticamente pelo conhecimento empírico sobre os sistemas punitivos, pode servir para limitar de qualquer modo a sua contradição estrutural com os direitos humanos fundamentais, e instaurar na consciência política geral a constatação do quão pouco a intervenção da justiça penal pode fazer pela sua proteção.

Certamente este livro é um bom antídoto contra o otimismo (ou o pessimismo) *passivo* dos atores profissionais e do público contra esta passividade de um ou outro matiz que reproduz a quotidianeidade dos nossos sistemas penais; trata-se de uma sadia mensagem, se não dotada de otimismo, pelo menos de pessimismo *ativo* que desejo atinja a todos aqueles que, no Brasil e fora do Brasil, estejam empenhados ou queiram empenhar-se no fronte do garantismo dos direitos humanos. Usar a palavra "pessimismo" me parece justificado pelo fato de que nos encontramos em presença, em toda sociedade ocidental, de uma crise dos sistemas punitivos, que é uma crise de expansão, e não de diminuição, como parece claro pelo fato de que, às suas contradições estruturais, acrescentam-se hoje aquelas contradições emergenciais devidas às atuais transformações no sentido "funcionalístico" ou "eficientístico" que elevaram ao mesmo tempo o nível repressivo e simbólico, avassalando, inversamente, aquele das garantias. Parece ser possível, de imediato, somente uma estratégia de redução do dano.

Assim mesmo deveremos colocar o garantismo *negativo*, que é próprio desta estratégia crítica, numa perspectiva que vá além disso: a estratégia do garantismo *positivo*. Isto significa não somente participar no desenvolvimento de uma Ciência *extraordinária* do Direito Penal, que parta não tanto da premissa da legitimidade do sistema de justiça criminal, mas sim de seu estado de deslegitimação, como propõe, entre outros, a autora deste livro. Isto significa também participar na formação de um novo saber multidisciplinar cujo objeto vai além do Direito Penal, e que pode alimentar uma *estratégia integral de proteção de todos os direitos* consagrados nas Constituições dos Estados e nas normas internacionais. Como sempre acontece nas grandes teses, também neste caso o discurso parece "começar" justamente onde termina o livro.

Uma última reflexão acerca do quarto ponto. Se é verdade que, no que se refere à produção e difusão de um saber crítico, de um saber comprometido com o aprimoramento da nossa sociedade e da situação humana, as Universidades se assemelham hoje a *catedrais no deserto*, que empenho civil *ativo*, ao menos na sua vertente pessimista (para não falar sequer daquela otimista) pode surgir da leitura deste livro? Como é possível presumir que o diagnóstico e o projeto que com tanta força argumentativa a autora nos comunica possam ter alguma eficácia sobre o sistema penal e sobre a sociedade? Não estaremos talvez em presença de dois círculos comunicativos, internamente eficientes, mas sem comunicação recíproca? Refiro-me ao círculo da comunicação elitista acadêmica, entre quem escreve e quem lê e aceita livros como este de Vera Regina e ao círculo que reúne a comunicação institucional, profissional e de massa.

A resposta a tais questões requer que se atravessem diversos graus. Para fazer a primeira passagem, lembrarei duas frases significativas, escritas em períodos próximos, e de profunda crise da sociedade alemã. Em tempos difíceis como estes, escrevia o poeta Bertold Brecht, *um discurso sobre as árvores* é um luxo que não é consentido. A revolucionária Rosa Luxemburgo escrevia que dizer a verdade sobre como estão as coisas é já o primeiro ato através do qual essas são modificadas. Estas duas frases não deixam de ser atuais na presente crise da sociedade ocidental e da inteira cultura da modernidade, crises das quais as vicissitudes da justiça criminal e da Dogmática Penal, objeto da grande narração de Vera Regina, são ao mesmo tempo um sintoma e um fator concorrente. Justamente por ser uma grande narração, e por dizer a verdade sobre como funciona o sistema punitivo e o seu próprio saber científico, o seu livro supre a condição necessária para que uma obra de comunicação acadêmica cause efeitos que ultrapassam o ambiente acadêmico, rompendo assim a impermeabilidade recíproca dos dois círculos supramencionados. Este livro não fala das árvores, nem oferece uma pequena e erudita narração, qualquer guloseima para uso e consumo de um refinado *otium* de almas belas, que consola das "peraltices" da realidade fora das portas da academia. Ao contrário, este livro fala com rigor científico de coisas que se referem à vida do dia a dia, e está dirigido não somente aos estudiosos, mas aos operadores do sistema da justiça, aos cidadãos. E não reafirma a opinião comum dos operadores e das pessoas, nem as opiniões consolidadas na "Ciência normal", que contribuem para ocultar as contradições do sistema garantindo sua reprodução, ao serviço de uma sociedade da desigualdade e da exclusão, como é esta na qual vivemos. Vera Regina mobilizou não uma pequena minoria de intelectuais iluminados, mas um inteiro e consistente movimento científico, ao qual ela deu contribuições significativas e originais, numa obra de "desconstrução" da imagem dominante deste sistema e da sua função na sociedade, e numa obra de "reconstrução" da verdade em função da *transformação*.

Estamos dando os primeiros passos na direção de uma resposta à interrogação anteriormente enunciada. Aqui temos que lidar com as condições necessárias, mas não suficientes, para a transformação: e este livro concorre de modo extremamente relevante à produção de tais condições. Se a minha tarefa aqui é a de apresentá-lo, não deverei acrescentar nada, porque no fundo, de nenhum livro, e nem mesmo de uma grande tese, se pode pedir mais.

Aquilo que vai além das condições necessárias, e aqui introduziria os graus sucessivos da reflexão pelas quais passa a resposta à nossa interrogação, não se refere à obra isolada de um pesquisador e escritor dentro da Universidade, mas sim a três ordens de relações nas quais pode ser implicada a sua obra: em primeiro lugar, com o contexto da função didática com o qual se vincula o pesquisador (*uma conexão forte* no caso de Vera Regina dado o seu intenso e prestigioso empenho didático); em segundo lugar, com o contexto da política científica na Universidade e fora da Universidade, na qual o pesquisador, escritor e docente pode ser, de diversas maneiras, engajado; enfim, com o contexto no qual, apesar dos obstáculos, é possível realizar uma interação entre Universidade e sociedade, através das várias formas nas quais os papéis e as competências acadêmicas encontram acolhida nos mecanismos de decisões da sociedade e da política ou, simplesmente, através das formas nas quais uma pessoa que opera na Universidade como pesquisador, escritor e docente, pode operar na sociedade e na política, como cidadão.

O quadro negativo descrito ao início deste prefácio continua válido no que se refere aos mecanismos de exclusão e de isolamento que operam na Universidade, em nível didático da formação profissional (através do tecnicismo e da descontextualização) e em nível das organizações científica e didática (através da fragmentação disciplinar mais do que pela integração interdisciplinar) nos confrontos do saber crítico e da sua eficácia na sociedade, na política e na informação de massa. O quadro continua válido no que se refere aos mecanismos de neutralização que operam, na confrontação daquele saber, nas estruturas decisionais da sociedade e da política e nas estruturas comunicativas da informação e da opinião pública. Porém, em qualquer destes três graus sucessivos a resposta do pessimismo *ativo* (ou do otimismo, para os que estejam em condições de) consiste em olhar sem indulgência os males de nossa sociedade, sem considerá-los como males naturais ou inevitáveis e por isso consiste em não se resignar, não cessar jamais de contrastá-los, usar toda ocasião para difundir o saber crítico dentro do meio universitário e fora deste, de contribuir para o desenvolvimento de estratégias e táticas adequadas a um projeto de emancipação (e de regulação funcional à emancipação) levado adiante sem ilusão de sucesso assegurado, mas também sem nenhuma renúncia e nenhum compromisso no que se refere aos valores que o inspiram.

Roma, inverno de 1997.

Sumário

Nota da autora à 3ª edição..19
Nota da autora à 1ª edição..29
Introdução..31
Capítulo I – O moderno saber penal..47
1. Introdução..47
2. A Escola Clássica...53
   2.1. A unidade ideológica da Escola Clássica..54
   2.2. A unidade metodológica da Escola Clássica...55
   2.3. O movimento reformista e a obra de Beccaria..56
   2.4. O jusracionalismo e as bases jusfilosóficas do Direito Penal liberal...........60
      2.4.1. Postulados fundamentais..60
         2.4.1.1. Crime (ente jurídico)..60
         2.4.1.2. Responsabilidade penal (fundada na responsabilidade moral derivada do livre-arbítrio)..63
         2.4.1.3. Pena (retribuição e tutela jurídica)..64
   2.5. O fato-crime no centro do classicismo...66
3. A Escola Positiva..67
   3.1. Postulados fundamentais...70
      3.1.1. O método (experimental)..70
      3.1.2. Crime (fato natural e social)..71
      3.1.3. Criminoso..73
      3.1.4. Responsabilidade penal..74
      3.1.5. Pena..75
   3.2. O autor-criminoso no centro do positivismo...77
4. Implicações legislativas das Escolas...78
5. Implicações teóricas das Escolas..80
   5.1. Gênese e hegemonia da Criminologia como Ciência (paradigma etiológico)...................80
      5.1.1. O modelo de Sociologia Criminal de E. Ferri e a imersão sociológica da Ciência Penal..83
   5.2. Matrizes fundacionais do paradigma dogmático de Ciência Penal............85
      5.2.1. A Escola Técnico-Jurídica...86
      5.2.2. A crise da Ciência Penal...87
      5.2.3. Objeto e tarefa metódica da Ciência Penal...89
      5.2.4. As etapas do método técnico-jurídico..90
      5.2.5. A função prática da Ciência Penal..92

5.2.6. A autonomia e as fontes da Ciência Penal....92
5.3. Matrizes do tecnicismo jurídico....94
    5.3.1. O Modelo de Ciência Penal de K. Binding....96
    5.3.2. A Escola Sociológica alemã e o modelo de ciência integral
    (global, universal, total, ou conjunta) do Direito Penal de V. Liszt....98
5.4. Da luta escolar à disputa científica criminodogmática....101
6. Consolidação do paradigma dogmático de Ciência Penal e sua relação com o paradigma etiológico de Criminologia....102
7. Do saber filosófico e totalizador à especialização e neutralidade das Ciências Penais....105

Capítulo II – Específica identidade dadogmática jurídico-penal....109

1. Introdução....109
2. A recepção do neokantismo de Baden pela Dogmática Penal....110
3. A autoimagem da Dogmática Jurídico-Penal....118
4. A autoimagem funcional....123
5. Dogmática Penal e Estado de Direito....128
6. A promessa de segurança jurídica na trilha do Direito Penal do fato....130
    6.1. Processo formativo do sistema dogmático do crime....133
    6.2. Sistema do crime e princípio da legalidade....137
7. Da hermenêutico-analítica à propedêutica....139
8. Da ideologia liberal à ideologiada defesa social....140
9. Segurança jurídica para quem?....143
10. Da racionalidade do legisladorà racionalidade do juiz mediadas pela racionalidade do sistema dogmático....145
11. Problematização da Dogmática Penal no passado e no presente....147
    11.1. A crítica interna à Dogmática Penal e a reafirmação das promessas....147
        11.1.1. O positivismo naturalista (causalismo naturalista)....148
        11.1.2. O neokantismo valorativo (causalismo neokantiano)....149
        11.1.3. O finalismo (teoria finalista da ação)....151
        11.1.4. A reafirmação das promessas na peregrinação intrassistêmica....154
        11.1.5. Requisitos objetivos e subjetivos da imputação de responsabilidade penal na construção sistemática do crime para a maximização da segurança jurídica....158
    11.2. A crítica externa da Dogmática Penal....160
        11.2.1. A crítica política: a ambiguidade funcional do paradigma....160
        11.2.2. A crítica metodológica: ambiguidade metodológica do paradigma....161
12. Tendências contemporâneas no sistema do delito....164

Capítulo III – O impulso desestruturador do moderno sistema penal e a mudança de paradigma em Criminologia....171

1. Introdução....171
2. Caracterização do moderno sistema penal....173
    2.1. Modelos penais fundamentais....175
    2.2. Estrutura organizacional....176
3. O discurso oficial de autolegitimação do poder e do sistema penal....177
    3.1. A legitimação pela legalidade vinculada ao Direito Penal do fato e à segurança jurídica....179
    3.2. A legitimação pela utilidade vinculada ao Direito Penal do autor e à defesa social....180

3.3. Legitimidade e (auto)legitimação...183
4. Da construção (legitimadora) à desconstrução (deslegitimadora) do moderno sistema penal......183
5. Da história oficial às histórias revisionistas da gênese do moderno sistema penal..................190
   5.1. A história oficial...190
   5.2. As histórias revisionistas....................................191
   5.3. Indicações epistemológicas comuns das histórias revisionistas materialistas...................191
6. O *labelling approach* e o paradigma da reação social.......................................199
   6.1. Do paradigma etiológico ao paradigma da reação social..199
   6.2. Matrizes teóricas, pressupostos metodológicos, quadro explicativo e teses fundamentais do *labelling approach*.................................203
      6.2.1. Interacionismo simbólico e construtivismo social modelando o paradigma epistemológico do "labelling approach"..204
      6.2.2. O crime e a criminalidade como construção social.........................205
      6.2.3. O quadro e os níveis explicativos do "labelling approach"..............207
      6.2.4. O sistema penal (processo de criminalização) numa perspectiva dinâmica e no "continuum" do controle social...210
      6.2.5. Mudança de paradigma.............................212
7. De um modelo pluralista a um modelo conflitivo...213
8. Do *labelling approach* à criminologia crítica...214
   8.1. Marco teórico-metodológico, quadro explicativo e teses fundamentais da criminologia crítica. .214
      8.1.1. Recepção crítica do paradigma da reação social...........................214
      8.1.2. Da descrição da fenomenologia da desigualdade (seletividade) à sua interpretação estrutural...218
9. O controle epistemológico do paradigma etiológico..219
10. O controle funcional do paradigma etiológico..222
11. Do controle epistemológico e funcional do paradigma etiológico de Criminologia ao controle funcional do paradigma dogmático de Ciência Penal..224
    11.1. Uma nova relação entre criminologia e Direito Penal como uma relação ciência-objeto...225
    11.2. Uma nova relação (secundária) entre Criminologia e Dogmática Penal....................226
12. Marco teórico e bases do controle dogmático..229

Capítulo IV – Configuração, operacionalidade e funções do moderno sistema penal............235

1. Introdução...235
2. Configuração do moderno sistema penal e seu campo correlato de saber no marco do sistema social capitalista.......................................236
   2.1. Ressignificando a reforma e o saber penal iluminista........................237
   2.2. Ressignificando a linha de objetivação do crime (Direito Penal do fato) da Escola Clássica à Dogmática Penal...242
   2.3. Ambiguidade genética do moderno poder e saber penal..........................245
   2.4. Ressignificando a linha de objetivação do criminoso (Direito Penal do autor).................248
   2.5. O princípio da seleção.............................252
3. O saber oficial como saber do sistema de controle penal........................254
   3.1. A convergência tecnológica e legitimadora da Dogmática Penal e da Criminologia como Ciências do controle penal...................256
   3.2. Ressignificando a consolidação da Dogmática Penal...........................256
4. Operacionalidade do sistema penal.................................258
   4.1. Fundamentos básicos...........................259

4.1.1. O papel criador do juiz e dos demais agentes do controle social 259
4.1.2. A criminalidade de colarinho branco...260
4.1.3. A cifra negra da criminalidade...260
4.2. A seletividade quantitativa 262
    4.2.1. A redefinição do conceito corrente de criminalidade, sua distribuição (estatística) e explicação (etiológica)...262
    4.2.2. A imunidade, e não a criminalização, é a regra no funcionamento do sistema penal...265
4.3. A seletividade qualitativa..265
    4.3.1. A criminalidade como conduta majoritária e ubícua mas desigualmente distribuída...266
    4.3.2. A seletividade como grandeza sistematicamente produzida..........................266
    4.3.3. Da tendência (etiológica) de delinquir à tendência (maiores chances) de ser criminalizado..269
    4.3.4. Das promessas às funções latentes e reais da Criminologia positivista como Ciência do controle penal...269
    4.3.5. A seleção judicial..270
5. Da descrição da fenomenologia da seletividade à sua interpretação estrutural.............274
    5.1. Da negação da ideologia da defesa social à desconstrução do mito do Direito Penal igualitário...280
    5.2. Função real do sistema penal na reprodução material e ideológica da desigualdade social...282
6. Operacionalidade do sistema penal na América Latina.....................................282
7. Contrastação entre operacionalidade e programação (normativa e teleológica) do sistema penal..287
    7.1. Violação da programação normativa...287
    7.2. Descumprimento da programação teleológica...289
    7.3. A violência institucional como expressão e reprodução da violência estrutural.........290
8. Das funções instrumentais às funções simbólicas do direito penal........................290
9. Crise de legitimidade, autolegitimação e demanda relegitimadora.........................291
10. Contrastação entre operacionalidade e metaprogramação dogmática do sistema penal.......295
    10.1. A relação funcional entre Dogmática Penal e realidade social.........................296
        10.1.1. Déficit ou subprodução de garantismo e limites estruturais na racionalização da violência punitiva e garantia dos Direitos Humanos...........................296
        10.1.2. Excesso ou sobreprodução de seletividade e legitimação........................299
        10.1.3. Da convergência funcional declarada à convergência funcional latente e real da Dogmática Penal e da Criminologia no marco do modelo integrado de Ciência Penal e sua crise de legitimidade...302
    10.2. Da relação funcional à separação cognoscitiva entre Dogmática Penal e realidade social...304
        10.2.1. Recondução do déficit funcional de garantismo ao déficit cognoscitivo que condiciona os limites racionalizadores da Dogmática Penal.........................304
        10.2.2. A funcionalidade do déficit cognoscitivo.......................................306

Conclusão 309
Posfácio – *Nilo Batista*...319
Bibliografia 325

Nota da autora à 3ª edição

A terceira edição desta obra aguarda por sua autora há quase quatro anos: o dilema, a postergá-la, era o projeto, sempre adiado, de sua reescritura; adiado por exigências de tempo disponível, adiado pelas dificuldades derivadas de dar ao seu texto um *re*começo. Afinal, todo o *labor* intelectual do presente que se pretenda revisionista sobre o labor intelectual do passado tem que se deparar com um movimento muito complexo: não são apenas as condições materiais de produção de uma obra que se metamorfoseiam na história, mas também, e simultaneamente, as subjetivas (o sujeito que a produz): é a interação entre ambas que se dinamiza. Destarte, toda reescritura, todo revisionismo, exige uma ressignificação que é, a um só tempo, do autor e do texto (o *alter* atualizado da Ilusão de segurança jurídica seria o meu próprio *alter* e vice-versa) e espera-se que o seja para melhor, mas à custa de um esforço tão gigantesco que melhor empregado seria em uma nova obra.

Ao ingressar, portanto, na reflexão acerca de sua reescritura, concluí que não a faria, em nome das atualizações que ela hoje me sugere.[1] Pareceu-me não ser possível voltar ao passado no contexto, com a subjetividade e os recursos teóricos e metodológicos do presente e resolver satisfatoriamente o problema do sentido e dos objetivos desta obra, como originária tese de doutoramento que foi e se propôs a dizer o que disse, no momento em que disse e no limite do que disse, inclusive com as exigências de ineditismo, à época, deixando a sua ressignificação aberta para os leitores que continuarem me concedendo a honra de sua leitura e interlocução.

---

[1] Entre estas atualizações nomino, por exemplo, no corpo do texto da *Ilusão de segurança jurídica*: No capítulo II – O desenvolvimento da teoria do crime, de corte estrutural-funcionalista, rumo à teoria do inimigo, pontificada, por exemplo, por Günter Jakobs, na Alemanha, com grande influência no Brasil; No capítulo III – O desenvolvimento da Criminologia crítica e da Política criminal rumo à compreensão dos sistemas penais no contexto do capitalismo globalizado neoliberal, no centro e na periferia do capitalismo planetário. O desenvolvimento da discussão de gênero colonial, étnica e racial, infanto-juvenil e outras no interior da Criminologia crítica; No capítulo IV – O poder de fundamentação das decisões judiciais pela Dogmática Penal: o que no transcurso destes 20 anos se transformou na relação entre técnica dogmática e decisão judicial?

Dessarte, reafirmo aqui a opção por manter a Ilusão de segurança jurídica como uma obra datada, produzida e escrita em um contexto (início a meados dos anos noventa do século XX) e com recursos teóricos e metodológicos determinados que deve ser lida e compreendida à luz e nos limites deste contexto e recursos.

A este respeito, gostaria de recordar que o esforço da obra foi o de usar o instrumental criminológico crítico produzido no eixo euro--americano para a compreensão das funções (des)cumpridas pela Dogmática Penal no âmbito do sistema penal moderno, desde sua fundação, no capitalismo central e neste sentido contribuiu tanto para o processo de recepção-tradução da Criminologia crítica no Brasil, e para a discussão de suas potencialidades e limites, quanto para o processo de compreensão da identidade e funcionalidade da Dogmática, numa linha de intersecção das chamadas ciências criminais que, interpelando tanto o ofício do criminólogo quanto o ofício do penalista críticos converge para a transformação do atual modelo de controle penal vigente, perante sua profunda e irreversível crise de legitimidade (ou deslegitimação), associada a uma crise de expansão. Daí por que nela se postulou, precisamente, uma parceria da criminologia crítica com o penalismo crítico no sentido da superação da violência punitiva.

Os desafios que se seguiram nestas quase duas décadas à luta antipunitiva não pararam de se multiplicar, pois a expansão e a violência punitiva dos sistemas penais, como expressão da violência estrutural do capitalismo de *barbárie*, só fez se agravar, materializando a inversão da legalidade da execução penal e da constitucionalidade da penas.

Vivemos, no sistema penal brasileiro, a *naturalização* das penas cruéis e infamantes e das penas de morte informais, visibilizadas tanto no exercício de poder policial quanto nas masmorras prisionais brasileiras em que vige a pena de morte informal e/ou se amontoam hoje em torno de 600.000 mil presos entre provisórios e definitivos, não computados nesta matemática aproximadamente 400.000 mil mandados de prisão expedidos e não cumpridos pelo sistema, na mais intensiva cifra criminalizadora/exterminadora da história brasileira.

Criminalização/extermínio seletivos (de adultos jovens e jovens pobres e não brancos) que, não obstante seus vultosos custos humanistas, financeiros e democráticos, não cessa de se multiplicar e não dá sinal algum de reversão, sendo sustentados e legitimados por um Estado punitivo, cujas agências legislativas e governos não cessam de produzir leis e reformas criminalizadoras e antigarantistas, cujos poderes ministeriais e judiciais não cessam de produzir decisões criminalizadoras e encarceradoras, cujos poderes policiais militarizados não cessam de sitiar os campos (nos confrontos pelas lutas da terra) e as periferias urbanas em nome da "guerra às drogas" e de fabricar "autos de resistência" fictícios, ainda que num cínico combate em nome da "paz" (armada), cujo custo é também sua própria letalidade, tudo coroado por um exercício de poder prisional abertamente cruel, infamante e exterminador, ou seja, abertamente inconstitucional, sob vários aspectos.

A interrogação estrutural a ser feita é não apenas como chegamos até aqui, mas como – guardadas as devidas exceções institucionais de reação, crítica e resistência a este contexto – continuamos consentindo e relegitimando este *status quo*. Pois, é necessário que se diga, o Estado, que tem a responsabilidade direta pelo punitivismo anti-humanista e exterminador (genocida) é sustentado por uma mídia punitiva e por uma sociedade punitiva, e as eleições brasileiras da década de 90 em diante estão reiteradamente dominadas pela pauta da segurança pública compreendida no marco maximização da repressão-punição.

Este contexto, de *subprodução de garantismo* e de *sobreprodução de seletividade, arbítrio e (re)legitimação*, não apenas reafirma, mas fortalece a tese aqui sustentada da ambiguidade histórica e da funcionalidade invertida da Dogmática Penal no âmbito da eficácia invertida e crise de legitimidade do sistema penal, no interior do qual ela se situa. Este contexto reafirma, portanto, os limites estruturais da Dogmática Penal para conter o gigante punitivo, sua promessa histórica, em busca da "segurança jurídica", dos quais resulta a exigência de "humildade" onde historicamente radica a "onipotência" deste paradigma e dos juristas formados na sua tradição e a exigência de "humanidade" no sentido de radicalizar as potencialidades garantidoras subutilizadas em seu horizonte de ambiguidade; atitude que é, obviamente, política.

Em derradeiro, o modelo repressivo-punitivo brasileiro em que as forças do sistema de segurança pública e do sistema penal culminam por se mimetizar, é um dos problemas mais graves que desafia e afeta a nossa sempre vulnerável democracia e um dos *locus* de mais aberta violação de direitos humanos e *inconstitucionalidade* e que não vejo ser assumido como um problema, por exemplo, pela Teoria jurídica ou pelo Direito constitucional nem mesmo pelas perspectivas autodenominadas garantistas, em cujo horizonte reina um soberano silenciamento. Como se, na divisão social do trabalho, o binômio repressão-punição e sua histórica produção de violência e dor fosse e pudesse ser um monopólio das ciências criminais: não o é, em absoluto. Ao contrário, pela envergadura da vitimação popular que produz (tanto dos controlados, quanto dos controladores), tornou-se um problema de todos.

Venho tratando desses desafios que se seguiram em outros escritos posteriores, de alguma maneira sintetizados nas obras "Sistema penal máximo x cidadania mínima: códigos da violência na era da globalização" e, sobretudo em minha última obra, *Pelas Mãos da Criminologia: o controle penal para além da (des)ilusão*; que podem ser vistas, portanto, como continuidade da análise criminológica crítica realizada nesta obra, no marco das referidas transformações contextuais.

Efetivamente, a pesquisa que desenvolvi para produzir "A Ilusão de segurança jurídica" e ela própria constitue a base de continuidade do meu trabalho de pesquisa, ensino e extensão. Ela cumpriu e segue cumprindo o papel que cumprem todos os símbolos da "primeira vez": é a minha espinha dorsal acadêmica, a vértebra a partir da qual venho construindo e reconstruindo o meu pensamento e a minha ação, os meus *Adões*, as minhas *Evas*.

Resolvido o impasse da reescritura, desfeito o imperativo, resta-me um ato de transmutação: creio que posso e devo ocupar este espaço para render meus agradecimentos e meu tributo à ciranda de encontros acadêmicos vivificadores e a tudo o que a Ilusão de Segurança Jurídica tem me permitido aprender, trocar, vivenciar, multiplicar. E muito especialmente, e de novo, a todos os que participaram da sua construção, aos meus leitores, aos meus interlocutores e a todos os estudantes-profissionais do Direito que, através dela, chegaram-me à Ilha de Santa Catarina, aos Cursos de Graduação e Pós-Graduação em Direito da Universidade Federal de Santa Catarina, vindos do Estado ou de muitos lugares deste caudaloso mapa geográfico que é o Brasil e trilharam um caminho teórico por dentro dela e para além dela.

Nominam-se orientandos (de doutorado, mestrado, especialização, graduação, PET ou PIBIC) mas são, ao tempo do processo, igualmente meus orientadores. Com eles, a maioria hoje meus grandes amigos, grandes docentes, pesquisadores, operadores e criminólogos multiplicadores, tenho passado minha vida. Foram inúmeras as teses, dissertações ou monografias que, desde 1995, quando criei a disciplina Criminologia e Política criminal naqueles cursos, juntos produzimos. E produzimos, importante que se registre, ainda que em meio a um modelo de Universidade crescentemente mergulhado no capitalismo acadêmico, no produtivismo eficientista, que fetichiza a produção acadêmica quantitativa como mercadoria em detrimento da produção qualitativa e das condições de produção necessárias a ela, como o tempo e a construção do pensamento crítico, então agonizante.

Acho importante nominar e socializar estes estudos e as publicações deles derivadas, muitas das quais também prefaciei, e que partiram da Criminologia Crítica, inclusive da Ilusão de Segurança Jurídica e a elevaram a patamares muito criativos, num longo processo gestacional, numa gravidez de múltiplos filhos, e que deram novos frutos, *na esteira de todos os nossos Grandes Mestres e Mestras* que, (re)politizando a questão criminal, iluminaram um fecundo e inacabado caminho a seguir.

Ei-nos, então, enredados numa comunidade interpelada pelo devir criminológico crítico, desde a Ilha e a Universidade Federal de Santa Catarina, onde se produziram e produzem os trabalhos que seguem, hoje no marco da Pesquisa "Bases para uma Criminologia crítica do controle penal no Brasil: em busca da brasilidade criminológica",[2] do Grupo de Pesquisa "Brasilidade criminológica" e do Projeto de Extensão "Universidade sem Muros".

Em 1995:
- "O minimalismo penal como Política Criminal de contenção da violência punitiva", por Samira Haydêe Naspolini;
- "A reabilitação do delinquente na reforma penal de 1984: o olhar da magistratura sulista", por Ângela de Quadros.

Em 1996:
- "O controle penal nos crimes contra o Sistema Financeiro Nacional (Lei nº 7492, de 16.06.86)", por Ela Wiecko Wolkmer de Castilho (CASTILHO, Ela Wiecko Volkmer de. o controle penal nos crimes contra o Sistema Financeiro Nacional: lei n. 7.492, de 16 de junho de 1986. belo Horizonte: Del Rey, 1998. 352 p.);
- "A Política Criminal de drogas ilícitas no Brasil: o discurso oficial às razões da descriminalização", por Salo de Carvalho (CARVALHO, Salo de. a Política Criminal de drogas no Brasil: do discurso oficial as razões da descriminalização. 1ª ed. Editora Luam, Rio de Janeiro, 1996);
- "da repressão à mediação penal: um estudo das funções não declaradas da Polícia civil catarinense", por Andréa Irani Pacheco;
- "A construção social da notícia sobre violência contra a mulher – a imagem da vitimização feminina na Folha de São Paulo, no ano de 1995", por Raquel de Córdova;
- "A ineficácia da Lei nº 7.716/89 no combate aos crimes de racismo", por Luis Alberto Lemme de Abreu.

Em 1997:
- "Políticas integradas de segurança urbana: modelos de respostas alternativas à criminalidade de rua", por Cristina Zackseski;
- "Reforma e contrarreforma penal no Brasil (1984-1995): uma ilusão que sobrevive", por Jackson Azevedo (AZEVEDO, Jackson Chaves de. reforma e contra reforma penal no Brasil. Editora OAB-SC, 1998);
- "O estigma da criminalização no sistema penal brasileiro: dos antecedentes à reincidência", por Francisco Bissoli Filho (BISSOLI FILHO, Francisco. estigmas da criminalização: dos antecedentes à reincidência criminal. Editora Obra Jurídica, 1998);
- "A instrumentalização da prova legitimando a seletividade do Sistema Penal", por Nádea Clarice Bissoli;

---
[2] Desenvolvida sob minha coordenação, sob patrocínio do CNPq, no período 2012-2015.

- "O mito da igualdade e a problemática da seletividade racista no sistema penal brasileiro", por Margarida Maria Vieira;
- "A descriminalização do aborto: da Criminologia Crítica à crítica feminista", por Fábio Jablonski Philippi;
- "Sabem que eu fui sincera: o tratamento dispensado pelo Poder Judiciário às mulheres vítimas nos crimes sexuais", por Cristina Pacheco.

Em 1998:

- "Capitulação penal: o poder (in)visível do Ministério Público", por Márcia Aguiar Arend;
- "Criminologia e racismo: uma introdução ao processo de recepção das teorias criminológicas no Brasil", por Evandro Charles Piza Duarte (DUARTE, Evandro Charles Piza. Criminologia e Racismo. Editora Juruá, 2002);
- "O discurso feminista criminalizante no Brasil: limites e possibilidades", por Carmen Hein de Campos;
- "Juizados especiais criminais e violência doméstica: a dor que a lei silenciou", por Leda Maria Herman (HERMAN, Leda Maria. violência doméstica e os juizados especiais criminais. a dor que a lei esqueceu. Editora Servanda, 2004);
- "A função seletiva do Ministério Público no sistema de justiça penal", por Vera Lúcia Ferreira Copetti.

Em 2000:

- "A unificação policial no Brasil: limites e possibilidades", por Jorge Giulian (GIULIAN, Jorge. a unificação policial estadual no Brasil. Aea Edições Jurídicas);
- "Prisão e ressocialização: a (in)existência da ressocialização na penitenciária agrícola de Chapecó", por Valmor Vigne;
- "Juizados especiais criminais: as promessas de construção e a realidade construída na Comarca de Chapecó", por Eduardo Pianalto de Azevedo;

Em 2001:

- "O controle penal na ordem tributária no Brasil contemporâneo", por Márcia Aguiar Arend; "aborto eugênico: análise do atual estágio no Brasil", por Sheila Luft.
- "A função simbólica do Direito Penal como matriz oculta da atual Política Criminal brasileira", por Quitéria Tamanini Vieira Péres;
- "Contribuições e limites dos modelos de intervenção penal mínima na reconstrução da legitimidade dos sistemas penais contemporâneos", por Ester Eliana Hauser;
- "Além da Lei: as falas e os silêncios do Judiciário no sistema penal", por Alessandro Nepomuceno (NEPOMUCENO, Alessandro. A face obscura da sentença penal. Rio de Janeiro: Editora Revan, 2004, 250 pgs);
- "De criminosos à criminalizados: o processo de criminalização no trânsito na comarca de Montes Claros (Minas Gerais)", por Leonardo Linhares;
- "A progressão de regime no Sistema Prisional no Brasil: a interpretação restritiva e a vedação legal nos crimes hediondos como elementos de estigmatização do condenado", por Sérgio Francisco Graziano Sobrinho (SOBRINHO, Sérgio Francisco Graziano. A progressão de regime no sistema prisional do Brasil – a interpretação restritiva e a vedação legal nos crimes hediondos como elementos de estigmatização do condenado. Lumen Juris, Rio de Janeiro, 2007);
- "O caráter 'alternativo' das penas alternativas: para que e para quem?", por Eunice Anisete de Souza Trajano;
- "Código de trânsito brasileiro (Lei n 9.503 de 23.09.97) como instrumento punitivo: uma abordagem de seus limites e possibilidades", por Elizete Lanzoni Alves;
- "Dosimetria da pena: análise criminológica e constitucional", por Paulo Renato Nicola Capa

Em 2002:
- "Funções da pena privativa de liberdade: do que se oculta(va) ao que se declara", por Cláudio Guimarães;
- "Princípio da legalidade penal: o que se fala e o que se cala" por Antônio Soares Coelho;
- "Juizados especiais criminais: funções instrumentais e simbólicas", por Salin Schead dos Santos;
- "Abolicionismo do controle penal: utopia da realidade ou realidade da utopia?", por Deise Helena Krantz;
- "A política criminal de drogas contemporânea: o caso da intervenção americana na Colômbia", por Alicildo José dos passos.

Em 2003:
- "A cidadania da era da globalização neoliberal: a convergência dos espaços para a radicalização da democracia", por Maria Fátima Wolkmer;
- "O controle sócio-penal do trabalho no Brasil contemporâneo: a construção social do trabalho escravo rural na Amazônia", por Camila Cardoso de Mello Prando.

Em 2004:
- "Os mecanismos de criminalização como fatores geradores da reincidência criminal", por Cynthia Alessandra Custel dos Santos;
- "Competência especial por prerrogativa de função após a cessação do exercício da função pública: uma análise sobre a (in)constitucionalidade da lei nº 10.628/2002", por Diana da Costa Chierighini;
- "Descriminalização judicial do consumo de entorpecentes através da aplicação do princípio da insignificância", por Gustavo Schlupp Winter;
- "Assédio sexual: uma abordagem criminológica sobre a violência contra a mulher", por Ramila Rossi;
- "Punir ou educar – é possível prevenir. estudo sobre as possibilidades de prevenção em delitos de trânsito", por Márcia da Rocha Cruz.

Em 2005:
- "Periculosidade e exame criminológico: a recepção legitimadora da Criminologia Positivista na execução penal brasileira", por Jacqueline Amaral;
- "O Minimalismo Penal de Alessandro Baratta aplicado à responsabilidade penal da pessoa jurídica", por Caroline Camilo Dagostin.

Em 2006:
- "O controle penal da ordem tributária no Brasil: o uso do Direito Penal para a impunidade da sonegação fiscal", por Márcia Aguiar Arend;
- "Formação policial e estudo da Criminologia", por Giovani de Paula;
- "Funções da pena privativa de liberdade no sistema penal capitalista: do que se oculta(va) ao que se declara", por Cláudio Alberto Gabriel Guimarães (GUIMARÃES, Cláudio Alberto Gabriel. Funções da pena privativa de liberdade no sistema penal capitalista. rio de janeiro, revan, 2008);
- "Lei Maria da Penha", por Alline Guida.

Em 2007:
- "Juizado penal especial: o controle pelo controle na globalização", por Fabiana de Assis Pinheiro;
- "Lei Maria da Penha: a ilusão de proteção pelo sistema penal" por Fernanda Pereira Garcia;
- "A falácia Tribuna Penal Internacional: das promessas não cumpridas à reprodução das desigualdades sociais", por Carolina Guimarães Pecegueiro.

Em 2008:
- "Do juizado especial criminal à lei Maria da Penha", por Marília Montenegro Pessoa de Mello;
- "A cidadania desafiada: o direito a consumir consumiu o cidadão" por Mara Leal;
- "O direito de voto do preso provisório", por Juliana Camargo;
- "Como se estivesse morrendo: o Sistema Prisional e a revista íntima em famliares de reclusos em Florianópolis", por Yuri Frederico Dutra; (DUTRA, Yuri Frederico. como se estivesse morrendo. Lumen Juris, Rio de Janeiro, 2011);
- "Da construção social da criminalidade à reprodução da violência estrutural: os conflitos agrários no Jornalismo", por Marília Denardin Budó (BUDÓ, Marília Denardin. mídia e controle social – da construção da criminalidade dos movimentos sociais à reprodução da violência estrutural. Revan, Rio de Janeiro, 2013);
- "Antropocentrismo e ética animal – qual tutela penal dos animais?", por Carolina Knabben.

Em 2009:
- "Controle penal atuarial e prisão cautelar: o modelo de segurança pública no município de Florianópolis (2004 a 2008)", por Daniela Félix Teixeira;
- "Os sentidos da participação para a construção de políticas de segurança municipais", por Eduardo Pazinato da Cunha (PAZINATO, Eduardo. do direito à segurança a segurança dos direitos. Uma análise sociopolítica e criminológica acerca dos sentidos da participação na gestão de políticas municipais de segurança na contemporaneidade. Rio de Janeiro: Lumen Juris, 2011);
- "Policia comunitária: limites e perspectivas na crise de legitimidade do sistema penal", por Valter Cimolin;
- "Policiamento comunitário: democratização da segurança pública do controle" por Claus Enrique Bianco de Castro;
- "Política Criminal e transformação social: a superação da ideologia da defesa social e as políticas alternativas de controle" e "razão crítica e Direito Penal mínimo: uma aproximação dialética à relação minimalismo-abolicionismo", ambas por Eduardo Granzotto Mello;
- "Os ecos do eficientismo penal na Política Criminal catarinense", por Marcel Soares de Souza;
- "Sistema de justiça penal: Abolicionismo e Feminismo", por Helena Klein Oliveira;
- "A construção do conceito de criminoso na sociedade capitalista: um debate para o Serviço Social", por Arnaldo Xavier.

Em 2010:
- "Para um modelo penal não moderno: elementos de uma teoria latino-americana do conflito social" por Felipe Heringer Roxo da Motta.

Em 2011:
- "Fundamentos políticos e intelectuais da Política Criminal alternativa de Alessandro Baratta" por Eduardo Granzotto Mello;
- "Um panorama da obra de Boaventura de Sousa Santos: as bases epistemológicas de uma concepção pós-moderna de direito" por Rafael Caetano Becker.

Em 2012:
- "O saber dos juristas e o controle penal: o debate doutrinário na revista de Direito Penal (1933-1940) e a construção da legitimidade pela Defesa Social" por Camila Cardoso de Mello Prando (PRANDO, Camila Cardoso de Mello. o saber dos juristas e o controle penal: o debate doutrinário na Revista de Direito Penal (1933-1940) e a construção da legitimidade pela defesa social. Revan, Rio de Janeiro, 2013);
- "O controle social punitivo antidrogas sob a perspectiva da Criminologia Crítica: a construção do traficante nas decisões judiciais em Santa Catarina" por Marco Aurélio Souza da Silva (SILVA, Marco Aurélio Souza da. o controle social punitivo antidrogas sob a perspectiva da Criminologia Crítica: a construção do traficante nas decisões judiciais em Santa Catarina. Lumen Juris, Rio de Janeiro, 2013).

Em 2013:
- "Entre o modelo menorista e o modelo protetivo: a identidade da atuação jurisdicional na aplicação de medidas socioeducativas no brasil contemporâneo", por Nayara Aline Schmitt Azevedo;
- "Criminologia, Direito Penal e Política Criminal na Revista Discursos Sediciosos e na Revista do IBCCrim", por Marina Leite de Almeida.

Em 2014:
- "A Criminologia no ensino jurídico no Brasil", por Mariana Dutra Garcia;
- "A Criminologia, o penalismo e a Política Criminal na Revista de Direito Penal e Criminologia (1971 1983): a (des)legitimação do controle penal", por Fernanda Martins.
- "O mutirão carcerário no sistema penal catarinense: uma análise Criminológica Crítica" por Ana Clara Graciosa Seibel;

As pesquisas em andamento no ano de 2015 são as seguintes:

Doutorado:
- "Os discursos criminológicos dos juristas na ditadura militar: entre a legitimação e a crítica da ordem", por Marcelo Mayora Alves;
- "Criminologia da libertação: a construção da Criminologia Critica Latino-Americana como teoria crítica do controle social e a contribuição desde o Brasil – pesquisa na Revista Capítulo Criminológico (1973-1989) e Doctrina Penal (1977-1989)", por Jackson da Silva Leal;
- "Criminologia Crítica e formação jurídica: um diagnóstico de época sobre possíveis obstáculos e potencialidades para a concretização do projeto de superação do controle penal à luz das escolas catarinenses de direito", por Helena Schiessl Cardoso.

Mestrado:
- "O controle penal na globalização", por Eduardo Granzotto Mello;
- "Das funções declaradas às funções reais: como se constitui o trabalho realizado pelas mulheres presas no presídio feminino de Florianópolis", por Vanessa Lema;
- "A tradução do paradigma etiológico no Brasil: diálogos etiológicos entre Cesare Lombroso e Nina Rodrigues", por Luciano Góes;
- "Criminologia Crítica e infância e juventude no Brasil: desafios para o criticismo desde o controle social da infância e da juventude", por Nayara Aline Schmitt Azevedo.

Graduação:
- "A subordinação da mulher na sociedade e os reflexos na livre disposição de seu corpo", por Camila Resner Cavichioli.

Iniciação científica:
- "Justiça Restaurativa no Brasil: teorias e experiências em curso", por João Victor Antunes Krieger.

Por último, registro o meu reconhecimento e gratidão aos eloquentes e emocionantes prefácio de Alessandro Baratta e posfácio de Nilo Batista que abrem e encerram, respectivamente, a obra. A envergadura intelectual e humanista e a contribuição libertária destes dois protagonistas do pensamento criminopenal crítico à Europa e à América Latina, dispensa maiores comentários, porque esta é uma inscrição que somente a História pode realizar, e tem realizado, em plenitude. Ter esta obra aberta e encerrada por eles constitui uma honra e uma ventura que por si só justifica todo o empenho depositado nela e nas gerações de pesquisas que se seguiram, nas quais Alessandro Baratta e Nilo Batista contribuíram com a permanente generosidade de doação de seu tempo, interlocução, empréstimo de material ou apoio indireto e direto para publicações. Encerro, pois, com as marcas dos Gigantes, nossos Grandes Mestres, do além-mar, do mar tropical.

Ilha de Santa Catarina, Primavera de 2014.

Nota da autora à 1ª edição

Este trabalho, originariamente intitulado "Dogmática e sistema penal: em busca da segurança jurídica prometida", consiste na tese de Doutorado que defendi no Curso de Pós-Graduação em Direito da Universidade Federal de Santa Catarina, em dezembro de 1994, perante a banca examinadora composta pelos Professores Dr. Leonel Severo Rocha, Dr. Alessandro Baratta, Dr. Eugenio Raúl Zaffaroni, Dra. Ester Kosovski e Dr. Nilson Borges Filho, tendo sido aprovada com distinção e louvor.

Devido à grande extensão do trabalho originário, ao fato de seu capítulo primeiro ser informativo e prescindível à sua compreensão global, além de manter uma autonomia interna, foi ele convertido em uma obra específica, publicada por esta Editora, sob o título *Dogmática Jurídica: escorço de sua configuração e identidade*, em agosto de 1996.

Ressalvada esta exclusão e a reescritura que em função dela se procedeu, o texto que ora se publica mantém, basicamente, o conteúdo do original.

Parte da pesquisa nele consubstanciada foi realizada no Brasil e parte no exterior, particularmente junto ao Instituto Internacional de Sociologia Jurídica de Oñati, na Espanha, entre os anos de 1992 e 1993.

Tenho uma dívida de gratidão profunda para com muitas pessoas e instituições, sem a contribuição e concorrência das quais este trabalho não teria se concretizado.

Não posso, pois, deixar de referenciá-los aqui, com as boas recordações que me evocam, iniciando por agradecer aos meus familiares, pela permanente atitude estimuladora e solidária, e aos meus Orientadores, Professores Leonel Severo Rocha e Alessandro Baratta, pelo aprendizado que me oportunizaram e pela confiança em mim depositada. E particularmente ao segundo, porque seu estímulo e contribuição incansáveis, do além-mar, foram de importância decisiva para não esmorecer frente às dificuldades do caminho.

Quero agradecer também aos professores Rogélio Pérez Perdomo (então Diretor e Professor do Instituto Oñati) e Wanda de Lemos Capeller, André-Jean Arnaud e Roberto Bergalli (então Professores de Oñati) cuja recepção e apoio durante minha estada no referido Instituto foram fundamentais para torná-la, a um só tempo, produtiva e prazerosa. E particularmente aos dois primeiros por terem contribuído substancialmente na gestação da tese, seja através de indicações bibliográficas ou como interlocutores na discussão de suas ideias e formas.

Agradeço, igualmente, aos professores Boaventura de Sousa Santos, Ana Isabel Nicolas e Antônio Garcia-Pablos de Molina, pela recepção e auxílio na pesquisa realizada, respectivamente, no Instituto de Estudos Sociais em Coimbra e na Universidade Complutense de Madrid; a Daniel Bustelo e Mônica Eliçabe Urriol e a todos os demais parceiros da trajetória de Oñati.

Sou grata, também, ao Professor João José Caldeira Bastos, pela leitura e sugestões que fez ao texto inicial, aos funcionários do Curso de Pós-Graduação em Direito, do Departamento de Direito Público e Ciência Política e do Centro de Ciências Jurídicas, bem como aos funcionários do Instituto Internacional de Sociologia Jurídica de Oñati, particularmente à Serena Barkham-Huxley, incansáveis no atencioso e competente atendimento de nossas inúmeras e diversificadas solicitações.

Minha gratidão, enfim, aos amigos e aos que o foram, e a todos aqueles que, embora não citados, concorreram de alguma forma nesta árdua mas gratificante experiência de doutoramento.

Deixo por último meu agradecimento à CAPES, pela bolsa que me concedeu para a realização do estágio no exterior, e à Universidade Federal de Santa Catarina, que me licenciou para tal, pois, sem ele, certamente não acessaria os recursos necessários à investigação que projetava realizar.

Naturalmente, os agradecimentos aqui declinados não corresponsabilizam a nenhum dos seus destinatários, pelo conteúdo da obra. E as críticas, sinal mais visível – e esperado – da sua efetiva socialização, serão recebidas com especial atenção.

Ilha de Santa Catarina, verão de 1997.

Introdução

Esta tese trata da Dogmática Jurídico-Penal ou Penal, concebida como um dos paradigmas científicos[1] que integra o projeto e a trajetória da modernidade no marco cultural onde o paradigma se originou no século XIX (a Europa continental) e naquele para o qual foi posteriormente transnacionalizado (como a América Latina) e permanece até hoje em vigor. E seu eixo de gravitação radica na análise das funções cumpridas e não cumpridas pela Dogmática no âmbito do moderno sistema da justiça penal (ou sistema penal).

Um breve entroito se impõe, neste sentido, para explicitar a formulação geral do problema que condiciona e orienta o seu horizonte de projeção ao mesmo tempo em que pretende justificá-la, para a seguir pontualizar os termos de sua tecitura: definição, natureza e abrangência espaço-temporal da análise, objetivo e hipótese geral desenvolvida, estrutura e desenvolvimento da tese, método e instrumental teórico utilizados, e, enfim, as dificuldades experimentadas e alguns esclarecimentos adicionais.

São três os vetores básicos que concorrem nesta formulação do problema, definição e justificativa da tese: a) a problematização global do projeto da modernidade e da Ciência, que embora escape a uma tematização no interior do trabalho, necessita ser referida pelo tributo que lhe é aqui devido; b) a problematização global da Dogmática Jurídica; c) a problematização do moderno sistema penal, sendo estas duas últimas, todavia, amplamente desenvolvidas no seu interior.

Sousa Santos, que tem vindo a desenvolver uma das mais expressivas análises interpretativas da modernidade, sua trajetória e crise,

---

[1] Daí nos referirmos ao paradigma dogmático de Ciência Jurídica e de Ciência Jurídico-Penal ou Penal (para designar, respectivamente, a Dogmática Jurídica e a Dogmática Jurídico-Penal ou Penal) empregando o signo no sentido, já clássico, que lhe imprimiu Kuhn (1979, p. 219), segundo o qual "um paradigma é aquilo que os membros de uma comunidade científica partilham. E, inversamente, uma comunidade científica consiste em homens que compartilham um paradigma." Uma melhor explicitação desta categoria encontra-se no capítulo primeiro. O signo "matriz" é usado por sua vez para designar uma concepção, um modelo ou um modelo que condiciona algo.

caracteriza-a como um projeto sociocultural complexo, ambicioso e revolucionário, mas também internamente ambíguo.

Trata-se de um projeto ambicioso pela magnitude das promessas, sendo marcado por uma profunda vocação racionalizadora da vida individual e coletiva e neste sentido caracterizado, em sua matriz, pela tentativa de um desenvolvimento equilibrado entre "regulação" e "emancipação humana", os dois grandes pilares em que se assenta.[2] Mas, por isso mesmo, aparece tão apto à variabilidade quanto propenso a desenvolvimentos contraditórios. Pois, enquanto as exigências de regulação apontam para o potencial do projeto para os processos de concentração e exclusão, as promessas emancipatórias e as lógicas ou racionalidades construídas para sua realização apontam para suas potencialidades em cumprir, contraditoriamente, certas promessas de justiça, autonomia, solidariedade, identidade, liberdade e igualdade.

Assim, "se por um lado, a amplitude de suas exigências abre um extenso horizonte para a inovação social e cultural; por outro lado a complexidade de seus elementos constitutivos faz com que o excesso de satisfação de algumas promessas assim como o déficit de realização de outras seja dificilmente evitável. Tal excesso e tal déficit estão inscritos na matriz deste paradigma." (Sousa Santos, 1989a, p. 240-1).

Emergindo como um projeto sociocultural entre o século XVI e o final do século XVIII, é apenas no final do século XVIII que a modernidade passa a se materializar, e este momento coincide com a aparição do capitalismo como modo de produção dominante nas sociedades capitalistas avançadas de hoje. Embora, pois, preceda ao aparecimento do capitalismo, desde então está vinculado ao seu desenvolvimento.

Sucede, desta forma, que o pretendido equilíbrio entre regulação e emancipação, que deveria ser obtido pelo desenvolvimento harmonioso de cada um dos pilares e das suas inter-relações dinâmicas, que aparece ainda, como aspiração decaída, na máxima positivista "ordem e progresso", nunca foi conseguido. Na medida em que a trajetória da modernidade se identificou com a trajetória do capitalismo, o pilar da regulação – tornado pilar da regulação capitalista – veio a fortalecer-se à custa do pilar da emancipação, num processo histórico não linear

---

[2] O pilar da regulação constitui-se do princípio do Estado (formulado destacadamente por Hobbes), do princípio do mercado (desenvolvido particularmente por Locke e Adam Smith), e do princípio da comunidade (que inspira a teoria social e política de Rousseau).O pilar da emancipação está constituído pela articulação entre três lógicas ou dimensões de racionalização e secularização da vida coletiva, tal como identificadas por Weber: a racionalidade moral-prática do Direito moderno, a racionalidade cognitivo-instrumental da ciência e da técnica modernas e a racionalidade estético-expressiva das artes e da literatua modernas. (Sousa Santos,1989a, p. 225, e 1991, p. 23).

e contraditório, com oscilações recorrentes entre um e outro, como liberalismo e marxismo, capitalismo e socialismo, etc. (Sousa Santos, 1989a, p. 225; 1990, p. 3 e 1991)

Neste final de século é possível concluir, pois, que "tanto o excesso como o déficit de realização das promessas históricas explica nossa difícil situação atual que aparece, na superfície, como um período de crise, mas que, em um nível mais profundo, constitui um período de transição. Desde o momento em que todas as transições são parcialmente visíveis e parcialmente cegas, resulta impossível designar com propriedade nossa situação atual. Provavelmente isto explica porque a inadequada denominação 'pós-moderna' se tornou tão popular. Mas pela mesma razão este nome é autêntico na sua inadequação." (Sousa Santos, 1989a, p. 223).

Assim sendo, estamos perante uma situação nova que, à falta de melhor nome, se pode designar por "transição pós-moderna". Seja como for, se um novo projeto sociocultural está a emergir nas sociedades do capitalismo avançado, sob os sintomas de crise que a modernidade parece inexoravelmente emitir, o contexto de oposição e justaposição entre o moderno e o "pós-moderno" testemunha antes de mais nada a necessidade de se revisitar as próprias promessas da modernidade e avaliar os seus déficit e excessos de realização, com os quais esta crise tem preliminarmente a ver.

E dado que a modernidade creditou à Ciência e ao Direito um lugar central na instrumentalização do progresso e do seu projeto emancipatório, no qual os "direitos humanos aparecem como uma das principais promessas" (Sousa Santos, 1989b, p. 3) o reencontro com o desempenho instrumental da Ciência aparece, no balanço deste final de século, como uma exigência de importância fundamental.

Nesta perspectiva "o ponto de partida do diagnóstico da Ciência moderna como problema reside na dupla verificação de que os excessos da modernidade que a Ciência prometeu corrigir, não só não foram corrigidos, como não cessam de se reproduzir em escala cada vez maior, e que os défices que a Ciência prometeu superar, não só não foram superados, como se multiplicaram e agravaram. Acresce que a Ciência não se limitou a ser ineficaz e parece, pelo contrário, ter contribuído, como se de uma perversão matriarcal se tratasse, para o agravamento das condições que procurou aliviar." (Sousa Santos, 1991, p. 25).

Como se insere o paradigma dogmático de Ciência Penal no projeto da modernidade?

Na medida em que o Estado aparece como um componente fundamental do pilar da regulação ao mesmo tempo em que o reconhecimento do homem como sujeito de direito e os Direitos Humanos aparecem como uma exigência fundamental do pilar da emancipação, o projeto da modernidade se vê confrontado, desde o início, com a necessidade de equilibrar o poder monumental do Estado centralizado com a subjetividade atomizada dos indivíduos livres e iguais perante a lei e de cuja tentativa a teoria política liberal aparece como a máxima expressão.

Daí que o poder penal do Estado moderno apareça recoberto de limites garantidores do indivíduo consubstanciados nos princípios constitucionais do Estado de Direito e do Direito Penal (e Processual Penal) liberal e que um princípio fundamental seja a exigência da generalização e igualdade no funcionamento do sistema da Justiça penal em que este poder se institucionaliza.

No âmbito da Justiça Penal, a garantia dos Direitos Humanos assume, então, um significado às avessas: não se trata de realizá-los ou solucionar os conflitos a eles relativos, mas de impedir a sua violação ali onde intervenha a violência punitiva institucionalizada: a dualidade regulação/emancipação se traduz na exigência de um controle penal com segurança jurídica individual.

A Dogmática Jurídico-Penal representa, precisamente, o paradigma científico que emerge na modernidade, prometendo assegurar este equilíbrio, limitando aquela violência e promovendo a segurança jurídica. O máximo contributo que pode prestar ao pilar da emancipação é, portanto, o do garantismo.

Consolidando-se historicamente na Europa continental desde a segunda metade do século XIX como um desdobramento disciplinar da Dogmática Jurídica e a seguir se transnacionalizando, ela é assim concebida, pelos penalistas que protagonizaram e compartilham do seu paradigma (autoimagem), como "a" Ciência do Direito Penal que, tendo por objeto o Direito Penal positivo vigente em um dado tempo e espaço e por tarefa metódica (imanente) a construção de um sistema de conceitos elaborados a partir da interpretação do material normativo, segundo procedimentos intelectuais (lógico-formais) de coerência interna, tem uma função essencialmente prática: racionalizar[3] a aplicação judicial do Direito Penal. A esta função que consideramos oficialmente declarada e perseguida pelo paradigma denominaremos de função instrumental racionalizadora/garantidora (ou função racionalizadora *de lege ferenda*).

---

[3] Racionalizar significa aqui preparar, pautar, programar delimitar ou prescrever.

Desta forma, na sua tarefa de elaboração técnico-jurídica do Direito Penal vigente, a Dogmática, partindo da interpretação das normas penais produzidas pelo legislador e explicando-as em sua conexão interna, desenvolve um sistema de teorias e conceitos que, resultando congruente com as normas, teria a função de garantir a maior uniformização e previsibilidade possível das decisões judiciais e, consequentemente, uma aplicação igualitária (decisões iguais para casos iguais) do Direito Penal que, subtraída à arbitrariedade, garanta essencialmente a segurança jurídica e, por extensão, a justiça das decisões.

A Dogmática Penal constrói assim toda uma arquitetônica teórica e conceitual que, consubstanciada em requisitos objetivos e subjetivos para a imputação de responsabilidade penal pelos juízes e tribunais, objetiva vincular o horizonte decisório à legalidade penal e ao Direito Penal do fato-crime; ou seja, vincular as decisões judiciais à lei e à conduta do autor de um fato-crime, objetiva e subjetivamente considerada em relação a este e exorcizar, por esta via, a submissão do imputado à arbitrariedade judicial.

São duas, pois, as grandes promessas da Dogmática Penal na e para a modernidade, estreitamente relacionadas. É que na sua promessa epistemológica de constituir-se "na" moderna Ciência do Direito Penal está contida uma promessa funcional que condiciona, essencialmente, a identidade de seu paradigma.

E é precisamente em nome da segurança jurídica, que aparece no discurso da Dogmática Penal como a ideia-síntese de suas promessas, que ela tem pretendido justificar, historicamente, a importância de sua já secular existência e o seu ideal de Ciência. E ao mesmo tempo em que o discurso da segurança jurídica aparece fortemente enraizado e consolidado na mentalidade dogmática, em geral considera-se, *a contrario sensu*, que a ausência de uma Dogmática Penal implicaria o império da insegurança jurídica.

Revisitar suas promessas significa então indagar: mas, em que medida têm sido cumpridas as funções declaradas da Dogmática penal na trajetória da modernidade? Tem a Dogmática penal conseguido garantir os Direitos Humanos individuais contra a violência punitiva? Tem sido possível controlar o delito com igualdade e segurança jurídica? Encontra congruência na práxis do sistema penal o discurso garantidor secular em nome do qual a Dogmática Penal fala e pretende legitimar o seu próprio ideal de Ciência? E é pelo cumprimento da função racionalizadora/garantidora declarada que se explica sua marcada vigência histórica ou ela potencializa e cumpre funções distintas das prometidas?

Tais são as questões centrais que objetivamos responder nesta tese e cujas respostas implicam exercer o que denominaremos de "controle funcional" da Dogmática Penal.

Tendo situado esta problematização global do projeto da modernidade e nela inserido a Dogmática Penal, situemos o universo de problematização da Dogmática Jurídica, genericamente considerada, cujo balanço constitui o segundo eixo na definição e justificativa desta tese.

É que a vigência oficial[4] e já secular da Dogmática Jurídica convive desde sua gênese[5] com uma crítica igualmente secular que, tendo lugar a partir de diferentes perspectivas e instrumentais analíticos, não constitui um quadro crítico monolítico. Sem a pretensão de sumariar aqui este quadro amplo e rico em sua heterogeneidade, acreditamos que é possível identificar, em seu âmbito, três grandes argumentos recorrentes que, sem prejuízo de outros, dominam o universo da crítica histórica à Dogmática Jurídica: a) o argumento de sua falta de cientificidade; b) o argumento de seu excessivo formalismo pela ruptura ou divórcio com a realidade social; e c) o argumento de seu conservadorismo ou de sua instrumentalização política conservadora do *status quo*.

Enquanto o primeiro argumento interpela a problematização de sua identidade epistemológica e o segundo, a de sua identidade metodológica, o terceiro confronta sua identidade funcional.

---

[4] E vigência que se estende, explicite-se, da comunidade científica (no sentido kuhneano) à aplicação do Direito, passando pela sua criação e ensino. Pois, além de sua prometida função racionalizadora das decisões judiciais (que situa a Dogmática como suporte para a aplicação do Direito pelo Poder Judiciário), ela exerce também (embora não declarada e residualmente) uma função racionalizadora das decisões legislativas que denominamos, por sua vez, de função político-criminal ou racionalizadora *de lege lata* (que a situa como suporte para a criação ou reforma de leis pelo Poder Legislativo).
A Dogmática exerce também uma decisiva função pedagógica na formação dos operadores jurídicos, sendo a fonte dominante da educação jurídica, especialmente em nível de graduação em Direito.
Em qualquer caso – e ainda quando a Dogmática apareça aqui linguisticamente como tal – ela nunca é "sujeito", mas instrumental conceitual a ser operacionalizado através da práxis dos juízes, desembargadores, promotores de justiça, advogados, professores e operadores jurídicos em geral. O Poder Judiciário e as Escolas de Direito são, pois, ao lado do Poder Legislativo, as instituições que sustentam, no prolongamento da comunidade científica, a sua reprodução.
A análise das referidas funções político-criminal e pedagógica (cuja importância ensejaria, para cada uma delas, um estudo em separado) escapa aos objetivos desta tese que apesar de identificar estas três funções revisita apenas a primeira, tida aqui como a função oficialmente declarada da Dogmática.

[5] Lembre-se a "Jurisprudência dos Interesses" e a tradição antiformalista dos finais do século XIX e princípios do século XX (Direito vivo de E. Erlich, Escola do Direito livre).

Tendo a Dogmática Jurídica se originado no século XIX, quando a concepção positivista[6] da Ciência exercia verdadeira ditadura epistemológica, é esta matriz que imediatamente condiciona a sua configuração e à qual procura, em seus momentos fundacionais, se adequar. (Puceiro, 1981; Hernández Gil, 1981[a] e [b])

Mas, por este mesmo império, foi também a matriz que mais balizou a sua desqualificação científica. De modo que o primeiro argumento tem sido sustentado, pois, sobretudo mediante a contrastação da Dogmática Jurídica com a concepção positivista da Ciência, a partir da qual se desqualifica sua cientificidade por não satisfazer às exigências epistemológicas positivistas.

Com efeito, se a concepção positivista da Ciência só admitia como científicas àquelas atividades que – excetuadas a lógica e a matemá-

---

[6] A ambiguidade do signo positivismo impõe alguns esclarecimentos sobre os sentidos em que o empregamos ao longo desta obra. Distinguimos entre o positivismo materializado através de escolas de pensamento específicas que, do ponto de vista da história das ideias se desenvolvem com uma certa homogeneidade e continuidade e o positivismo como conceito classificatório, cuja formulação remete a diferentes raízes e tradições de pensamento.

Como Escolas, consideramos a Filosofia Positiva (representada por Saint-Simon [na primeira fase de seu pensamento] Comte, Spencer, Darwin e outros), a Escola positiva italiana (representada por Lombroso, Ferri, Garofalo e outros) e a Escola de Viena, Neopositivismo ou Positivismo lógico representada por Schlick, Carnap, Neurath, Feigl, Waismann, Wittgenstein (na primeira fase de seu pensamento) e outros.

Como conceitos classificatórios, consideramos a chamada concepção positivista da Ciência e o positivismo jurídico ou juspositivismo.

Por concepção positivista da Ciência, entendemos um conceito classificatório que traduz um núcleo ou unidade mínima e genérica de sentido desta matriz epistemológica que permite abarcar as suas heterogêneas raízes e desenvolvimento (como as Escolas citadas). É este conceito que passamos a explicitar.

Tendo por pressuposto uma visão do mundo como um conjunto de fatos causalmente determinados, incumbindo à Ciência descobrir as leis em que o determinismo se manifesta, a ideia geral de Ciência do positivismo é a de que os dados sensíveis da experiência, isto é, os fatos verificáveis (passíveis de observação, recolhimento e experimentação metódicos) constituem o princípio e o fim (o guia) da investigação científica. O que não é redutível a fato experimentalmente controlável não entra no sistema da Ciência. E como tal, para o positivismo, é a única forma possível de conhecimento (princípio do cientificismo) não é sequer cognoscível.

A ênfase do positivismo recai, desta forma, sobre os métodos e regras de constituição do conhecimento, independentemente do domínio da realidade a que se aplicam e dos sujeitos que o produzem. Neste ponto de partida "o pensamento positivista revela-se como paradigmático o modelo das Ciências da natureza como Ciências exatas, sendo, nessa medida, o positivismo um naturalismo." (Larenz, 1989, p. 42)

Quanto ao positivismo jurídico, seguimos aqui o conceito classificatório de Bobbio (1980, p. 39-49) que distingue três aspectos de manifestação histórica do juspositivismo que o caracterizam: o positivismo jurídico como a) modo de aproximar-se (*approach*) ao estudo do Direito; b) teoria ou concepção do Direito e c) ideologia.

O positivismo jurídico como *approach* ao estudo do Direito (aspecto centralmente usado neste trabalho) designa não apenas a delimitação do objeto da Ciência Jurídica ao Direito positivo, mas a rejeição categórica de interferências extranormativas (valorativas) na sua delimitação e estudo. Trata-se da exigência de objetividade e neutralidade valorativa como critérios de cientificidade e cujo principal efeito é, a nosso ver, gerar o mito da "neutralidade ideológica" da Dogmática Jurídica.

tica – se valiam dos métodos das ciências da natureza e, portanto, da pesquisa causal baseada na observação, recolhimento e experimentação dos fatos e comprometidas com o conhecimento objetivo de seu objeto "factual" a Dogmática Jurídica era acusada de ser incompatível com estes pressupostos epistemológicos.

Confrontada com esta concepção, os argumentos desqualificadores da cientificidade da Dogmática Jurídica centraram-se, sem prejuízo de outros, em duas grandes objeções:

a) objeto não factual e ausência de controle empírico ou lógico. A Dogmática Jurídica não tem por objeto "fatos", mas "normas", e os seus enunciados não são controláveis empiricamente como o são os enunciados das ciências que se ocupam de fatos, como a Física e a Química. Tampouco são controláveis logicamente, como o são os da Lógica e das Matemáticas que têm por objeto quantidades abstratas e como meio de controle as leis de inferência (implicação, não contradição). Consequentemente, também não são enunciados refutáveis;

b) o compromisso central da Dogmática Jurídica não é com a produção de conhecimento de seu objeto. Enquanto a Ciência não se propõe, de modo imediato, um fim prático, e o seu compromisso intrínseco é com o incremento incessante do conhecimento (objetivo e desinteressado) de seu objeto; a Dogmática encontra-se intrínseca e imediatamente empenhada numa função prática e seus enunciados têm sua validade dependente de sua relevância prática. E isto porque seu compromisso não é com a busca da verdade científica – embora ela aspire a tal – mas com a decidibilidade dos conflitos. Os enunciados dogmáticos, consequentemente, não são descritivos, como os enunciados tipicamente científicos, mas prescritivos.

Trata-se, como se vê, de um controle epistemológico da Dogmática Jurídica fundado na matriz das Ciências Naturais. Seja como for, a cientificidade da Dogmática Jurídica permanece ainda hoje como objeto de uma discussão não pacificada que pertence, na linguagem de Bobbio (1980, p. 174), ao domínio de uma "Metajurisprudência" ou, como preferimos nós, de uma "Metadogmática".

O segundo argumento, centrado no formalismo do método dogmático e na supervalorização que ele encerra dos aspectos lógico-formais do Direito, em detrimento de sua materialidade social, tem enfatizado a separação entre Dogmática Jurídica e realidade social. O terceiro, enfim, tem acentuado a instrumentalidade do paradigma na legitimação das relações de dominação capitalista em que o Direito se insere.

Mas se a recorrência histórica desta crítica é uma evidência muito forte de que a Dogmática é um paradigma problemático; a sobrevivência dogmática secular contra e apesar dela confere procedência a uma tese básica do funcionalismo que aqui usamos por analogia: toda instituição de marcada vigência é tal porque e enquanto mantém uma conexão funcional com a realidade e nela cumpre alguma função social[7].

Revisitando esta crítica, extraímos do seu universo as seguintes indicações que projetamos para o campo da Dogmática Penal.

1) Há uma sobreprodução de controle epistemológico e uma subprodução de controle funcional da(s) Dogmática(s) Jurídica(s). Pois, a um excesso de questionamento da sua promessa epistemológica (trata-se a Dogmática Jurídica, efetivamente, de uma Ciência?) corresponde um profundo déficit histórico de questionamento da sua promessa funcional (tem sido cumprida a função oficialmente declarada da Dogmática?) que é, a nosso ver, a promessa fundamental de modo que compensar este déficit é uma das demandas mais urgentes que interpela uma "Metadogmática".

Pois, na medida em que a Dogmática Jurídica é uma "Ciência" intrinsecamente empenhada numa função prática imediata e esta instrumentalidade condiciona o seu próprio modelo científico (identidade epistemológica) ao mesmo tempo em que pretende justificá-lo, é o seu controle funcional, seja pelo seu déficit histórico, seja porque mais rico em consequências para o paradigma, que deve assumir a centralidade.

Por outro lado, desqualificar a Dogmática como Ciência no nível da crítica epistemológica abstrata, implica obscurecer um dado concreto de sua vigência que julgamos de suma importância captar. É que não obstante um secular questionamento acadêmico da sua promessa epistemológica, cremos que ela vige com o estatuto e os efeitos de uma Ciência, pois as crenças dogmáticas são postas em circulação e socialmente consumidas como científicas, em particular pelo ensino oficial e a práxis do Direito.

Desta forma, o recurso à teoria dos paradigmas de Kuhn não representa uma tentativa de salvar a cientificidade da Dogmática Jurídica. Mas, reconhecendo que a sua desqualificação epistemológica não encontra correspondente na sua vigência efetiva, representa um recurso para melhor compreender a força que sustenta, na modernidade, a identificação entre Ciência e Dogmática. A sustentá-la, está, também, a força de um "paradigma".

---

[7] A respeito, ver Pérez Perdomo (1978).

Assim, para além do interrogante, se a Dogmática Jurídica é ou não uma Ciência e de que tipo se trata, parece-nos necessário fortalecer e responder ao interrogante se a Dogmática Jurídica, enquanto Ciência prática, tem cumprido sua função racionalizadora da práxis do Direito, em nome da qual pretende legitimar o seu (problemático) modelo científico e sua própria existência. A questão central a investigar como objeto deste controle é, pois, se a Dogmática fornece igualdade e "segurança jurídica" e, em caso afirmativo "para que" ou "para quem"?[8]

2) Em face mesmo do que foi exposto, impõe-se refutar parcialmente o argumento da falta de conexão entre Dogmática e realidade social. Ela se encontra cognoscitiva ou teoricamente separada da realidade social, mas funcionalmente não. Pois se a Dogmática Penal apresenta uma extraordinária capacidade de permanência espaço-temporal e uma sobrevivência histórica secular no centro e na periferia do capitalismo mundial é porque ela mantém uma conexão funcional com a realidade; é porque potencializa e cumpre certas funções na realidade social, ao mesmo tempo em que traz inscrita uma potencialidade universalista que lhe permite funcionar fora de seu espaço e tempo originários. E é esta conexão funcional que explica sua marcada vigência histórica.

3) O argumento de que a Dogmática cumpre uma função legitimadora (e, portanto, não declarada) deve ser fundamentalmente levado em conta, embora relativizado, no seu controle funcional.

Por outro lado, se a necessidade de resgatar o controle funcional da(s) Dogmática(s) Jurídica(s) cresce em importância face à sua subprodução ela se apresenta particularmente relevante no campo da Dogmática Penal por ser, dentre os desdobramentos disciplinares da Dogmática Jurídica, o que circunscreve o campo de maior vulnerabilidade: o da garantia dos Direitos Humanos no sistema da Justiça Penal, ou seja, contra a violência física institucionalizada.

Enfim, como a relação funcional da Dogmática Penal é com o sistema penal – uma vez que elaborou promessas para serem efetivadas em seu âmbito – a análise deste, em especial de seu real funcionamento, aparece como o referencial básico para o pretendido controle.

Impõe-se, neste sentido, a necessidade de uma análise relacional apta a comparar as promessas dogmáticas com a operacionalidade do sistema penal enquanto conjunto de ações e decisões e, em especial, com as decisões judiciais. Pois é esta análise contrastiva que possibilita emitir juízos de (in)congruência entre operacionalidade ("ser") e pro-

---

[8] A respeito do exposto neste item "1", ver Andrade, 1994a, p. 82 *et seq.*, 1994c e 1996b, p. 93-114.

gramação ("dever-ser") do sistema penal; ou seja, verificar se o sistema opera ou não no marco da programação normativa e dogmática e, em especial, se as decisões judiciais são de fato dogmaticamente pautadas e, por extensão, igualitárias, seguras e justas.

E é precisamente um saber específico e problematizador do sistema penal, consubstanciado pela crítica historiográfica, sociológica e criminológica e cujo desenvolvimento culmina numa "revolução de paradigma" em Criminologia, que vimos consolidar-se no campo penal desde a década de 60.

Passando, pois, do universo da problematização genérica da Dogmática Jurídica para o universo da problematização específica do sistema penal, chegamos aqui ao terceiro vetor básico assinalado.

Pois são os resultados desta crítica sobre a gênese, estrutura, operacionalidade e funções do sistema da penal, entendido como subsistema de controle social (controle sóciopenal) os resultados aptos a deslocar a centralidade do controle epistemológico fundado na contrastação da Dogmática com as Ciências Naturais para um controle funcional fundado nos resultados das Ciências Sociais. Pois é esta a arena em que aquela crítica tem vindo a se materializar.

E a projeção destes resultados para a problematização específica da Dogmática Penal, que já é um caminho aberto por criminólogos e penalistas críticos, tem potencializado novos argumentos e uma nova consistência para individualizar seus específicos problemas e limitações, aguçando o acúmulo da crítica histórica à Dogmática Jurídica – que também sobre ela paira, enquanto um de seus desdobramentos disciplinares – e gerando hoje não apenas um quadro desconcertante para a sua vigência, mas um quadro em que aquele acúmulo parece ter chegado ao seu esgotamento; um quadro que sugere um paradigma em crise.

E tal é o saber que, mais do que orientar a definição desta tese, assumimos como marco teórico para a análise do sistema penal e o controle da Dogmática Penal, na esteira deste caminho já entreaberto.

Em suas grandes linhas, tal crítica evidencia, precisamente, que o sistema penal é um dos *locus* em que o desenvolvimento contraditório da modernidade vem a se materializar com intensidade, buscando uma explicação global para tal desenvolvimento que remete à distinção entre funções declaradas e funções latentes e reais potencializadas desde a fundação do sistema, nos séculos XVIII e XIX.

Daí a convergência de suas premissas problematizadoras do sistema penal com aquelas do projeto da modernidade acima assinaladas e de cuja convergência e resultados retemos, por sua vez, duas indicações fundamentais:

a) Ao mesmo tempo em que a Dogmática Penal se insere oficialmente no projeto da modernidade como uma Ciência instrumental para a realização de uma das suas principais promessas e expressa a sua vocação racionalizadora ela se insere, igualmente, na sua ambiguidade interna e potencialidade de seu desenvolvimento contraditório que se materializa particularmente no sistema penal;

b) A Dogmática Penal integra o projeto e a trajetória da modernidade não apenas como uma Ciência do Direito Penal, isto é, como uma instância científica externa "sobre" ele, mas como uma instância interna do sistema penal e, enquanto tal, é coconstitutiva de sua identidade e integra o seu real funcionamento e desenvolvimento contraditório, inserindo-se naquele diagnóstico da Ciência moderna como problema.

Com base no exposto, procuramos responder aos interrogantes originariamente formulados mediante uma análise interpretativa da Dogmática Penal como Ciência (funcionalmente ambígua) do sistema penal sob o fio condutor das suas funções declaradas (promessas) e latentes e dos seus déficit e excessos de realização. O que reivindica partir, coerentemente com a formulação enunciada, das bases fundacionais da Dogmática e do próprio sistema da Justiça Penal. Pois é somente este reencontro que possibilita captar as contradições que, estando na base da relação funcional Dogmática-sistema penal condiciona a sua trajetória histórica. Neste sentido, o fio condutor da análise é apontar a contradição que marca geneticamente a Dogmática Penal entre promessas humanitárias garantidoras e a captura por exigências reguladoras do sistema penal, a partir da qual se desnudam suas funções latentes.

A perspectiva assumida é, pois, a de que a resposta àquelas questões originárias e a compreensão da situação presente da Dogmática Penal e dos desafios que esta hoje interpelada a responder demandam mais do que nunca revisitar o paradigma desde suas bases fundacionais. Pois, se é verdade que a modernidade não pode fornecer a solução para os problemas de nosso tempo histórico, "não é menos verdade que somente ela permite pensá-la." (Sousa Santos, 1991, p. 27)

Reinterpretar a Dogmática Penal nestes termos implica assim uma tentativa de ler o paradigma com uma inserção distinta da tradicional. Implica redescobrir nele potencialidades humanistas e virtualidades. Mas implica também falar de poder, violência e dominação, enquanto elementos que embora sistematicamente neutralizados e recusados pelo seu discurso lhe imprimem significação plena.

Se a opção por uma tal análise interpretativa já deixa antever a natureza globalizante de nossa investigação baseada, se antecipe, em pesquisa bibliográfica interdisciplinar, esta opção conduz a esclarecimentos acerca de sua abrangência espaço-temporal. São duas, neste sentido, as questões a ponderar.

Em primeiro lugar, é necessário considerar que a matriz originária do paradigma dogmático de Ciência Jurídica e Jurídico-Penal em particular encontra-se na Alemanha sendo posteriormente recebida em outros Estados da Europa continental (Itália, Espanha, Portugal, Grécia, Holanda etc.) e da América Latina (Brasil, Argentina, Costa Rica, Peru, Venezuela etc.), gozando, portanto, de uma marcada vigência nesta região (entre outras) do centro e da periferia do capitalismo mundial.

Isto está a indicar que existe um potencial universalista do paradigma dogmático que lhe permite funcionar contextualizadamente e fora do lugar de origem; ou seja, para além da história interna da América Latina em relação ao Eurocentro e da história interna de cada Estado integrante de ambas as regiões. Pois, tanto a América Latina quanto a Europa, apesar de sua evidente unidade continental, não podem ser vistas como blocos monolíticos. Em especial, há também uma periferia no interior da própria Europa, que pode ser vista como uma semiperiferia do poder planetário (Portugal, Grécia, Espanha).

Em segundo lugar, constatação análoga se impõe relativamente ao modelo de sistema jurídico e de sistema penal (como parte integrante daquele) da modernidade, cujo potencial universalista o atesta sua marcada vigência no conjunto das sociedades capitalistas.

Desta forma, embora a apreensão da diversidade regional e contextual no funcionamento dos sistemas penais e da Dogmática Penal seja um problema que não pode ser abordado senão historicamente a apreensão da universalidade estrutural de seu funcionamento como "modelos" hegemônicos que são, é um problema que só pode ser abordado teórica e globalmente. E esta universalidade está dada: a) pela existência de uma lógica de operacionalização dos sistemas penais que, embora submetida a variações regionais e contextuais, aparece como qualitativamente comum nas sociedades capitalistas; b) pela existência de funções comuns que, embora submetidas a diferentes apropriações regionais e contextuais, aparece como o fundamento dos sistemas penais nas sociedades capitalistas; c) pela inserção geral da Dogmática Penal na lógica de operacionalidade do moderno sistema penal.

A própria natureza da investigação, ao partir das bases fundacionais da Dogmática e do sistema penal e eleger como marco teórico para o seu controle funcional um saber descontrutor que, embora também recebido na América Latina, é enraizado no capitalismo central, impõe este marco como seu referencial de gravitação. Desta forma, embora ela pretenda abranger, pelos motivos expostos, a vigência da Dogmática Penal na América Latina, é fundamental assinalar que segue uma orientação centro-periferia.

É fundamental também aduzir que a análise tem por referencial a vigência regular da Dogmática no marco ao qual seu próprio discurso se vincula: a normalidade da vigência do Estado de Direito. Pois os regimes de exceção, sejam os fascismos, nazismos ou ditaduras europeias e latino-americanas colocaram a vigência da Dogmática Penal ao que tudo indica, total ou parcialmente sob suspensão.

O objetivo geral perseguido, que formulamos aqui como hipótese central da investigação, é demonstrar que há, no âmbito do sistema penal, um profundo déficit histórico de cumprimento das funções declaradas da Dogmática Penal ao mesmo tempo em que o cumprimento excessivo de outras funções (simbólicas e instrumentais) não apenas distintas, mas opostas às oficialmente declaradas, que seu próprio paradigma, latente e ambiguamente tem potencializado desde sua gênese histórica. E são estas, desenvolvidas com êxito por dentro do fracasso de suas funções declaradas, que explicam sua relação funcional com a realidade social e sua marcada vigência histórica. As promessas da Dogmática Penal não apenas se inscrevem na longa agenda das promessas não cumpridas da modernidade, mas na própria "perversão matriarcal" da Ciência moderna.

No desdobramento desta hipótese fundamental, procuramos inventariar argumentos explicativos dos limites dogmáticos na garantia dos Direitos Humanos contra a violência punitiva e demonstrar, por outro lado, a profunda separação cognoscitiva entre Dogmática Penal e realidade social, estabelecendo a relação entre seus déficit de segurança jurídica e seu déficit cognoscitivo, assinalando a própria funcionalidade deste último e, enfim, a especificidade da crise que, por estas contradições, se pode imputar ao paradigma.

As conclusões da tese apontam assim para uma relação complexa entre Dogmática e sistema penal na qual ela transita da promessa de controle da violência punitiva à captura por esta mesma violência institucionalizada no sistema penal e por uma eficácia instrumental inversa à prometida, acompanhada de uma eficácia simbólica das promessas: a "ilusão" de segurança jurídica.

Daí por que, embora se trate de uma análise essencialmente interpretativa da Dogmática Penal e não prescritiva do seu futuro, o escopo que a orienta é sumariar um quadro problemático que, se desde o pilar da regulação aponta para o sucesso; desde o pilar dos Direitos Humanos aponta para o fracasso e a crise da Dogmática Penal e para a necessidade de uma suspensão e autocrítica do dogmatismo na Ciência Penal.

A constelação de subtemas e problemas tratados ao longo desta análise – que o sumário por sua vez ilustra – não pode ser coberta nos limites desta introdução. Uma visão panorâmica do seu desenvolvimento todavia se impõe neste lugar ao mesmo tempo em que a indicação do método seguido e de como as fontes bibliográficas (produto, como já referimos, de pesquisa bibliográfica interdisciplinar) foram utilizadas em face do método.

A tese está estruturada em quatro capítulos. Enquanto na primeira parte (capítulos I e II) tratamos da Dogmática Jurídico-Penal, na segunda (capítulos III e IV) nos ocupamos do sistema penal e do controle funcional baseado na análise contrastiva.

O método de abordagem que adotamos é o indutivo no sentido que lhe confere Alves (1983, p. 114 e 116), segundo o qual a indução "é uma forma de argumentar, de passar de certas proposições a outras; (...) é uma forma de pensar que pretende efetuar, de forma segura, a passagem do *visível* ao *invisível*." Assim, sempre que se passa do particular para o geral, amplia-se o conhecido, para ir ao encontro de um argumento ampliativo. "O raciocínio indutivo caracteriza-se, pois, por passar do conhecido ao desconhecido, do *visível* ao *invisível*".

No movimento deste método caminhamos, pois, da descrição do saber desde seu discurso declarado, "visível" (utilizando como fonte o próprio saber descrito e contribuições provenientes da Filosofia, Teoria e Sociologia Jurídicas, da Teoria Política etc.); à descrição do poder e do sistema penal, em cujo marco ressignificamos o saber descrito, expondo seus potenciais funcionais latentes, "invisíveis" (com base, então, no marco teórico já indicado: a historiografia do sistema penal, a Criminologia da reação social e a Criminologia e o Penalismo críticos). Daí se evidencia que o método de procedimento seguido foi, por sua vez, o comparativo.

O campo, por outro lado, das dificuldades experimentadas e dos próprios limites da análise proposta acaba por se desenhar no mesmo movimento de sua enunciação. Pois é na sua natureza mesma, teórica interdisciplinar e globalizante que eles radicam.Se romper com o monólogo que a unidisciplinariedade e a especialização impõem é cada vez mais necessário e consequente, a busca do diálogo interdisciplinar é, pela multiplicidade de leituras e domínios que requer, uma tarefa muito árdua e necessariamente aproximativa e inacabada.

Enfim, se o que nos propomos a fazer é uma análise interpretativa globalizante e exploratória das funções da Dogmática Penal que explicam sua marcada vigência histórica não há como escapar ao considerável grau de abstração que esta opção implica. Enfim, o ônus da horizontalidade é, também, o déficit da verticalidade analítica, já que muitas das questões apontadas certamente não puderam receber o tratamento merecido.

Seja como for, como se trata de fazer uma interpretação em perspectiva histórica, procurando apontar as relações a ter em vista, e não uma "história de" o panorama pode, como ensina Eco (1983, p. 10), "afigurar-se um tanto desfocado, incompleto ou de segunda mão".

Em cada capítulo, priorizamos determinados autores representativos das disciplinas pesquisadas, em razão da expressividade, importância e convergência da sua contribuição para a análise proposta, podendo ter, em razão disto, inflacionado alguns em detrimento de outros. É necessário esclarecer, contudo, que as contribuições recolhidas não implicam a subscrição integral de suas respectivas teorias.

Priorizamos as citações diretas, não obstante reconhecer seu peso talvez demasiado no texto, pela sua importância na argumentação e o seu valor informativo. Todas as citações diretas e indiretas em idioma estrangeiro foram traduzidas para o idioma nacional do idioma em que se encontravam na fonte consultada e referida no texto.

Na relação bibliográfica final constam, além das obras diretamente citadas, aquelas que, embora não citadas, integraram o universo pesquisado, concorrendo de algum modo para a sua realização.

CAPÍTULO I

O moderno saber penal

Consolidação da Dogmática Jurídico-Penal e
sua relação primária com a Criminologia

1. INTRODUÇÃO

Como ponto de partida de nossa análise sobre a Dogmática Jurídico-Penal, impõem-se duas considerações fundamentais.

Em primeiro lugar, que o paradigma dogmático não é uma peculiaridade da Ciência Penal, mas referido a um modelo geral de Ciência Jurídica[1] que se materializou em diferentes desdobramentos disciplinares, dando origem a Dogmáticas Jurídicas parciais (a Dogmática do Direito Civil, Comercial, Administrativo, Tributário, etc.) entre as quais a Dogmática Jurídico-Penal.

Em segundo lugar, que, historicamente, o paradigma dogmático "desenvolveu-se à sombra do Direito Privado" (Ferraz Junior, 1980, p.81) e na esteira de uma tradição privatista é recebido posteriormente pela Ciência Penal.

Desta forma, a Dogmática Jurídico-Penal não apenas se consolidou como um desdobramento disciplinar da Dogmática Jurídica, mas na esteira de sua consolidação no Direito privado e em alguns ramos do Direito público (Hernández Gil, 1981, p. 36; Rocco, 1982, p. 17-30 *passim*), razão pela qual deriva suas condições de produção e possibilidade deste paradigma geral, guardando com ele uma relação de dependência paradigmática.

Faz-se mister, pois, fixar prévia e genericamente nosso entendimento sobre este paradigma, ou seja, o próprio conceito de Dogmática Jurídica. E fixá-lo tomando por referente – acreditamos ser o critério autorizado – a própria imagem compartilhada pelos juristas dogmáti-

---

[1] Que procede, em sentido lato, da Escola histórica, especialmente do Jhering do "Espírito do Direito Romano atual". A respeito, ver, entre outros: Hernández Gil, 1981a e 1981b; Puceiro, 1981 e Andrade, 1996b.

cos sobre o trabalho que realizam (autoimagem), pois é precisamente este acordo que evidencia a existência do paradigma dogmático na Ciência Jurídica.[2]

Assim, na autoimagem da Dogmática Jurídica, ela se identifica com a ideia de Ciência do Direito que, tendo por objeto o Direito Positivo vigente em um dado tempo e espaço e por tarefa metódica (imanente) a "construção" de um "sistema" de conceitos elaborados a partir da "interpretação" do material normativo segundo procedimentos intelectuais (lógico-formais) de coerência interna tem por função[3] ser útil à vida, isto é, à aplicação do Direito.

A Dogmática Jurídica se singulariza, pois, pela adoção de determinado *approach* (juspositivista) ao estudo do Direito, que lhe circunscreve o objeto e pela adoção de determinado método, atendendo a uma atitude de base[4] e direcionando-se para determinado fim ou função declarada. É da articulação entre *approach*-objeto-método-função que deriva sua específica identidade.

Por outro lado, como já referimos, a identificação da Dogmática Jurídica com a Ciência do Direito e a sua autoimagem científica é até hoje questionada de modo que o signo "Dogmática" é empregado não

---

[2] O conceito que segue deve ser entendido, pois, como uma aproximação, uma estilização, o mais fidedigna possível, da Dogmática Jurídica na sua autoimagem.

[3] Como salientam Hassemer e Muñoz Conde (1989, p. 99) em linguagem jurídica tradicional se entende por "função" as consequências queridas ou desejadas de uma coisa, equiparando-a a "meta" ou "missão" signos que, acrescentamos, ao lado de "fim" e "finalidade" são indistintamente usados no discurso dogmático. Este significado difere contudo, como advertem ainda os mesmos autores, daquele atribuído à "função" em linguagem sociológica, na qual designa, tradicionalmente, "a soma das consequências objetivas de uma coisa".
Ferrajoli (1986, p. 26) acentua, por sua vez, a necessidade de distinguir entre função (para designar usos teóricos descritivos de um "ser", efetivamente realizado) e fim (para designar usos teóricos prescritivos, isto é, um "dever-ser", a se realizar) sob pena de confundir-se explicações com justificações.
Subscrevendo a necessidade desta distinção entendemos contudo que é linguisticamente melhor traduzida apelando-se a uma adjetivação do próprio signo função. Assim, priorizamos a expressão função "declarada", "oficial", "manifesta" ou "promessa", antes que a expressão "fim" e seus derivados para designar as consequências queridas ou desejadas e oficialmente perseguidas pela Dogmática, expressivas de um "dever-ser" (discurso dogmático declarado). Usamos a expressão função "latente" ou "não declarada" para designar as consequências que, embora não desejadas ou oficialmente buscadas pela Dogmática são por ela potencializadas. E usamos, enfim, a expressão função "real" para designar as consequências reais da Dogmática, em nível do "ser".

[4] Esta atitude básica da Dogmática Jurídica consiste numa atitude de adesão ao Direito Positivo independentemente do seu conteúdo, com base na crença de que pela forma como é estabelecido e aplicado e pelos fins a que serve, seja qual for seu conteúdo, tem por si mesmo um valor positivo e, por isso, suas prescrições devem ser incondicionalmente obedecidas. (Bobbio, 1981, p. 46-51 *passim*) Tal atitude, caracterizada por Bobbio como o "positivismo como ideologia" e por Nino como "jusnaturalismo encoberto" foi amplamente desenvolvida em Andrade, (1996, p. 55-87).

apenas para aludir ao caráter científico da atividade dos juristas, mas também para eludi-lo, isto é, negá-lo. (Pozo, 1988, p. 13)

Tendo assumido introdutoriamente a posição de que a Dogmática é um paradigma científico no sentido kuhneano cumpre agora explicitar melhor esta noção[5].

Resgatando a historicidade e o relativismo do signo "Ciência", a teoria kuhneana dos paradigmas caracteriza a cientificidade de uma disciplina não pelas suas opções, pressupostos epistemológicos ou produtos, mas pela sua forma "paradigmática" de exteriorização.

Com efeito, segundo Kuhn, uma análise histórica demonstra que inexiste "a" Ciência como atividade unívoca para todas as épocas e sociedades, uma vez que o entendimento sobre o que é fazer Ciência é sempre relativo a um consenso ou conjunto de compromissos teóricos básicos existentes num dado grupo humano: a comunidade científica. É sempre definido pela existência de um "paradigma", o que relativiza a definição do que é científico.

Para Kuhn existe, pois, Ciência, na medida em que existe um modelo compartilhado que define o sentido da pesquisa, seu âmbito e instrumentos. E um pesquisador é um cientista na medida em que se compromete com aquele modelo. Desta forma, cada Ciência tem sua tradição específica de pesquisa na qual se forma o pesquisador que se dedica a cultivá-la. Um paradigma define, portanto, toda uma maneira de cultivar a Ciência. Além de regras, linguagem, valores, etc., o procedimento científico requer todo aquele estilo de pensamento e ação constituído pelo paradigma.

Contra a univocidade do signo Ciência depõe também, segundo ele, a existência de duas espécies de prática científica relacionadas com a existência de um paradigma: a "Ciência normal" e a "Ciência extraordinária", distinção que remete, por sua vez, à sua teoria das "revoluções científicas".

A primeira é precisamente a atividade regida por um paradigma bem consolidado, que não é discutido e é, em geral, irrefletidamente aceito. O cientista "normal" ocupa-se exclusivamente daquele tipo de problemas que o paradigma definiu como científicos, aborda-os com aqueles recursos metodológicos consagrados também pelo paradigma e espera resolvê-los de acordo com a solução-tipo por ele fornecida .

O cientista normal, por ele definido como "solucionador de quebra-cabeças", é uma personalidade predominantemente conservadora

---

[5] O que segue é, pois, uma explicação sintetizada do conceito kuhneano de paradigma a que aludimos na nota de nº "1" da introdução. A respeito ver Kuhn (1975) e também Cupani (1985, p. 57-74).

com relação ao paradigma que defende e que representa para ele a maneira natural de cultivar a Ciência.

Já a Ciência extraordinária consiste na atividade que se desenvolve quando um paradigma começa a dar sinais de crise, isto é, não consegue mais resolver os problemas conforme as regras vigentes e até que seja substituído por outro. Para cada problema solucionado vão surgindo outros, de complexidade crescente, e a certa altura, o efeito cumulativo deste processo entra num período de crise em que, não tendo mais condições de fornecer soluções, o paradigma vigente começa a revelar-se como fonte última dos problemas e das incongruências. As "revoluções científicas", mais frequentes segundo Kuhn do que se imagina, são precisamente os processos de substituição de um paradigma por outro.

O cientista extraordinário é assim aquele que rompe com o paradigma tradicional ao perceber suas falhas ou anomalias e busca um novo instrumental para resolvê-las, chegando eventualmente a propor e até a impor um novo paradigma. O cientista extraordinário é tal precisamente por ter questionado o modelo científico tradicional.

Ele não lida com quebra-cabeças, mas com autênticos problemas, para os quais o paradigma vigente não oferece meios de solução e que exigem um novo paradigma de acordo com o qual seja possível tratá-las e resolvê-las.

E se o que caracteriza a(s) Ciência(s) para Kuhn é a sua forma paradigmática de materialização – independentemente e respeitadas suas diferentes opções e produtos – a Dogmática Jurídica pode ser concebida, precisamente, como um paradigma científico peculiar que, definido e compartilhado pela comunidade jurídica, configura, há mais de um século, o modelo "normal" e oficial de fazer Ciência na tradição jurídica ocidental-continental e naquela sob sua influência como a latino-americana.

Pois, com efeito, mais do que definir *approach*, objeto, método e função que caracterizam a identidade da Ciência Jurídica – isto é, seu âmbito, instrumentos e sentido – o paradigma dogmático define toda uma maneira de cultivá-la; todo um estilo de pensamento e ação que marca, com efeito, uma tradição específica de fazer Ciência e na qual se formam, sucessivamente, novos juristas.

Cabe razão, pois, a Faria (1988b, p. 31) quando afirma que "a Dogmática jurídica certamente constitui o que há de mais paradigmático no âmbito do pensamento normativo moderno."

Tratando-se da Dogmática Jurídico-Penal, é fundamental observar que ela guarda, por um lado, uma relação de dependência significativa com o paradigma genérico da Dogmática Jurídica, mas apresenta, por outro lado, uma certa especificidade e uma relativa autonomia decorrente do universo (penal) em que se insere, eis que este condiciona sua consolidação ao mesmo tempo em que remodela sua identidade.

Demonstrar, pois, como se consolida historicamente a Dogmática Jurídico-Penal e sua relação (primária)[6] com a Criminologia, no marco histórico de configuração do moderno saber penal em sentido amplo, é o objetivo central deste capítulo.

É que a consolidação do paradigma dogmático na Ciência Penal corre paralela, como veremos, ao surgimento e consolidação do paradigma etiológico[7] em Criminologia, no âmbito de uma tematização sobre as relações entre ambos que se dá no marco do positivismo[8] e na esteira de um processo e de um saber penal enraizados no ambiente cultural da Ilustração. Ela somente pode ser compreendida, pois, no âmbito mais profundo da herança iluminista à herança juspositivista, na medida em que a continuidade ideológica que esta consolidação guarda com a primeira herança se define sob a égide da segunda. Daí a importância, para a compreensão do conceito da Dogmática Penal, de reconstruí-lo desde as bases fundacionais do moderno saber penal em sentido amplo.

Pode-se dizer neste sentido que no campo penal o paradigma dogmático não dá começo definitivo até Binding, na Alemanha, a partir de 1870, como fruto do mesmo positivismo jurídico que originaria na Itália o tecnicismo jurídico-penal. (Mir Puig, 1976, p. 197-8) Por outro lado, a Criminologia como Ciência nasce e se consolida no âmbito da Escola Positiva italiana, no mesmo período.

Desta forma, a consolidação da Dogmática Penal – e a relação que doravante mantém com a Criminologia – não pode ser situada sem uma ilustração, ainda que sumária, da trajetória temática e metodológica experimentada pelo moderno saber penal na Alemanha e na Itália.

---

[6] Referimo-nos a uma relação primária entre Dogmática Penal e Criminologia porque, como veremos nos capítulos IV e V, uma contemporânea mudança de paradigma em Criminologia está a oportunizar uma outra forma de relação entre ambas as disciplinas, que chamamos por sua vez de secundária.

[7] Do grego "aitía" = causa.

[8] É importante registrar desde já que no campo penal o positivismo experimenta uma dupla manifestação. Por um lado, se manifesta através da Escola Positiva italiana, à qual se vincula o nascimento da Criminologia como Ciência. Para designar esta Escola ou o positivismo nela materializado tem-se usado as adjetivações de positivismo "naturalístico" ou "criminológico" e ainda "sociológico" ou "científico". Usaremos indistintamente estas denominações. Por outro lado, o positivismo "jurídico" se manifesta paralela – e em certos casos, como na Itália, reativamente àquele – estando na base de consolidação da Dogmática Jurídica no campo penal. Trataremos de ambos na continuação.

A trajetória do saber penal em Itália, tomando como marco a obra de Beccaria até a consolidação da Dogmática Penal, encontra-se marcada por uma oscilação de método e objeto que não se verifica na Alemanha onde as oscilações metódicas existentes não foram acompanhadas das mesmas oscilações de objeto. É que na Alemanha, tradicionalmente, desde Feuerbach, o Direito Positivo, embora variando a determinação de seu sentido e confins, foi um objeto mais constante de estudo.

Com efeito, a Escola Clássica (tendo por objeto o Direito natural e por método o lógico-abstrato ou dedutivo) a Escola Positiva (tendo por objeto o delito como fato natural e social e por método o científico ou indutivo) e a Escola Técnico-Jurídica (tendo por objeto o Direito Positivo e por método o técnico-jurídico) constituem, em Itália, as oscilações extremas neste sentido entre as quais têm lugar inúmeras posições intermediárias.[9]

Na Itália, portanto, o universo do saber penal, na centúria que vai da segunda metade do século XVIII até a segunda metade do século XIX, é nuclearmente ocupado por duas grandes Escolas penais: a Escola Clássica e a Escola Positiva, cujo embate travado, desde o advento desta última, marca o século XIX com a luta entre as Escolas gerando, por esta razão, diversas tendências ecléticas ou conciliadoras. A Escola Técnico-Jurídica representa, já na virada do século XIX para o século XX um autêntico movimento de reação contra o sincretismo metodológico que, como herança desta luta escolar, dominava o universo penal.

Na Alemanha, aquelas oscilações metódicas podem ser assim sumariadas: antes de Feuerbach, o Direito Natural se encontra entre as fontes do Direito Positivo; de Feuerbach até aproximadamente 1840, predomina o Direito positivo como objeto da Ciência Penal, ainda que moderado pelo recurso ao Direito Natural; desde 1840 até aproximadamente 1870, há um retorno, graças ao hegelianismo, da prevalência do Direito racional. A partir de então, e desde K. Binding, triunfam o positivismo jurídico e a consolidação do Direito positivo como objeto da Ciência Penal, favorecido por sua vez pelo formalismo que acabou dominando a Escola Histórica e pelo Código liberal da Alemanha unificada, datado de 1871. (Mir Puig, 1976, p. 208-10)

E tendo em conta que o movimento ideológico que fez nascer em toda Europa a Ciência Penal moderna se remonta, como é sabido, à Ilustração, de forma imediata por obra de Beccaria, é dela que parti-

---

[9] São estas três Escolas, portanto, que examinaremos aqui. Sobre as inúmeras Escolas ou tendências ecléticas ver, entre outros, Asúa (1950, p. 30 *et seq.*); Sodré (1977, p. 253 *et seq.*).

mos aludindo ao saber penal italiano antes que ao alemão, ainda que, cronologicamente, é neste que se encontram as matrizes fundacionais da Dogmática Penal.

2. A ESCOLA CLÁSSICA
Do saber filosófico ao saber jurídico-filosófico em defesa do indivíduo

A Escola Clássica[10] se originou no marco histórico do Iluminismo e de uma transformação estrutural da sociedade e do Estado, inserindo-se, em seus momentos fundacionais, na transição da ordem feudal e o Estado absolutista (o "Antigo regime") para a ordem capitalista e o Estado de Direito liberal na Europa, e se desenvolveu ao longo do processo de consolidação desta nova ordem.

E cobrindo este período de quase cem anos, que vai de meados do século XVIII a meados do século XIX, há uma especificidade no saber por ela produzido que deve ser fundamentalmente ressaltada.

É que no próprio interior do classicismo assistimos a

"(...) um processo que vai de uma filosofia do direito penal a uma fundamentação filosófica da Ciência do Direito Penal, isto é, de

---

[10] Em um sentido genérico, por Escola Clássica costuma designar-se as teorias sobre o Direito Penal, o crime e a pena desenvolvidas em diversos países europeus no século XVIII até meados do século XIX, no âmbito da Filosofia política liberal clássica.
Também não é uniforme a fixação de que autores devem ser incluídos na Escola. Para alguns, que a concebem iniciada por um primeiro período essencialmente filosófico, sucedido por um período jurídico (e cuja orientação aqui subscrevemos) deve-se incluir nela a Cesare Beccaria e, como marco inicial do período filosófico sua obra "Dei delitti e delle pene", publicada em 1764, Jeremias Bentham (1748-1832), Gaetano Filangieri (1752-1788), Giandomenico Romagnosi (1761-1835) e Pablo Anselmo Von Feuerbach (1775-1833), entre outros.
E como representantes mais significativos de seu período jurídico, Giovanni Carmignani (1768-1847), Pellegrino Rossi (1781-1848) e, especialmente, Francesco Carrara (1805-1848).
Para outros, contudo, aqueles primeiros devem ser situados como seus precursores, devendo-se reconhecer a estes últimos, apenas, como seus representantes genuínos.
A denominada Escola Clássica não constitui, portanto, um bloco monolítico de concepções, caracterizando-se por uma grande variedade de tendências divergentes e em alguns aspectos opostos, que na época de seu maior predomínio combateram entre si, como as chamadas "teorias absolutas" da retribuição (Kant, Hegel, Carrara) e as chamadas "teorias relativas" da prevenção (Bentham, Feuerbach, Beccaria, Romagnosi).
Além da heterogeneidade de suas concepções, ela também não obedece a um grupo homogêneo de penalistas que tenham trabalhado juntos ou em estreito contato. Suas tendências se desenvolveram em diferentes países por representantes que não se conheciam entre si. A denominação de "Clássica" era, inclusive, estranha ao tempo do seu advento e apogeu tendo sido cunhada apenas em 1880 por Ferri.
Seja como for, entendemos que o que caracteriza a chamada Escola Clássica é, acima de tudo, uma unidade metódica e ideológica que tratamos de acentuar aqui, não obstante o reconhecimento desta heterogeneidade.

uma concepção filosófica a uma concepção jurídica, mas filosoficamente fundada, dos conceitos de delito, responsabilidade penal e pena." (Baratta, 1991, p. 25)

Desta forma, é fundamental distinguir entre as origens da Escola, marcada por um saber essencialmente filosófico no qual conflui, diretamente, toda a Filosofa do Iluminismo europeu, especialmente o francês (e traduz, ao mesmo tempo, o movimento de reforma penal que vem no bojo daquela transformação) do seu posterior desenvolvimento e culminação, quando é marcada pela produção de um saber jurídico, embora ainda filosoficamente fundamentado e herdeiro, então indireto, do Iluminismo.

Ao mesmo tempo, enquanto aquele saber fundacional é marcado por uma dimensão crítico-negativa (do *status quo* do Direito e da Justiça Penal) convivendo com uma dimensão positiva ou construtiva de projeção (de um novo Direito e uma nova Justiça Penal), o saber clássico da maturidade abandona a dimensão combativa e é essencialmente positivo. Entre ambos, saliente-se, medeia o início do movimento europeu de codificação.

A obra *Dos Delitos e das Penas*, de Beccaria (1764),[11] constitui o marco mais autorizado do início da Escola e a expressão mais fidedigna do seu primeiro período; da mesma forma que a obra *Programa do Curso de Direito Criminal*, de Carrara (1859), constitui o marco mais autorizado da culminação daquele segundo período e do pleno desenvolvimento da própria Escola Clássica.

2.1. A unidade ideológica da Escola Clássica

De qualquer modo, há uma visível unidade ideológica na Escola Clássica. Trata-se do seu inequívoco significado político liberal e humanitário, pois a problemática comum e central que preside aos seus momentos fundacionais e atravessa o seu desenvolvimento é a problemática dos limites – e justificativa – do poder de punir face à liberdade individual.

Baseando-se no postulado fundamental de que "os direitos do homem[12] tinham que ser protegidos da corrupção e dos excessos das

---

[11] Sobre a vida e condições pessoais de Beccaria na produção desta obra, bem como sua contextualização histórica, ver Cantero (1977, p. 49-56).

[12] A rigor, a linguagem da Escola Clássica não é a linguagem dos "Direitos humanos", tal como veio, sobretudo no pós-guerra, a se universalizar. Mas a linguagem do indivíduo, da liberdade individual, dos direitos subjetivos ou das garantias individuais. Trata-se, pois, do que posteriormente se denominou direitos humanos civis, individuais ou de primeira geração.

instituições vigentes, vícios que não estavam ausentes nos regimes jurídicos da Europa do século XVIII" (Taylor, Walton, Young, 1990, p. 19) ela empreenderá uma vigorosa racionalização do poder punitivo em nome, precisamente, da necessidade de garantir o indivíduo contra toda intervenção estatal arbitrária. Daí por que a denominação de "garantismo" seja talvez a que melhor espelhe o seu projeto racionalizador.

2.2. A unidade metodológica da Escola Clássica

Projetando para o campo penal a concepção racionalista de Ciência[13] dominante em seu tempo histórico e inserindo-se naquela "unidade metodológica" que, segundo Bobbio (1980, p. 177), caracteriza a corrente moderna do Direito Natural, a Escola Clássica é tributária do método racionalista, lógico-abstrato ou dedutivo de análise do seu objeto, o qual condiciona, associado aos seus demais pressupostos, a sua produção jusfilosófica.

Sendo a concepção racionalista de Ciência orientada por uma concepção mecanicista do universo (como um conjunto de leis naturais absolutas e predeterminadas), o seu método cumpre, consequentemente, a função de investigação racional e sistemática daquelas leis ou princípios e, portanto, de revelação do próprio objeto; ou seja, da origem natural e predeterminada do Direito Penal.

Consoante esta premissa jusnaturalista, o Direito Penal revelado e verdadeiramente digno de consideração era apenas o que decorria, por dedução lógica, seja de um hipotético contrato social (como em Beccaria), seja da natureza racional do homem ou da lei divina (como em Carrara) pois, em qualquer caso, o Direito não é visto como produto histórico.

Surpreendemos, pois, nos clássicos:

"(...) uma mentalidade anti-historicista que se reflete também naqueles que partem de premissas contratualistas, porque o contrato está situado acima e fora da história, transformando-se em mera hipótese de trabalho, premissa fundamental para toda e qualquer discussão lógica." (Bettiol, 1966, p. 22)

---

[13] Conforme assinala Bobbio (1980, p.175-6 e 178) a concepção racionalista do século XVII (Galilei, Hobbes, Leibniz) juntamente com a positivista do século XIX constituem as maiores concepções da ciência desenvolvidas na modernidade. Na concepção racionalista, cujo pressuposto é uma visão do mundo como um sistema ordenado regido por leis universais e necessárias que o homem, enquanto ser razoável, era dotado de capacidade de compreender a Ciência é concebida, consequentemente, como adequação da razão subjetiva do homem à razão objetiva do universo.

Nesta Escola, portanto, a teoria penal recebe um caráter demonstrativo de um sistema fechado, que deve legitimar-se perante a razão mediante a exatidão matemática e a concatenação lógica de suas proposições. Dá-se a ligação entre teoria penal e sistema racional, sendo o Direito Penal concebido como "um sistema dogmático, baseado sobre conceitos essencialmente racionalistas". (Asúa, 1950, p. 32)

Aquela unidade ideológica guarda então com esta unidade metodológica um estreito nexo histórico.

É que:

"(...) os clássicos, desde César Beccaria, pretendem mediante um método abstrato, dedutivo (...), atacar o Direito Penal do Antigo Regime (...) e conseguem que essas idéias penetrem a legislação inaugurando o Direito penal moderno." (Rodriguez Devesa citado por Mir Puig, 1976, p. 176)

2.3. O movimento reformista e a obra de Beccaria
Bases fundacionais do moderno Direito Penal e a promessa de segurança jurídica

O impacto histórico e a importância da obra de Beccaria não se devem à sua originalidade, mas à sua capacidade de expressar o vigoroso movimento europeu de reforma penal[14] que vem no bojo do Iluminismo, estabelecendo as bases fundacionais do moderno Direito Penal (e Processual Penal). Neste sentido, ela simboliza, a um só tempo, as reivindicações daquele movimento e as origens da Escola Clássica.

Com efeito, consubstanciando a projeção, para o campo penal, do conjunto de "ismos" enraizados na Filosofia iluminista – racionalismo, humanismo, contratualismo, liberalismo – "Dos delitos e das penas" é uma expressão vigorosa daquela dualidade a que acima nos referimos, pois se trata de uma obra simultaneamente de combate à Justiça Penal do Antigo Regime e projeção de uma Justiça Penal liberal, humanitária e utilitária, contratualmente modelada.

Na sua dimensão crítica (negativa), denuncia o estado da legislação penal vigente, dominado por uma heterogênea e caótica profusão de leis obscuras: um "código sem forma, produto monstruoso de séculos mais bárbaros" (Beccaria, 1983, p. 7). E responsabiliza estes ví-

---

[14] Dentre os reformadores, também há que mencionar, entre outros, Jeremy Bentham, Gaetano Filangieri, Giandomenico Romagnosi e Jean Paul Marat (Bustos Ramirez, 1984, p. 120-1; Baratta, 1991a, p. 25 e Cantero, 1977, p. 57-8).

cios da legislação por possibilitarem a arbitrária e desigual aplicação da lei conforme a condição social do acusado.

As penas, assentadas no duplo pilar da expiação moral e da intimidação coletiva, eram excessivamente arbitrárias e bárbaras, prodigando os castigos corporais e a pena de morte.

Relativamente ao Processo Penal, todas estas características eram mais salientes. De caráter inquisitivo, era rigorosamente secreto, ignorando as mais elementares garantias dos direitos de defesa. A tirania da investigação da verdade a qualquer preço conduzia ao sistema de provas legais, à obrigação do acusado de prestar juramento e à obtenção por qualquer meio da confissão, considerada a rainha das provas.

Em síntese, a Justiça Penal vigente atentava, em todos os sentidos, contra a necessária certeza do Direito e a segurança individual.

Na dimensão reconstrutora (positiva), "Dos Delitos e das Penas" consiste, em decorrência, na formulação programática dos pressupostos do Direito Penal e Processual Penal no marco de uma concepção liberal do Estado e do Direito baseada nas teorias do contrato social, da divisão de poderes, da humanidade das penas e no princípio utilitarista da máxima felicidade para o maior número de pessoas. (Taylor, Walton e Young, 1977, p. 19, e Baratta, 1991, p. 25)

Orienta-se, neste sentido, pela exigência de segurança individual contra a arbitrariedade do Príncipe (poder punitivo), e sua preocupação central é a instauração de um regime estrito de legalidade (Penal e Processual Penal) que evite toda incerteza do poder punitivo, ao mesmo tempo em que promova a sua humanização e instrumentalização utilitária.

Por isso a obra de Beccaria representa, sem dúvida, um marco fundacional do moderno Direito Penal e Processual Penal Liberal. É sua aportação para o Direito Penal, contudo, que nos interessa aqui focalizar.

Assim a formulação programática dos princípios da Legalidade dos delitos e das penas, certeza e igualdade jurídica; humanidade, proporcionalidade e utilidade (finalidade preventiva da pena) para a fundação de um Direito Penal liberal encontram-se, em sua obra, em antítese crítica relativamente aos vícios mais graves por ele detectados na Justiça Penal vigente em seu tempo, historiada e imortalizada, em especial, na obra de Foucault (1987).

Partindo de um hipotético estado de natureza, é no contrato social, pois, que Beccaria (1983, p. 15) encontra um novo fundamento e legitimidade para as penas e o direito de punir:

"Assim sendo, somente a necessidade obriga os homens a ceder uma parcela de sua liberdade; disso advém que cada qual apenas concorda em por no depósito comum a menor porção possível dela, quer dizer, exatamente o necessário para empenhar os outros em mantê-lo na posse do restante. A reunião de todas essas pequenas parcelas de liberdade constitui o fundamento do direito de punir. Todo exercício de poder que deste fundamento se afaste constitui abuso e não justiça; é um poder de fato e não de direito; constitui usurpação e jamais um poder legítimo. As penas que vão além da necessidade de manter o depósito da salvação pública são injustas por sua natureza; e tanto mais justas serão quão mais sagrada e inviolável for a segurança e maior a liberdade que o soberano propiciar aos súditos."

Como primeira consequência do poder punitivo contratualmente fundado e com base no princípio da divisão de poderes, Beccaria deduz a exigência de Legalidade, princípio que veio a se consubstanciar na fórmula *nullun crimen nulla poena sine lege*, que lhe imprimiu Feuerbach:

"A primeira conseqüência que se tira desses princípios é que apenas as leis podem indicar as penas de cada delito e que o direito de estabelecer leis penais não pode ser senão da pessoa do legislador, que representa toda a sociedade ligada por um contrato social." (Beccaria, 1983, p. 16)

Coerentemente com a convicção de que "através de boas leis" era possível impedir os abusos da antiga Justiça Penal (Beccaria, 1983, p. 11), a segunda consequência do contrato social (no marco de uma estrita separação de funções entre os Poderes Legislativo, Executivo e Judiciário) é que não basta submeter a punição, em abstrato, à legalidade, mas é necessário que as leis sejam gerais e escritas em linguagem comum e tão claras que, prescindindo de qualquer interpretação, submetam rigorosamente o juiz:

"Advém, ainda, dos preceitos firmados precedentemente, que os julgadores dos crimes não podem ter o direito de interpretar as leis penais, pela própria razão de não serem legisladores.

(...)

O juiz deve fazer um silogismo perfeito. A maior deve ser a lei geral; a menor, a ação conforme ou não à lei; a conseqüência, a liberdade ou a pena. Se o juiz for obrigado a elaborar um raciocínio a mais, ou se o fizer por sua conta, tudo se tornará incerto e obscuro. Não há nada mais perigoso do que o axioma comum de que é necessário consultar o espírito da lei." (Beccaria, 1986, p. 17)

A Lei geral e assim formalizada (única fonte do Direito Penal), seguida da sentença como um silogismo perfeito (neutralidade judicial) geram a necessária igualdade e certeza jurídica que a segurança (da liberdade e propriedade dos cidadãos) demanda:

> "Sendo as leis penais cumpridas à letra, qualquer cidadão pode calcular exatamente os inconvenientes de uma ação reprovável; e isso é útil, pois esse conhecimento poderá fazer com que se desvie do crime. Gozará, com segurança, de sua liberdade e de seus bens; e isso é justo, pois, que esse é o fim que leva os homens a se reunirem em sociedade." (Beccaria, 1986, p. 18)

Como terceira consequência, aparece a exigência de utilidade da pena que, diretamente vinculada aos princípios da humanidade e da proporcionalidade aos delitos, não pode ter como finalidade torturar e afligir um ser sensível, nem desfazer um crime já praticado, mas prevenir o delito:

> "Os castigos têm por finalidade única obstar o culpado de tornar-se futuramente prejudicial à sociedade e afastar os seus patrícios do caminho do crime. Entre as penalidades e no modo de aplicá-las proporcionadamente aos crimes, é necessário, portanto, escolher os meios que devem provocar no espírito público a impressão mais eficiente e mais perdurável e, igualmente, menos cruel no organismo do culpado." (Beccaria, 1986, p. 42-3).

Se o critério de medida da pena é, dentro do contrato social e do princípio utilitarista, o mínimo sacrifício da liberdade individual e da propriedade que ela necessariamente implica, "a exata medida dos crimes é o prejuízo causado à sociedade" (Beccaria, 1986, p. 63).

Como desfecho sintético "Dos Delitos e das Penas" aparece um "teorema geral de muita utilidade", embora pouco adaptado ao uso:

> "É que, para não ser um ato de violência contra o cidadão, a pena deve ser, de modo essencial, pública, pronta, necessária, a menor das penas aplicáveis nas circunstâncias referidas, proporcionada ao delito e determinada por Lei." (Beccaria, 1983, p. 97)

Com o saber iluminista-reformista que a obra de Beccaria simboliza, nasce, portanto, um projeto de refundação do Direito e da Justiça Penal e, com ele, uma promessa de segurança jurídica individual para a modernidade.

2.4. O jusracionalismo e as bases jusfilosóficas do Direito Penal liberal

A obra dos reformadores penais, destacadamente a de Beccaria, subministra os pressupostos filosóficos e ideológicos que, paulatinamente recebidos e positivados pelo movimento codificador europeu,[15] dá origem ao moderno Direito Penal liberal. É na codificação, por sua vez, que a Ciência Penal encontra um princípio de unidade para o seu objeto.

Não se tratava mais, portanto, de combater a antiga Justiça Penal, mas de consolidar juridicamente os princípios básicos do novo Direito Penal já positivados ou em vias de positivação. É compreensível, assim, que no seu desenvolvimento posterior o classicismo abandone a originária posição crítico-negativa e produza um saber eminentemente construtivo.

No lugar da crítica à legislação, ao processo e à execução penal do Antigo Regime, o classicismo passa a edificar a construção conceitual sistemática do Direito Penal, do crime, da responsabilidade penal e da pena que deverão sustentar o novo Direito Penal. É possível então, também relativamente a esta construção, estabelecer um certo senso comum do classicismo em sua fase jusracionalista ou jusfilosófica.

2.4.1. Postulados fundamentais
O senso comum do classicismo

2.4.1.1. Crime (ente jurídico)

É nesta fase, sem dúvida, que o emprego do método racionalista é levado pelo classicismo às suas últimas consequências, pois é com Carrara – o maior definidor deste período – que a Ciência Penal atinge seu apogeu como "construção sistemática da razão".[16]

De Beccaria a Carrara, a versão contratualista do Direito Penal cede lugar à versão católico-tomista, pois sua origem natural não é mais o contrato, mas as Leis divinas.

---

[15] Sobre a codificação na Europa ver Asúa (1950, t.1, p. 276 *et seq.*); Cantero (1977, p. 60); Ancel (1979, p. 55); Mir Puig (1976, p. 199-200).Sobre a codificação em Iberoamérica ver Rivacoba y Rivacoba e Zaffaroni (1980).

[16] Mir Puig (1976, p. 198) sustenta que o contexto político e jurídico da França, por um lado, e da Itália e Alemanha, por outro, constitui uma das bases que explica a distinta atitude intelectual nestes países frente ao Direito Natural.

De qualquer modo, este deslocamento não altera aquela conexão, já referida, entre o método racionalista e a ideologia liberal no interior do classicismo,[17] pois ainda que Carrara tenha adotado a versão católico-tomista

"(...) e não o jusnaturalismo racionalista característico da Ilustração, o recurso ao Direito natural tinha na Escola Clássica um sentido político liberal inequívoco. O sistema ideal a que o método racional conduziu, teve o sentido de desideratum dirigido ao legislador, quem havia de encontrar nele os limites necessários à liberdade do cidadão." (Mir Puig, 1976, p. 176)

E é por esta via que Carrara chega à sua "fórmula sacramental" do crime como "ente jurídico" que sintetiza, a seu ver, a essência do crime e traduz a verdade fundante do sistema clássico:

"Uma fórmula devia conter em si o germe de todas as verdades em que a Ciência do Direito Criminal viria compendiar-se e nos seus desenvolvimentos e aplicações peculiares. Acreditei ter achado essa fórmula sacramental; e pareceu-me que dela emanavam, uma a uma, todas as grandes verdades que o Direito Penal dos povos cultos já reconheceu e proclamou nas cátedras, nas academias e no foro. Expressei-a dizendo que o delito não é um ente de fato, mas um ente jurídico. Com tal asserto, tive a impressão de que se abriam as portas à espontânea evolução de todo o direito criminal, em virtude de uma ordem lógica e impreterível. E esse foi o meu programa. O Programa para mim não era nem o livro, nem o tratado, mas a idéia que devia vivificá-lo, por inteiro, para o conduzir aos seus fins, por caminhos múltiplos e variados, mas sempre coerentes, convergentes, entre si concatenados, e conforme a verdade." (Carrara, 1956, p. 10-1)

Dotada por Carrara da mais alta transcendência, capaz de servir de suporte à construção jurídico-penal e de princípio de unidade do qual se desdobrariam, logicamente, todas as verdades subordinadas, a sua "fórmula sacramental" foi elevada, pelo classicismo, à condição de um dos axiomas ou princípios nucleares dos quais partiam no emprego do método dedutivo.

Numa atmosfera política liberal, que se preocupava em fixar claramente os limites da intervenção estatal; num ambiente especulativo que acentuava a supremacia, as possibilidades e as exigências da razão humana, o crime acabava por ser considerado como um "ente jurídico" porque "ente da razão", dada a fonte racionalista de toda norma jurídica.

---

[17] A respeito ver Ferri (1931, p. 35-7).

O atributo de juridicidade era relacionado ao crime, não porque fosse considerado uma violação de determinado ordenamento jurídico-positivo, mas do Direito, compreendido como categoria lógico-abstrata, como elaboração apriorística de uma noção postulada por uma exigência da razão. (Bettiol, 1966, p. 22)

Assim,

"O delito é um ente jurídico, porque a sua essência deve forçosamente consistir na violação de um direito. Mas o direito é congênito ao homem, porque lhe foi dado por Deus, desde o momento de sua criação, para que possa cumprir os seus deveres nesta vida; deve, pois, o direito ter existência e critérios anteriores às inclinações dos legisladores terrenos: critérios absolutos, constantes, e independentes dos seus caprichos e da utilidade avidamente anelada por eles. Assim, como primeiro postulado, a Ciência do Direito Criminal vem a ser reconhecida como uma ordem racional que emana da Lei moral-jurídica, e preexiste a todas as Leis humanas, tendo autoridade sobre os próprios legisladores. O direito é a liberdade. Bem entendida, a Ciência Penal é, pois, o código supremo da liberdade, que tem por escopo subtrair o homem à tirania dos demais e ajudá-lo a subtrair-se à sua própria, bem como a de suas paixões." (Carrara, 1956, p. 11)

Ao formular sua definição do crime como "a infração da Lei do Estado, promulgada para proteger a segurança dos cidadãos, resultante de um ato externo do homem, positivo ou negativo, moralmente imputável e politicamente danoso", Carrara (1956, p. 48-9) reafirma em sua visão teocêntrica da ordem jurídica e moral que:

"Definindo o delito como violação da Lei promulgada, pressupusemos que essa Lei tenha sido ditada conforme à suprema Lei do direito natural. Mas ao dar a definição do delito não pudemos preterir a idéia de Lei promulgada, porque os princípios da Ciência devem servir de norma não apenas ao legislador, mas também aos magistrados. Ora, se da definição for apartada a idéia de Lei promulgada, chegar-se-á, inevitavelmente, a estas duas conseqüências: ao cidadão faltará a regra escrita da própria conduta; e o magistrado se converterá em legislador."

Toda a atenção da Escola Clássica é, assim, polarizada para o crime considerado como "ente jurídico" e foi a este propósito que os clássicos procederam, pioneiramente, à análise lógico-formal do conceito de crime, decompondo, analiticamente, seus elementos constitutivos (as "forças físicas e psíquicas", na linguagem de Carrara) e situando os pontos de partida para a doutrina penal posterior.

A Escola Clássica ocupou-se ainda em

"(...) circunscrever, do modo mais claro possível, as diversas figuras de crime, para que não houvesse a esse respeito incertezas sobre o significado penal da ação humana. Pode-se, na verdade, afirmar que foi a própria ação humana (abstratamente considerada) que constituiu o centro de toda investigação, porque a liberdade individual é garantida contra os riscos de uma intervenção estatal arbitrária, apenas quando as características e o significado penal da ação forem claramente definidos." (Bettiol, 1966, p. 23)

Mas, além de ser uma violação, o crime é, para o classicismo, uma violação "consciente e voluntária" da norma penal e, pois, dos seus elementos constitutivos conferem especial relevância à "vontade culpável" – àquele elemento subjetivo que, contemporaneamente, é denominado "culpabilidade." É mister que o crime seja animado por uma vontade culpável entendida mais como vontade de violar a norma do que como voluntariedade do fato constitutivo do crime. Enfim, é necessário que a vontade seja livre para que seja culpável. O livre-arbítrio constitui, assim, o sustentáculo do Direito Penal clássico. (Bettiol, 1966, p. 23-4)

2.4.1.2. Responsabilidade penal
(fundada na responsabilidade moral derivada do livre-arbítrio)

O classicismo penal elevou uma vez mais à condição de axioma – embora com algumas exceções, como em Feuerbach – a afirmação livre-arbitrista e a natureza moral da responsabilidade penal de Carrara (1956, p. 36):

"A teoria da imputação considera o delito nas suas puras relações com o 'agente', e a este, por sua vez, em suas relações com a 'Lei moral', conforme os princípios do 'livre arbítrio' e da responsabilidade humana, princípios que são imutáveis, não se alterando com o decorrer dos tempos ou o variar do povos e costumes."[18]

O normativismo abstrato, presente na concepção de crime, se manifesta uma vez mais: a responsabilidade penal tem por fundamento a responsabilidade moral, e esta tem por pressuposto o livre-arbítrio.

A responsabilidade penal decorre, pois, da violação consciente e voluntária da norma penal. Para que a vontade seja culpável, deve ser

---

[18] E acrescenta a seguir, respondendo à crítica contra o livre-arbítrio formulada por Ferri: "Não me ocupo de discussões filosóficas; pressuponho aceita a doutrina do 'livre-arbítrio e da imputabilidade moral do homem', e sobre essa base edificada a Ciência Criminal, que sem ela mal se construiria." (Carrara, 1956, p.37).

exercida no domínio do livre-arbítrio, que confere imputabilidade ao sujeito da ação.

Logo, no sistema defendido pelos clássicos, a imputabilidade – entendida como capacidade de entender o valor ético-social da ação e de determinar-se para a própria ação, sabendo assim subtrair-se ao influxo imperioso dos componentes externos e internos da ação – constitui um elemento fundamental, e a distinção entre imputáveis e inimputáveis é decisiva, pois o enfermo mental é tão irresponsável pelo crime como se não o tivesse cometido. Fora dos limites da imputabilidade, o classicismo via um campo exclusivamente reservado a medidas de caráter profilático.

2.4.1.3. Pena (retribuição e tutela jurídica)

Como já referimos, a Escola Clássica, globalmente considerada, não comporta uma concepção unitária de pena, nela convivendo as chamadas teorias absolutas e relativas.[19]

---

[19] Convém situar, pois, desde já, o marco geral das teorias da pena, que se desenvolvem da Escola Clássica, passando pela Escola Positiva à contemporaneidade, seja para melhor situar a contribuição das Escolas na sua formulação, seja pela referência que a elas faremos em distintos momentos deste trabalho.
Para as *teorias absolutas* (Kant, Hegel, Carrara), a função da pena é a retribuição. A pena não é vista como um meio para a realização de fins, uma vez que encontra em si mesma a sua própria justificação. Neste sentido não se pode dizer que não seja atribuída à pena uma função positiva, mas sim que esta função é interna ao Direito mesmo, pois é essencialmente reparatória, de reafirmação do Direito.
Para as *teorias relativas*, o fim da pena é a prevenção e ela é vista, ao revés, como um meio para a realização de fins socialmente úteis. Relativamente a estas, é possível diferenciar quatro tipos ideais de modelos teóricos, observando que frequentemente encontram-se teorias nas quais se utiliza mais de um modelo, geralmente em disposição hierárquica de funções (teorias plurifuncionais).
Segundo um esquema universalmente utilizado nos manuais, as teorias relativas se classificam em *teorias da "prevenção especial"* e *teorias da "prevenção geral"*, conforme o seu destinatário principal seja identificado, respectivamente, no castigo penal ou na sua ameaça.
As *teorias da prevenção geral* se subdividem em teorias da prevenção *geral negativa* (Bentham, Feuerbach, Beccaria) e *positiva*(Escola funcionalista desde Durkheim e, contemporaneamente, representada pela "teoria da prevenção-integração"). Nas primeiras, cujos destinatários são os infratores potenciais, a função da pena é a intimidação ou disuasão neles provocada pela mensagem contida na lei penal, em especial pela cominação da pena em abstrato, que estaria então dirigida a criar uma contramotivação ao comportamento contrário à lei. Nas segundas, cujos destinatários são, ao revés, os cidadãos fiéis à lei, a função da pena é a de declarar e afirmar valores e regras sociais e de reforçar sua validez, contribuindo desta forma para a integração do grupo social em torno daqueles e para o restabelecimento da confiança institucional desprezada pelas transgressões ao ordenamento jurídico. Embora reconheça antecedentes na formulação durkheimiana foi objeto de recente reelaboração na Alemanha, no marco conceitual da teoria sistêmica pela chamada teoria da "prevenção-integração" que representa, também, o ponto de chegada do desenvolvimento da Ciência penal alemã dos últimos decênios.
As teorias da *prevenção especial* também se subdividem, por sua vez, em teorias da *prevenção especial negativa e positiva*. As primeiras afirmam a função de neutralização do transgressor: custódia

Mas não obstante alguns clássicos, como Beccara, atribuírem à pena uma finalidade essencialmente preventiva de impedir o aumento dos crimes ("prevenção geral negativa"), nesta fase jurídica da Escola Clássica, a atribuição de uma finalidade retributiva à pena coroa, essencialmente, o seu sistema, pois ela se apresenta como decorrência lógica do livre-arbítrio.

Neste âmbito,

"As várias teorias formuladas pelos clássicos movem-se entre os extremos da imputabilidade e o da pena retributiva pelo que, frente a uma concepção que ponha em dúvida a liberdade do querer ou atribua à pena tarefas que não encontrem seu apoio lógico na teoria da culpa, podemos tranqüilamente afirmar que estamos fora do campo de ação do classicismo, que, no esforço de salvaguardar a soberania da Lei contra qualquer arbítrio, restringia os poderes do juiz no campo da legalidade, transformando-o em mero executor do legislador." (Bettiol, 1966, p. 25)

Com efeito, a responsabilidade moral (ou imputabilidade), sinônimo de liberdade de vontade, conduz à pena, que é "retribuição" pelo mal realizado, diretamente proporcionada ao crime e por ele justificada. A pena "é um justo e proporcionado castigo que a sociedade inflige ao culpado, que o merece, em vista da falta que livre e conscientemente cometeu." (Sodré, 1977, p. 332)

A retribuição, portanto, é interpretada mais no sentido lógico--formal do que no substancial. Se o crime é um ente jurídico, a pena é a resposta do próprio ordenamento jurídico. Negação de uma negação, que restabelece o equilíbrio jurídico rompido pelo crime, a retribuição é uma forma de tutela jurídica.

Daí o maior definidor da Escola Clássica ter dado à pena uma só justificação:

"A teoria da pena focaliza o delito em sua vida externa, observando-a em suas relações com a sociedade civil, considerada em sua primária razão de ser, isto é, como um ministro necessário de tutela jurídica na Terra." (Carrara, 1956, p. 36)

---

em lugares separados, isolamento, aniquilamento físico. As segundas (particularmente desenvolvidas desde a Escola Positiva italiana e retomadas no pós-guerra pela teoria da Nova Defesa social representada entre outra por Ancel (1979) afirmam, ao revés, a função de tratamento do condenado para sua reeducação e readaptação à normalidade da vida social.
A respeito do exposto, ver Baratta (1985, p. 82-3).

2.5. O fato-crime no centro do classicismo

A reiteração da promessa de segurança jurídica no universo do Direito Penal liberal do fato-crime

O classicismo penal não se deteve na análise da pessoa do criminoso, porque nele não visualizou nenhuma anormalidade em relação aos demais homens. Ao contrário, partindo da premissa de que todos os homens, graças à sua racionalidade, são iguais perante a Lei e podem, por isto, atuar responsavelmente, compreendendo o caráter benéfico do consenso implícito no contrato social (Taylor, Walton, Young, 1990, p. 22), criminoso será quem, na posse do livre-arbítrio, viola livre e conscientemente a norma penal. A única diferença entre o criminoso e o que respeita a Lei é a diferença do fato.

Portanto, no centro das análises da Escola Clássica não está o autor, mas sim o fato: a objetividade do fato-crime. (Lamnek, 1980, p. 18)

Do crime como ente jurídico, ditado pela razão, à responsabilidade penal fundada na responsabilidade moral derivada do livre--arbítrio, cuja consequência lógica é a pena, concebida então como retribuição e meio de tutela jurídica, que, rigorosamente proporcionado ao crime, não deixa nenhum arbítrio ao intérprete judicial, evidencia--se que a Escola Clássica move-se num universo de conexão sistemática entre livre-arbítrio-crime-responsabilidade penal-penal que encontra no fato-crime seu referente de gravitação e na proteção do indivíduo contra o arbítrio sua inspiração ideológica fundamental.

Do programa clássico emerge, portanto, a delimitação de um "Direito Penal do fato", baseado na noção (liberal) de livre-arbítrio e responsabilidade moral, no qual a imputabilidade e a gravidade objetiva do crime constituem a medida para uma penalidade dosimétrica, vista, então, como retribuição proporcionada ao crime, com uma rígida vigência do princípio da legalidade dos delitos e das penas.

O Direito Penal liberal e a promessa de segurança jurídica, cujos princípios sustentadores vertebrais o programa penal iluminista enunciara e a codificação se incumbia de positivar, recebem uma primeira decodificação jurídica sistemática na moldura deste Direito Penal do fato, não obstante concebida como acabada e definitiva.

Pois

"Enquanto os criminalistas teóricos (segundo as abstrações doutrinais) ou práticos (interpretando as Leis vigentes) consideravam o crime tão-somente como uma infracção e a pena como um castigo a ela proporcionada, toda a ciência penal se reduzia a uma única disciplina jurídica. E quando esta esgotou a sua missão de anatomia jurídica do delito, Carrara recomendou aos novos o entregarem-se ao estudo do processo penal, pois que o campo do Direito Penal estava já gasto." (Ferri, 1931, p. 74)

O domínio dos clássicos por quase cem anos no campo penal e sua pretensão de plenitude da problemática penal leva Ancel (1979, p. 57) a afirmar que:

"De Feuerbach a Carrara constituiu-se verdadeiramente a Ciência do Direito Penal, e acreditou-se que ela seria suficiente para resolver os problemas do crime, a tal ponto que a política criminal se absorvia na arte de bem formular as regras repressivas. Entretanto, no momento mesmo em que a superioridade dos juristas se afirma com mais magnitude é ela já implicitamente questionada pelos primeiros passos das Ciências Humanas."

O Direito Penal estava então construído, após três quartos de século de doutrina,

"como uma técnica jurídica extremamente avançada, vista como uma espécie de álgebra, em que o raciocínio abstrato se mantinha em primeiro plano e segundo o qual o delito permanecia, antes de tudo, uma entidade jurídica, objetivamente considerada como tal. É contra esse sistema que reagiria o movimento de idéias do final do século XIX." (Ancel, 1979, p. 59)

3. A ESCOLA POSITIVA[20]
O saber científico-criminológico em defesa da sociedade

Ancel refere-se ao advento da Escola Positiva italiana, na década de setenta do século XIX, com o qual deflagrada estava a célebre luta das Escolas penais e aberto o espaço para a difusão de Escolas ou tendências conciliadoras.

---

[20] Os italianos Cesare Lombroso (1836-1909), Enrico Ferri (1856-1929) e Raffaele Garofalo (1851-1934) são considerados como os máximos definidores e divulgadores da Escola Positiva. O "L'Uomo delinqüente" (publicado em 1876), de Lombroso, a "Sociologia Criminale" (publicada em 1891), de Ferri, e a "Criminologia – studio sul delitto e sulla teoria della represione" (publicada em 1885), de Garofalo, são consideradas as obras básicas (os seus "evangelhos").

Apesar da especificidade destas obras guias da escola com enfoques, respectivamente, antropológico, sociológico e jurídico, a Escola Positiva possui, ao contrário da Clássica, um caráter mais unitário e cosmopolita. Até porque, interessava aos positivistas italianos manter a unidade por razões internacionais. A difusão da escola pelo mundo culto foi uma de suas principais preocupações. Conforme opinião mais generalizada, é evidente a influência do positivismo comteano, do evolucinismo de Darwin e da obra de Spencer sobre a Escola Positiva (Cf. Asúa, 1950, p. 60-1 e 66; Cantero, 1977, p. 79-80; Sousa, 1982, p. 17 e 23 e Santos, Beleza dos. *In* prefácio de Ferri, 1931, p. IX. Sobre a opinião de Ferri: 1931, p. 39-42 *passim*.)

Tal como a Escola Clássica, a Escola Positiva é fruto de seu tempo e condicionada por uma confluência de fatores, históricos e teóricos, que, de natureza variada, mas em estreita conexão, imprimem significado ao seu programa.

Inserida no horizonte histórico de transformações nas funções do Estado que apontavam para o intervencionismo na ordem econômica e social, sob a égide de novas ideologias políticas de cunho social ou socialista; de crise do programa clássico no combate à criminalidade; de predomínio de uma concepção positivista de Ciência e declínio do jusnaturalismo ao lado do evolucionismo de Darwin e a obra de Spencer, a Escola Positiva partirá de pressupostos muito característicos que, distanciando-se daqueles que condicionaram a Escola Clássica, explicam, também, o fulcro das críticas a ela dirigidas.

Neste horizonte histórico e sob novos pressupostos ideológicos e teóricos, a crítica do positivismo ao classicismo é centrada, visivelmente, em duas grandes dicotomias: individual x social e razão x realidade (racionalismo x empirismo).

Ferri (1931, p. 38-9) identificava assim duas razões fundamentais para o "declínio" da Escola Clássica, após cumprida a missão histórica, segundo ele, unicamente, de "diminuição das penas".

A primeira razão foi que:

"(...) as afirmações do direito individual em face do Estado, como reação contra os abusos da Justiça Penal antes de Beccaria, chegaram – elas mesmas – ao maior excesso, em virtude da Lei do ritmo histórico, pela qual cada reação ultrapassa os limites da ação que a provocou. O imputado foi considerado como uma vítima da tirania do Estado, e a Ciência Criminal atribuía Carrara a missão de limitar os abusos do poder: do que resultou uma diminuição dos direitos, outro tanto legítimos, da sociedade em face do delinqüente."

A defesa dos Direitos Humanos, protagonizada pelo classicismo, era denunciada como individualismo exarcebado, pelo consequente esquecimento da defesa da sociedade. A Escola Positiva assumia, então, a tarefa de resgatar o "social" e os direitos da sociedade.[21]

Simultaneamente, a abstração do sistema clássico, decorrente do método empregado, era posta em xeque, e a Escola Positiva assumia a simultânea tarefa de deslocar a problemática penal do plano da ra-

---

[21] Curiosamente, contudo, Ferri, que originariamente combateu o socialismo, passou a dizer-se socialista, proclamando a Marx, junto com Darwin e Spencer entre seus grandes ídolos, para posteriormente defender o fascismo. (Cf. Olmo, 1984, p. 36; Asúa, 1947, p. 33-5; Lyra Filho, 1972, p. 16).

zão para o plano da realidade; de uma orientação filosófica para uma orientação científica, empírico-positiva, a única apta a resgatar aquele segundo personagem "esquecido" pela Escola Clássica: o homem delinquente.

A segunda razão foi, pois,

"(...) que, o método dedutivo ou de lógica abstrata faz perder de vista o criminoso, enquanto que na Justiça Penal ele é o protagonista vivo e presente, que se impõem à consciência do juiz primeiramente e mais acentuadamente que a 'entidade jurídica' do crime e da pena." (Ferri, 1931, p. 39).

Precisamente, portanto, Ferri culpava a orientação ideológica (liberal-individualista) e metódica (racionalista) da Escola Clássica por haver perdido de vista, respectivamente, as necessidades sociais de prevenção do delito e a individualidade concreta do homem delinquente e, por isso mesmo, haver fracassado frente ao considerável aumento da criminalidade e da reincidência.

De fato,

"(...) em face da excelência teórica reunida pela Escola Clássica tanto jurídica como penitenciária, advieram (...) como resultados práticos o contínuo aumento da criminalidade e da recidiva, em evidente e quotidiano contraste com a necessidade da defesa social contra a delinqüência, que é a razão de ser da Justiça Penal. Nem podia ser de outra forma, não obstante o engenho dos grandes criminalistas clássicos, em vista do método por eles adotado, pois que não se preocupando em conhecer cientificamente a realidade humana e as causas da delinqüência, não era possível que delas indicassem os remédios adequados." (Ferri, 1931, p. 39)

Ao diagnosticar no próprio sistema clássico a dupla e relacionada ordem de fatores responsáveis pelo aumento da criminalidade e responsáveis, consequentemente, pela sua ineficácia e declínio histórico, Ferri justificava, com os mesmos argumentos, a missão prática encomendada à Escola Positiva: a diminuição dos delitos, e não mais, unicamente, das penas.

Em definitivo, portanto, tratava-se de eliminar sistematicamente a metafísica do livre-arbítrio e substituí-la por uma Ciência da Sociedade apta a diagnosticar cientificamente as causas do delito e, por extensão, possibilitar uma luta científica dirigida a erradicar a criminalidade. (Taylor, Walton, Young, 1990, p. 28)

Tem sido salientado, então, que a Escola Positiva sintetiza um significado de reação contra o Direito Penal clássico, assimilável, em sua significação histórica, ao movimento de reação que exprimia, em 1764, o famoso tratado "Dos Delitos e das Penas". (Ancel, 1979, p. 59)

3.1. Postulados fundamentais

O senso comum do positivismo sobre a problemática penal

Não obstante os novos matizes que a Escola Positiva adquire no seu desenvolvimento, também é possível delimitar o seu senso comum sobre o crime, a responsabilidade penal, a pena e o criminoso, que perdura através de suas polêmicas e trajetória.

3.1.1. O método (experimental)

Movendo-se no universo da concepção positivista de Ciência, dominante em seu tempo histórico, a Escola Positiva fará dela – analogamente à projeção que a Escola Clássica fizera da concepção racionalista de Ciência – uma projeção exemplar no campo penal, a começar pela sua própria denominação. Será tributária, portanto, do método científico, experimental ou empírico-indutivo de análise de seu objeto, que condiciona, associado aos seus demais pressupostos, a sua produção científica.

São assim premissas decorrentes do chamado método científico que esta Escola subscreve: a) medição (quantificação); objetividade (neutralidade) e causalidade (determinismo). (Taylor, Walton, Young, 1990, p. 41)

Sendo a concepção positivista de Ciência condicionada por uma percepção do universo como um conjunto de fatos, causalmente determinados, a função daquele método é descobrir, na realidade factual, as Leis gerais através das quais o determinismo se manifesta.

Precisamente, para os partidários da Escola, a essência de seu programa reside no novo método instaurado :

"A diferença profunda e decisiva entre as duas Escolas está portando principalmente no 'Método': dedutivo, de lógica abstrata, para a Escola Clássica, – indutivo e de observação dos fatos para a Escola Positiva: – aquela tendo por objeto 'o crime' como entidade jurídica, esta ao contrário o 'delinqüente' como pessoa, revelando-se mais ou menos socialmente perigosa pelo delito praticado." (Ferri, 1931, p. 43)

Deslocando-se da investigação racional para a factual – e do fato para o homem delinquente – deslocarão o território classicamente colonizado pelos juristas, levando às últimas consequências o brado de Ferri: "abaixo o silogismo".

3.1.2. Crime (fato natural e social)

Contra a fórmula do crime como ente jurídico, que Carrara proclamou como "sacramental", o positivismo opõe a fórmula do crime como fato natural e social, praticado pelo homem e causalmente determinado, que expressa a conduta antissocial de uma dada personalidade perigosa do delinquente.

Assim, ao livre-arbítrio, contra o qual polemizou desde sua origem, o positivismo opõe o determinismo. A admissão do livre-arbítrio, embora de um ângulo metodológico, deveria ser considerada acientífica e errônea; como uma ilusão subjetiva. Pois, um ato livre rompe com a série causal que necessariamente conduz ao crime. A vontade não é livre e não pode ser tida como causa do crime porque é, ela própria, um resultado.

Contudo, se o ponto de partida do positivismo é o crime como fato causalmente determinado, diferentes foram as respostas dadas por Lombroso e Ferri sobre a identificação das suas causas, embora ordenadas, ambas, sob um prisma naturalístico.

E a significação histórica destas diferentes respostas reside no fato de que delas se originaram a Antropologia e a Sociologia Criminal[22] (posteriormente agrupadas sob a denominação da Criminologia).[23]

A primeira e célebre resposta foi dada pelo médico italiano Lombroso, em seu *O Homem delinquente*, publicado em 1876, em cuja obra sustenta a tese do criminoso nato. A causa do crime é identificada no próprio criminoso.

Partindo do determismo orgânico (anatômico-fisiológico) e psíquico do crime, Lombroso, valendo-se do método de investigação e análise próprio das Ciências naturais (observação e experimentação),

---

[22] A respeito da importância da obra dos "estatísticos criminais" como antecipação da Sociologia Criminal, bem como na transição do classicismo para o positivismo ver Taylor, Walton, Young (1990, p. 55-6).

[23] Dias e Andrade (1984, p. 5) noticiam que: "o termo *Criminologia* terá sido utilizado pela primeira vez, há pouco mais de um século (1879) pelo antropólogo francês Topinard. Foi, por outro lado, em 1885 que ele apareceu como título duma obra científica: a *Criminologia*, de Garofalo". A respeito, ver também Bustos Ramirez (*in* Bergalli e Bustos Ramirez, 1983a, p. 16) e Rosa del Olmo (1984, p. 25).

procurou comprovar sua hipótese através da confrontação de grupos não criminosos com criminosos dos hospitais psiquiátricos e prisões sobretudo do sul da Itália, pesquisa na qual contou com o auxílio de Ferri, que sugeriu, inclusive, a denominação "criminoso nato".

Procurou desta forma individualizar nos criminosos e doentes apenados anomalias sobretudo anatômicas e fisiológicas (como pouca capacidade craniana, frente fugidia, grande desenvolvimento dos arcos zigomático e maxilar, cabelo crespo e espesso, orelhas grandes e agudeza visual) vistas como constantes naturalísticas que denunciavam, a seu ver, o tipo antropológico delinquente, uma espécie à parte do gênero humano, predestinada, por seu tipo, a cometer crimes.

Sobre a base destas investigações e descrição do criminoso nato, buscou, primeiramente, no atavismo (manifestação de traços característicos de uma etapa de desenvolvimento biológico primitivo na raça humana) uma explicação para a estrutura corporal e a criminalidade nata. Por regressão atávica, o criminoso nato se identifica com o selvagem.[24]

Posteriormente, diante das críticas suscitadas, reviu sua tese, acrescentando como causas da criminalidade a epilepsia e, a seguir, a loucura moral. Atavismo, epilepsia e loucura moral constituem o chamado, por Vonnacke, de "tríptico lombrosiano".

O que importa ressaltar então, é que, sobre estas bases, a obra lombrosiana marca o nascimento da Criminologia como "Ciência causal-explicativa" que nasce, portanto, como Antropologia Criminal, centrada na investigação causal do homem delinquente. Daí sua significação especial para a história da Criminologia.[25]

Foi de Ferri, então, considerado o maior expoente e o mais autêntico representante da Escola Positiva, que veio a segunda resposta sobre as causas do crime. Desenvolvendo a Antropologia lombrosiana e orientando-se por uma perspectiva sociológica, admitiu uma tríplice série de causas ligadas à etiologia do crime: individuais (orgânicas e psíquicas), físicas (ambiente telúrico) e sociais (ambiente social) e, com elas, ampliou a originária tipificação lombrosiana da delinquência.

---

[24] A respeito do exposto, ver Lombroso (1983); Sousa (1977, p. 17-8) e Lamnek (1980, p. 20).

[25] Subscrevemos portanto aqui a posição de que a Criminologia como "Ciência" ou reivindicando um estatuto científico surge com a Escola Positiva italiana e, concretamente, com a obra de Lombroso (Olmo, 1982, p. 22) e que é este o marco mais célebre de consolidação do chamado "paradigma etiológico" de Criminologia. A respeito, ver Dias e Andrade (1984, p. 12-3) Isto não significa, por um lado, que tal Escola esgote o positivismo criminológico, o qual se estende ao longo do século XX e, por outro, que a Criminologia inexistia até o seu advento, questão a que retornaremos no último capítulo. De qualquer modo, como veremos aí, o estatuto científico da Criminologia etiológica tem sido, tal como o da Dogmática Penal, profundamente questionado.

Conectando e investigando esta tríade de causas deu origem, por sua vez, à Sociologia Criminal que representa, então, o desenvolvimento da Criminologia etiológica numa perspectiva sociológica.

Assim para Ferri (1931, p. 40-1):

"todo o crime, do mais leve ao mais terrível, não é o 'fiat' incondicionado da vontade humana, mas sim a resultante destas três ordens de causas naturais. E visto que estas diversamente influem, caso por caso, indivíduo por indivíduo, disso advém a classificação dos criminosos (criminoso nato – louco – habitual – ocasional – passional) que fica como pedra angular do novo edifício científico (...)."

O crime (a concreção de uma conduta legalmente definida como tal) não é, portanto, decorrência do livre arbítrio humano, mas o resultado previsível determinado por múltiplos fatores (biológicos, psicológicos, físicos e sociais) que conformam a personalidade de uma minoria de indivíduos como "socialmente perigososa".

3.1.3. Criminoso

Contrariamente, pois, ao classicismo, que não visualizou no criminoso nenhuma anormalidade – e dele não se ocupou – o positivismo reconduziu-o para o centro de suas análises, apreendendo nele estigmas decisivos da criminalidade

Desta forma, enquanto a "Escola Clássica focalizava o crime e deixava na sombra o criminoso; a Escola Positiva invertia as posições: o criminoso era trazido para o palco, enquanto o crime ficava na retrocena." (Hungria e Fragoso, 1980, p. 11).

E eis a justificativa de Ferri (1931, p. 44-5) para convertê-lo no protagonista da Ciência Criminal:

"(...) o criminoso, sendo o autor do fato proibido ao qual se deve aplicar a pena cominada pela Lei e sendo por isso, ele, o protagonista da Justiça Penal prática, deve sê-lo também da Ciência Criminal. E por isso ao estudo do crime e da pena, admiravelmente feito pelos criminalistas clássicos, é necessário propor e acrescentar o estudo do delinquente, cujo crime praticado – tendo também um valor próprio de maior ou menor gravidade moral e jurídica – é sobretudo o sintoma revelador de uma personalidade mais ou menos perigosa, para a qual se deve dirigir uma adequada defesa social. É preciso portanto abandonar, visto não corresponder à realidade, o critério fundamental da Escola Clássica, que considerava o autor do crime como um 'tipo médio', igual a quaisquer outros homens, salvo os poucos casos aparatosos e taxativamente catalogados de menor idade, loucura, surdez-mudez, embriaguez, ímpeto de cólera e de dor."

Assim enfatiza a "necessidade metódica" de ver o "crime no criminoso", seja do ângulo do legislador, do juiz ou do cientista penal e condena o "erro metódico" do classicismo em ignorar que a personalidade antissocial do delinquente deve estar na primeira linha porque o crime é sobretudo sintoma revelador da personalidade perigosa de seu autor. (Ferri, 1931, p. 45, 49 e 80)

O criminoso – na realidade o condenado à pena de prisão ou medida de segurança – não é mais "o homem isolado, atomizado e racional do classicismo" (Taylor, Walton, Young, 1990, p. 26), mas um homem causalmente determinado e, como tal, erigido no principal objeto criminológico.

Estabelece-se desta forma uma linha divisória entre o mundo da criminalidade – composta por uma "minoria" de sujeitos potencialmente perigosos e anormais – e o mundo da normalidade – representada pela "maioria" na sociedade.

3.1.4. Responsabilidade penal
(baseada na responsabilidade social, derivada do determismo e temibilidade do delinquente)

Na lógica do sistema preconizado pelo positivismo, a negação do livre-arbítrio acarreta a negação da responsabilidade moral como fundamento da responsabilidade penal. Por outro lado, se qualquer crime é a expressão sintomática de uma personalidade antissocial, que é sempre mais ou menos anormal, e, portanto, mais ou menos perigosa, os "imputáveis" ou "moralmente irresponsáveis", do classicismo, são os que mais correspondem ao tipo de criminoso.

Por isto, é a condição mesma de responsabilidade moral que constitui

"(...) uma verdadeira e própria paralisia da Justiça Penal, com toda a vantagem para os delinqüentes mais perigosos, que apresentam, precisamente por isso, as mais evidentes anormalidades e as invocam por conseguinte como sua desculpa, pelo que fica sem defesa a sociedade." (Ferri, 1931, p. 45)

Sendo assim, a Justiça Penal não pode fundar-se numa "pretensa" normalidade e na responsabilidade moral, porque corre o risco de inocentar criminosos perigosos em detrimento da defesa social.

Pois de qualquer maneira

"(...) que um homem se torne delinqüente, com vontade e inteligência aparentemente normais, em virtude de pouca anormalidade, ou com vontade e inteligência fracas ou anormais ou doentes, incumbe sempre ao Estado a necessidade – e portanto o direito-dever da defesa repressiva, somente subordinada, na forma e medida de suas sanções, à personalidade de cada delinqüente, mais ou menos readaptável à vida social." (Ferri, 1931, p. 230).

O fundamento do direito de punir (da Justiça Penal) reside no que Ferri denominou, no campo teórico, responsabilidade social (para com a sociedade) e, no campo prático, quando materializada em Lei, responsabilidade legal.

A responsabilidade penal deriva da responsabilidade social, pois

"(...) o homem é sempre responsável de todo seu ato, somente porque e até que vive em sociedade. Vivendo em sociedade o homem recebe dela as vantagens da proteção e do auxílio para o desenvolvimento da própria personalidade física, intelectual e moral. Portanto deve também suportar-lhe as restrições e respectivas sanções, que asseguram o mínimo de disciplina social, sem o que não é possível nenhum consórcio civilizado." (Ferri, 1931, p. 241)

3.1.5. Pena

Defesa social

Nestas condições, se o homem está fatalmente determinado a cometer crimes, a sociedade está igualmente determinada – através do Estado – a reagir em defesa de sua própria conservação, como qualquer outro organismo vivo, contra os ataques às suas condições normais de existência. A pena é, pois, um meio de defesa social. Contudo, na defesa da sociedade contra a criminalidade, a prevenção deve ocupar o lugar central, porque muito mais eficaz do que a repressão.[26]

Daí Ferri ter preconizado os chamados "substitutivos penais" vistos como um conjunto de providências consistentes em reformas práticas de ordem educativa, familiar, econômica, administrativa, política e também jurídica (de Direito Privado e Público), destinadas a atuar na eliminação ou atenuação das suas causas. Porém, como a

---

[26] O que Ferri designa, porém, por repressão, é o que contemporaneamente se designa por prevenção especial (positiva) baseada na ideologia do tratamento e na readaptação social do criminoso através da execução da pena.

prevenção (indireta e direta) não pode impedir que os crimes se cometam, sobrevem a necessidade da repressão. (Ferri, 1931, p. 44)

É este o momento, propriamente, que a "pena" entre em cena no sistema dos positivistas, como também entra em cena Garofalo (1983), insistindo no aspecto jurídico das inovações necessárias na Justiça Penal e projetando as concepções criminológicas (antropológicas e sociológicas) do positivismo para o Direito Penal. Formula o conceito de "temibilidade do delinquente", significando a perversidade constante e ativa do delinquente e a quantidade do mal previsto que há que se temer por parte dele, depois substituído pelo termo mais expressivo de periculosidade. Também Crispigny ocupa um lugar especial nesta projeção jurídica do positivismo criminológico no âmbito da reforma e do Direito Penal italiano, desenvolvendo técnico-juridicamente o conceito de valor sintomático do delito (proveniente sobretudo de Ferri) como expressão da periculosidade do autor. E é este potencial de periculosidade social, que os positivistas identificaram com "anormalidade" e situaram no coração do Direito Penal, que constitui o critério e a medida da penalidade e justifica a introdução, no sistema, das medidas de segurança por tempo indeterminado.

Visivelmente contra a medida da penalidade orientada pelo classicismo, escreve Ferri (1931, p. 47) que:

"(...) a pena, como a última 'ratio' de defesa social repressiva, não se deve proporcionar – e em medida fixa – somente à gravidade objetiva e jurídica do crime, mas deve adaptar-se também e sobretudo à personalidade, mais ou menos perigosa, do delinqüente, com o seqüestro por tempo indeterminado, quer dizer, enquanto o condenado não estiver readaptado à vida livre e honesta, da mesma maneira que o doente entra no hospital não por um lapso prefixo de tempo – o que seria absurdo – mas durante o tempo necessário a readaptar-se à vida ordinária. Daqui resulta que a insuprimível exigência para a hodierna Justiça Penal é esta: assegurar uma defesa social mais eficaz contra os criminosos mais perigosos e uma defesa mais humana para os criminosos menos perigosos, que são o maior número."

Com o positivismo penal, a pena perde, portanto, o seu tradicional e imanente significado retributivo. Embora Garofalo (1893, p. 191 e 145), radicalizando posição, defenda a eliminação mesma do delinquente, seja pela deportação, relegação ou a pena de morte (prevenção especial negativa):

"Trata-se, portanto, de prevenir e não de retribuir. Toda a Escola Positiva acentua, indistintamente, e de modo exclusivo, o critério da prevenção especial como critério informador da legislação penal endereçada à recuperação social do réu (...)." (Bettiol, 1966, p. 39)

Os positivistas deram ao criminoso um passado – de periculosidade – e um futuro – a recuperação –, abrindo a porta das prisões e dos manicômios, mas também dos tribunais, para especialistas não jurídicos doravante encarregados do seu tratamento.

3.2. O autor-criminoso no centro do positivismo

O Direito Penal intervencionista do autor-criminoso

A Escola Positiva move-se, pois, num universo de conexão entre determismo periculosista-crime-responsabilidade penal-pena que encontra na subjetividade do autor-delinquente – e não mais na objetividade do fato-crime – seu referente de gravitação e na defesa da sociedade sua inspiração ideológica fundamental. Isto não significa que o fato-crime passe a ser ignorado, mas que ele passa a ser analisado sob o enfoque do autor.

Do programa positivista emerge, desta forma, a delimitação de um "Direito Penal do autor" baseado no determinismo e na responsabilidade social, no qual o potencial de periculosidade social constitui a medida da pena (que requer uma rigorosa "individualização" e indeterminação de limites) e a justifica como instrumento de defesa social.

O princípio da individualização da pena com suporte na personalidade do criminoso é, pois, um produto do positivismo ampliando significativamente os poderes discricionários do juiz na aplicação da pena.

A respeito, escreve Bettiol (1966, p. 40-1), com preocupações nitidamente liberais que todas estas teorias:

"(...) por acentuarem características do agente em lugar de características da ação, transformam o Direito Penal de um direito que considera o fato objetivo como único título justificador da pena, num direito que encara o fato como mero índice de periculosidade. Eles ampliam indubitavelmente os poderes discricionários do juiz, com graves danos para a liberdade individual. (...) Nota-se assim, na esfera de influência das concepções positivistas, uma incerteza indiscutível acerca dos pressupostos da aplicação da medida de segurança, uma larga discricionariedade do juiz e uma indeterminação na duração da medida. A certeza, que, no Direito Penal, postula precisão dos fatos e subordinação do juiz à vontade da Lei, fica, indubitavelmente, comprometida."

4. IMPLICAÇÕES LEGISLATIVAS DAS ESCOLAS
Da reforma e consolidação do Direito Penal do fato à reforma para o Direito Penal do autor

Estamos, sem dúvida, diante de duas programações penais endereçadas, em seus distintos momentos históricos, a fornecer a moldura do Direito Penal Positivo e do controle do delito. Sua especificidade histórica reside no fato de que enquanto a Escola Clássica sentou as bases ideológicas da reforma e das codificações penais que se seguiram ao longo do século XIX e modelou o programa para a maturação jurídica do Direito Penal do fato-crime, a Escola Positiva senta, por sua vez, as bases ideológicas e programáticas para a reforma do Direito Penal clássico, no sentido intervencionista, e para a sua maturação.

Assim, enquanto o programa clássico (centrado na lógica da liberdade de vontade, da certeza e segurança jurídicas) é condicionado e expressa, discursivamente, as exigências de uma sociedade e de um Estado de Direito liberais, é somente quando esta matriz estatal assume o intervencionismo na ordem econômica e social e legitima-se, consequentemente, para intervir ativamente no campo penal, que se abre o espaço para um Direito e um controle intervencionista sobre a criminalidade e o criminoso, como o postulado pelo programa positivista. A emergência da Escola Positiva – e da Criminologia – responde, pois, a uma redefinição interna da estratégia do poder punitivo, somente admissível na ultrapassagem do Estado de Direito liberal para o Estado de Direito social ou intervencionista.

A respeito, escreve Bettiol (1966, p. 42) que liberalismo e medidas de segurança, termos

> "(...) logicamente em antítese entre si, acham-se também no plano histórico em contraste face à desconfiança dos regimes liberais para com a introdução das medidas de segurança. Pode-se afirmar que as medidas de segurança não encontraram acolhida nas legislações penais endereçadas à repressão dos crimes, isto é, nas legislações tipicamente liberais, porque uma atividade preventiva do Estado no campo da luta contra a delinqüência podia embaraçar a livre realização das atividades individuais. O Estado Liberal é inteiramente permeável ao conceito de duas esferas de atividades que, ou por direito natural ou pelo contrato social, cabem uma ao Estado, outra ao cidadão, de modo que o Estado, somente nos casos expressamente permitidos pela Lei, pode, para fins repressivos, violar a esfera individual. Admitir uma intervenção, também para fins preventivos, significa romper aquele

diafragma que separa o indivíduo do Estado e reconhecer a este o direito de regular, a seu modo, a vida e a atividade dos cidadãos (...). Apenas quando o Estado passou de formas liberais puras para a formas sócio-liberais, isto é, para um liberalismo de esquerda, é que apareceram as primeiras medidas de segurança e vierem à luz as primeiras tentativas de reforma das legislações penais em sentido positivista."

Com efeito, a "luta" entre as Escolas demarca, pois, um momento de redefinição do Direito Penal e do controle do delito que passava necessariamente por uma segunda reforma penal, no sentido intervencionista.

Assim, ao culpar a debilidade do programa clássico pelo aumento da criminalidade ao longo do século XIX e falar em nome da Ciência, preconizando uma luta científica contra aquela, o positivismo criminológico propiciou o novo clima intelectual e ideológico

"(...) apto para orientar a atividade dos científicos do direito penal para uma perspectiva nova: a reforma do Direito penal. Substituída a liberdade de vontade pelo determinismo causal, resultava possível uma 'luta' científica contra o delito. Mas para levar a cabo estas idéias era imprescindível a reforma do Direito Penal vigente apoiado na idéia da liberdade de vontade (...)." (Bacigalupo, 1982, p. 54)

Sob a égide do Estado de Direito intervencionista irá se impor o ponto de partida determinista e o deslocamento do centro de gravidade do Direito Penal Positivo do fato ao autor, por império da fundamentação preventivo-especial da pena.

É fundamental salientar, contudo, que da mesma forma que o Estado intervencionista não implica o abandono da estrutura institucional e discursiva do Estado de Direito (e de uma "legitimação pela legalidade") o Direito Penal intervencionista não implica o abandono discursivo do Direito Penal do fato. Daí o espaço para um Direito Penal de conciliação que, não podendo abandonar as garantias penais liberais passa a requerer, não obstante paradoxos encetados a nível legislativo, uma intervenção sobre a "personalidade perigosa" do delinquente, com medidas curativas, em nome da defesa social.

É por isso que as legislações penais do século XX serão, sobretudo, legislações sob o império da fundamentação preventivo-especial e da necessidade de individualização da pena, mas convivendo com as concepções herdadas do classicismo, como a Legalidade, o retribucionismo e a responsabilidade moral. Serão legislações geralmente conciliadoras e de compromisso (como o Código Penal brasileiro de 1940) e, portanto, cindidas entre as exigências de objetividade, certeza e segurança jurídica e de valorização da concreta individualidade perigosa do criminoso.

Daí sua conhecida designação de neoclássicas, já que:

"A solução do conflito entre livre-arbítrio e determinismo se consegue aceitando o que chamamos neoclassicismo. Este propõe uma distinção qualitativa entre a maioria, que é concebida como capaz de eleger livremente, e a minoria de desviantes, cuja conduta está determinada." (Taylor, Walton, Young, 1990, p. 55)

O Direito Penal liberalmente modelado passa a receber uma complementar justificação social. Daí em diante convivem o discurso de garantia do indivíduo com o discurso da defesa social; o discurso do homem como limite do poder punitivo e o discurso do homem como objeto de intervenção positiva desse mesmo poder, em nome da sociedade.

Se esta convivência é possível, é porque o antagonismo escolar é mais aparente do que real; ou melhor, é porque se dissolve, na "prática" do controle penal, a luta "teórica" entre as Escolas que, consequentemente, não se explica nos limites de seus elementos gnoseológicos internos.[27]

5. IMPLICAÇÕES TEÓRICAS DAS ESCOLAS
Da luta entre as Escolas à divisão do trabalho científico e disputa pela hegemonia entre Dogmática Penal e Criminologia

5.1. Gênese e hegemonia da Criminologia como Ciência (paradigma etiológico)

Por um lado, portanto, a produção teórica das Escolas penais apresentava implicações para o Direito Penal Positivo, modelando o objeto de que, tipicamente, viria a seu ocupar a Dogmática Penal.

E isto significa que ainda estamos no âmbito das disputas

"(...) acerca da fisionomia, da estrutura, da orientação que a legislação devia tomar, sem que fosse abordada a questão principal a respeito da legitimidade de uma Ciência do Direito Penal como Ciência Jurídica. Esta ainda inexistia." (Bettiol, 19--, p. 102)

---

[27] É precisamente a "complementariedade" funcional deste discurso escolar, no âmbito do controle penal, que procuraremos demonstrar no último capítulo.

Nesta perspectiva, seria errôneo supor que se estivesse

"(...) perante uma oposição metodológica, no âmbito de uma Ciência Jurídica. O Direito Penal ainda não existia como Ciência Jurídica, e isso devia resultar claramente [de] que os clássicos trabalhavam sobre dados da razão, a que também podemos chamar apriorísticos, e dessa maneira colocavam-se fora do âmbito de uma Ciência que pretenda apoiar-se em dados de fato (estamos no campo filosófico), ao passo que os positivistas baseiam as suas argumentações sobre dados de fato, que não são próprios das Ciências Jurídicas (já, pelo contrário, o seriam os textos legislativos), mas que pertencem às Ciências experimentais (anatomia, fisiologia, psicologia, etc.)..." (Bettiol, 19--, p. 102)

No universo teórico assistimos, pois, especialmente na Itália do final do século XIX à convivência, (aparentemente) contraditória, entre um modelo jusracionalista, liberalmente inspirado de Ciência Penal e um modelo criminológico-positivista, de inspiração social.

A Escola Clássica, porque condicionada pelo jusracionalismo, estava ainda distante das exigências que o paradigma dogmático impôs no Direito privado e iria impor no Direito Penal. Mas, por empenhar-se na construção jurídica (embora com fundamentos extrajurídicos) dos limites do poder punitivo em face da liberdade individual, constitui a herança mais próxima em cuja linha sucessória, enraizada no Iluminismo, o paradigma dogmático virá a se consolidar.

Bem diversa é a especificidade da Escola Positiva que, modelando o paradigma "etiológico" segundo o qual a Criminologia, definida como Ciência causal-explicativa do fenômeno da criminalidade (com emprego do método experimental e de estatísticas criminais), assume a tarefa de explicar as causas do crime e de prever os remédios para evitá-lo. (Muñoz Conde, 1975, p. 101, e 1979, p. 7)

Na linguagem positivista então dominante, surge a possibilidade de uma explicação "cientificamente" fundamentada das causas do crime e, por extensão, de uma luta científica contra a criminalidade, em cujo combate – argumentavam os positivistas – o classicismo havia fracassado.

Simultaneamente, portanto, o (aparente) conflito de Escolas gerava implicações para o horizonte científico-penal, já que a

"(...) nova delimitação entre Ciência e metafísica transformou a problemática da Ciência jurídico-penal e gerou novos problemas, dentre os quais as relações da Ciência penal clássica e os novos conhecimentos empíricos do Direito Penal mereceram especial atenção. A partir do momento em que o delito pode explicar-se cientificamente como fato social surge o problema das relacões desta explicação com as concepções clássicas que somente o entendiam como um fato jurídico." (Bacigalupo, 1982, p. 59 e 61)

Surgido assim no bojo do tema da "reforma penal", o problema das relações entre as concepções jurídicas e criminológicas, isto é, o "tema das relações dos novos pontos de vista para a transformação do Direito adquiriu legitimidade com respeito ao Direito vigente." As respostas oferecidas não foram contudo, com veremos, uniformes. (Bacigalupo, 1982, p. 53).

É neste marco que se coloca então como problema explícito não apenas a determinação do objeto e confins da Ciência Penal como Ciência dos juristas, mas, simultaneamente, a discussão relativa à sua cientificidade e à sua relação com a Criminologia.

Percebe-se aí um deslocamento temático no interior do saber penal, uma vez que o objeto de discussão já não é crime, criminoso, pena etc., mas uma discussão epistemológica sobre o próprio lugar, estatuto e função das Ciências Penais. As antagônicas distinções das Escolas vão cedendo lugar a uma diferenciação de Ciências; a uma divisão do trabalho científico entre Dogmática Penal e Criminologia.

Num primeiro momento, na medida em que a única atividade que merecia legitimamente o rótulo de científica era a que se baseava nos fatos que podiam ser apreendidos com um método puramente causal-explicativo, a única Ciência possível, dentre deste marco, era a Criminologia.

Passava-se a negar o caráter de Ciência à atividade jurídica, por não satisfazer às exigências da concepção positivista então imperante. Portanto, a consideração jurídica do delito deveria ser substituída ou, no máximo, ficar subordinada à criminológica, a única a garantir resultados seguros e autenticamente científicos. (Muñoz Conde, 1975, p. 107; 1979, p. 8-9; Pimentel, 1983, p. 36)

Foi assim que:

"(...) o nascimento da Criminologia (se tomamos como tal os delineamentos de Lombroso, Garófalo e Ferri) implicou pensar que surgia uma Ciência (no sentido positivista do termo, logo, a única disciplina que podia assinalar a verdade), e que com ela desaparecia ou era substituído o direito penal, ou melhor, no máximo (assim Ferri), este ficava reduzido só a uma mera técnica legislativa a utilizar pela Ciência criminológica." (Ramirez, 1987, p. 523)

Num universo até então dominado pelos juristas e, sob a hegemonia do racionalismo clássico, pela concepção de crime como ente jurídico, o impacto do positivismo foi intenso e trouxe para o centro do universo penal a presença de médicos, antropólogos, sociólogos, psicólogos. Além de o jurista penal não estar mais só, sua atividade perdia hegemonia para a emergente Ciência da criminalidade.

5.1.1. O modelo de Sociologia Criminal de E. Ferri e a imersão sociológica da Ciência Penal[28]

É neste contexto de visível hegemonia do positivismo criminológico que Ferri formula, em resposta ao problema das relações entre o enfoque jurídico e o criminológico, o seu modelo de "Sociologia Criminal",[29] em obra do mesmo nome e por ele confirmado nos seus *Princípios de Direito Criminal* (1928), na qual afirma:

"Era portanto substancialmente exata a minha conclusão final, quando acabei o livro 'Sociologia criminal' declarando que a Antropologia e a estatística criminal, como o Direito Criminal e Penal não são mais do que outros tantos capítulos de uma única Ciência, que é o estudo do crime – como fenômeno natural e social e por isso jurídico – e dos meios eficazes para a defesa preventiva e repressiva contra aquele." (Ferri, 1931, p. 96)

No quadro sinóptico que segue, podemos visualizar no seu modelo a "recíproca e inseparável posição dos vários ramos criminológicos." (Ferri, 1931, p. 96)

A SOCIOLOGIA CRIMINAL
é a Ciência da CRIMINALIDADE e da DEFESA SOCIAL contra esta,
isto é, o estudo científico do CRIME como

fato INDIVIDUAL (condições físico-psíquicas do delinquente)	fato SOCIAL (condições do ambiente físico e do social)
Antropologia, Psicologia, Psicopatologia Criminal	Estatística criminal, Inquéritos monográficos, Comparações etnográficas

---

[28] Por opção metodológica, expusemos primeiramente aqui o modelo ferriano. Mas é importante ressaltar que os modelos de Ciência Penal de Ferri, Binding, Liszt e Rocco são cronologicamente contemporâneos, desenvolvendo-se entre a década de 80 do século XIX e as primeiras décadas do século XX e simbolizando, exemplarmente – embora não fossem os únicos existentes – a convivência híbrida, para além de Itália, entre o positivismo criminológico e o positivismo jurídico e a sua disputa pela hegemonia na Ciência Penal. Neste sentido, como veremos, polemizaram entre si. Se Rocco já tinha diante de si a obra "Sociologia Criminal" (1900), de Ferri, e a ela responde e polemiza em sua conferência de 1910 como, por outro lado, subscreve o enfoque dogmático de Binding e Liszt; em seus "Princípios de Direito Criminal" (1928), Ferri elabora uma crítica vigorosa ao Tecnicismo jurídico alemão e especialmente italiano, simbolizado, respectivamente, nos delineamentos de Liszt e Rocco. Por outro lado, na Alemanha, Binding e Liszt, apesar de suas convergências na formulação do modelo dogmático, polemizam entre si.

[29] Ferri adverte que seu modelo de "Sociologia Criminal" seria mais adequadamente designado por "Ciência geral da criminalidade" que, em parte, se exprime com o termo de "Criminologia", de Garofalo.

PARA sistematizar a DEFESA SOCIAL

PREVENTIVA	REPRESSIVA
Indireta ou remota (Substitutivos penais) Direta ou próxima (Polícia de Segurança)	(Direito e Processo Penal, Técnica carcerária Institutos pós-carcerários)

A Sociologia Criminal, como Ciência geral da criminalidade e da defesa social contra esta, deveria abranger a totalidade da problemática social do crime, sob a direção de um único método: o método "galileano" de observação positiva, pois o delito é fenômeno possível somente na sociedade humana e, portanto, é objeto de uma Ciência Social ou Sociologia.

Sendo Direito e Sociedade termos inseparáveis e os fenômenos jurídicos fenômenos sociais, torna-se evidente, de imediato, a artificialidade da separação entre uma Ciência que estuda o delito como fenômeno jurídico e outra que o estuda como fenômeno social. Sendo única a ordem dos fenômenos criminosos, única será também a Ciência que deve estudar as causas, as condições e os remédios da criminalidade.

Assim concebida, a Sociologia Criminal se desdobra, cientificamente, em dois ramos: um ramo biossociológico e um ramo jurídico. Abarca, pois, um campo que se estende à busca das causas individuais e ambientais do crime (ramo biossociológico) e, por isso, à prevenção indireta e direta e destas à repressão (ramo jurídico) (Ferri, 1931, p. 76 e 91)

Aduz então Ferri (1931, p.75) que:

"(...) não pode ser criminalista quem, conhecendo as Leis vigentes, não conhecer os dados da Sociologia Criminal. Por outro lado, pois que a Justiça Penal é a organização jurídica dos remédios repressivos contra a criminalidade, é natural que a disciplina jurídica dos crimes e das penas que foi a missão histórica – para a defesa dos direitos do homem – e a missão científica – para um conhecimento sistemático – da Escola Clássica, fique parte integrante dos conhecimentos necessários ao legislador e a todos quanto (acusadores, defensores, juízes) lidam praticamente com as normas da Justiça Penal."

Como o estudo biossociológico do crime não pode ser separado e ficar alheio à organização jurídica da defesa preventiva e repressiva contra a criminalidade, também o estudo jurídico não pode ser separado dos dados biossociológicos sobre o homem delinquente, que é o protagonista da Justiça Penal. (Ferri, 1931, p. 92)

É por isso um "erro de método, que produz esterilidade de resultados" considerar o Direito Penal como a Ciência fundamental e a

Biologia, a Psicologia, a Estatística criminal como suas Ciências auxiliares, acessórias e secundárias. (Ferri, 1931, p. 76)

Ao contrário,

"O estudo tecnicamente jurídico do crime, e da pena e do julgamento (direito e processo penal) não é mais do que um ramo da Ciência Criminal e limita-se precisamente ao estudo das regras jurídicas da repressão que são expressas pelo nome de Justiça Penal e que são uma parte somente da defesa social contra a criminalidade, como suprema e imanente função do Estado." (Ferri, 1931, p. 76)

Enfim, Ferri (1931, p. 94-5) refere-se à técnica legislativa, consistente na arte de formular as normas penais apresentadas pela Sociologia Criminal e apurada pela Política Criminal – em organização sistemática e de forma clara e precisa – e à jurisprudência penal, como a sistematizada e racional aplicação das normas da Lei aos casos individuais.

O deslocamento do Direito vigente a um segundo plano se justifica porque as conclusões jurídicas devem obter-se em primeiro lugar da observação do fenômeno social da delinquência. A obra com que ele mesmo diz terminar sua vida científica, os *Principii di Diritto Criminale* (1928), responde a esta concepção científica.

Pode-se concluir então que o modelo ferriano postula uma unificação disciplinar sob os princípios das Ciências causal-explicativas em que a autonomia metodológica da Ciência Jurídico-Penal se anula e se substitui pelo chamado método científico. Mais do que procurar uma alternativa não normativa para a Ciência do Direito Penal postula, em realidade, uma redução sociológica dela. É que, diferentemente do interesse primário do jurista pela "aplicação" do Direito, a Sociologia Criminal de Ferri tem em vista e privilegia a "reforma" do Direito Penal. (Bacigalupo, 1982, p. 56 e 59-60, e 1989, p. 462)

5.2. Matrizes fundacionais do paradigma dogmático de Ciência Penal

Frente a esta concepção de que a verdadeira Ciência do Direito Penal era a Sociologia Criminal (Criminologia), surge outra tendência, enraizada na atividade jurídica tradicional, mas paradoxalmente muito influenciada pelo positivismo. (Muñoz Conde, 1975, p. 108-9, e 1979, p. 8)

É o momento da entrada em cena e afirmação, no campo penal, do juspositivismo. Assim, diante deste positivismo criminológico, manifestou-se concomitantemente um positivismo jurídico centrado na ideia de resgatar, para a Ciência Penal, sua identidade propriamente jurídica, postulando a exclusão, do seu âmbito, dos fatores antropológicos e sociológicos e ainda jusnaturalistas, como latente herança das Escolas Clássica e Positiva.

Desta forma, se no final do século XIX ainda subsistiam resquícios do jusracionalismo na Ciência Penal, embora agonizando, face à visível hegemonia do positivismo criminológico, o positivismo jurídico assumirá na Itália o significado de uma dupla reação, preconizando uma Ciência Penal estritamente jurídica e o transplante, para seu universo, do paradigma dogmático de Ciência Jurídica já dominante no campo do Direito privado.

5.2.1. A Escola Técnico-Jurídica[30]
O modelo de Ciência Penal de A. Rocco
A reação tecnicista

Arturo Rocco produziu a sistematização mais significativa, acabada e célebre do Tecnicismo jurídico, na aula inaugural dos cursos da

---

[30] São polêmicas a origem e significação do chamado Tecnicismo jurídico. Quanto à gênese, discute-se se o Tecnicismo jurídico é de origem alemã, atribuindo sua paternidade especialmente a Karl Binding e Franz Von Liszt (Cf. Ferri, 1931, p. 58-60; Cantero, 1977, p. 94-5; Asúa, 1950.t.1, p.11; Rocco, 1982, p. 59; Bettiol, 19--, p. 102, e 1966, p. 63-6; Nuvolone, 1981, p. 6-7; Bruno, 1967, p. 40) ou italiana (Maggiore, 1954, p. 114).
Também sua significação é discutível, pois enquanto alguns sustentam que se trata de uma Escola, para outros não passa de uma orientação metodológica para a Ciência Penal (Sodré, 1977, p. 268; Bettiol, 1966, p. 64-5 e Cantero, 1977, p. 94)
A nosso ver, cabe razão a Asúa (1950, t. 2, p. 111) quando afirma que, embora de visíveis raízes alemãs (como reconhece inclusive expressamente Rocco em sua obra) é apenas na Itália que o Tecnicismo jurídico assume o caráter de Escola (e, acrescentamos, movimento de reação), tendo uma formação lenta e trabalhosa, através de seus principais representantes, como Alessandro Stoppato (1858-1931), Manzini, Rocco (1876-1942), Civoli (1861-1932), Conti (1864-1942), MassaiI (1874-1934), Battaglini, Delitala, Cicala, Vanini, De Marsico, Antolisei, Bettiol e Petrocelli.
E que tendo sido classificado por Florian como clássica, por Ferri como neoclássica e por Grispigni como continuadora da Terceira Escola, trata-se de uma Escola neoclássica representando, mais estritamente, um deslinde de campos: "o Direito Penal vigente, com seu conteúdo dogmático e seu *método jurídico*, separado da Criminologia, ciencia de *conteúdo causal e naturalista e método experimental e sociológico*." (Asúa, 1950, t. 2, p. 115).
E neste sentido o Tecnicismo Jurídico contém, inegavelmente, uma orientação metodológica na medida em que tematiza as condições de possibilidade para a afirmação da Ciência Penal como Ciência Jurídica (Dogmática Penal). Guarda também uma continuidade fundamental com a Escola Clássica pois, libertando a abordagem jurídico-penal da influência jusnaturalista, leva-a às suas últimas consequências técnicas, ocupando-se da decodificação dos conceitos de crime, pena, responsabilidade penal, etc. à luz do método técnico-jurídico então preconizado.
Seja como for, parece ser consensual a consideração de Arturo Rocco como o seu mais autorizado representante, mesmo se precedido na Alemanha por Binding e Liszt e na Itália por Stopatto e Manzini (Cf. Asúa, 1950, t. 1, p. 112; Ferri, 1931, p. 64; Cantero, 1977, p. 91; Bettiol, 1966, p. 64; Pimentel, 1983, p. 36-7).

Universidade de Sassari, por ele proferida em 15 de janeiro de 1910, que se converteu na obra *Il problema e il metodo della scienza del diritto penale*, conhecida como "prolusão sassaresa", e que expressa, visivelmente, a origem reativa do tecnicismo jurídico italiano.

5.2.2. A crise da Ciência Penal
Diagnóstico das causas e correção dos erros

Apreendendo o contexto teórico do final do século XIX e início do século XX como um contexto de "crise" da Ciência Penal, inserida no horizonte mais amplo de crise do pensamento científico e das Ciências Sociais e Humanas, Rocco é incisivo no diagnóstico de sua causa imediata:

> "Qual é, em especial, a causa próxima de tal estado de coisas? O diagnóstico não parece difícil. A única Ciência clássica do direito penal, que no começo ignorava e logo esquecia os ensinamentos da escola histórica do direito, pretendera estudar um direito penal que estivesse à margem do direito positivo; se iludira com forjar um direito penal diverso do consagrado nas leis positivas do Estado, um direito penal de caráter absoluto, imutável, universal, cuja origem remontasse à Divindade, ou à revelação da consciência humana, ou às leis da natureza, ou às leis do pensamento e da idéia. A mesma obra, monumental e gloriosa de Carrara, não escapou a este vício dos tempos; é precisamente no tempo em que tal vício encontra sua razão de ser (...) a orientação positiva moderna, como em outro tempo a antiga escola histórica, combateu precisamente este erro; mas caiu por sua vez em outro igualmente manifesto, ao afirmar, contra o princípio da divisão do trabalho científico, que é condição absoluta do desenvolvimento humano, que a Ciência do direito penal nada mais é que um capítulo e um apêndice da sociologia." (Rocco, 1982, p. 4-5)

Se a Escola Positiva teve o mérito de liberar a velha Ciência Penal das "incrustrações metafísicas que a recobriam", logo frustrou a expectativa de uma nova construção científica, cuja edificação todos esperavam, pois, "destruindo sem reconstruir" chegou, em última instância, "a um Direito Penal (...) sem direito!". Daí o "estado de ansiedade, incerteza e permanente perplexidade" que caracterizava a produção científica do Direito Penal. Cabia indagar, assim, se uma Ciência chamada Direito Penal era ou não uma Ciência Jurídica, pois continha Antropologia, Psicologia, Estatística, Sociologia, Filosofa, Política; ou seja, de tudo, menos de Direito. (Rocco, 1982, p. 3, 5 e 6)[31]

É dupla, pois, a reação tecnicista que sua obra simboliza. Ela se dirige, simultaneamente, contra a herança jusracionalista da Escola Clássica e contra a herança criminológica da Escola Positiva.

Com efeito, identificada a causa do crime num sincretismo metodológico que oscilante entre o jusracionalismo (Carrara) e o positivismo criminológico (Lombroso, Ferri) havia esvaziado o conteúdo propriamente jurídico do Direito e da Ciência Penal, a crise era vista, sobretudo, como crise de identidade da Ciência Penal.

De acordo, pois, com o

"(...) estado atual do litígio, a Ciência jurídica penal se debate hoje na tormentosa busca de si mesma: entre o antigo cuja vigência freqüentemente se perdeu e o novo que pouco ou nada produz, podemos dizer que já não temos princípio jurídico frime algum de direito penal." (Rocco, 1982, p. 7)

Sob a égide do positivismo jurídico, em que Rocco se move, o problema apresentado para a Ciência Penal italiana, na virada do século XIX para o século XX, era o de não ter delimitado seu horizonte (método, objeto, tarefa e função) em termos jurídicos, condicionada que se encontrava pela herança – híbrida – das Escolas penais.

Simultaneamente, sob a égide da "necessidade de especialização científica, origem de todo progresso humano e da Lei da divisão do trabalho científico" (Rocco, 1982, p. 14-5), o problema apresentado era o da autonomização da Ciência Penal, objetivando-se liberá-la, a partir de um duplo enfrentamento, de toda contaminação jusnaturalista, antropológica ou sociológica. Tratava-se, pois, em definitivo, de estruturar as bases para a consolidação de um Ciência Penal que, vista pelo prisma juspositivista de Ciência Jurídica autônoma, inexistia.

A "crise" da Ciência Penal impunha então (re)indagar qual era, no pensamento e na vida social, o problema de sua existência; ou seja, sua razão de ser, sua missão teórica, sua função prática e qual o método deveria seguir para alcançar sua meta científica e prática. Impunha, pois, a própria discussão da cientificidade da Ciência Penal.

A resposta de Rocco (1982, p. 9) para a "correção dos erros" e consequente superação da crise, já visível desde o seu diagnóstico crítico, seria trilhar o caminho do positivismo jurídico e do paradigma dogmático de Ciência Jurídica, na esteira de Binding, Liszt, e ainda

---

[31] Rocco (1982, p. 33-6) dirige assim uma longa crítica às construções clássicas e positivistas da pena, da responsabilidade penal, do delito e do delinquente por terem ignorado seus aspectos jurídicos, os quais procura precisamente aí resgatar.

Loening, Sergiewsky, Merkel, Mayer, Beling, Finger, Vargha, Garraud, Civoli, Manzini, Pessina (em seus últimos escritos) cujas posições expressavam, entre outros, aquela tendência juspositivista na Ciência Penal que ele via como um "estado geral da consciência jurídica."[32]

Partindo do pressuposto da "crise", a preocupação central de Rocco é, pois, estabelecer as bases metodológicas e práticas para a constituição de uma Ciência Penal estritamente jurídica e dogmática, delimitando seu objeto, especificando seu método, tarefa e funções.

5.2.3. Objeto e tarefa metódica da Ciência Penal

O objeto da Ciência Penal era inteiramente circunscrito ao Direito Penal Positivo vigente, como dado de fato do qual deveria partir:

"O que se quer é tão-só que a Ciência do direito penal, em harmonia com sua natureza de Ciência jurídica especial, limite o objeto de suas investigações ao estudo exclusivo do direito penal e, de acordo com seus meios do único direito penal que existe como dado da experiência, ou seja, o direito positivo."(Rocco, 1982, p. 10)

Delimitado o objeto, a preocupação correlata de Rocco é fixar a autonomia e o método da Ciência Penal, tratando ao mesmo tempo de conferir mais relevância à distinção, o que não significa separação

"(...) da Ciência jurídico-penal com relação à antropologia, à psicologia, à sociologia e à filosofia do direito e à política criminal, seja considerando-a como arte ou como Ciência, reduzindo a Ciência jurídico-penal principalmente, se não em forma exclusiva, como sucedeu já faz tempo a respeito do direito privado, a um sistema de 'princípios de direito', a uma teoria jurídica, a um conhecimento científico da disciplina jurídica dos delitos e das penas, em uma palavra, a um estudo geral e especial do delito e da sanção, desde um ponto de vista jurídico, com fatos ou fenômenos regulados pelo ordenamento jurídico positivo. Esta é a orientação técnico-jurídica, que é a única possível em uma Ciência precisamente jurídica, e de caráter especial por acréscimo, como o é a que leva o nome de Ciência do direito penal; é, ainda assim, a única orientação da qual pode se esperar uma

---

[32] É importante ressaltar que Rocco recorre a extensas notas explicativas buscando demonstrar o deslocamento, no final do século XIX, de uma concepção jusnaturalista para uma concepção juspositivista do Direito e Ciência Penal, que se impunha como tendência dominante. Também se apoia em extensa literatura alemã, na qual se incluem as obras de Binding e Liszt, o que confirma, como já referimos, a paternidade alemã do Tecnicismo jurídico.

reconstituição orgânica da debilitada estrutura científica do direito penal." (Rocco, 1982, p. 9)

Baseando-se na constatação de que outras disciplinas jurídicas já tinham há algum tempo assumido a dignidade de Ciências Jurídicas e atingido uma notável perfeição técnica e sistemática, em relação às quais a Ciência Penal encontrava-se num estágio de lamentável inferioridade prescreve-lhe, para ser útil à Ciência e à vida,

"(...) seguir a senda segura em que confiaram primeiro os estudiosos do direito privado e pelo qual logo passaram de forma magistral os estudiosos do direito administrativo e processual; aquela mesma via pela qual parecem também já se encaminhar com passo seguro o direito constitucional e o direito internacional, apoderando-se simultaneamente dos procedimentos daquelas Ciências antes mencionadas que, como o direito privado, são evidente exemplo de perfeição técnica do direito." (Rocco, 1982, p. 17-8)

É manifesta, pois, sua preocupação em transplantar para a Ciência Penal o paradigma dogmático já consolidado no Direito Privado e em consolidação em outros do Direito Público e cujo transplante visualizava como condição de possibilidade (fonte) do progresso científico no Direito Penal.[33]

5.2.4. As etapas do método técnico-jurídico
Exegese, dogmática e crítica

E, à luz deste paradigma, a elaboração técnico-jurídica do Direito Penal positivo deveria se conformar em três etapas metódicas de investigação, pois

"se observamos mais de perto o modo de proceder próprio do conhecimento científico do direito positivo, especialmente no campo do direito privado, mas também no campo do direito administrativo e do direito processual civil, e na esfera do direito em geral, veremos que os meios técnicos de que dispõe este conhecimento, se resumem exclusivamente em três ordens de procedimentos ou de investigações: 1º) uma investigação exegética; 2º) uma investigação dogmática e sistemática; 3º) uma investigação crítica do direito. É precisamente nestas três ordens de investigações no que deve consistir o estudo técnico do direito positivo (...)." (Rocco, 1982, p. 18)

---

[33] Ver a posição oposta de Ferri (1931, p. 64-7 e 81).

Se a exegese é uma etapa necessária do estudo científico do Direito ela é, meramente, a "Ciência da Lei" e, como tal, uma etapa inferior da Ciência do Direito ou "um produto literário cientificamente inferior". Era necessário, pois, ultrapassar a atividade dos penalistas práticos, limitada ao "comentário exegético puro, mesquinho e material do texto legislativo"[34] para chegar à investigação dogmática[35] e ao "sistema", a etapa superior da autêntica "Ciência do Direito". Pois a seu descuido era devida precisamente a lamentável imperfeição técnica atual do Direito Penal. (Rocco, 1982, p. 21-2 e 26)

Quando a interpretação (literal e lógica) cumpriu a sua tarefa, se abre o caminho, graças à analogia e aos princípios gerais do Direito, para o desenvolvimento dos conceitos contidos nas normas jurídicas e, de conceito em conceito, mediante progressiva generalização e abstração, ascender ao sistema, para descer do geral ao particular. (Rocco, 1982, p. 23)

A dogmática constitui assim:

"(...) a investigação dogmaticamente descritiva e expositiva dos princípios fundamentais do direito positivo em sua coordenação lógica e sistemática; aquela que, de maneira um pouco bárbara, chamam os alemães a construção das instituições e das relações jurídicas, e que segundo outros, é o tratado 'sistemático' do conteúdo do direito vigente." (Rocco, 1982, p. 22)

Desta forma, se a exege não proporciona mais do que o conhecimento empírico do Direito; a dogmática, ao contrário, proporciona o seu conhecimento científico. "Relativamente à exegese, que é a 'Ciência da Lei', a dogmática pode chamar-se verdadeiramente a 'Ciência do Direito'". (Rocco, 1982, p. 22-3)

Enfim, se a exegese e a dogmática dão a conhecer o sistema do Direito vigente – o Direito que é – a crítica, como terceira e última etapa do método técnico-jurídico, investiga o Direito que deve ser ou o Direito ideal, adquirindo legitimidade unicamente após se esgotar aquelas duas etapas metódicas, "já que não é possível criticar o que pelo menos cientificamente, ainda não se conhece".[36]

---

[34] Que acaba por destruir o espírito diferencial das Ciências Jurídicas já que se o "Direito Penal é certamente diferente do Direito Privado e este do Direito Público (...) comentar um artigo do Código Penal em nada difere de comentar um artigo do Código Civil e Comercial." (Rocco, 1982, p. 21-2).

[35] Como tem sido observado, Rocco utiliza impropriamente o termo *dogmática* para designar apenas uma etapa do método técnico-jurídico quando designa o próprio modelo.

[36] A respeito desta crítica e seus dois níveis, ver Rocco (1982, p. 31-3).

5.2.5. A função prática da Ciência Penal

A elaboração técnico-jurídica, além de evidentes exigências de ordem científica, se fundamenta, por outro lado e simultaneamente, em evidentes exigências de ordem prática, sendo a ela endereçada uma função essencial, já que:

"Qualquer um vê a utilidade de tal organização e sistematização lógica, não estamos dizendo formal, dos princípios do direito penal vigente; ela busca proporcionar o conhecimento científico das normas do direito àqueles que são chamados por sua missão na vida social a interpretar e aplicar o direito, seja combatendo como advogados, seja decidindo na qualidade de magistrados; procura dar ao intérprete jurista ou magistrado o quanto é necessário para a administração prática da justiça; trata, em outras palavras, de tornar útil a Ciência jurídica no campo prático da aplicação judicial, assim como manter a vida prática cotidiana do direito à altura de um conhecimento científico da lei." (Rocco, 1982, p. 15)

Em definitivo, aparecendo como o único capacitado a superar a "incerteza" teórica que dominava a Ciência Penal, o paradigma dogmático, a exemplo do Direito Privado, aparecia também como o único apto a fornecer a certeza e a segurança requeridas pela administração da Justiça Penal, da qual encontrava-se privada justamente por aquela incerteza.[37]

Contrariamente, pois, ao modelo de Sociologia Criminal de Ferri, que centraliza a função do jurista na reforma do Direito Penal positivo, o modelo de Rocco, na esteira do paradigma dogmático em geral, o centraliza na aplicação judicial do Direito.

5.2.6. A autonomia e as fontes da Ciência Penal
A resposta ao problema das relações entre Dogmática e Criminologia

O caminho do paradigma dogmático trilhado por Rocco, que conduzia à autonomização da Ciência Penal, requeria uma resposta ao problema latente das relações entre a Dogmática Penal e as demais disciplinas que, como herança das Escolas Clássica (Filosofia e

---

[37] Ferri (1931, p. 68 e 87), contrariamente, insistia em que as construções jurídicas dogmáticas, "são, nove sobre dez, inutilizáveis e inaplicáveis, tanto na Justiça Penal cotidiana, como na reforma das Leis penais".

Política) e Positiva (Antropologia e Sociologia Criminais) dividiam o campo penal.

Tal resposta, orientada pela "necessidade de especialização", foi pontualizada como a necessidade de estabelecer, no âmbito do método jurídico, uma divisão do trabalho que, requerendo uma rígida fixação do objeto e limites de cada disciplina, não deveria implicar uma "separação" e muito menos um "divórcio científico". (Rocco, 1982, p. 11-14 *passim*)

Enquanto a Ciência Penal teria por objeto de estudo o crime e a pena como fatos jurídicos, a Antropologia teria por objeto o crime como fato individual e a pena como fato social; a Sociologia o teria a ambos como fato social, sendo estas duas Ciências ao lado da História e do Direito comparado as fontes do "conhecimento científico" do Direito, e não do "Direito" como "penando de inexatos afirmaram alguns" a respeito da Sociologia. (Rocco, 1982, p. 37-44 *passim*)

E, sem desfigurar sua essência jurídica, a Ciência Penal deveria recorrer a tais fontes em caráter subsidiário ou complementar. É que para evitar que o estudo dogmático, eminentemente lógico-dedutivo, se convertesse em formalismo (escolha em que tropeçavam frequentemente as Ciências Jurídicas) se mantendo "rente à vida", era necessário que a dedução lógica se reintegrasse e complementasse, "dentro de certos limites", com a indução experimental. (Rocco, 1982, p. 44)

É desta maneira, e somente assim, que a

"(...) a Ciência jurídica, Ciência do raciocínio lógico, pode andar de braço com a Ciência da observação experimental. Assim, pois, o direito penal, Ciência das normas jurídicas (...) se quiser ser consciente da finalidade e da função social das normas que estuda, deve também em certa medida enriquecer-se com o conhecimento do homem que comete o delito e ao qual se aplica a sanção, com o conhecimento do ambiente em que se comete o delito e em cujo meio a sanção desenvolve seus efeitos; é necessário, em outros termos, que chegue a conhecer, dentro de certos limites, o delito como fenômeno natural, individual e social, e a pena como fenômeno social, levando em conta os dados que atualmente lhe oferecem aquelas Ciências novas que são a antropologia (somatologia e psicologia) e a sociologia criminais." (Rocco, 1982, p. 38-9)

Desta forma, nada impede que o penalista assuma, de vez em quando, o papel do antropólogo ou do sociólogo, ou que se empenhe na investigação filosófica ou política, mas, para evitar uma intromissão ilícita e perigosa na clareza da investigação própria e estritamente jurídica, não pode esquecer que uma coisa é Direito, outra, Antropologia, Sociologia, Filosofia e Política. E que, nestes momentos, "se despe de sua toga de jurista e veste o hábito, igualmente rígido" do antropólogo, do sociólogo, do filósofo do Direito ou do cientista político. (Rocco, 1982, p. 11-3)

Rocco pensava assim ter dado uma resposta acabada ao tormentoso e polêmico problema das relações entre a Dogmática Jurídico-Penal e a Criminologia, pois, pontualizado o conceito das fontes, concluía que:

"(...) o assunto até aqui tão debatido das relações entre a Ciência do direito penal e a antropologia, a psicologia e a Sociologia criminais se ilumina com uma luz intensa: a Ciência do direito penal, com respeito às suas construções jurídicas, utiliza como meio, como dados e como pressuposto, a indução antropológica, psicológica e sociológica, da mesma forma em que se vale da indução histórica e comparada; mas não há nela mais antropologia, psicologia ou Sociologia do que história ou direito comparado." (Rocco, 1982, p. 44)

Tratava-se, em definitivo, de um modelo marcado pela hegemonia da Dogmática Penal e pelo caráter auxiliar da Criminologia em relação a ela.

Em conclusão, portanto, apesar da reação que empreendeu contra o positivismo criminológico, o Tecnicismo Jurídico não transcendeu o horizonte positivista, pois não se tratava de superá-lo, mas deslocá-lo, tornando hegemônica uma determinada versão: a do positivismo jurídico. Na Itália, portanto, não se produz a afirmação do Direito positivo e a consolidação do paradigma dogmático na Ciência Penal até o século XX, com a Escola Técnico-Jurídica.

5.3. Matrizes do tecnicismo jurídico
K.Binding e V. Lizst

Na Ciência Penal alemã, contudo, não se produziram os dois fenômenos italianos culpáveis pelo abandono do Direito Positivo ao longo do século XIX: nem a eleição do Direito Natural (pela Escola Clássica) nem da realidade empírica (pela Escola Positiva) como objetos excludentes daquele. É que na Ciência Penal alemã da primeira metade do século XIX, de Feuerbach até aproximadamente 1840, é o Direito Positivo, ainda que moderado pelo apelo ao Direito Natural, que predomina como seu objeto. E após um retorno da prevalência do Direito Natural que perdura entre 1840 até aproximadamente 1870 é o Direito Positivo que, sob o influxo do positivismo jurídico, se afirma como objeto da Ciência Penal. (Mir Puig, 1976, p. 187)

E o juspositivismo que triunfou aí desde

"(...) os anos 70 do século passado supôs algo mais que o estudo do direito positivo: negou a licitude de introduzir juízos de valor ou referências à realidade metajurídica na tarefa dogmática. Isto diferencia o método positivista do empregado pela Ciência alemã desde Feuerbach até Binding, caracterizada (...) pela apelação a critérios extrapositivos, sejam racional-ideais, sejam históricos, na elaboração do direito positivo." (Mir Puig, 1976, p. 209-10)

Assim, se Feuerbach realizou o transplante das concepções políticas do liberalismo individualista para o Direito Penal, é Binding quem desenvolve primeiramente tais princípios numa exposição científica do Direito Penal, segundo a qual a lei positiva, considerada como um todo objetivo, era o único objeto e ponto de partida possível do penalista. (Muñoz Conde, 1976, p. 109)

Desta forma, enquanto a primeira manifestação do positivismo no tempo foi, na Itália, o positivismo naturalístico, na Alemanha foi o positivismo jurídico, cujo principal representante foi Binding, seguido de Merkel e Beling, entre outros. E enquanto este assumiu aí um significado de relativa continuidade em relação ao estudo do Direito Positivo, associada a uma superação metódica mais dirigida contra o jusracionalismo (a Filosofia hegeliana) estimulando, por sua vez (como no Direito privado italiano), a elaboração de uma específica Ciência Jurídica; na Itália, o positivismo jurídico assumiu, via Escola Técnico-Jurídica, o significado de uma vigorosa e dupla reação.

Por outro lado, enquanto na Itália o positivismo naturalístico conduziu a um deslocamento do objeto da Ciência Penal para a realidade empírica, na Alemanha ele influiu sobre a "Jovem Escola alemã", traduzindo-se na concepção eclética de Von Liszt, seu principal representante, que se limitou a aduzir, junto ao estudo (dogmático) do Direito Positivo, o estudo (criminológico) do delito e do delinquente, procurando uma síntese conciliadora de ambos. Não tendo experimentado, portanto, na Alemanha a transcendência experimentada na Itália, tanto o positivismo jurídico quanto o positivismo naturalístico tiveram uma forte influência na Ciência Penal germânica, manifestando-se nas origens da Dogmática Jurídico-Penal.[38]

Neste sentido, enquanto o primeiro constitui a "manifestação última e mais extrema do liberalismo clássico, o naturalismo foi o pri-

---

[38] Cfr. Mir Puig, (1976, p.187 e 208 e 1982, p.10); Bustos Ramirez, (*in* Bergalli e Bustos Ramirez, 1983a, p. 35).

meiro reflexo de uma nova concepção de Estado: o Estado social". (Mir Puig, 1976, p. 209)

Foi na Alemanha, pois, que o positivismo jurídico deu lugar ao nascimento da Dogmática Penal e é na matriz alemã (Binding, Von Liszt e Beling) que se inspira, como já afirmamos, a reação tecnicista na Itália.

5.3.1. O Modelo de Ciência Penal de K. Binding

Apontado, pois, como o primeiro grande representante do positivismo jurídico que se caracterizou pela pretensão de construir uma Ciência do Direito Penal positivo especificamente jurídica e liberada de influências jusnaturalistas e sociológicas,[39] Binding pode ser situado como a matriz decisiva para a consolidação do paradigma dogmático na Ciência Penal.

Neste sentido, assinala Kaufmann (1976, p. 345) que Eberhar Schmidt conferiu à obra de Binding o devido destaque no quadro da história dogmática do Direito penal, designando-a como a "expressão mais grandiosa" dum "positivismo erigido sobre a base duma concepção visceralmente liberal do direito e do Estado".

Em um artigo escrito em 1881, denominado "Strafgesetzgebund, strafjustiz und Strafrechtswissenschaft in normalen Verhalniss zueinander" (Legislação Penal, Justiça Penal e Ciência do Direito Penal em uma relação normal entre elas), na "Zeitschrift für die gesamte strafrechtswissenshaft" (*Revista para um modelo integral de Ciência do Direito Penal*), dirigida por Von Liszt, Binding, após destacar as falhas da doutrina alemã até então, conclui que a Ciência Penal, como Ciência Jurídica, tem uma dupla missão: servir de guia à prática presente e futura, mas, em ambos os casos, *de lege lata* ou *de lege ferenda*, ela deve ser e seguir sendo uma Ciência do Direito Positivo.

Em seu "Handbuch des deutschen Strafrechts" (*Manual de Direito Penal alemão*), publicado em 1885, mantém-se fiel à tarefa da Ciência Penal como tarefa da "Ciência do Direito Positivo" e tarefa da "Dogmática do Direito permanente", fixando de forma incisiva sua delimitação e tarefa e excluindo energicamente a possibilidade e a legitimidade de uma "Filosofia do Direito Penal", entendida como Ciência do Direito Penal que teria por objeto um suposto e inexistente Direito Penal Natural, Racional ou Ideal. (Rocco, 1982, p. 57-8)

---

[39] Cf. Muñoz Conde, (1976, p.109); Mir Puig, (1976, p. 208, e 1982, p. 10); Bustos Ramirez, *(in* Bergalli e Bustos Ramirez, 1983a, p. 35.)

A reação de Binding (citado por Rocco, 1982, p. 57-8) então é mais dirigida contra a herança jusnaturalista ainda persistente na tradição jurídica alemã:

"(...) pois bem, não existe nenhum direito eterno e imutável que o homem possa conhecer, nenhuma filosofia estável do direito que esteja em condições de oferecer algo diferente das idéias fundamentais do direito que regeu ou rege ainda, nenhuma filosofia do direito que seja algo distinto da jurisprudência, nenhuma jurisprudência que seja algo alheio à Ciência do direito positivo. Toda tentativa de submeter a Ciência do direito penal aos preceitos do direito natural de qualquer sistema filosófico é, portanto, um ataque sobremaneira retrógrado a sua liberdade, concebido como delimitação estreita de sua matéria e dirigido contra a unidade de seu objeto."

Todavia, como sustenta Kaufmann, se a adesão de Binding ao *approach* juspositivista no sentido acima ilustrado – delimitação da Ciência Penal ao estudo do Direito Penal positivo – não comporta a menor dúvida, pois toda sua obra se exprime numa linguagem inequivocamente reveladora dele, – associada a uma categórica rejeição do Direito Natural – Binding não satisfaz a correlata exigência juspositivista de excluir juízos de valor ou referências à realidade metajurídica na tarefa dogmática. Pois, não tendo deduzido seus dogmas direta ou indiretamente da letra da lei, mas da "natureza das coisas", isto é, do conhecimento – verdadeiro ou suposto – das estruturas lógico-reais que formam o quadro e o arcabouço da matéria jurídica, da "lógica" ou das "conquistas da teoria" é precisamente aí que se situa o limite do juspositivismo atribuído insistentemente e sem restrições a ele. (Kaufmann, 1976, p. 347 e 351)

Conclui então que:

"(...) assume importância decisiva a constatação de que no terreno dogmático Binding foi tudo menos um positivista. Baseia-se nas estruturas lógico-reais que antecedem qualquer direito positivo pelas 'formas aprioristicas do direito', tal qual ele as reconhece ou supõe reconhecidas." (Kaufmann, 1976, p. 352)

Nesta perspectiva, pode-se dizer que Binding representa a continuidade e a culminação da herança iluminista, de forma que com ele

"(...) se consuma a configuração da escola clássica do direito penal e se dá a base de sustentação a todo o pensamento dogmático penal até nossos dias. (...) Com ele se completa o trabalho racionalista iniciado por Feuerbach ao interior do Estado de direito." (Bustos Ramirez, 1984, p.124)

5.3.2. A Escola Sociológica alemã e o modelo de ciência integral (global, universal, total, ou conjunta) do Direito Penal de V. Liszt

Liszt, fundador e maior expoente da "Escola Sociológica" ou "Jovem Escola" alemã, de postura eclética entre a Escola Clássica e a Positiva,[40] também representa uma das matrizes fundacionais do paradigma dogmático na Ciência Penal.

Mas o modelo de "Gesamte Strafrechtswissenshaft" (Ciência Integral do Direito Penal) por ele formulado em torno de 1886, ao mesmo tempo em que senta as bases do paradigma dogmático na Ciência Penal, é um modelo nitidamente conciliador das relações entre o positivismo jurídico e o criminológico; entre a Dogmática Penal e a Criminologia, tratando de fixar o objeto, o método e os fins de ambas as disciplinas. Daí sua conhecida polêmica com Binding na medida em que reclama a tomada em consideração dos dados naturalísticos e sociológicos na elaboração dos preceitos jurídicos.

Assim para Lizst,[41] na Ciência do Direito Penal, as normas são o objeto, a lógica o método e sua primeira tarefa consiste no puro estudo técnico-jurídico da legislação penal; na consideração do delito e da sanção como generalizações conceituais (claro está, jurídicas); em sistematizar totalmente as prescrições individuais da Lei, chegando até os primeiros conceitos fundamentais e os princípios básicos; em apresentar, na parte especial do sistema, as diversas infrações e as diferentes sanções correspondentes e na parte geral, o conceito de delito e de sanção em geral. Consiste, em síntese, na consideração puramente técnico-jurídica, apoiada na legislação penal, do delito e da pena como generalizações conceituais. Como Ciência eminentemente prática, que, por estar sempre ao serviço da administração da justiça, encontra nesta fonte de constante enriquecimento, a Ciência do Direito Penal deve ser caracteristicamente sistemática e permanecer como tal. Pois, só a ordenação dos conhecimentos na forma de um sistema garante aquele domínio seguro e imediato dos casos particulares, sem o qual a aplicação do Direito é sempre diletantismo, abandonada ao acaso e à arbitrariedade.

Em 1899, ao pronunciar sua aula inaugural em Berlim, Liszt (citado por Bacigalupo, 1982, p. 57) reafirmava que: "a Ciência do Direito Penal, em primeiro lugar – e nisto somos da mesma opinião que a Escola Clássica – tem que transmitir aos jovens juristas, ávidos de

---

[40] E que correspondeu, na Itália, à "Terza Scuela", com Manuel Carnevale, Bernardino Alimena e Juan B. Impallomeni, que também se preocupava com a autonomização da Ciência Penal.

[41] Citado por Rocco, (1982, p. 60); Bacigalupo, (1982, p. 56-7); Muñoz Conde, (1975, p. 107-8 e 168); Roxin, (1972, p. 18 e Mir Puig, 1977).

aprender, o cúmulo de normas jurídicas segundo o método lógico-dedutivo.".

A construção do sistema conceitual deveria seguir então três etapas metódicas: a) recopilação do material de análise, ou seja, das normas, no direito positivo; b) análise precisa das normas jurídicas e dos conceitos que nela se ligam como sujeito e predicado e síntese dos resultados obtidos, isto é, dedução de conceitos das normas jurídicas; c) sistematização segundo a classificação dos conceitos e das proposições que os conectam entre si. (Solano Navarro, 1990, p. 181-2)

A Criminologia, ao contrário, não conhece outro método que o comum a todas as demais Ciências: a observação objetiva e metódica de fatos dados e sua tarefa é a investigação científica do delito em suas causas e efeitos; ou seja, a busca das Leis que determinam a criminalidade. A tarefa da Política Criminal (que passa a ser valorizada, destaque-se, a partir do modelo liszteano) seria, por sua vez, a de elaborar o conjunto sistemático de princípios fundados na investigação científica das causas do crime e dos efeitos da pena segundo os quais o Estado deve conduzir a luta contra o crime através das penas e das instituições conexas; ou seja, elaborar as estratégias mais racionais para a prevenção e repressão do crime.[42]

O modelo liszteano, procurando englobar num quadro fundamentalmente unitário e harmonioso as Ciências Penais em sentido amplo – que deveriam guardar autonomia, ainda que relativa, em função daquela unidade – acentuava que apenas o conjunto destas Ciências poderia lograr o controle e domínio do inteiro problema do crime. E que sua reunião funcional era necessária na luta contra a criminalidade. (Dias e Andrade, 1984, p. 93)

Assim, a Ciência Integral de Von Liszt entendeu a integração entre Dogmática Penal, Criminologia e Política Criminal em função de fins práticos. É que para cumprir sua tarefa especificamente dogmática (elaboração sistemática dos conceitos que servem à aplicação do Direito Penal), a Ciência Penal tem que recorrer a conhecimentos e experiências criminológicas. Mas ela tem também que assumir a tarefa de promotora e projetista da reforma penal, sendo a orientadora do legislador na luta contra o delito. Não se trata, pois, de uma integracão das Ciências Penais ao nível metodológico, mas de uma mera "reunião funcional" vinculada ao papel social designado ao penalista como orientador do juiz e do legislador (político-criminal). (Bacigalupo, 1982, p. 56-8)

---

[42] Cfr. Rocco, (1982, p. 60); Bacigalupo, (1982, p. 57); Muñoz Conde, (1975, p. 107-8); Andrade, (1983, p. 34).

Contrariamente, pois, ao modelo ferriano, a Dogmática e a Criminologia preservam aqui sua autonomia metodológica, e a função da Ciência Penal vincula-se tanto à aplicação judicial quanto à reforma do Direito Penal.

Desta maneira, Liszt caracteriza a "Ciência Integral do Direito Penal", a um só tempo, como Ciência Social e como Ciência Jurídica. E neste duplo caráter, enquanto corresponde à Política Criminal desempenhar a chamada missão social do Direito Penal, compete à Dogmática Penal desempenhar a função liberal do Estado de Direito, assegurando a igualdade na aplicação do Direito e a liberdade individual frente ao ataque do "Leviathan". (Roxin, 1972, p. 16)

Nas palavras do próprio Liszt (citado por Mir Puig, 1976, p. 220):

"(...) por muito paradoxol que possa resultar, o Código penal é a Magna Carta do delinqüente. Não protege a ordem jurídica, nem a coletividade, mas o indivíduo que se levanta contra ela. Outorga-lhe o direito de ser castigado apenas sob os pressupostos legais e unicamente dentro dos limites legais. O duplo aforismo: *nullum crimen sine lege, nuela poena sine lege* é o bastão do cidadão frente à onipotência estatal, frente ao desconsiderado poder da maioria, frente ao 'Leviathan'. Há anos venho caracterizando o Direito Penal como 'o poder punitivo do Estado juridicamente limitado'. Agora posso acrescentar: o Direito Penal é a infranqueável barreira da Política criminal."

Especialmente destas afirmações do Direito Penal, por um lado, como a "Magna Carta do delinquente" e, por outro, como "a infranqueável barreira da Política Criminal", imortalizadas nas citações clássicas dos penalistas, ressalta da conciliação liszteana a centralidade conferida à Dogmática Penal, em torno do qual a Criminologia e a Política Criminal deveriam gravitar, como suas Ciências Auxiliares.

Figueiredo Dias e Jorge Andrade (1984, p. 94) vão, neste sentido, aos fundamentos do modelo:

"Esta concepção supunha a possibilidade de uma resposta à questão das relações e da hierarquia entre as três disciplinas que compunham aquela Ciência global. Os fundamentos para uma tal resposta encontravam-se na concepção jurídico-política do Estado de Direito formal, de cariz liberal, e numa teoria jurídica de cunho estritamente positivista. Daqui que, no contexto daquelas três disciplinas, o Direito Penal, como ordem de proteção do indivíduo – em particular dos seus Direitos subjetivos – perante o poder estatal, e como conseqüente ordem de limitação desse poder, assumisse o primeiro e indisputado lugar, enquanto na

Criminologia e na Política Criminal nada mais se via que meras Ciências Auxiliares da Dogmática Jurídico-Penal."

Em definitivo, portanto, Liszt não renuncia à herança liberal de maximização da segurança do cidadão, mas fortalece-a, acreditando que ela é compatível com um Direito Penal que intervenha ativamente na vida social.

5.4. Da luta escolar à disputa científica criminodogmática

Se o modelo de Ferri expressava a hegemonia do positivismo criminológico sobre o positivismo jurídico e, pois, da Criminologia sobre a Dogmática, que era concebida como um ramo daquela; se o modelo de Binding expressava uma absoluta hegemonia do juspositivismo e da Dogmática Penal; se o modelo de Liszt, aparentemente o mais conciliador entre o positivismo jurídico e o criminológico, acabava expressando também a hegemonia da Dogmática sobre a Criminologia, vista como Ciência Auxiliar; o modelo de Rocco, tal como o de Binding e Liszt, expressava a hegemonia juspositivista do paradigma dogmático, conferindo, tal como neste último, um espaço meramente auxiliar para a Criminologia.

Pode-se constatar assim que as divergências entre os modelos propostos não era, substancialmente, sobre a identidade que a Ciência Penal e a Criminologia deveriam assumir, pois a matriz etiológica e a dogmática é, guardadas suas diferenças internas, a mesma em todos eles. As divergências radicavam, fundamentalmente, na abrangência e funções atribuídas a ambas as disciplinas.

A originária luta entre as Escolas penais (jusracionalismo *x* positivismo criminológico), foi, assim, se convertendo numa divisão do trabalho científico e numa disputa pela hegemonia entre Dogmática Penal e Criminologia (positivismo jurídico x criminológico); disputa que demarca, por sua vez, um momento subsequente de definição e consolidação de domínios científicos no bojo, mas para além da reforma penal intervencionista.

Por um lado, a disputa entre positivismo jurídico e positivismo criminológico (herdeira da luta do positivismo criminológico contra o jusracionalismo) expressava ainda o contexto da transição do Estado de Direito liberal para o Estado de Direito intervencionista e da consequente transição, que ela possibilitava, de um controle penal liberal para um controle intervencionista, diretamente simbolizada na exigência instrumental de uma segunda reforma penal.

Nesta perspectiva, se o modelo juspositivista de Binding pode e tem sido considerado como o último liberal "puro" (Bustos Ramirez, 1984, p. 124), os modelos de Ferri e Liszt aparecem latentemente condicionados por aquele contexto, ao enfatizar a função político-criminal então encomendada ao jurista; ou, mais exatamente, que o jurista estava, naquele momento, interpelado a desempenhar; função que, de resto, Rocco também enfatiza ao nível da crítica externa preconizada em seu método.

Não obstante Ferri acaba por subestimar, enquanto Liszt reitera a abrangência e a função da Dogmática Penal no nível da aplicação do Direito Penal. O modelo de Liszt era, portanto, não apenas o que melhor expressava a passagem do Estado liberal ao social e as exigências de reforma penal que esta transição demandava, mas ao mesmo tempo as exigências de "conciliação" entre Dogmática Penal e Criminologia. Por isto mesmo, como veremos a seguir, foi o modelo decisivo na definição da relação oficial entre Dogmática Penal e Criminologia.

Por outro lado, contudo, tratando-se da maturação última das linhas originárias do modelo de controle penal instaurado desde o Iluminismo, esta disputa possuía um alcance que transcendia o contexto reformista.

6. CONSOLIDAÇÃO DO PARADIGMA DOGMÁTICO DE CIÊNCIA PENAL E SUA RELAÇÃO COM O PARADIGMA ETIOLÓGICO DE CRIMINOLOGIA

Autonomia metodológica e unidade funcional na luta contra o crime

O modelo de Ciência Penal que se projetava, pois, desde Binding, passando por Liszt até Rocco era, precisamente, o paradigma dogmático já consolidado no âmbito científico do Direito Privado (civil e comercial) e outros ramos do Direito Público, sendo recebido, por intermédio destas matrizes, no campo penal.

E sendo "a última a fazer sua aparição como Ciência Jurídica", a Ciência Penal consolida-se como Dogmática primeiramente na Alemanha (Bettiol, 19--, p. 102) a partir da década de 70 do século XIX, aproximadamente, encontrando em Binding e Von Liszt suas matrizes fundacionais mais destacadas, e posteriormente na Itália com a Escola Técnico-Jurídica inspirada nas matrizes alemãs.

E reitera-se, aqui, o potencial universalista que preside ao paradigma dogmático desde sua gênese, ilustrado precisamente por

Welzel (1974, p. 9) ao destacar a difusão espaço-temporal que o paradigma logo alcançou, isto é, o sua "transnacionalização":[43]

"A dogmática, aprimorada na Alemanha, no último século, foi acolhida, com fundadas razões, em muitos sistemas jurídicos estrangeiros: na Grécia, Itália, Espanha, Portugal, América do Sul, Japão, Coréia, sem falar na Áustria e Suíça. E sistemas jurídicos que ignoravam esta dogmática, empenharam-se em aproximar-se dela, por exemplo, os Estados Unidos da América do Norte."

Quanto às relações entre Dogmática Penal e Criminologia, pode-se constatar que após uma prévia hegemonia do positivismo criminológico – que encontrava na "ditadura" do cientificismo e nas exigências de reforma penal um terreno extremamente fértil, embora transitório, para tal – foi a Dogmática Penal, centralizada na aplicação do Direito Penal (mas também, doravante, orientadora da sua criação legislativa) que hegemonizou a disputa e o universo das Ciências Penais.

Com efeito, a Criminologia pode obter hegemonia sobre os saberes jurídicos clássico e dogmático, não casualmente, no momento da segunda reforma penal, porque se tratava, precisamente, de deslocar o foco do Direito Penal para o autor, normativizando os princípios positivistas para maximizar o controle do crime num contexto de declarado aumento da criminalidade – lembre-se o discurso de Ferri.

Mas, quando se tratou de pontualizar o quadro das Ciências Penais para além do contexto reformista, não apenas ambas se demonstraram necessárias para instrumentalizar a aplicação do Direito Penal reformado, como a Criminologia pode passar à condição de Ciência auxiliar da Dogmática Penal.

É que o emergente Direito Penal intervencionista sobre a criminalidade – e o indivíduo delinquente – deveria manter as estruturas normativa e conceitual garantidoras do Direito Penal liberal que, modeladas desde o saber iluminista-reformista encontravam na Dogmática Penal sua última (e pretensamente científica) expressão.

No modelo oficial que então se consolidou no século XX e perdura até nossos dias, não haverá uma redução sociológica da Dogmática penal nem um abandono da Criminologia, mas uma "relativa" autonomia metodológica de cada paradigma e uma relação de auxiliariedade da Criminologia em relação à Dogmática penal.

---

[43] O mesmo fenômeno de transnacionalização ocorre com o paradigma etiológico de Criminologia como constata Olmo (1984, p. 81-122) e com o saber clássico como constatam Taylor, Walton, Young (1990, p. 25). Pois, com efeito, se a construção destes paradigmas encontrava-se condicionada, por um lado, por contextos históricos determinados, continha, por outro lado, um forte potencial universalista que possibilitou precisamente a libertação de seu contexto originário para outros, isto é, a sua transnacionalização.

Consequentemente, define-se contra Ferri e a favor de Liszt, como também de Rocco, a relação Criminodogmática, uma vez que:

"(...) o fracasso do modelo de integração de Ferri teve como conseqüência que a Criminologia causal-explicativa, orientada pela idéia de prevenção especial, reduzira os limites de sua influência aos fixados por V. Liszt." (Bacigalupo, 1982, p. 63)

Enquanto a Dogmática Penal, Ciência normativa, terá por objeto as normas jurídico-penais e por método o técnico-jurídico (dedutivo), a Criminologia, Ciência causal-explicativa, terá por objeto o fenômeno da criminalidade estudado segundo o método experimental (indutivo), cabendo-lhe desempenhar uma "função auxiliar tanto do Direito Penal como da Política Criminal oficial". (Baratta, 1983b, p. 149)

Relativamente à Dogmática Penal lhe incumbirá, pois

"(...) a função auxiliar de subministrar-lhe os conhecimentos antropológicos e sociológicos necessários para dar um fundamento ontológico e naturalista à tarefa de construção conceitual e de sistematização que, partindo da lei penal positiva, leva a cabo essa dogmática."(Baratta, 1982a, p. 29)

Compartilha-se desde então na comunidade científica a opinião de que a Criminologia, a Política Criminal e o Direito Penal dogmático (Legislação e Ciência Penal Dogmática) são os

"(...) três pilares do sistema das 'Ciências criminais', reciprocamente interdependentes. A Criminologia está chamada a aportar o substrato empírico do mesmo, seu fundamento 'científico'. A Política Criminal, a transformar a experiência criminológica em 'opções' e 'estratégias' concretas assumíveis pelo legislador e os poderes públicos. O Direito Penal, a converter em proposições jurídicas, gerais e obrigatórias, o saber criminológico esgrimido pela Política Criminal com estrito respeito das garantias individuais e dos princípios de segurança e igualdade próprios de um Estado de Direito." (Pablos de Molina, 1988, p. 119)

Se a Criminologia e a Dogmática vão doravante "marchar cada uma por um caminho, sem relação entre si, como dois mundos distintos, inclusive falando idiomas diferentes", como afirma Muñoz Conde (1975, p. 113, e 1979, p. 8), esta separação só é verossímel ao nível metodológico e cognoscitivo, pois vão marchar, funcionalmente, num ritmo compassado.

Pode-se caracterizá-lo, neste sentido, como um modelo relativamente desintegrado a nível metodológico (objeto e método diferenciados), mas funcionalmente integrado (convergência funcional) na luta, então declara-se, "cientificamente" racionalizada contra a criminalidade, onde a hegemonia pertence à Dogmática Penal.

Com efeito, foi – diga-se mais explicitamente – o Direito Penal Dogmático que assumiu a centralidade no quadro das Ciências Penais, em torno do qual a Criminologia e a Política Criminal gravitarão, como suas Ciências auxiliares.

Desta forma, se após a luta entre as Escolas e a disputa crimino-dogmática se chegou a um modelo relativamente "equilibrado" entre as Ciências Penais, tal

"(...) equilíbrio assentava no primado absoluto do Direito Penal que definia o espaço em que operavam tanto a Criminologia como a Política Criminal. A primeira, investigando as causas do crime (legalmente definido); a segunda, elaborando as estratégias mais racionais para prevenção e repressão do crime." (Andrade, 1983, p. 33)

Trata-se de uma centralidade ideologicamente condicionada porque à Dogmática Penal "como via por excelência para afastar a aplicação do Direito Penal do acaso e do arbítrio, cabia competência exclusiva para determinar o quê, o se e o como da punibilidade." (Dias e Andrade, 1984, p. 94)

À Dogmática caberá o estatuto de Ciência *stricto sensu* do Direito Penal, enquanto às demais caberá a condição de "Ciências Auxiliares" precisamente porque é nela que a promessa iluminista de segurança jurídica encontra sua última versão.

Indubitavelmente, a definição deste modelo deve seu maior tributo à Liszt, pois é precisamente na "Gesamte Strafrechtswissenschaf" que esta construção conheceu sua formulação mais explícita e acabada.

7. DO SABER FILOSÓFICO E TOTALIZADOR À ESPECIALIZAÇÃO E NEUTRALIDADE DAS CIÊNCIAS PENAIS

Da fundamentação jusfilosófica à fundamentação científica da segurança jurídica

O moderno saber penal se constitui e demarca, portanto, na esteira da herança iluminista à herança positivista em suas diferentes expressões e nesta trajetória secular, em que se constituem os paradigmas penais fundamentais da modernidade e as duas grandes linhas que vimos denominando "Direito Penal do fato" e "Direito Penal do autor", vai mudando de estatuto, ao mesmo tempo em que resguardando uma certa continuidade.

Assim, da segunda metade do século XVIII a finais do século XIX, o universo do saber penal experimenta uma trajetória que vai de um saber filosófico, crítico e totalizador, característico da época das luzes e do saber reformista, a um saber que, dominado pelas exigências epistemológicas do positivismo postula a cientificidade, a neutralidade e a especialização de modo que "a primazia da política no conhecimento criminal própria do Iluminismo é assim negada." (Pavarini, 1988, p. 43)

O saber penal vai perdendo seu caráter globalizante e eminentemente político, passando a ter lugar uma visão atomizada e compartamentalizada da questão criminal.

Com efeito, quando

"(...) se fala do período iluminista, não se pode analisar apenas um aspecto do fenômeno penal, mas também há que os compreender a todos e, em tal medida, os autores iluministas além de penalistas eram também político-criminais e criminólogos. Assim nasce a Ciência penal do século XIX, mas ela perderá rapidamente o caráter global e crítico-prático que lhe deram os iluministas; cada uma das direções mencionadas tenderá a unilateralizar-se. Do que se trata já não é de transformar o Estado, e sim mantê-lo, eliminando as falhas de disfuncionalidade que o possam afetar. Isto muda totalmente a atitude dos novos pensadores do direito penal, que já não têm uma visão totalizadora, mas atomizadora do fenômeno penal. Desse modo, uns se dedicam ao direito penal exclusivamente, outros à Criminologia, e alguns à política criminal, sendo este ramo o que tem menos importância até que aparece V. Liszt." (Bustos Ramirez, 1984, p. 119)

A linha do "Direito Penal do fato" é precisamente aquela que, enraizada nas luzes, é originariamente tecida com o fio de uma "Filosofia" crítica e totalizadora (primeira fase da Escola Clássica) passando por uma "Jusfilosofia penal" (segunda fase da Escola Clássica) e culminando na "Ciência Jurídico-Penal" (Dogmática Penal), herdeira última das luzes na bifurcação positivista e cujo problema declarado e oficialmente assumido é a racionalização do poder punitivo (limites e cálculo da violência punitiva) em nome da segurança do indivíduo. Por isso mesmo, como veremos, será a linha da legitimação do poder de punir pela legalidade.

Se há, portanto, redefinições no estatuto do saber que a constrói (já que decodificada desde a Filosofia, passando pelo jusracionalismo e o juspositivismo) ela mantém um *ethos* garantidor materializado numa promessa de segurança jurídica ininterruptamente reiterada: eis aí sua continuidade ideológica.

Por outro lado, a linha do "Direito Penal do autor" que podemos sinonimizar por "criminológica" é tecida, desde a sua gênese, com o fio do cientificismo e de uma promessa de defesa da sociedade contra (certos) indivíduos perigosos, demarcando, como veremos, uma linha parajurídica de legitimação do poder punitivo.[44]

Assinalando a passagem de uma Filosofia para uma Jusfilosofia Penal e abandonando a posição crítico-negativa que marca as suas origens, a segunda fase da Escola Clássica assinala, já, o início um processo de diferenciação do saber jurídico-penal no marco daquela Filosofia. Mas é com o positivismo e suas exigências de cientificidade e divisão do trabalho científico (expressamente enfatizadas, por exemplo, na obra de Rocco) que este processo diferenciador atinge sua maturação, culminando com a consolidação e bifurcação das Ciências Penais.

Ao assinalar o trânsito, por sua vez, de uma fundamentação "filosófica" para uma fundamentação dita "científica" do saber jurídico-penal, a Dogmática Penal opera não apenas a autonomização deste saber mas, simultaneamente, sua divisão do trabalho com a Criminologia.

A ultrapassagem da luta entre as Escolas penais representa então, sob o domínio positivista, a decisiva hegemonia da(s) Ciência(s) sobre a Filosofia.

Nesta perspectiva, a consolidação da Dogmática Penal é tributária, a um só tempo, da herança iluminista e da herança juspositivista devendo ser situada no prolongamento daquela promessa humanista de um Direito Penal de garantias que reivindicava e sentava as bases, pois, de uma Ciência Penal de garantias em cujo horizonte ela viria a desembocar.

Pode-se dizer neste sentido que com a Dogmática Penal a promessa de segurança que chegou à legislação penal e à moldura originária de um Direito Penal do fato via Filosofia Iluminista e Jusfilosofia penal, chega à aplicação judicial do Direito Penal com o respaldo da Ciência, incumbindo-lhe assegurar, na práxis do Direito Penal, o que o saber pré-dogmático consolidou na sua programação normativa.

---

[44] É este saber que vai da Filosofia à Ciência do Direito Penal e da criminalidade, isto é, o saber clássico, dogmático e criminológico que consideramos, ao longo deste trabalho, com "saber oficial" do sistema penal.

Incumbe analisar, pois, a específica identidade que a Ciência Penal assume no marco do paradigma dogmático e como se materializa em seu âmbito esta promessa, na continuidade da linha de construção do Direito Penal do fato. Tal é o objetivo do próximo capítulo.

CAPÍTULO II

Específica identidade da dogmática jurídico-penal

Funções declaradas e metaprogramação
para o seu cumprimento

1. INTRODUÇÃO

No capítulo anterior, procuramos situar o horizonte de consolidação da Dogmática Jurídico-Penal, mostrando como esta se dá na esteira de um paradigma dogmático de Ciência Jurídica já constituído e, simultaneamente, na esteira de constituição do moderno saber penal em sentido amplo, ocorrendo paralela e relacionadamente à consolidação da Criminologia (paradigma etiológico), no prolongamento de um universo de questões enraizadas no Iluminismo.

A Dogmática Penal se constitui, portanto, como um desdobramento disciplinar da Dogmática Jurídica, compartilhando estruturalmente de sua identidade básica. É marcada, nesta perspectiva, por uma dependência paradigmática ao mesmo tempo em que por uma relativa autonomia decorrente do campo e da problemática penal específica em que se inscreve e no interior da qual adquire seu sentido pleno.

A especificidade da Dogmática Penal em relação ao seu paradigma geral traduz-se então, a nosso ver, em pelo menos quatro aspectos fundamentais:

a) numa complementar fundamentação epistemológica neokantiana: a Dogmática Penal, enfrentando a questão de sua relação com a Criminologia, admite, ao final do processo de consolidação de seu próprio paradigma, uma fundamentação epistemológica neokantiana complementar à juspositivista;

b) numa inspiração ideológica liberal: a Dogmática Penal, pela específica identidade de seu objeto – normas penais relativas a delitos e penas – é justamente a Dogmática parcial que circunscreverá, nos limites de sua estrutura normativista, a problemática do monopólio da violência física pelo Estado Moderno. E centralizando a função de racionalizá-lo, o discurso liberal de limitação do poder punitivo como garantia da segurança jurídica ocupará nela um lugar central, condicionando, mais visivelmente, suas teorizações e construções jurídico-penais;

c) numa específica projeção do método: a Dogmática Penal projeta o respectivo método para uma específica construção da teoria do delito, que apresenta uma trajetória particular;

d) numa ideologia especificamente penal: a Dogmática Penal é constituída, também, por uma ideologia especificamente "penal": a "ideologia da defesa social", que sintetiza a sua percepção básica sobre a problemática da criminalidade e da reação penal.

Ao longo deste capítulo, prosseguiremos na caracterização da Dogmática Penal, abordando precisamente esta especificidade. Seu objetivo é, assim, o de reconstituir a específica identidade (epistemológica, metodológica, funcional e ideológica) da Dogmática Jurídico-Penal a partir de sua própria autoimagem, situando, ao final, o universo da crítica interna (desenvolvida no âmbito do próprio paradigma) e da crítica externa (desenvolvida desde o seu exterior) que tem experimentado historicamente.

2. A RECEPÇÃO DO NEOKANTISMO DE BADEN PELA DOGMÁTICA PENAL

Em busca de uma (re)fundamentação científica

A consolidação da Dogmática Jurídico-Penal arrasta consigo, desde as suas matrizes fundacionais, a mesma tentativa de sua adequação à matriz positivista de Ciência que acompanha o paradigma dogmático desde sua gênese.[1]

É o que assinala Bacigalupo (1989, p. 461) ao situar precisamente os modelos anteriormente delineados de Liszt, Rocco e Ferri como as tentativas fundamentais, embora alinhadas sob diferentes perspectivas, desta adaptação, pois se

"Como é sabido, para o positivismo, fora da lógica e das matemáticas só existem conhecimentos científicos referentes a fatos sensivelmente perceptíveis. As normas de direito penal, como tais e da forma em que até então havia ocupado aos dogmáticos, não eram nem formas lógicas, nem conhecimentos matemáticos,

---

[1] A respeito, ver Andrade, (1994a, 1994c e 1996).

nem fatos perceptíveis pelos sentidos: portanto, a ciência jurídica tradicional não era tal ciência ou não podia sê-lo dentro deste marco teórico. Segundo o ideal científico do positivismo, então, a cientificidade da dogmática penal dependeria de que o objeto do conhecimento fossem fatos da experiência sensível (empíricos). (...) Esta questão não teve resposta uniforme dentro do campo do positivismo. A cientificidade da dogmática penal ou da ciência do direito tradicional (já que os positivistas preferiram não usar a expressão 'dogmática') foi defendida, pelo menos, com dois tipos de argumentações que me permitiria qualificar de 'integradoras' (Von Liszt e Ferri) e de 'desintegradoras' (Rocco). A diferença reside no tipo de reducionismo utilizado: as argumentações 'integradoras' procuram submergir a ciência jurídico-penal tradicional em uma ciência empírica das causas do fenômeno criminal; as 'desintegradoras', ao contrário, trataram de reduzir as explicações jurídico-penais ao esquema das relações causa-efeito." (Bacigalupo, 1989, p. 460)

Mas, como conclui o mesmo autor (1989, p. 461-463) da análise de cada um desses modelos, globalmente considerados, suas respostas geram reparos que dificilmente podem superar-se no marco do positivismo.

Subsistindo para a Dogmática Penal a paradigmática dificuldade de uma fundamentação epistemológica segundo a matriz positivista de Ciência, é na matriz neokantiana (de Baden)[2] que, já no século XX, buscará uma (re)fundamentação científica.

É que, precisamente com a intenção de superar o conceito positivista de Ciência, o neokantismo tratou de distinguir entre as Ciências da Natureza e as Ciências da Cultura, possibilitando inserir dentre

---

[2] São duas as escolas ou correntes filosóficas que, no século XX, marcam um retorno a Kant: a Escola de Marburgo, que segue basicamente ao Kant da Crítica da Razão Pura (1781) e a Escola de Baden ou Escola Sudoccidental alemã que segue ao Kant da Crítica da Razão Prática (1788) ainda que ambas com semelhantes concepções gnoseológicas.
Os principais representantes da Escola de Baden – que aqui nos interessa – são Wilhelm Windelband (1848-1915), Heirinch Rickert (1863-1936), Emil Lask (1875-1915) e Gustav Radbruch (1898-1949), tendo os dois últimos orientado sua obra filosófica para o jurídico; isto é, para a metodologia da Ciência do Direito. No neokantismo de Baden, ao contrário do neokantismo de Marburgo, – que se ocupou basicamente dos temas lógico, epistemológico e metodológico nas Ciências Físicas e Matemáticas – encontramos uma reflexão orientada para as Ciências da Cultura, especialmente em relação à história.
A respeito do exposto, ver Esparza (1982, p. 91).
Seus representantes se opõem à concepção puramente naturalista da realidade – típica do positivismo – porque nega a especificidade das Ciências da Cultura. Assim, ao monismo naturalista do positivismo, opõem o dualismo entre o mundo do ser naturalístico (a explicar) e o universo axiológico-cultural (a compreender). Daí as classificações dicotômicas herdadas do neokantismo de Baden: Ciências da Natureza – Ciências do espírito (Dilthey); Ciências ideográficas – Ciências nomotéticas (Windelband) ou Ciências Naturais – Ciências Culturais (Rickert).

estas últimas a Ciência Jurídica e fundamentar seu caráter científico com um arsenal distinto do positivista. Em seu marco, já não se trata de aproximar a atividade jurídica das Ciências Naturais, mas de diferenciá-la delas e reencontrar sua especificidade (cultural). (Muñoz Conde, 1975, p. 110, e 1979, p. 8)

Ao mesmo tempo,

"(...) o retrocesso experimentado a princípios do século XX pelo positivismo naturalista, em razão do predomínio alcançado pelo neokantismo valorativo, levou a uma nova consideração das relações entre Criminologia e Direito Penal." (Bustos Ramirez, 1987, p. 524)

Com efeito, se da concepção positivista de Ciência restavam excluídas não apenas a Ciência Jurídico-Dogmática, mas todas aquelas que, como ela, não empregavam o seu método e instrumentos, como a linguística e a história, colocava-se o interrogante, como disse Larenz, sobre a possibilidade de apreender, com os métodos das Ciências exatas da natureza, o conjunto da realidade suscetível de experiência. A resposta a esta questão, como tentou demonstrar Rickert, era evidentemente negativa.

Assim, continua Larenz (1989, p. 107-8):

"Havendo que responder negativamente a esta questão, estará demonstrada a legitimidade e a necessidade de uma outra espécie de ciências, justamente as ciências do espírito, e, com ela, de outros métodos científicos além dos métodos das ciências da natureza. Foi tal demonstração que empreendeu o filósofo Heirinck Rickert, na sua obra "Die Grenzen der naturwissenschaftliche Begriffsbindung" ('Os limites da construção científico-natural dos conceitos') publicada em 1902. Aí investiga, reportando-se à idéias que o filósofo Wilhelm Windelband anteriormente exprimira, as bases epistemológicas e metodológicas, primeiro das ciências históricas, e, depois, das ciências da cultura em geral, restituindo, dessa forma, a tais ciências a consciência metodológica de si mesmas, em face das ciências da natureza."

Com estas indagações, Rickert se torna o chefe de fila do neokantismo sudocidental alemão e suas ideias tiveram na época, na metodologia da Ciência Penal, uma importância comparável à que teve, na do Direito Civil, a Jurisprudência dos interesses. (Larenz, 1989, p. 108)

Na obra *Ciência Cultural e Ciência Natural*, Rickert dedica-se sistematicamente ao dualismo metodológico que mais tarde retomarão Lask e Radbruch, projetando-o para a metodologia da Ciência do Direito.

Divide as ciências particulares em dois grandes grupos: Ciências da Natureza e Ciências da Cultura. Estas últimas, diferentemente das primeiras, carecem, segundo Rickert, de uma terminologia uniforme. E atribui a diversidade terminológica com que são designadas (Ciências do Espírito, Ciências Humanas, Ciências Sociais) à ausência de um conceito de Ciência da Cultura geralmente admitido. Propõe-se, então, à análise dos problemas e métodos comuns a todas elas, para logo diferenciá-las das outras ciências particulares.

Para Rickert (1952, p. 31-2), não existe um dualismo ontológico entre natureza e cultura. A realidade é uma, não se cindindo em dois grupos de objeto distintos. O que ocorre é que parte dos objetos da realidade não são mera natureza, mas possuem uma especial significação: a possibilidade de sua referência axiológica. Tais são os objetos culturais.

Assimilando a categoria "compreensão" como a forma adequada para conhecer os objetos culturais, Rickert procura a possibilidade e individualização das Ciências Culturais no método compreensivo (originado em Dilthey). Enquanto os objetos naturais se explicam, mediante o emprego do método causal-explicativo; os objetos culturais se compreendem, ou seja, se conhece em sua dimensão axiológica.

Rickert sublinha, portanto, que a distinção entre Ciências Naturais e Culturais não está dada pelo seu objeto – em ambas, a mesma matéria fenomênica – mas pelo método; ou seja, pelas categorias *a priori* mediante as quais o homem pode conhecê-lo. Nesta concepção, o método determina o objeto.

Por isto, a

"(...) metodologia neokantiana era subjetivista, no sentido de que partia da premissa de que o conhecimento científico, seja próprio das ciências da natureza, seja das ciências do espírito, se acha condicionado por categorias *a priori* da mente do sujeito. (...) para o neokantismo o conhecimento científico é uma síntese de 'matéria', fornecida pela experiência, e 'forma' ocasionada pelas categorias mentais. A realidade fenomênica desordenada e amorfa constitui a 'matéria' de todo conhecimento científico, tanto para as ciências naturais como para as culturais. A diferença entre ambas as classes de ciências radica, pois, não em seu *objeto*, mas nas distintas categorias subjetivas *a priori* que se aplicam a um mesmo objeto. Neste sentido se diz que, segundo esta concepção, não é o objeto, e sim o método, o que diferencia as diversas classes de conhecimento científico. A conseqüência é que os valores não residem no objeto mesmo (livre ao valor por amorfo), mas constituem o resultado da aplicação a ele das categorias *a priori* do sujeito: os valores não provêm do objeto mas do método, e, o que é mais importante, não são objetivos, e sim subjetivos. Por esta via, o subjetivismo epistemológico neokantiano levou ao relativismo (gnosiológico) valorativo, tão calorosamente defendido antes da Segunda Guerra Mundial por Radbruch." (Mir Puig, 1976, p. 246)

Assim, na Ciência Histórica e, em geral, nas Ciências Culturais, não se estabelecem valores, mas se descreve o objeto, levando em consideração os valores: elas não são "valorativas", mas referidas a valores. (Rickert, 1952, p. 147)

Emil Lask efetuou, pela primeira vez, o transplante destas concepções para a metodologia da Ciência do Direito, considerando-a como um ramo das Ciências da Cultura. Lask (citado por Radbruch, 1979, p. 47-8) fala, por isso, de um "método da Jurisprudência referido a valores e a fins". Ele põe em relevo que tudo o que floresce no domínio do Direito perde o seu caráter naturalístico, de algo liberto da referência a valores. O que vale, por exemplo, tanto para a coisa em sentido jurídico como para a pessoa. A construção jurídica de conceitos tem sempre uma "coloração teleológica".

Esta contraposição entre Ciências Naturais e Culturais inserindo no interior destas últimas a Ciência Jurídica, segundo sua referência ao mundo dos valores, foi aceita e continuada pelo filósofo e penalista Radbruch, que reconhece expressamente como pano de fundo de sua filosofia jurídica as teorias filosóficas de Windelband, Rickert e Lask.

Seu ponto de partida é o dualismo kantiano[3] da impossibilidade de derivar o dever ser do ser e vice-versa . E tendo a Filosofia kantiana ensinado que é impossível extrair daquilo que é aquilo que deve ser (o valor, a legitimidade) jamais alguma coisa será justa só porque é ou foi, ou mesmo só porque será. (Radbruch, 1979, p. 48)

Assim sendo,

"(...) os juízos de valor e os juízos de existência pertencem a dois mundos completamente independentes que vivem lado-a-lado um do outro, mas sem se penetrarem reciprocamente. E é esta consideração que está na base daquilo a que chamamos dualismo metodológico." (Radbruch, 1979, p. 48)

O dualismo metodológico não afirma, portanto, que as valorações, os juízos de valor, sejam independentes dos fatos, mas sim que os fatos não podem servir de fundamento às valorações (Radbruch,

---

[3] Dualismo que, na realidade, provém de D. Hume, tendo sido transplantado por Kant para a Teoria do conhecimento da mesma forma que por Kelsen para a Teoria Jurídica.

1979, p. 50). É este dualismo metodológico que está na base da distinção entre as Ciências Naturais (relativas ao mundo do ser) e as Ciências Culturais (relativas ao mundo do dever ser), entre as quais se insere a Ciência Jurídica.

O fato a estudar por ambas as ciências pode ser o mesmo: a energia atômica, por exemplo; mas enquanto o físico nuclear não tem de enfrentar, ao estudar a estrutura do átomo, problemas valorativos, o jurista, ao contrário, tem que conectar este fato com determinadas considerações axiológicas, regulá-lo, delimitá-lo e estudá-lo em função destas valorações. Toda atitude racional e sistemática para compreender ou explicar a realidade é, portanto, Ciência. A diferença reside unicamente no método empregado: axiológico, nas Ciências Culturais; ontológico, nas Ciências Naturais.

A Ciência do Direito é, pois

"(...) uma ciência cultural compreensiva e como tal tem a caracterizá-la três notas fundamentais. Ela é simultaneamente: (a) compreensiva, (b) individualizadora, e (c) referencial a certos valores (wertbeziehend)." (Radbruch, 1979, p. 240)

O dualismo metodológico neokantiano possibilitava uma delimitação cientificamente fundamentada de campos: a Criminologia, Ciência da Natureza, estudaria seu objeto – o crime – do ponto de vista causal explicativo (método experimental) e a Dogmática Penal, Ciência Cultural, estudaria seu objeto, as normas penais, do ponto de vista compreensivo-axiológico (método compreensivo). Na mesma medida em que os objetos naturais se explicam, os objetos culturais se compreendem. E ambas as atividades são científicas e legítimas.

Foi assim que o neokantismo se prestou para dar uma fundamentação científica à Dogmática Penal, ao mesmo tempo em que reiterar a fundamentação científica da Criminologia obtida desde o positivismo e para consolidar a separação metodológica entre ambas que está na base do modelo oficial de Ciências Penais.

De qualquer modo, a Criminologia mantinha sua posição de auxiliariedade em relação à Dogmática Penal,[4] ficando então reduzida a

"(...) uma disciplina auxiliar, subordinada, cuja única função é apresentar dados às *disquisições conceituais* valorativas do Direito Penal, o que por sua vez podia utilizá-los 'arbitrariamente' já

---

[4] Referindo-se ao quadro das Ciências Penais latino-americanas, Zaffaroni (1991, p. 44) assinala neste sentido que "(...) a criminologia etiológica latino-americana, sem deixar de ser positivista, converteu-se logo no complemento ideal do Direito Penal mais ou menos neokantiano. (...) O discurso jurídico-penal neokantiano não corria risco algum, e até saía fortalecido com o aparente escoramento dos dados de uma "Ciência Natural".

que se tratava sempre definitivamente de um problema jurídico (valorativo) e não puramente natural (...)." (Ramirez, 1987, p. 524)

Mas se a refundamentação neokantiana da Dogmática Penal como Ciência Normativa e Cultural (ou do espírito) abertamente contraposta ao modelo das Ciências da Natureza e das dedutivas, como as Matemáticas e a Lógica prestou-se para legitimar as normas penais como seu objeto e sua atividade como científica ela soa, contudo, a reminiscências naturalistas e positivistas. (Mir Puig, 1982, p. 11, e Bacigalupo, 1989, p. 463)

E isto porque o conceito de realidade da matriz neokantiana coincide, ao invés de superá-lo, com o conceito de realidade da matriz positivista de ciência que está na base, por sua vez, do *approach* juspositivista da Dogmática Penal.

E a coincidência deste conceito

"(...) faz com que o neokantismo limite, como o [jus] positivismo, o objeto da ciência do Direito penal ao Direito positivo. Só ele constitui um dado da experiência empírica, único modo científico de estar de acordo com a realidade. Os neokantianos firmavam aqui o delineamento de von Liszt: além da realidade empírica e, portanto, além do Direito positivo, cabe apenas a 'crença', âmbito da filosofia, mas não da ciência." (Mir Puig, 1982, p. 244-5)

Cabe razão, pois, à crítica proveniente de Welzel[5] de que a filosofia do Direito neokantiana não foi uma teoria superadora, mas "complementar" do positivismo jurídico, na medida em que não modificou o "objetivo", mas tão somente aduziu-lhe o "subjetivo".

Neste sentido,

"(...) o neokantismo buscou uma fundamentação epistemológica das ciências do espírito – e do Direito – que satisfizesse o [jus]positivismo. Pretendeu 'superá-lo' sem o contradizer, para o qual se limitou a 'complementá-lo' subjetivamente (...). O resultado foi uma solução de compromisso aprisionada em um inevitável dualismo de 'ser' e 'dever ser', de realidade empírica livre de valor e significado valorativo da realidade ou, em terminologia de Radbruch, de *Stoff* e *Idee*." (Mir Puig, 1982, p. 240)

Em decorrência desta superposição neokantiana ao positivismo jurídico originário, a identidade epistemológica da Dogmática Jurídi-

---

[5] Ao acusar esta complementariedade e ao apelar para uma metodologia ontologicista Welzel pretende, como veremos neste capítulo, chegar a uma posição além dela, isto é, superá-la.

co-Penal será mais *sui generis* e híbrida ainda que o paradigma geral da Dogmática Jurídica.

De qualquer modo, parece evidenciado, na perspectiva desta crítica, que, não obstante o discurso neokantiano (re)legitimador da cientificidade dogmática, um tal sincretismo metodológico

"(...) não afeta o núcleo da concepção da Ciência Jurídica como Ciência Normativa contraposta às Ciências Empíricas que se ocupam da realidade social. Se trata de pinceladas realistas que só complementam ou matizam o caráter normativo da Ciência do Direito." (Mir Puig, 1982, p. 14-5)

Até porque, a fundamentação da Dogmática Penal como Ciência normativa do espírito teve lugar, situando-se o Direito Penal no terreno espiritual do mundo dos valores mais do que no da realidade social. (Mir Puig, 1982, p. 11)

A recepção do neokantismo não implicou, portanto, uma mudança na estrutura do paradigma dogmático de Ciência Penal, que seguiu ancorado num *approach* juspositivista e supervalorizando os aspectos lógico-formais e técnicos na sua tarefa de construção jurídico-penal,[6] não obstante o complemento, como veremos, de elementos subjetivo-valorativos na construção da teoria do delito.

Por isto mesmo, a recepção do neokantismo pelo paradigma dogmático de Ciência Penal só aparentemente pôs fim à discussão de sua cientificidade e ao problema de sua identidade epistemológica.

Pois, se a nova qualificação epistemológica neokantiana

"(...) parecia ter resolvido definitivamente a questão! Mas não foi assim. As objeções dirigidas por Kirchmann às ciências jurídicas voltam a aparecer e desta vez se dirigem também às ciências sociais. (...) As objeções contra o Direito como Ciência seguem sendo hoje as mesmas que fazia Kirchmann: mobilidade do objeto de conhecimento e falta de progresso." (Muñoz Conde, 1975, p. 113-4)

Mas, não obstante também subsistir a problematização (externa) de sua cientificidade – como, de resto, do paradigma genérico da Dogmática Jurídica – é com a identidade de uma "Ciência Normativa" ou "Normativa e Cultural" que será concebida no interior de seu paradigma e atravessará o século XX, como veremos a seguir.

---

[6] Constatação que, de resto, aparece inteiramente corroborada pelo discurso dos penalistas dogmáticos que a seguir traremos à colação.

3. A AUTOIMAGEM DA DOGMÁTICA JURÍDICO-PENAL

Seguindo nosso argumento da dependência paradigmática e relativa autonomia, podemos afirmar que a autoimagem da Dogmática Jurídico-Penal é, estruturalmente, a mesma de seu paradigma genérico[7] com a especialidade que o Penal encerra e complementada, às vezes, por uma roupagem neokantiana culturalista.

A Dogmática Penal é assim concebida, pelos membros da comunidade científica (penalistas) que protagonizam e compartilham seu paradigma, como "a" Ciência do Direito Penal, pretendendo-se distingui-la pelo seu objeto, método, tarefa e função.

No capítulo anterior, já antecipamos uma ilustração desta autoimagem com os modelos de K. Binding, V. Liszt e A. Rocco na condição de matrizes da Dogmática Penal.

É importante ilustrá-la, contudo, para além de seus momentos fundacionais, trazendo à colação o discurso de alguns dos mais importantes penalistas dogmáticos brasileiros, pois, com esta ilustração fica evidenciada a recepção e a vigência do paradigma dogmático na Ciência Penal brasileira.

Constatando-as, afirma, por exemplo, Benedicto de Sousa (1982, p. 56-7), que o Tecnicismo Jurídico-Penal

"(...) tornou-se tanto aqui como em outros países, por influência principalmente de Arturo Rocco e Vincenzo Manzini, e, por conseqüência, do Código Penal italiano de 1930, a doutrina dominante. A maior parte dos doutrinadores e expositores brasileiros de Direito Penal, se posicionaram, já nas primeiras décadas deste século, dentro dessa orientação."

Assim Hungria (Hungria e Fragoso, 1980, p. 105-7), despontando entre os penalistas dogmáticos mais clássicos, escreve:

"A Ciência do Direito Penal somente pode consistir no estudo da lei penal em sentido lato ou do complexo de normas jurídicas mediante as quais o Estado manifesta o seu propósito de coibir a delinqüência. (...) Este, o irrefragável postulado do chamado *tecnicismo jurídico-penal*.

(...)

Se não fazemos nítida separação entre *ciência penal*, que tem por objeto o estudo do direito penal positivo e as teorias ou hipóteses de trabalho (Arbeithpothese) sob o rótulo genérico de 'crimi-

---

[7] Conforme a caracterizamos na "Introdução" do primeiro capítulo.

nologia' ou 'ciências criminológicas', não poderemos evitar uma confusão babélica de idiomas, e tudo resultará na desorientação e na perplexidade. A autêntica Ciência Jurídico-Penal não pode ter por objeto a indagação experimental em torno ao problema da criminalidade, mas tão somente a *construção* do direito penal através de normas legais. Parte de premissas *certas*, que são as normas jurídicas, para chegar, logicamente, a conclusões certas. (...)

É a *Dogmática Jurídico-Penal ou Jurisprudência Penal*, tomado o vocábulo *jurisprudência* no sentido romanístico. (...) Trata-se de uma ciência *normativa*, e não *causal-explicativa*. Tem por objeto, como adverte Grispigni, não o ser, o Sein, mas o dever ser, o *Sein Sollende*, que são os mandamentos ou preceitos legais. Seu método, seu único método possível é o *técnico-jurídico ou lógico-abstrato*. Seu *processus* é o mesmo de todas as ciências jurídicas: o estudo das *relações jurídicas* (...), construção lógica dos *institutos jurídicos* (...) e, finalmente, a formulação do *sistema*, que é a mais perfeita forma do conhecimento científico.

(...)

A Ciência penal não se exaure numa pura esquematização rígida de princípios *neutros*, pois que é a ciência de um direito eminentemente modelado sobre a vida e para a vida. Não se pode isolar-se desta."

Siqueira (1950, p. 22-3) escreve, no mesmo sentido que:

"(...) o método próprio do Direito Penal, enquanto ciência prática, é o subjetivo ou de observação interna, com os subsídios complementares do objetivo ou externo. É o chamado método técnico-jurídico que (...) toma como base (...) os textos legais ou a legislação repressiva vigente porque, (...) só essa legislação ou direito positivo constitui uma realidade atual; (...) Dada essa base para a construção da Ciência Jurídica, é de se ver logo que outro método não pode ser empregado senão o técnico-jurídico. (...) A Ciência, portanto, do direito positivo, isto é, a Dogmática Jurídica, (...) é, e ficará sempre, uma disciplina de natureza lógico-abstrata."

Relatando como se opera a construção científica do Direito, segundo Jhering, o mesmo penalista (1950-24) faz suas, a seguir, as palavras de Liszt sobre a função oficial da Dogmática Penal:

"Como Ciência eminentemente prática, a trabalhar incessantemente a bem das necessidades da administração da justiça e dela recebendo sempre a força que vivifica, o Direito Penal é, e deve ser, a Ciência propriamente sistemática; pois somente a disposição dos conhecimentos em sistema torna possível sujeitar ao império dos princípios todas as particularidades, e, sem esse pronto e seguro império, a aplicação do Direito, abandonada ao arbítrio, ao azar, não passará de mero diletantismo."

Garcia (1959, p. 9-10) assevera, por sua vez, que a Ciência do Direito Penal é

"(...) disciplina eminentemente jurídica, assim pelo seu objeto como pelo seu método de investigação. (...) É graças a esses dois elementos – objeto e método – que a Ciência do Direito Penal se distingue das outras ciências penais, não jurídicas, como são geralmente designadas – causal-explicativas: a Antropologia Criminal, a Psicologia Criminal, a Sociologia Criminal, etc.

(...)

Adotam aquelas Ciências Naturais ou Causal-Explicativas o método indutivo, que procura descobrir as causas dos fenômenos, servindo-se da observação e, quanto possível, da experimentação, método esse completamente diverso do adotado pela Ciência do Direito Penal, disciplina normativa e jurídica por excelência, a ser aprofundada com os processos lógicos que veiculam o raciocínio. É claro que, embora diversas, essas disciplinas devem estar estreitamente ligadas, não se justificando que o cientista penal se alheie aos trabalhos e conclusões das outras ciências penais."

Segundo Bruno (1967, p. 42-3), igualmente,

"A Ciência do Direito Penal em sentido estrito, isto é, a Dogmática do Direito Penal vigente, é (...) Ciência Normativa. O seu objeto de estudo é uma norma de comportamento, a norma jurídico-penal. Partindo das normas legais vigentes, para sobre elas construir um corpo de doutrina, descobrindo e formulando conceitos, classificando-os, dando-lhes unidade, a dogmática só tem um caminho natural, que é o lógico. Este é o método necessário de toda Ciência Jurídica e, assim, também, do Direito Penal."

Acrescenta, a seguir que o Direito Penal não é, contudo,

"(...) pura ciência de conceitos, mas completa e fecunda os seus conceitos com uma orientação teleológica inspirada nos dados naturalistas e na realidade social onde a norma tem de atuar; põe-se em contato com a vida, para que nela o Direito realize seus fins, com a vida, que sugere novos problemas, quando a dogmática já tem encerrado os seus. Mas a construção da Ciência do Direito Penal é sempre um trabalho de lógica, de técnica jurídica (...)." (Bruno, 1967, p. 43-4)

Em Fragoso (1986, p. 11-2), a autoimagem dogmática já recebe, visivelmente, a roupagem neokantiana:

"A Ciência do Direito chama-se *Dogmática Jurídica*, porque se trata de Ciência das normas (...). Trata-se de Ciência do *dever ser*, cujo objeto é constituído por *normas* que estabelecem uma conseqüência jurídica em face de sua transgressão. A Ciência do Direito, classifica-se entre as chamadas *Ciências Culturais,* conforme a classificação que provém da Filosofia dos valores, segundo a qual cumpre distinguir entre *realidade* e *valor,* entre *ser* e *dever ser,* entre *natureza* e *cultura*

(...)

Não é missão do jurista estudar a realidade social para estabelecimento de conceitos, como pretendem as chamadas teorias sociológicas.

(...)

A Ciência do Direito Penal não se distingue das disciplinas jurídicas que estudam os outros ramos do direito, senão pela natureza das normas que lhe constitui o objeto (...). A Ciência do Direito Penal é a ciência teórica, no sentido de visar ao escopo cognoscitivo, mas é também Ciência prática, no sentido de fornecer aos juristas os elementos necessários à aplicação da lei, atendendo-se aos fins da ordem jurídica. (...) O método do estudo é o chamado técnico-jurídico ou lógico-abstrato. É o único possível no estudo de uma Ciência Jurídica."

Noronha (1979, p. 13), acentuando também a fundamentação neokantiana da Ciência Penal, escreve que na divisão das Ciências em Naturais e Culturais, ela pertence a esta segunda classe, ou seja, às ciências do *dever ser,* e não do *ser,* pois é ciência normativa que tem por objeto o estudo da norma, contrapondo-se a outras que são causais-explicativas.

E prossegue:

"Como Ciência Jurídica, tem o Direito Penal caráter Dogmático, não se compadecendo com tendências causal-explicativas. Não tem por escopo considerações biológicas e sociológicas acerca do delito e do delinqüente, pois, como já se escreveu, é uma Ciência Normativa, cujo objeto é não o ser, mas o dever ser (...) Seu método é o técnico-jurídico, cujos meios nos levam ao conhecimento preciso e exato da norma. (...) Tal método é de natureza lógico-abstrata, o que bem se compreende já que, se a norma jurídica tem por conteúdo deveres, para conhecê-los bastam sua consideração e estudo, nada havendo para observar ou experimentar.

Cumpre, entretanto, evitar excessos de dogmatismo, pois a verdade é que, como reação ao Positivismo Naturalista, que pretendia reduzir o Direito Penal a um capítulo da Sociologia Criminal, excessos se têm verificado, entregando-se juristas a deduções silogísticas infindáveis (...). As reconstruções dogmáticas são formas jurídicas de conteúdo humano e social, donde o jurista não há de olvidar a realidade da vida (...)." (Noronha, 1979, p. 16-7)

Jesus (1979, p. 7) subscreve que:

"O Direito Penal, como Ciência Jurídica, tem natureza dogmática, uma vez que suas manifestações têm por base o direito positivo. Expõe o seu sistema através de normas, exigindo o seu cumprimento sem reservas. (...) O método do Direito Penal é o técnico-jurídico, que permite a 'pronta realizabilidade do Direito', no dizer de Hermes Lima. Segundo assinalou Jhering, o Direito existe para realizar-se, pois a sua realização é a vida e a verdade do Direito. Chama-se método técnico-jurídico o conjunto de meios que servem à efetivação desse objetivo."

Mirabete (1985, p. 27) compartilha, enfim, a autoimagem dogmática com a fundamentação neokantiana nos seguintes termos:

"Diz-se que o Direito Penal é uma Ciência Cultural e Normativa. É uma Ciência Cultural porque indaga o dever ser, traduzindo-se em regras de conduta que devem ser observadas por todos no respeito aos mais relevantes interesses sociais. Diferencia-se, assim, das Ciências Naturais, em que o objeto de estudo é o ser, o objeto em si mesmo. É também uma Ciência Normativa pois o seu objeto é o estudo da lei, da norma, do direito positivo, como dado fundamental e indiscutível na sua observação obrigatória. Não se preocupa, portanto, com a verificação da gênese do crime, dos fatos que levaram à criminalidade ou dos aspectos sociais que podem determinar a prática do ilícito, preocupações próprias das ciências causais explicativas, como a Criminologia, a Sociologia Criminal, etc. Como Ciência Jurídica, o Direito Penal tem caráter dogmático, já que se fundamenta no direito positivo, exigindo-se o cumprimento de todas suas normas pela obrigatoriedade. Por essa razão, seu método de estudo não é experimental, como na Criminologia, por exemplo, mas técnico-jurídico. Desenvolve esse método na interpretação das normas, na definição dos princípios, na construção dos institutos próprios e na sistematização final de normas, princípios e institutos."

Recebendo e compartilhando o modelo dogmático de Ciência Penal, uma tal comunidade de penalistas brasileiros – certamente bem mais ampla – corrobora e reproduz sua autoimagem originária.

A autoimagem (transnacionalizada) da Dogmática Penal é, assim, a de uma Ciência do "dever ser" que tem por objeto o Direito Penal positivo vigente em dado tempo e espaço e por tarefa metódica (técnico-jurídica, de natureza lógico-abstrata) a "construção" de um "sistema" de conceitos elaborados a partir da "interpretação" do material normativo, segundo procedimentos intelectuais de coerência interna, tendo por finalidade ser útil à vida, isto é, à aplicação do Direito.

Os penalistas dogmáticos definem, portanto, o conhecimento por eles produzido, como um conhecimento "científico" normativo, autônomo e sistemático, que encontra explicação em si mesmo através de uma postura metódica imanente, que não remete a considerações de índole social, econômica, política ou moral.[8]

De modo que, efetivamente, como observa Carrasquilla (1988, p. 74)

"(...) o direito é tratado como pensamento e a racionalidade da ciência jurídica, sua cientificidade, depende de que se observem as regras da lógica formal e, com base nelas, se elabore um discurso racional."

4. A AUTOIMAGEM FUNCIONAL
As funções declaradas (promessas) da Dogmática Penal

Tendo demarcado a autoimagem genérica da Dogmática Penal, fixemo-nos, a seguir, na sua autoimagem funcional, demarcando sua função oficialmente declarada e perseguida e sua específica identidade como Ciência prática.

---

[8] Fica visível em seu discurso que a (re)fundamentação neokantiana da Dogmática Penal não afeta sua identidade básica e sua autoimagem genérica. Em primeiro lugar, porque muitos penalistas nem sequer a referem. Em segundo lugar, mesmo os penalistas que procuram tipificá-la como Ciência Normativa e "Cultural", limitando-se a identificar o "cultural" com o mundo do "dever-ser", sem qualquer alusão à especificidade do correspondente método compreensivo-axiológico, acabam por reconduzi-lo ao próprio "normativo" e ao método técnico-jurídico, revelando a hegemonia que a atividade metódica "lógico-abstrata" goza sobre a "compreensivo-axiológica" no interior do paradigma.

Assim, a identificação entre Ciência da "Cultura" e Ciência do "Dever-Ser" aparece praticamente equiparada à identificação entre Ciência da "Cultura" e Ciência do "Direito Penal Positivo", para ser claramente contraposta às Ciências Empíricas (identificadas com ciências do "ser") que se ocupam da realidade social, em especial à Criminologia. Ao distanciar cuidadosamente seu objeto e atividade metódica das contaminações da "realidade social" - embora para retornar à sua conexão com a "vida", na imortalizada linguagem de Jhering – os penalistas dogmáticos enfatizam também que se trata de uma atividade intelectual predominantemente "lógica". O suplemento neokantiano, quando reconhecido, não implica, igualmente, uma renúncia à exigência de objetividade científica.

Pela sua dependência paradigmática e relativa autonomia, na Dogmática Penal, a promessa de racionalização e segurança jurídica que marca geneticamente o paradigma dogmático se traduzirá em promessa de racionalização do poder punitivo estatal e segurança jurídica na administração da Justiça Penal.

E esta promessa vimos claramente enunciada desde o interior de suas próprias matrizes fundacionais, de forma exemplar e paradigmática, (porque desde então reiterada na comunidade jurídico-penal) no modelo liszteano de "Ciência Integral do Direito Penal".

Com efeito, como já o referimos no capítulo anterior, neste modelo, a Ciência Penal, como Ciência eminentemente prática – ao serviço da administração da justiça – somente poderia afirmar-se como Ciência sistemática. É precisamente na ordenação dos conhecimentos na forma de um sistema que Liszt via a possibilidade de um domínio seguro e imediato dos casos particulares, apto a libertar a aplicação do direito do acaso e da arbitrariedade.[9]

Concordamos neste sentido com Roxin (1972, p. 18) quando afirma que com esta enunciação Liszt proferiu as palavras-chaves que se repetem até hoje nos tratados e manuais dogmáticos para explicar a importância funcional da sistemática no Direito Penal.

Assim Welzel (1987, p. 11), um dos mais significativos expoentes da Dogmática germânica, contemporânea reafirma aquela promessa funcional:

"Missão da Ciência Penal é desenvolver e explicar o conteúdo das regras jurídicas em sua conexão interna, ou seja, 'sistematicamente'. Como ciência sistemática estabelece a base para uma administração de justiça igualitária e justa, já que só a compreensão das conexões internas do Direito liberam a sua aplicação do acaso e a arbitrariedade. Mas a ciência penal é uma ciência 'prática' não só porque ela serve à administração de justiça, mas também num sentido mais profundo, enquanto uma teoria do atuar humano justo e injusto, de modo que suas últimas raízes tocam os conceitos fundamentais da filosofia prática."

Em conferência pronunciada em 1966, respondendo especialmente aos ataques contra a Dogmática alemã, de ter cultivado a disciplina jurídica do Direito Penal como "a arte pela arte" sustenta que:

---

[9] É de ressalvar que embora no modelo liszteano fosse também atribuída à Dogmática Penal uma função político-criminal de preparação de reformas legislativas, foi esta função vinculada à aplicação judicial do Direito Penal que centralizou, como passamos a demonstrar, a autoimagem funcional do paradigma, ficando aquela reconhecida e exercida num plano secundário.

"(...) a divisão do delito em três diferentes graus de juízo e valoração estruturados uns sobre e, em seguida a outros (...) proporciona alto grau de racionalidade e segurança na aplicação do direito e ao diferenciar os graus de valoração, possibilita, além disso, um resultado final justo.

(...)

Efetivamente, este foi o desejo decisivo da dogmática. Já o havia entendido Liszt quando no prólogo da primeira edição de seu tratado (1881) exigiu 'conceitos claros e bem delimitados'.

(...)

A dogmática não foi cultivada 'unicamente' na Alemanha, como a arte pela arte, mas, sim, como firme baluarte contra invasões ideológicas. Isto aconteceu precisamente no Terceiro Reich. Nessa época a dogmática foi objeto de ataques severos, por ser ' um pensamento liberal de divisão'. A tempestade foi contida, precisamente, pela dogmática.

(...)

É significativo e, em certo sentido lamentável (para nós) , que não tenha sido um alemão mas um espanhol, que tenha recordado aos ruidosos 'críticos da reforma penal', o significado da dogmática (...)." (Welzel, 1974, p. 7-9)

O espanhol é precisamente Gimbernat Ordeig (1983, p. 27) e o que recorda, na década de 70, é que:

"A dogmática nos deve mostrar o que é devido com base no Direito, pois averigua o conteúdo do Direito Penal, quais são os pressupostos que se darão para que entre em jogo um tipo penal, o que é que distingue um tipo de outro, onde acaba o comportamento impune e onde começa o punível. Torna possível, por conseguinte, ao assinalar limites e definir conceitos, uma aplicação segura e calculável do Direito Penal, torna possível subtraí-lo à irracionalidade, à arbitrariedade e à improvisação. Quanto menos desenvolvida esteja uma dogmática, mais imprevisível será a decisão dos tribunais, mais dependerão do acaso e de fatores incontroláveis a Muñoz Condenação ou a absolvição."

Desta forma, prossegue Gimbernat (1983, p. 30), em um autêntico Estado de Direito, a Dogmática Penal é um instrumento imprescindível para manter o Direito Penal sob controle, para que a pena não chegue mais longe do que o legislador se propôs que chegue.

E nesta função garantidora depositava, na década de 70, a convicção no futuro da Dogmática Penal:

"(...) Porque a existência do Direito Penal é imprescindível e não depende para nada da possibilidade de demonstrar a livre decisão humana no caso concreto, porque toda idéia jurídica progressiva necessita de uma formulação legal que será tanto mais perfeita e eficaz quanto mais alto for o nível científico-jurídico, porque uma ciência desenvolvida do Direito Penal é a que torna possível controlar os tipos penais, porque a pena é um meio necessário e terrível de política social, porque temos que viver com o Direito Penal, por tudo isso a dogmática jurídico-penal tem futuro." (Gimbernat Ordeig, 1982, p. 32)

Também da Dogmática alemã, reitera Jescheck (Citado por Roxin, 1972, p.18), que:

"(...) sem a articulação sistemática do conceito do delito, a solução de um caso jurídico permanece 'insegura e dependente de considerações sentimentais'. As características gerais do conceito do delito, que se resumem na teoria do delito, possibilitam, aliás, uma jurisprudência racional e uniforme, e ajudam, de um modo essencial, a garantir a segurança jurídica."

E da Dogmática espanhola subscreve Muñoz Conde (1975, p. 135-6) que:

"A Dogmática jurídico-penal (...) trata de averiguar o conteúdo das normas penais, seus supostos, suas conseqüências, de delimitar os fatos puníveis dos impunes, de conhecer, definitivamente, que é o que a vontade geral expressa na lei quer castigar e como quer fazê-lo. Nesse sentido a Dogmática jurídico-penal cumpre uma das mais importantes funções que tem encomendada à atividade jurídica em geral em um Estado de Direito: a de garantir os direitos fundamentais do indivíduo frente ao poder arbitrário do Estado que, embora se processe dentro de uns limites, necessita do controle e da segurança desses limites."

Cantero (1977, p. 15-16) por sua vez, afirma que a missão da Dogmática Penal

"(...) é desenvolver sistematicamente e interpretar, em sua conexão interna, o conteúdo das normas que constituem o ordenamento jurídico-penal. Ao cumprir esta missão a Ciência do Direito Penal colabora para uma reta administração de justiça, pois – como observou Welzel – só o conhecimento do Direito em sua conexão interna destaca sua aplicação sobre o acaso e a arbitrariedade."

Da Dogmática Penal brasileira, essa promessa funcional pode ser ilustrada na fala de Fragoso (1986, p.11) ao afirmar que:

"A Dogmática Jurídica é a Ciência da norma jurídica, que visa ao seu conhecimento sistemático, para permitir a aplicação igualitária e justa do Direito. Mas isto é alcançado, superando-se a simples atividade dos glossadores, através da reconstrução científica do direito vigente."

Igualmente os analistas da Dogmática Penal, a exemplo dos que seguem, identificam sua função oficialmente declarada no âmbito de sua autoimagem.

Batista (1990, p.117) comenta neste sentido que a Ciência do Direito Penal tem

"(...) por finalidade permitir uma aplicação eqüitativa (no sentido de casos semelhantes encontrarem soluções semelhantes) e justa da lei penal. Tornando, como diz Novoa, 'segura e calculável a aplicação da lei', estabelecendo limites e definindo conceitos, a dogmática subtrai daquela aplicação a irracionalidade, a arbitrariedade e a improvisação."

Solano Navarro (1990, p. 183) identifica, igualmente, como finalidade da Dogmática Penal "a necessária instância racionalizadora que impõe a interpretação da norma, baseada em requerimentos de segurança jurídica" que, ligada a uma herança anterior ao positivismo ainda não perdeu vigência.

Carrasquilla (1988, p. 73-4) constata que a

"(...) dogmática panlogista, fruto decantado do positivismo, considera que a tarefa essencial da Ciência Jurídica consiste privativamente na interpretação lógico-gramatical (no auge adornada com certos matizes teleológicos) das normas jurídicas e na construção de um sistema formal coerente de conceitos e princípios que harmonize com o direito positivo de cada país e permita a prática racional, igualitária, segura e previsível da administração da justiça penal, sem a menor consideração pelas necessidades e conveniências, pressupostos e efeitos sociopolíticos da lei ou da ciência, dos que devem ocupar-se, segundo se diz, os especialistas das respectivas disciplinas, de modo algum o jurista como tal."

E Pozo (1988, p. 38) subscreve que a crença implícita na sua autoimagem é a de que é possível a partir dos dogmas e mediante o auxílio da lógica, deduzir soluções para os casos concretos. Desta forma, a sistematização das normas e dos dogmas, por um lado, e a elaboração de conceitos e teorias – cada vez mais sutis – por outro, "permitiriam fazer do Direito um sistema cuja aplicação seria mais precisa e previsível".

Nesta perspectiva, conclui que é

"(...) indispensável aceitar que o método de abstrações se impôs progressivamente com a finalidade de racionalizar a atividade jurídica. Ou seja, com o intuito de lograr um alto grau de previsibilidade em relação com as decisões judiciais e a diminuir destas elementos pessoais (arbitrários)." (Pozo, 1988 p. 39)

Opondo dicotomicamente irracionalidade (arbitrariedade, acaso, azar, subjetividade, improvisação) e racionalidade (igualdade, uniformização, previsibilidade, calculabilidade, certeza, segurança) no exercício do poder punitivo do Estado que se materializa na aplicação judicial do Direito Penal e identificando racionalidade e justiça, o discurso dogmático aspira exorcizar a primeira pela mesma via sistemática que promete realizar a segunda.

A Dogmática afirma-se, portanto, desde sua gênese histórica, como uma Ciência sistemática e eminentemente prática ao serviço de uma administração racional da justiça penal que teria como subproduto a segurança jurídica e a justiça das decisões judiciais.

Podemos demarcar, pois, no discurso dogmático, uma função declarada e oficialmente perseguida que denominaremos *função instrumental racionalizadora/garantidora*. Ela guarda, a rigor, duas dimensões que, embora umbilicalmente articuladas, podem ser analiticamente distinguidas.

É que a dimensão orientadora, preparadora, pautadora, programadora ou prescritiva das decisões judiciais penais, nela contida, implica uma contribuição técnica do paradigma (interpretativa e conceitual) no reconhecimento da juridicidade e na decisão dos conflitos criminais, isto é, à operacionalidade decisória.

Mas intrinsecamente conectada a esta dimensão técnica encontra-se uma base humanista que, ideologicamente vinculada à exigência de garantia dos Direitos Humanos individuais, confere àquela dimensão técnica um compromisso intrínseco com a gestação de decisões igualitárias, seguras e, além disso, justas.

5. DOGMÁTICA PENAL E ESTADO DE DIREITO
O discurso racionalizador/garantidor
centrado no polo "de Direito" do Estado Moderno

Em definitivo, pois, a matéria-prima do discurso dogmático racionalizador/garantidor é a dicotomia liberal Estado (poder punitivo) x indivíduo (liberdade individual), sob o signo dos limites, pois a questão central que o condiciona é como e racionalizar, em concreto, o poder punitivo (violência física) face aos direitos individuais (segurança); é como punir, em concreto, com segurança, no marco de uma luta racional contra o delito.

A dicotomia indivíduo-Estado, constitui assim, no dizer de Melossi (1991, p. 60) "a matéria-prima das posições garantidoras" e cuja harmonização e equilíbrio, aduzimos, a Dogmática Penal promete concretizar.

Trata-se de um discurso cujo significado é dependente da ideia de que o "Direito Penal moderno nasce desde uma perspectiva garantidora", (Bustos Ramirez, 1984, p. 67) nucleado no princípio da legalidade que sendo a "base estrutural do próprio estado de direito, é também a pedra angular de todo direito penal que aspire à segurança jurídica." (Batista, 1990, p. 67)

O princípio da legalidade constitui, neste sentido, não apenas um princípio fundacional do moderno Direito Penal, mas também da sua Dogmática que

"(...) se apresenta assim como uma conseqüência do princípio de intervenção legalizada do poder punitivo estatal e igualmente como uma conquista irreversível do pensamento democrático. (...) A idéia do Estado de Direito exige que as normas que regulam a conveniência sejam conhecidas e aplicadas, além de serem elaboradas por um determinado procedimento, de um modo racional e seguro, que evite o acaso e a arbitrariedade em sua aplicação e que as dote de uma força de convicção tal que sejam aceitas pela maioria dos membros da comunidade." (Muñoz Conde, 1975, p. 135-6)

É visível, pois, que a promessa funcional da Dogmática é condicionada e expressa as exigências do Estado de Direito e do Direito Penal liberal e neste sentido tanto o Direito Penal como programação, quanto a Dogmática como metaprogramação penal nascem, por um lado, negativamente; ou seja, como reação contra o arbítrio da antiga Justiça Penal.

São duas, nesta perspectiva, as grandes promessas da Dogmática Penal na e para a modernidade, estreitamente relacionadas. É que na sua promessa epistemológica de constituir-se "na" Ciência do Direito Penal está contida uma promessa funcional que, mais do que condicionar o seu modelo de Ciência pretende também justificá-lo. Trata-se de uma promessa bifronte que, orientada por uma matriz liberal, credita à Ciência Penal uma instrumentalização racionalizadora/garantidora.

6. A PROMESSA DE SEGURANÇA JURÍDICA NA TRILHA DO DIREITO PENAL DO FATO

A conexão método-sistema-segurança jurídica

Desta forma, a ideia de "segurança jurídica" é o ponto de convergência que melhor sintetiza a função declarada da Dogmática Penal. E em torno dela há uma constelação discursiva cujo fio condutor necessita ser reconstituído. Para fazê-lo, é necessário recolocar o interrogante: onde o discurso dogmático enraiza a promessa de segurança jurídica?

Da autoimagem do paradigma e em especial das suas funções declaradas torna-se visível a conexão estabelecida entre a construção sistemática (sistema), enquanto produto do método e o suposto resultado de sua instrumentalização: a segurança jurídica.

E o sistema a que o discurso dogmático se refere e no qual enraiza a promessa de segurança é precisamente o sistema da teoria do crime, cuja construção centraliza sua atividade metódica ao ponto de se afirmar que o paradigma dogmático transplantado para o Direito Penal serviu sobretudo para construí-la. (Hernandez Gil, 1981, p. 37)

A afirmação de constituir uma Ciência sistemática e prática corresponde, pois, no discurso dogmático, a uma conexão liberalmente modelada entre método-sistema do delito-segurança jurídica.

Podemos então pontualizar que na sua tarefa de elaboração técnico-jurídica do Direito (Penal) vigente a Dogmática (Penal), partindo da interpretação das normas (penais) produzidas pelo legislador (nuclearmente o princípio da legalidade) e explicando-as em sua conexão interna, desenvolve um sistema conceitual do crime[10] que, resultando congruente com tais normas, teria a função de garantir a maior uniformização e previsibilidade possível das decisões judiciais e, consequentemente, uma aplicação igualitária (decisões iguais para casos iguais) do Direito Penal que, subtraída à arbitrariedade, garanta essencialmente a segurança jurídica e, por extensão, a justiça das decisões penais.

A Dogmática Penal (então dogmática do crime) insere-se, desta forma, como uma instância comunicacional, cientificamente respaldada, entre as normas penais em abstrato (programação penal) e a sua aplicação (decisões judiciais), estando interpelada a maximizar o processo comunicacional entre ambos os níveis, provendo o instrumental

---

[10] A esta tarefa metódica da interpretação à construção do sistema denominamos de dimensão analítica ou hermenêutico-analítica da Dogmática. Mas, apesar de central e centralizadora do paradigma, não esgota sua produção, pois ele engloba uma dimensão que podemos denominar "propedêutica" onde tem lugar uma produção teórica prévia à hermenêutico-analítica.

conceitual adequado e necessário para converter as decisões programáticas do legislador nas decisões programadas do juiz. (Luhmann, 1980, p. 32-3, e Baratta, 1982, p. 45)

E uma vez que ocupa uma posição funcional "dentro" ou no "interior" do sistema jurídico, exercendo uma função imanente a ele, trata-se de uma instância "do" sistema que medeia o tráfego jurídico entre programação ("dever ser") e operacionalização ("ser"). (Luhmann, 1980, p. 20)

E no marco desta função comunicacional racionalizadora (orientadora, preparadora, pautadora, programadora ou prescritiva) das decisões judiciais desenvolve a tarefa de um "serviço para o reconhecimento da juridicidade" o qual, se pode conformar, relativamente, o conteúdo das decisões, dirige-se sobretudo à delimitação das fronteiras das decisões possíveis. Pois ela prepara a decisão judicial ao proporcionar antes que o seu conteúdo a estruturação completa do problema social regido pelo programa de decisão do legislador. (Luhmann, 1980, p. 52; Baratta, 1983, p. 53) Ou, em outras palavras, ela prescreve "à lei, cuja aplicação está em jogo, um programa ao qual deve se adaptar." (Pozo, 1986, p. 17)

O Direito Penal é assim uma enunciação normativa cujo sentido, alcance e finalidades são por ela decodificados ao assumir, perante a linguagem da normatividade penal, não apenas o estatuto de uma metalinguagem[11] mas igualmente o estatuto de uma metaprogramação, tida por científica, para uma prática racional e segura do Direito Penal.

Nesta esteira podemos dizer com Warat (1982, p. 48) que:

"Em outras palavras, as normas jurídicas não têm um sentido pleno, independentemente das teorias jurídicas. Sem a teoria do delito (...) não se pode expressar uma plenitude significativa para nenhum delito. A teoria do delito nos dá, ademais, o limite das interpretações legitimáveis. (...) Ora, a dogmática jurídica é o código predominante de comunicação normativa."

Ela demarcaria, desta forma, o limite das interpretações possíveis ao fornecer o instrumental conceitual apto para que as decisões

---

[11] Por "metalinguagem" designa-se a linguagem (L2) em que se fala de outra, que configura seu objeto linguístico, a "linguagem-objeto" (L1). A respeito, ver Warat, Rocha e Cittadino, (1984, p. 48 *et seq.*).
Considerando que o Direito positivo, objeto da Dogmática Jurídica, se exterioriza mediante uma linguagem (objeto), ela assume em relação a ele a condição de metalinguagem, estando num nível linguístico de segundo grau. E considerando que o Direito positivo "prescreve" uma programação legal a cumprir a Dogmática Jurídica assume em relação a ele, nos termos aqui indicados, a condição de metaprogramação ou programação de segundo grau, situando-se num plano mais alto de abstração.

judiciais e as punições que delas derivam se fundamentem e se delimitem em torno da lei penal e da conduta do autor, objetiva e subjetivamente considerada em relação ao fato-crime, e não em torno da pessoa do autor, submetido à subjetividade do intérprete, exorcizando por esta via a sua arbitrariedade. A arquitetônica conceitual do crime corresponde assim a um secular esforço da Dogmática na construção das categorias que demarquem os parâmetros objetivos e subjetivos para a imputação da responsabilidade no processo penal.

Ela seguirá, pois, na linha que vai do Iluminismo ao positivismo, a trilha do Direito Penal do fato (e não do autor), redefinindo a concepção de crime como "ente jurídico" sob as exigências metódicas de seu paradigma.

Neste sentido, o conceito de ação que, enquanto conceito vertebral do Direito Penal do fato-crime centraliza o saber penal clássico (começando a desenvolver-se antes da afirmação da Dogmática Penal como paradigma, numa linha que vai de Kant ao hegelianismo na Alemanha e culmina na teoria das normas de Binding) ocupará, também, um lugar central em sua construção técnico-jurídica.

Assim, em grande medida

"(...) todo o desenvolvimento da teoria de delito até mais ou menos nos anos 70 do presente século dominou a tendência de erguer a ação em base e pedra angular do sistema. Este delineamento vem já do pensamento globalizador e total dos hegelianos, para os quais o delito era ação e por isso mesmo uniam num só problema os aspectos objetivos e subjetivos na teoria do delito, enquanto a ação era uma estrutura objetiva-subjetiva, daí que já neles aparecesse um conceito de ação semelhante ao da teoria finalista. Só que aparecia magoado pela confusão entre ação e culpabilidade, ao absorver-se todo o subjetivo naquele primeiro conceito. Ora, ainda que os causalistas, tanto naturalistas como valorativos, tenham atacado o delineamento unitário dos hegelianos e buscado uma diferenciação clara e terminante dos diferentes problemas que surgiam dentro da teoria do delito, não atacaram entretanto o delineamento fundamental dos hegelianos, isto é, que *delito é ação*." (Bustos Ramirez, 1984, p. 167)

Se o Direito Penal do fato-crime e a promessa de segurança jurídica a ele vinculada não nascem, pois, como procuramos mostrar ao longo do capítulo segundo, com a Dogmática Penal, mas com a Filosofia iluminista e a Escola Clássica, é ela, sua herdeira última que, recolocando a teoria do delito no marco de um "sistema" conceitual e vinculando-o ao princípio da legalidade, procurará conferir-lhe um estatuto de cientificidade, operando o trânsito, por assim dizer, da legalidade à legalidade cientificamente decodificada.

A Dogmática Penal pode ser lida, nesta perspectiva, como uma longa e complexa tentativa de conferir à promessa iluminista de segurança uma formulação científica, no marco de uma razão prática.

Vejamos, pois, como se materializa a formulação desta promessa no paradigma da Dogmática Penal, reconstruindo seu fio condutor desde a construção do sistema da teoria do delito (dimensão *hermenêutico-analítica*) ao seu discurso *propedêutico*,[12] evidenciando também como esta promessa subsiste historicamente através das alterações intra-sistêmicas experimentadas na evolução daquele sistema.

6.1. Processo formativo do sistema dogmático do crime

Com efeito, a construção e evolução da teoria do crime constitui não apenas uma demonstração exemplar "da maneira como os penalistas consideram que desenvolvem um trabalho científico" (Pozo, 1986, p. 16), mas também de como se materializa a referida conexão sistema científico-segurança jurídica, que conecta, em realidade, o discurso científico-conceitual (sistemático) com o discurso liberal (racionalizador/garantidor). Pois, embora inadmitindo e neutralizando sua relação com o político, o fio cientificista com o qual a Dogmática tece a construção sistemática é o mesmo fio liberal com o qual promete enquadrar juridicamente o exercício da violência física pelo Estado moderno.

Desta forma, ao acordo paradigmático em considerar a Ciência Penal eminentemente "sistemática" se seguiu o acordo, consolidado desde há algum tempo, que a tipicidade, a antijuridicidade e a culpabilidade são as categorias fundamentais que conformam o sistema dogmático: a chamada estrutura jurídica do crime. (Bacigalupo, 1989, p. 467). Analiticamente, portanto, o crime é uma *conduta (ação ou omissão) típica, antijurídica e culpável.*

Nesta definição tripartida, a tipicidade representa, genericamente, a adequação de um fato determinado à descrição que dela faz um tipo legal; a antijuridicidade, a contrariedade deste fato com todo o ordenamento jurídico e a culpabilidade, a reprovação do sujeito que poderia ter atuado de outro modo, ou seja, conforme o ordenamento jurídico.

---

[12] Conforme dimensões de materialização do paradigma dogmático especificados na nota 10.

Outros componentes da teoria do crime devem ser vistos como detalhamentos da conduta típica: autores e partícipes são sujeitos da conduta típica; tentativa e consumação são etapas do processo de realização típica da conduta dolosa; unidade e pluralidade de crimes são quantidade ou continuidade de condutas típicas. (Cirino Santos, 1993, p. 16)

Este modelo aparentemente simples é, todavia, fruto de uma longa elaboração dogmática na qual experimentou diversas variações e redefinições, tanto na forma quanto no conteúdo. Neste sentido, pode ser analisado de diferentes perspectivas.[13] Para os objetivos acima fixados, interessa-nos apenas situar as linhas básicas de seu processo formativo e das suas alterações de conteúdo.

Dos componentes assinalados no sistema, o que aparecia claramente considerado e diferenciado nas primeiras obras sobre a teoria do delito de fins do século XVIII até meados do século XIX era a culpabilidade, conceito de certo modo onicompreensivo, pois abarcava todos os demais aspectos e seu conteúdo (Bustos Ramirez, 1984, p. 149).

Neste sentido,

"(...) as características delituais da antijuridicidade e da culpabilidade se confundiam numa só exigência. Por conseguinte no delito se distinguiam unicamente o aspecto material (ação humana) e o aspecto moral (imputabilidade). O termo imputabilidade, que hoje poderíamos traduzir melhor por culpabilidade, envolvia toda a desvalorizaçãoo da ação perpetrada." (Monreal, 1982, p. 13)

Esta categoria aparece já na idade média com a preocupação dos canonistas em estabelecer uma relação pessoal (subjetiva) entre o sujeito e o fato cometido, o que era uma consequência lógica do sentido expiatório (e posteriormente retributivo) conferido à pena: a expiação deveria corresponder a um comprometimento moral do sujeito e daí a possibilidade de uma graduação da culpabilidade.[14] Ela não era, portanto, apenas um pressuposto e fundamento da pena – tal como é hoje – mas era permissiva de sua própria graduação, isto é, da medida de sua imposição (Bustos Ramirez, 1984, p. 149).

Esta subjetivação e eticização do conceito de crime impedia considerar, contudo, que desde o ponto de vista do ordenamento jurídico,

---

[13] Quais sejam, gênese ou processo formativo, variações sistemáticas, concepção do modelo, variações de conteúdo, papel e significação da ação e papel e significação da causalidade. Sobre uma análise destas diferentes perspectivas, ver Bustos Ramirez, (1984, p. 147-178).

[14] Monreal (1982, p.13) registra, neste sentido, que até agora o Código de Direito Canônico denomina "imputabilidade" à "culpabilidade", conforme seus cânones 2195, 2196 e 2199.

poderiam existir fatos considerados objetivamente lícitos, qualquer que fosse a relação moral do sujeito com eles.

Atribui-se ao privatista Jhering[15] ter identificado esta questão e distinguido, em 1867, dentro daquela ampla imputabilidade, dois aspectos do delito: a antijuridicidade (uma contrariedade da ação com as normas jurídicas) e a culpabilidade (uma censura à disposição anímica do agente).

Com o transplante que V. Liszt faz desta divisão para o campo penal, inicia-se a moderna construção sistemática do crime que, à diferença da anterior, sintetizadora e global, nasce marcada por um pensamento analítico.[16] O sistema da teoria do delito é, tal como aparece no seu "Tratado", "um sistema categorial classificatório", usando esta expressão no sentido empregado por Radbruch. (Muñoz Conde, 1975, p. 168)

"Deste modo surgirão diferentes momentos dentro do conceito de delito, que permitirão uma maior precisão de um ponto de vista conceitual – categorias a ter em conta para definir o delito – como também de um ponto de vista garantidor – pressupostos necessários à imposição da pena." (Bustos Ramirez, 1984, p. 150)

Por conseguinte, o crime era uma conduta antijurídica e culpável ou, na clássica definição de Liszt um "ato culpável, contrário ao Direito e sancionado com uma pena."

O binário antijuridicidade-culpabilidade se distinguia por sua simplicidade e clareza. Enquanto a valoração do ato, concebido de modo causal-objetivo, constituía a antijuridicidade, a valoração do autor e dos componentes subjetivos do crime pertencia à esfera da culpabilidade. Mas carecia, por outro lado, de um elemento que desse consistência a essas valorações e as vinculasse à normatividade penal. A ação, de cuja valoração se tratava, devia, por imperativo do princípio da legalidade, enquadrar-se na descrição contida nas normas penais (Muñoz Conde, 1976, p. 170).

É esta

"(...) consideração conceitual e também garantidora, no sentido que nem todo fato que transgride o direito há de merecer uma pena, a que faz surgir o terceiro elemento do delito, a tipicidade. Só são fatos delituosos aqueles que aparecem descritos em um

---

[15] Cabe razão contudo à Monreal (1982, p. 13) quando afirma que Carrara já fazia esta separação, muitos anos antes em seu monumental "Programa". Assim no § 8º quando distingue entre imputação de um delito desde um ponto de vista físico (tu o fizeste voluntariamente) e legal (tu obraste contra a lei).

[16] A respeito do exposto, ver Bustos Ramirez (1984, p. 148-50).

tipo legal; tipo legal é aquela parte de uma disposição legal que descreve um determinado fato. Em outras palavras, só aqueles fatos que transgridem o direito e que recolhe um tipo legal podem merecer uma pena." (Bustos Ramirez, 1984, p. 150)

Embora reconheça antecedentes,[17] foi Beling quem, com intenção de otimizar a definição liszteana de crime até então imperante, procede, em 1906, à formulação do conceito de tipicidade como elemento categorial do crime e do tipo legal como seu necessário antecedente para aplicá-lo à ação punível e concluir que não pode haver crime sem tipo. (Bustos Ramirez, 1986, p. 150; Luisi, 1987, p. 15; Muñoz Conde, 1975, p. 170, e Monreal, 1982 p. 14; Machado, 1987, p. 90).

Na concepção originária de Beling, o tipo é a mera descrição dos elementos materiais do delito, contidos na respectiva norma penal incriminadora, prescindindo de quaisquer elementos valorativos ou referências à esfera anímica do sujeito. O tipo belinguiano é, portanto, rigorosamente objetivo, avalorativo e descritivo (Luisi, 1987, p. 16). Nas próprias palavras de Beling (citado por Asúa, 1950, t.2, p. 751): "o tipo não é valorativo, mas descritivo, pertence à lei, e não à vida real."

A tipicidade é, portanto, a mera adequação entre o fato-crime cometido e o tipo penal. Mas embora não tendo, em si, um significado valorativo, a subsunção da conduta num tipo penal erigia-se no ponto de referência das sucessivas valorações. (Muñoz Conde, 1975, p. 170).

Assim surgiu o novo sistema "clássico" do crime com sua divisão em três diferentes graus de juízo e valoração doravante definido como conduta típica, antijurídica e culpável, sancionada com uma pena. (Welzel, 1974, p. 6)

Daí o que se convencionou chamar sistema "clássico" do delito se convencionou também identificar por sistema "Liszt-Beling", na medida em que sentaram as suas bases fundamentais, pois, não

---

[17] Bustos Ramirez (1986, p.150) registra que já no próprio Liszt encontramos, em certo sentido, um conceito sobre tipo e já antes, em Stübel, um discípulo de Feuerbach, porém ligado e confundido com considerações de caráter processual, que não permitiam separá-lo do conceito de corpo de delito. Luisi (1987, p.13-4) escreve neste sentido que, conforme assinalado por diversos autores, a expressão alemã *Tatbestand* (literalmente 'estado de fato')que geralmente é traduzida em português por 'tipo', surge no jargão alemão em fins do século XVIII e princípios do século XIX, no campo do processo penal, onde é mais sentida a necessidade de dar contornos certos e precisos ao fato delituoso. Com ela se traduz para o idioma teuto a locução latina *corpus delicti*, compreendida esta como a ação punível, isto é, o fato objetivo. Como categoria conceitual do Direito Penal, no entanto, o vocábulo aparece pela primeira vez na obra de L. Von Feuerbach, "que põe em relevo a sua origem política vinculada a uma concepção liberal do Estado de Direito". E o termo é usado, correntemente, na Ciência penal germânica do século XIX, por autores como Stübel, Berner, Luden, Kasper, Scharper, Merkel e outros.

obstante a revisão continuada de que será objeto ao longo do século XX terá preservada, como veremos, sua estrutura categorial que "vem a constituir-se no denominador comum dos autores modernos". (Monreal, 1982, p. 15)

6.2. Sistema do crime e princípio da legalidade

Situadas tais bases do sistema do crime, é fundamental verificar como a Dogmática Penal o reconduz ao princípio da legalidade mediante procedimentos lógico-formais.

Caracterizando a tradicional interpretação dogmática do princípio da legalidade, Cunha (1979, p. 53) alude à sua interpretação enquanto "norma", "enunciado doutrinário" e "enunciado "metajurídico".

Enquanto norma, a legalidade é classificada como uma "norma penal não incriminadora" na qual funcionaria como uma norma diretiva, isto é, disciplinadora dos princípios a serem observados em matéria de interpretação e aplicação da lei penal.

Enquanto princípio doutrinário, a legalidade cumpriria duas funções fundamentais, ambas associadas à explicitação do seu valor de garantia: a) uma função hermenêutica, relacionada com o modo de interpretação da lei penal e b) uma função metodológica ou sistemática, referida à produção dos conceitos jurídico-penais.

No marco da função hermenêutica, a dogmática faz derivar do princípio da legalidade quatro subprincípios relativos à interpretação da lei penal: a) proibição da retroatividade da lei penal que prejudique os direitos do acusado; b) proibição de recorrer ao "costume" para a identificação ou alteração de crimes e penas; c) proibição do emprego da analogia em relação às normas incriminadoras (*in malam partem*) e d) exigência de certeza na linguagem em que são redigidas as normas penais, sendo vedadas leis penais vagas ou ambíguas; proibição que viabilizaria as anteriores.

Dogmaticamente decodificado, o princípio da legalidade implica, assim, que não há crime nem pena sem lei anterior, escrita, estrita e certa que o defina. Estes quatro subprincípios garantiriam a assimilação de todo o Direito Penal à legislação escrita e estrita, à univocidade dos sentidos das palavras da lei e a submissão do intérprete ao seu diploma. (Cunha, 1979, p. 54-6)

A função metodológica ou sistemática traduz, enfim, a relação que se estabelece entre o princípio da legalidade e a teoria do tipo.

Sendo claro, desde sua origem, que a tipicidade repousa justamente sobre o princípio da legalidade (Gomez de La Torre, 1988, p. 47), a doutrina dogmática é unânime em afirmar que a tipicidade é a categoria jurídico-penal racionalizadora do princípio da legalidade. O *nullum crimen, nulla poena sine lege* corresponderia, assim, à fórmula "não há delito sem tipicidade." (Cunha, 1979, p. 56)

Neste sentido

"(...) a doutrina do *Tatbestand* representa na dogmática penal 'a versão técnica do apotegma político' *nullum crimen sine lege*, como quer M. Jiménez Huerta, ou o 'precipitado técnico do princípio da legalidade', para lembrarmos a expressão de G. Bettiol. Vale dizer que o *Tatbestand* traduz, em termos técnicos jurídicos, a exigência de certeza na configuração das figuras delituosas, limitando o arbítrio dos governantes e, principalmente, daqueles que julgam." (Luisi, 1987, p. 13)

Com efeito, ao derivar de suas exigências de segurança e serem a ele reconduzidas as categorias tipo-tipicidade permitem à Dogmática reconduzir todo o sistema da teoria do delito ao princípio da legalidade que passa a fundamentar, assim, indiretamente, toda a sua arquitetônica.

Ora, prossegue Cunha (1979, p. 56-7):

"(...) o conceito de tipicidade é visto pela maior parte da doutrina como categoria disciplinadora de toda a arquitetônica relativa à teoria do delito. Assinala a dogmática que a noção de tipo, além de constituir o mandato proibitivo, concretiza a antijuridicidade, assinala e limita o injusto, demarca o *iter criminis* estabelecendo seus momentos penalmente relevantes, e, afinal, ajusta a culpabilidade à figura considerada. Em conseqüência e nos termos da conexão feita pelo pensamento dogmático, a regra da legalidade passa a ser um princípio reitor de toda produção teórica relativa à conceituação do delito. Ela fundamenta os conceitos de tipicidade, antijuridicidade e culpabilidade, sintetizando o suposto funcionamento, ou o funcionamento ideal destas categorias analíticas. Isto porque o princípio da legalidade reproduz a exigência fundamental que o conceito de tipicidade encerra: correspondência entre o fato antijurídico e a descrição legal; reitera o conteúdo da antijuridicidade, vinculando a existência do crime à violação do direito contido na lei, e reassegura o conceito tradicional de culpabilidade, relacionando a culpa com a prática de um ato previamente estabelecido em um tipo."

Vê-se assim o movimento pelo qual a Dogmática, ao interpretar o princípio da legalidade, não apenas enraiza nele o sistema da teoria do delito, conectando (via categorias tipo-tipicidade) legalidade-sistema do delito-segurança jurídica, mas fundamenta, neste movimento, a própria racionalidade da legislação penal, reconduzindo-a latentemente ao axioma do "legislador racional". (Puceiro, 1981, p. 38, e Nino, 1974)

E precisamente através das limitações impostas pelo princípio da legalidade nos planos hermenêutico e sistemático, a Dogmática explica a função de "garantia jurídica" que ele e consequentemente o sistema do delito cumpririam.

Enfim, tratando o princípio da legalidade como postulado metajurídico, a Dogmática salienta seu valor de "garantia política" de caráter liberal.

E na verdade

"Tal valor sobrepor-se-ia e sobredeterminaria as outras funções exercidas pela regra. Conforme opinião consensual da doutrina, a regra da legalidade, antes de ser um princípio jurídico é um anteparo da liberdade individual; uma limitação do *juspuniendi* dos Estados (...); uma garantia do cidadão em face dos poderes do Estado. Ele impediria o arbítrio na aplicação da lei penal, assegurando o exercício regular e democrático da Justiça. Ele, enfim, outorgaria segurança ao cidadão." (Cunha, 1979, p. 58)

Com o que fica evidenciado que a regra da legalidade transcende o plano da técnica, já que constitui critério axiológico supremo do ordenamento jurídico.

7. DA HERMENÊUTICO-ANALÍTICA À PROPEDÊUTICA

Se é evidente, pois, que no campo penal a Dogmática serviu ao propósito de construir uma teoria exclusivamente técnico-jurídica do delito (Hernandez Gil, 1981, p. 37), o conteúdo do Direito Penal não se esgota com a dogmática da estrutura do delito (Welzel, 1974, p. 10), e o discurso dogmático é, portanto, mais abrangente que o discurso do crime.

Com efeito, ele engloba uma dimensão "propedêutica" que na estrutura dos manuais dogmáticos antecede o discurso analítico do crime, sendo integrada por um discurso relativo à evolução histórica, conceito do Direito e da Ciência Penal e sua relação com as demais

Ciências; fontes do Direito Penal, norma penal e sua interpretação, ordenamento jurídico, etc. – que correspondem, em suas linhas gerais, às teorias juspositivistas – e onde situa-se a própria interpretação do princípio da legalidade. O discurso dogmático é integrado, ainda, por um discurso dos bens jurídicos e da pena.[18]

8. DA IDEOLOGIA LIBERAL À IDEOLOGIA DA DEFESA SOCIAL

Não bastaria, assim, aludir a uma ideologia liberal para caracterizar a identidade ideológica da Dogmática Jurídico-Penal, pois é necessário perceber que o seu discurso racionalizador/garantidor se encontra inserido numa visão mais globalizante do crime e da pena que Baratta denominou "ideologia da defesa social".

Esta ideologia, que foi sendo construída pelo saber oficial (desde a Escola Clássica, passando pela Escola Positiva e chegando à Técnico-Jurídica) e filtrada através do seu debate escolar,[19] veio a constituir-se não apenas na ideologia dominante na Ciência Penal, na Criminologia e nos representantes do sistema penal, mas no saber comum do homem da rua (*every day theories*) sobre a criminalidade e a pena.

Ela foi reconstruída, nestes termos, por Baratta (1982, p. 30-31),[20] que define analiticamente o seu núcleo mediante os seguintes princípios:

a) *Princípio do bem e do mal*. O fato punível representa um dano para a sociedade, e o delinquente é um elemento negativo e disfuncio-

---

[18] O moderno discurso da pena, desde as teorias retribucionistas às preventivas, em suas diferentes versões, antecede e se desenvolve paralelamente à Dogmática Penal que o recebe e reproduz na medida em que integra o seu discurso jurídico oficial, como veremos ao analisar a ideologia da defesa social. De qualquer modo, do ponto de vista técnico, a pena é tratada, em seu âmbito, como consequência jurídica de um fato típico, ilícito e culpável e, neste sentido, sob a temática da "aplicação" ou individualização da pena.

[19] Nesta perspectiva, há uma linha de continuidade e complementariedade da Escola positiva em relação à Escola Clássica na conformação desta ideologia, pois "Ainda quando suas respectivas concepções do homem e da sociedade sejam profundamente diversas, em ambos os casos nos encontramos, salvo exceções, em presença da afirmação de uma ideologia da defesa social como no teórico e político fundamental do sistema científico. A ideologia da defesa social (ou do fim) nasceu ao mesmo tempo que a revolução burguesa e enquanto a ciência e a codificação penal se impunham como elemento essencial do sistema jurídico burguês, ela tomava o predomínio dentro do específico setor penal. As escolas positivistas herdaram depois da escola clássica, transformando-a em algumas de suas premissas, conforme as exigências políticas que assinalam, no seio da evolução da sociedade burguesa, a passagem do estado liberal clássico ao estado social". (Baratta, 1991, p.35-6).

[20] A respeito, ver também Baratta (1991, p.35-7) e Bergalli (*In*: Bergalli & Bustos ramirez,1983a, p.243-244).

nal do sistema social. O comportamento criminal desviante é o *mal;* a sociedade, o bem.

b) *Princípio de culpabilidade.* O fato punível é expressão de uma atitude interior reprovável, porque seu autor atua conscientemente contra valores e normas que existem na sociedade previamente à sua sanção pelo legislador.

c) *Princípio de legitimidade.* O Estado, como expressão da sociedade, está legitimado para reprimir a criminalidade, da qual são responsáveis determinados indivíduos. Isto se leva a cabo através das instâncias oficiais de controle do delito (legislação, polícia, magistratura, instituições penitenciárias). Todas elas representam a legítima reação da sociedade, dirigida tanto ao rechaço e condenação do comportamento individual desviante como à reafirmação dos valores e normas sociais.

d) *Princípio de igualdade.* O Direito Penal é igual para todos. A reação penal se aplica de igual maneira a todos os autores de delitos. A criminalidade significa a violação do Direito Penal e, como tal, é o comportamento de uma minoria desviada.

e) *Princípio do interesse social e do delito natural.* No centro mesmo das leis penais dos Estados civilizados se encontra a ofensa a interesses fundamentais para a existência de toda sociedade (delitos naturais). Os interesses que o Direito Penal protege são interesses comuns a todos os cidadãos. Somente uma pequena parte dos fatos puníveis representa violações de determinados ordenamentos políticos e econômicos e restula sancionada em função da consolidação dessas estruturas (delitos artificiais).

f) *Princípio do fim ou da prevenção.* A pena não tem (ou não tem unicamente) a função de retribuir o delito, mas de preveni-lo. Como sanção abstratamente prevista pela lei, tem a função de criar uma justa e adequada contramotivação ao comportamento criminal, isto é, intimidá-lo (prevenção geral negativa). Como sanção concreta, tem como função a ressocialização do delinquente (prevenção especial positiva).[21]

Esta ideologia se mantém constante até nossos dias, não obstante as alterações intrassistêmicas da Dogmática penal e consubstancia, especialmente em seus princípios "d" e "e" o que Baratta (1978, p. 9-10) denomina o "mito do Direito Penal igualitário" que se expressa, então, em duas proposições:

---

[21] Este princípio articula-se em torno às teorias jurídicas da pena a que aludimos na nota "19" do primeiro capítulo.

a) O Direito Penal protege igualmente todos os cidadãos das ofensas aos bens essenciais, em relação aos quais todos os cidadãos têm igual interesse;

b) A lei penal é igual para todos, isto é, os autores de comportamentos antissociais e os violadores de normas penalmente sancionadas têm "chances" de converter-se em sujeitos do processo de criminalização, com as mesmas consequências.

A ideologia da defesa social sintetiza, desta forma, o conjunto das representações sobre o crime, a pena e o Direito Penal construídas pelo saber oficial e, em especial, sobre as funções socialmente úteis atribuídas ao Direito Penal (proteger bens jurídicos lesados garantindo também uma penalidade igualitariamente aplicada para os seus infratores) e à pena (controlar a criminalidade em defesa da sociedade, mediante a prevenção geral (intimidação) e especial (ressocialização).

O *princípio da legalidade* representa, por sua vez, o legado vertebral da ideologia liberal que, se dialetizando com esta ideologia da defesa social, poderia ser inserido especialmente entre o princípio da *legitimidade* e da *igualdade* nos seguintes termos: o Estado não apenas está legitimado para controlar a criminalidade, mas é autolimitado pelo Direito Penal no exercício desta função punitiva, realizando-a no marco de uma estrita legalidade e garantia dos Direitos Humanos do imputado.

A identidade ideológica da Dogmática Penal reside assim na dialetização do discurso liberal com o discurso da ideologia da defesa social em cujo universo deve ser inserida e compreendida a sua função declarada.[22]

---

[22] O signo ideologia é empregado, aqui, com um duplo e simultâneo significado: a) no sentido positivo (ao qual Bobbio denomina significado "fraco"), designando um sistema de representações (ideias, crenças, valores) conexas com a ação, isto é, que implica um programa para a ação, e b) no sentido negativo, (denominado por Bobbio de significado "forte"), designando falsa consciência, ocultamento/inversão da realidade. Enquanto discurso ideológico, o discurso dogmático comporta, pois, uma dimensão positiva, de materialização, que corresponde ao seu discurso declarado, visível (programa de ação) e uma dimensão negativa, de ocultação e inversão da realidade, traduzida naquilo que ele oculta (seus silêncios) ou deforma ao se materializar.
Estes dois significados da ideologia, embora remontem a diferentes tradições de pensamento (weberiana, a primeira; marxiana, a segunda) e experimente uma longa evolução, não são, a nosso ver, incompatíveis, mas complementares e fundamentais à caracterização do discurso dogmático. Pois se ele é, por um lado, um discurso eminentemente positivo, configurador de sentido (ações e consenso, real ou aparente) comporta, simultaneamente, uma construção ilusória da realidade em função da qual aquele sentido mesmo é produzido. (Por todos, ver Bobbio *et al*. 1986, p. 585-597).
E esta dupla dimensão preside tanto à ideologia "liberal" quanto à ideologia da "defesa social", que a conformam. Assim, a oposição Ciência x ideologia não tem sustentação no interior do discurso dogmático, no qual a ideologia é um componente essencial à sua própria significação.

Enquanto ideologia jurídico-penal dominante, o discurso dogmático, traduzido num conjunto de representações, constitui um programa para a ação, sendo eminentemente positivo, configurador de sentido. Mas comporta, simultaneamente, uma representação ilusória da realidade em função da qual aquele sentido mesmo é produzido. Contém assim um duplo código: junto à mensagem tecnológica (programadora) encontra-se uma evidente mensagem legitimadora do Direito e do sistema penal, a cujo significado retornaremos oportunamente.

9. SEGURANÇA JURÍDICA PARA QUEM?

Tratemos de precisar, nessa perspectiva, o alcance do significado e os destinatários da segurança jurídica por ela prometida nos limites e desde a lógica de seu próprio discurso, tal como o vimos reconstituindo: segurança jurídica para quem?

É bem verdade que a ênfase conferida no discurso dogmático à segurança jurídica não tem sido acompanhada de uma discussão explícita do seu significado.[23] Por isto mesmo, pode-se dizer que a segurança jurídica é um signo dogmatizado no seu interior; uma ideia-força em nome da qual se fala.

A dúplice proposição aludida por Baratta, associada ao princípio da legalidade, pode ser traduzida, desde a lógica dogmática, nos seguintes termos: quando se aplica uma norma penal, se tutela um bem jurídico (interesse ou valor)[24] que interessa indistintamente a todos os cidadãos (princípio do interesse social). Mas é necessário também tutelar o autor de delitos contra punições arbitrárias e desiguais,

---

[23] Zaffaroni (1987, p. 49-50), por exemplo, refere-se à segurança jurídica como um conceito complexo, já que contém um significado objetivo (consistente no efetivo asseguramento de bens jurídicos) e subjetivo (consistente no "sentimento" de segurança jurídica; ou seja, na certeza desta disponibilidade de disposição). Neste sentido, o delito afeta duplamente a segurança jurídica: como afetação de bens jurídicos, lesiona seu aspecto objetivo; como "alarma social" lesiona seu aspecto subjetivo.
A Dogmática Penal não parece, contudo, manejar o conceito de segurança jurídica em seu aspecto subjetivo.

[24] Pode-se dizer, desta forma, que se os "bens jurídicos" penalmente tutelados não se identificam, automaticamente, com os Direitos humanos fundamentais, estes têm constituído um mecanismo de sua distribuição e proteção.(Bustos Ramirez, 1984, p.59, e Basoco, 1991, p.15). E que se até a segunda Guerra Mundial prevaleceu a visão liberal e individualista do delito como ofensa a bens jurídicos e a concepção destes como interesses e direitos subjetivos (como a vida, a propriedade, a honra), ao seu término esta concepção estende-se da esfera individual para abranger bens jurídicos de amplo alcance, cuja extensão é potencialmente universal (como a economia e a incolumidade pública, a ecologia, etc.) (Baratta, 1985a p.10-11).

garantindo-lhe uma aplicação segura (princípio da legalidade) e igualitária (princípio da igualdade) da lei penal.

Assim, enquanto a primeira tutela diz respeito à realização do conjunto dos interesses e valores que o ordenamento penalmente tutela – como bens jurídicos – para a "universalidade dos cidadãos" aos quais se dirige, isto é, para a maioria não transgressora; a segunda tutela diz respeito à proteção dos cidadãos efetivamente sujeitos à Justiça Penal, isto é, à minoria transgressora.

Daí a moderna conexão funcional de um Direito Penal garantidor dos cidadãos não delinquentes e dos cidadãos delinquentes (esta lapidarmente traduzida por Von Liszt na sua clássica afirmação de que o Direito Penal é "a Magna Carta do delinquente") e cujas origens Baratta (1991, p. 54) atribui à Escola Clássica e à Escola social do Direito Penal.

Neste sentido, a tutela de bens jurídicos assume um significado bifronte. Se o delito, por um lado, lesiona bens jurídicos que a legislação penal objetiva proteger; a pena (em sentido amplo) implica necessariamente uma lesão de bens jurídicos do autor do delito (de sua liberdade, no caso de prisão ou medidas de segurança; de seu patrimônio, no caso de multa; de seus direitos no caso de inabilitações, etc.). Esta privação de bens jurídicos do autor tem por objeto garantir os bens jurídicos do resto dos cidadãos. Mas não pode exceder certos limites (Zaffaroni, 1987, p. 30).

Por isto,

> "No fundo, há uma aparente contradição ou paradoxo, que é a de proteger direitos limitando direitos. Daí que o sistema penal deva rodear-se de requisitos mínimos, tanto formais quanto materiais, que constituem os limites do poder punitivo, passados os quais tal poder se torna repressivo, [no sentido de uma repressividade excedente]." (Zaffaroni, 1984, p. 27)

A promessa dogmática circunscreve, precisamente, o âmbito da segunda tutela, isto é, dos Direitos Humanos dos cidadãos delinquentes, circunscrevendo o problema dos limites da violência institucional da pena como resposta à violência individual do delito. Trata-se, portanto, de segurança de não serem punidos arbitrária e desigualmente; ou, em outras palavras, da maximização das garantias do imputado e da minimização do arbítrio punitivo.

Guardadas todas as devidas proporções, a Dogmática Penal não deixa de ser, tal como a Criminologia, uma Ciência voltada para os cidadãos delinquentes. Mas, enquanto a Criminologia centra-se no delinquente mesmo como "pessoa"-objeto de intervenção do poder punitivo e nas medidas curativas para a sua anormalidade; a Dogmática Penal reenvia a ele enquanto "homem" ou "indivíduo" – limite do poder punitivo, isto é, à humanidade como medida do punitivo.

10. DA RACIONALIDADE DO LEGISLADOR À RACIONALIDADE DO JUIZ MEDIADAS PELA RACIONALIDADE DO SISTEMA DOGMÁTICO
Onde segurança e justiça se encontram

Com base no discurso analítico e propedêutico e na ideologia liberal e da defesa social aqui situados, podemos reconstruir então o fio condutor da promessa de segurança jurídica observando como ela é tecida por um discurso mais amplo que o discurso do crime. Pois, em seu trabalho comunicacional, a Dogmática procura dar consistência à promessa reenviando e vinculando a construção sistemática do crime à racionalidade do legislador, por um lado, e à racionalidade do juiz, por outro.

Pela interpretação dogmática do princípio da legalidade e pelo princípio do interesse social, que compõem seu repertório ideológico, torna-se visível que ela não se limita a considerar a legislação penal como válida ou objetiva, mas também lhe atribui certas propriedades formais (unívoca, completa, etc.) e materiais (imparcial, justa). Pelo princípio da igualdade e a crença juspositivista da neutralidade científica e judicial, que igualmente o compõem, torna-se visível sua suposição de existir não apenas um legislador racional, que confere à legislação o mesmo atributo, mas um juiz igualmente racional.

Desta forma, após afirmar sua cientificidade e imparcialidade, a metaprogramação dogmática identifica o Direito Penal com uma legislação escrita, estrita, unívoca, irretroativa, geral e imparcial e neutraliza a subjetividade do juiz, concebendo-o como um intérprete que decide também imparcialmente com base na lei penal (única fonte imediata) e no seu instrumental conceitual (código tecnológico).

Se a legislação penal em abstrato é racional, racionalizada sua aplicação, mediante a neutralidade judicial e científica, preserva-se logicamente a identificação originária: tais são as bases constitutivas da promessa de segurança.

Com efeito, se a lei penal (escrita, estrita, unívoca, irretroativa) é a única fonte imediata do Direito Penal, protegendo bens jurídicos que interessam igualmente a todos os cidadãos e sendo, por isso, intrinsecamente justa, sua aplicação igualitária, no marco da neutralidade judicial e científica, conduziria não apenas à segurança jurídica, mas preservaria sua qualidade originária arrastando logicamente à justiça das decisões.[25]

Assim se supõe

"(...) de uma parte, que a lei é sábia e como tal consulta as necessidades reais da população (não o supor seria um desrespeito à 'majestade da lei') e, de outra, que o desenvolvimento pura e estritamente lógico, formal e conceitual dos textos normativos e dos princípios em que se inspiram, há de levar direta e forçosamente a conclusões retas para a lógica racional do discurso, isto é, verdadeiras, que resultam ser ao mesmo tempo as mais adequadas, saudáveis ou justas para a solução dos correspondentes conflitos sociais, ou seja, para a realização social da justiça [*dura lex, sed lex*]. Existiria, portanto, uma espécie de harmonia preestabelecida entre a verdade lógico-formal do discurso jurídico e a justiça material ou sociopolítica das soluções. (...) Tudo sucede como se a verdade lógico-formal do direito houvesse que arrastar sem remédio à justiça das decisões (já que as leis, enquanto sábias, se reputam igualmente justas)." (Carrasquilla, 1988, p. 74-5)

Os vetores básicos subjacentes à promessa de segurança jurídica são, pois, a nosso ver, os princípios da legalidade, do interesse geral e da igualdade jurídica, nos quais vai implícita a ideia de justiça. Teoricamente, é a generalidade da lei, o respeito à legalidade e à igualdade decisórias, obtida no horizonte científico das construções dogmáticas que garante a segurança jurídica e, por extensão, a justiça das decisões: a "práxis penal se recupera assim como tarefa racional livre de arbitrariedades. À maior perfeição científica corresponderia menor possibilidade de conseqüências irracionais." (Ollero, 1982, p. 24-5)

A ideologia da defesa social explicitada por Baratta evidencia, enfim, que a Dogmática Penal pressupõe não apenas a racionalidade do legislador (princípio do interesse social) e do juiz (princípio da igualdade), mas também a "legitimidade" do poder punitivo do Estado Moderno.

É o que salienta Bacigalupo (1982, p. 70) ao afirmar precisamente que ela parte de uma determinada ideia de legitimidade do exercício do poder penal do Estado que se expressa na formulação de princípios jurídico-penais.

O vigoroso esforço racionalizador da Dogmática Penal é, assim, um vigoroso esforço "neutralizador" do exercício do poder punitivo mediante o qual a Dogmática Penal não apenas esgota-o no trânsito

---

[25] Neste sentido, diz Groningen (1980, p. 11) que "a generalidade da lei e sua aplicação uniforme são apresentadas como garantia da igualdade entre os cidadãos."

lógico do legislador ao juiz, mas incide no "pensamento mágico de afirmar que a simples institucionalização formal realiza o programa, quando simplesmente o enuncia." (Zaffaroni, 1987, p. 39)

11. PROBLEMATIZAÇÃO DA DOGMÁTICA PENAL NO PASSADO E NO PRESENTE

Como aludimos na introdução, é possível identificar três grandes eixos de argumentos recorrentes no universo da crítica histórica à Dogmática Jurídica: a) o argumento de sua falta de cientificidade; b) o argumento de sua ruptura ou divórcio com a realidade social; e, c) o argumento de sua instrumentalização política legitimadora do *status quo*.

Desta forma, a crítica externa à Dogmática Penal também tem acentuado sua debilidade epistemológica, seu formalismo metodológico (incluindo a incapacidade para dialogar com as Ciências Sociais, especialmente com a nova Criminologia) e seu conservadorismo político.

Além desta crítica externa, a Dogmática Penal tem sido objeto, também, de uma crítica interna, isto é, desde o seu interior e nos limites do próprio paradigma, circunscrita ao sistema da teoria do crime.

A crítica epistemológica, referimos na introdução e no início deste capítulo, indicando como a Dogmática Penal responde a ela através da tentativa de uma fundamentação epistemológica neokantiana. Revisitemos, pois, na continuação, a crítica interna à Dogmática Penal e, a seguir, a crítica externa nos níveis metodológico e funcional.

11.1. A crítica interna à Dogmática Penal e a reafirmação das promessas

Uma peregrinação intra-sistêmica pelas categorias do crime

Dado que a construção de uma teoria do crime centraliza os esforços da Dogmática Penal, nesta teoria se centralizou, historicamente, sua crítica interna que, desenvolvida ao longo do século XX sobretudo pela Dogmática Germânica, encontra seu aspecto mais marcante na revisão sucessiva do conteúdo do sistema do delito, implicando alterações internas nas suas categorias constitutivas: tipicidade, ilicitude e culpabilidade. (Bustos Ramirez, 1984; Welzel, 1987; Luisi, 1987; Mir Puig, 1976)

Nesta perspectiva, três são as grandes matrizes do sistema do crime: 1) o positivismo naturalista (teoria causalista naturalista); 2) o neokantismo valorativo (teoria causalista valorativa); e, 3) o finalismo (teoria finalista).[26]

Desta forma, se na base do paradigma dogmático de Ciência Penal encontra-se um *approach* juspositivista complementado por uma fundamentação neokantiana que, de qualquer modo, não o descaracteriza, a construção interna da teoria do crime recebe uma fundamentação que vai desde o positivismo naturalista, passando pelo neokantismo valorativo, até uma fundamentação ontologicista, chegando às tendências funcionalistas contemporâneas.

11.1.1. O positivismo naturalista (causalismo naturalista)

O causalismo naturalista corresponde, precisamente, ao sistema Liszt-Beling e preside às bases fundacionais do sistema do crime.

Influenciado neste aspecto pela matriz das Ciências naturais, que trata de aplicar à teoria do crime, a intenção de Liszt é

"(...) alcançar um sistema definitório de sucessivas determinações no campo do delito, igual ao usado por Linné no âmbito das plantas (...). São estas idéias que levam Lizt e Beling a estabelecerem um sistema de características limitadas e limitantes: tipicidade, antijuridicidade e culpabilidade. Se trata, portanto, de um ordenamento onicompreensivo ao mesmo tempo que vai sendo especificado pelas características seguintes. A ação aparece como o substantivo, as demais características como simples adjetivações." (Bustos Ramirez, 1986, p. 159)

Com efeito, no centro do conceito lizteano de crime como "ato culpável, contrário ao Direito e sancionado com uma pena", encontra-se a ação entendida como um processo causal, como um movimento corporal que produz uma transformação no mundo exterior perceptível pelos sentidos. (Muñoz Conde, 1975, p. 169)

E é a ação assim concebida a que recebe o tipo e conforma a tipicidade. Interessa exclusivamente constatar o resultado produzido pela ação e a relação de causalidade. A tipicidade resulta, em decorrência, numa característica meramente descritiva e objetiva. A antijuridicidade, enquanto segunda adjetivação da ação, vem a ser sua especifica-

---

[26] A "teoria da ação social" pode ser considerada, segundo diversos autores, como uma variante da causalista valorativa.

ção valorativa, isto é, consiste na valoração de sua danosidade social ou ataque a bens jurídicos.

Em síntese, o crime, como conceito que engloba a ação típica e antijurídica, tem como caráter fundamental o da objetividade. É o âmbito do objetivo, seja objetivo-descritivo, quando referido à tipicidade; seja objetivo-valorativo, quando referido à antijuridicidade. (Bustos Ramirez, 1984, p. 159)

À valoração do ato, contudo, aduzia Liszt a valoração do autor, traduzida na categoria culpabilidade – o aspecto "subjetivo" do delito – que estabelece precisamente a relação subjetiva psicológica (dolo ou culpa) com a ação típica e antijurídica. (Bustos Ramirez, 1984, p. 160)

A culpabilidade é então concebida no sentido meramente psicológico como a relação subjetiva entre o ato e seu autor, estruturando-se assim as chamadas formas da culpabilidade, dolo e culpa, precedidas pela constatação da capacidade psíquica do autor, a chamada imputabilidade. (Muñoz Conde, 1975, p. 170)

Neste sistema, materializava-se perfeitamente a tarefa (técnico-jurídica) e a função (racionalizadora/garantidora) que Liszt atribuía à Ciência do Direito Penal.

11.1.2. O neokantismo valorativo (causalismo neokantiano)

A primeira grande revisão crítica que sofreu o originário sistema Liszt-Beling foi desenvolvida no interior da matriz neokantiana de Baden e

"(...) se caracteriza pela intenção de referir a valores as categorias de teoria geral do delito, mostrando assim a influência manifesta da filosofia neokantiana que nesta época teve seu máximo esplendor e reflexo entre os penalistas alemães, e pelo afã de substituir o formalismo positivista por um positivismo teleológico" (Muñoz Conde, 1975, p. 172)

Desta forma, o neokantismo de Baden foi apropriado pela Dogmática Penal tanto para dar uma fundamentação epistemológica ao seu próprio paradigma, quanto para redefinir o conteúdo das categorias internas do sistema do delito. Ele incide na própria fundamentação do paradigma, a nível estrutural, e na metodologia de análise do sistema da teoria do crime, para resolver concretos problemas jurídico-penais, a nível intrassistêmico.

A metodologia neokantiana, projetada para a teoria do crime, tem início com o ataque de Radbruch (1904) contra a impossibilidade de o conceito causal de ação sustentar todo o edifício da teoria do crime e culmina nos ataques mais importantes e decisivos contra a distinção causalista entre "objetivo" e "subjetivo", e, no interior daquele primeiro, entre "descritivo" e "valorativo".

Desta forma, Radbruch salientou a impossibilidade de reduzir os conceitos de ação e omissão a um comum denominador, já que esta última prescinde de um movimento corporal e é, por essência, a negação da ação. A omissão não se explicava, portanto, como pretendeu Beling, naturalisticamente. Daí sua proposta de enraizar na "realização típica" o conceito fundamental do sistema. (Bustos Ramirez, 1984, p. 160-1)

O entendimento belingueano do tipo como rigorosamente objetivo, avalorativo e descritivo suscitou uma avalanche de críticas que provenientes de M. E. Mayer, A. Hegler, E. Mezger e W. Sauer procuraram mostrar a existência de elementos subjetivos e axiológicos nos tipos penais, tendo Mayer acentuado a existência de seus elementos normativos – e não unicamente descritivos. (Luisi, 1987, p. 16)

Assim, enquanto seguiu-se concebendo a ação em sentido causal, como no modelo naturalista, introduziram-se os elementos subjetivos do tipo. (Mir Puig, 1976, p. 241)

Enfim, o valorativo se estendeu não apenas da antijuridicidade ao tipo, mas também atingiu a culpabilidade, dando origem à chamada teoria normativa da culpabilidade (Reinhard Frank, James Goldschmidt e Berthold Freudental) segundo a qual ela não se esgota, como no sistema Liszt-Beling, numa relação psicológica subjetiva, mas é antes de tudo uma reprovação ao sujeito porque não utilizou suas capacidades para atuar conforme o Direito. A culpabilidade torna-se, portanto, um problema valorativo. (Bustos Ramirez, 1984, p. 161)

O dualismo neokantiano de "ser" (realidade empírica livre de valor) e "dever ser" (significado valorativo da realidade) se manifestou, assim, ao longo de toda a teoria "neoclássica", produto da metodologia neokantiana. (Mir Puig, 1984, p. 242)

E doravante

"(...) o injusto não só é objetivo, como também valorativo e por exceção – inexplicável – contém momentos subjetivos; por isto, a tipicidade é objetiva, descritiva, valorativa e com elementos subjetivos nas causas de justificação (por exemplo, o conhecimento da agressão na legítima defesa). A culpabilidade por sua vez é o âmbito próprio do subjetivo, mas é também valorativa. Definitivamente, o que primou e que recorre agora todo o delito, é o valorativo, que vai da tipicidade à antijuridicidade e surge como o elemento então essencial e vinculador do delito. O qual aparece como lógico, pois é a conseqüência da aplicação das teses neokantianas valorativas ao campo do direito penal. Mas, contudo, a base segue sendo positivista naturalista, pois a ação é concebida só como causalidade." (Bustos Ramirez, 1984, p. 162-3)

Em geral, pois, como destacara Welzel (citado por Bustos Ramirez, 1987, p. 524), o neokantismo valorativo superpôs aqui uma estrutura de valores à estrutura de fatos da natureza legada pelo positivismo que se manteve como base de apoio do sistema neokantiano.

Neste sentido, as contradições acima apontadas obedecem ao caráter meramente complementário

"(...) com o qual o neokantismo se apresenta frente ao positivismo. Na dogmática penal isso significou que não se quis derrubar o edifício do delito construído pelo positivismo naturalista de Von Liszt e Beling, mas apenas introduzir correções no mesmo. É por isso que o conceito neoclássico de delito aparece como uma mistura de dois componentes dificilmente conciliáveis: origens positivistas e revisão neokantiana, naturalismo e referência e valores." (Mir Puig, 1976, p. 241-2)

11.1.3. O finalismo (teoria finalista da ação)

Uma revisão completa do sistema então causalista-valorativo e, com ela, um novo conteúdo, surge com a chamada teoria da ação final ou teoria finalista da ação cujo fundador e principal expoente foi Hans Welzel.[27]

A teoria finalista empreende a tarefa não só de superar o causalismo valorativo, mas também as posições críticas (Alexander Graf zu Dohna e Hellmuth von Weber) deste sistema que, embora tenham preparado o seu próprio caminho, careciam de um aperfeiçoamento sistemático. (Bustos Ramirez, 1984, 1974, p. 162-4)

O subjetivismo metodológico e o relativismo valorativo são os pontos que centralizam a crítica de Welzel ao neokantismo desde um prisma objetivista, de modo que:

---

[27] Muito embora a plenitude das conseqüências do finalismo para a teoria do delito não tenha lugar até 1939, com o artigo de Welzel denominado *Studien zum System des Strafrechts* e só passe ao primeiro plano da atenção da Dogmática Penal depois da Segunda Guerra Mundial, suas bases metodológicas foram fixadas por Welzel já em 1930, em seu artigo *Kausalität und Handlung* e precisadas e desenvolvidas em 1932. Werner Niese, Reinhart Maurach, Günter Stratenwerth e Armin Kaufmann também são outros nomes importantes no enriquecimento desta concepção.

"A passagem do subjetivismo ao objetivismo constitui o fundamento metódico da teoria do delito desenvolvida pelo finalismo. A substituição do relativismo valorativo pela afirmação de 'verdades eternas' e de 'estruturas lógico-objetivas' é a chave de abóboda da filosofia jurídica de Welzel. Mas o abandono do subjetivismo gnosiológico neokantiano é, ao mesmo tempo, um primeiro pressuposto da filosofia antologicista desse autor, pelo qual tal giro metodológico é, como costuma acontecer, um fator prévio que condiciona sua total construção." (Mir Puig, 1976, p. 247-8)

Com efeito, para Welzel (1985) existem no mundo "objetividades lógicas" ou "estruturas lógico-objetivas", representadas por certos dados ontológicos fundamentais e que assinalam, por isto, limites muito precisos ao Legislador e à Ciência Penal. De modo que é necessário ao primeiro, ao normar ações, e à segunda, ao interpretar seu objeto, respeitar aquela estrutura pré-jurídica, derivada da natureza das coisas, (que ninguém e nenhum poder no mundo pode modificar) sob pena de, desconsiderando-a, legislar um Direito ineficaz, falso, contraditório e não objetivo ou deixar a aplicação do Direito Penal abandonada ao arbítrio, no caso da Ciência Penal.[28]

Sustentando que as categorias *a priori* – que constituem a base do sistema do delito – não são "subjetivas", no sentido de que podem variar de acordo com o intérprete, mas "objetivas", Welzel inverte a metodologia neokantiana, rechaçando a tese da "função do método de configuração da matéria": não é o método que determina o objeto, mas o objeto que determina o método. (Mir Puig, 1976, p. 250 e 252-3)

E a estrutura ontológica da ação é a de ser, precisamente, ação final:

"Ação humana é exercício de atividade final. A ação é, por isso, acontecer 'final', não somente 'causal'. A 'finalidade ou o caráter final da ação se baseia no que o homem, graças ao seu saber causal, pode prever, dentro de certos limites, as conseqüências possíveis de sua atividade, pôr-se, portanto, fins diversos e dirigir sua atividade, conforme seu plano, à obtenção destes fins. Atividade final é um obrar orientado conscientemente desde o fim, enquanto que o acontecer causal não está dirigido desde o fim, mas é a resultante causal dos componentes causais existentes em cada caso. Por isso, a finalidade é – dito em forma gráfica – 'vidente'; a causalidade 'cega'." (Welzel, 1987, p. 54)

---

[28] Sobre a dimensão do jusnaturalismo em Welzel, ver Monreal (1982, p. 73-80).

Observa-se que sobretudo em seus primeiros momentos a teoria finalista de Welzel também busca um conceito onicompreensivo de ação, que explique todo o sistema de forma homogênea e sem variações. Mas o seu próprio desenvolvimento levou à superação desta tendência com a bifurcação do sistema originário, configurando-se um para os crimes dolosos e outro para os crimes culposos, com o que se recolhia toda uma rica investigação que as teorias causalistas, por seu formalismo e naturalismo, não puderam assimilar. Esta tendência recolheu também o legado de Radbruch sobre a diferente especificidade da ação e da omissão. O finalismo rompia, assim, com a estrutura unitária e uniforme do crime, levando em consideração o esquema do crimes comissivos e omissivos e, no seu interior, dos crimes dolosos e culposos. (Bustos Ramirez, 1986, p. 166)

Com a teoria da ação final, Welzel ataca, portanto, o fundamento mesmo do sistema causalista – a ação causal – e a partir daí reordena o conteúdo do sistema do crime. Se a ação final é sempre ação voluntária que contém uma finalidade, ela contém os elementos psicológicos dolo e culpa que, presentes na ação típica, incluem-se no próprio tipo penal.

Em decorrência, Welzel desloca o dolo (e também a culpa) da culpabilidade – onde estavam anteriormente sediados – para a tipicidade:

"Agora não só o valorativo transpassa todo o delito, mas também o subjetivo. A ação (final) confere a base subjetiva ao injusto, o dolo necessariamente pertencerá à tipicidade, pois toma justamente essa estrutura final da ação e deste modo os elementos subjetivos se engrenam facilmente no tipo ou nas causas de justificação, pois têm por base essa estrutura final da ação." (Bustos Ramirez, 1984, p. 165)

A tipicidade tem um caráter valorativo, autônomo em relação à antijuridicidade, porque a norma penal incriminadora implica uma valoração sobre a ação do sujeito. A antijuridicidade, em contrapartida, é um juízo valorativo (objetivo) que relaciona a ação típica realizada com todo o ordenamento jurídico.

Enfim, a culpabilidade fica desprovida de toda relação psicológica e limita-se a um juízo de caráter valorativo (reprovação) e subjetivo (em relação à capacidade de motivação e atuação do sujeito).

Trata-se de um juízo de censura que recai sobre um sujeito imputável, com possibilidade de conhecimento do injusto e com exigibilidade de conduta diversa.

Já em começos do século (1907), com o advento da chamada teoria normativa da culpabilidade de R. Frank, o juízo de culpabilidade tendia a desvincular-se dos elementos psicológicos da ação – que, na teoria precedente, permitiam converter em objetividade o nexo entre autor e fato – e se centralizar na sua reprovabilidade (Baratta, 1985, p. 6, e 1988, p. 6660) o que a teoria finalista vem relativamente a consolidar mediante o transplante do dolo e da culpa para a estrutura do tipo penal.

Sobrevive nela, contudo, um último resquício ontológico, consistente na possibilidade, rechaçada pelo autor de um delito, de comportar-se de outra maneira (*Andershandelnkönen*); ou seja, a opção, descartada por ele, de orientar o próprio comportamento segundo as normas e valores constitutivos do ordenamento. A estigmatização do comportamento passa a ser entendida então como um juízo de reprovação à atitude de infidelidade do cidadão relativamente ao ordenamento jurídico, na pressuposição do conhecimento da norma violada, de uma disponibilidade real de opções conforme a lei, e da exigibilidade de comportamento a ela. (Baratta, 1988, p. 6660-1)

Desta forma,

"(...) a doutrina final da ação não é a única manifestação da metodologia finalista. É este um aspecto pouco estudado no qual é preciso insistir. Junto à finalidade da ação, a concepção da essência da culpabilidade como reprovalidade por ter podido o autor do injusto atuar de outro modo (a célebre fórmula de *Anders – handeln – Können*) constitui o segundo pilar da teoria do delito de Welzel. Pois bem: o 'poder atuar de outra forma' constitui para esse autor uma 'estrutura lógico-objetiva' ancorada na essência do homem, como ser responsável caracterizado pela capacidade de autodeterminação final com arranjo a um sentido. Em outras palavras, se trata, tanto como na ação final, de uma conseqüência da metodologia ontologiscita de Welzel de importância capital para a teoria do delito. Tanto as 'leis da estrutura da ação' como os 'princípios de culpabilidade' 'são independentes das mutantes modalidades de ação e constituem as componentes (*die bleibenden Besetandteile*) do Direito Penal' (...) 'com isto nos achamos no autêntico núcleo da teoria da ação final'(...)." (Mir Puig, 1976, p. 248-9)

11.1.4. A reafirmação das promessas na peregrinação intrassistêmica

Nesta perspectiva, é importante observar que a promessa de realização de um *approach* juspositivista entendido em sua inteira significação,[29] que preside à gênese da Dogmática Penal, foi uma promessa nunca inteiramente por ela realizada, seja no marco do próprio tecnicismo jurídico, seja no marco do neokantismo ou do finalismo. Pois de Binding à Welzel conceitos pré-jurídicos (ontológicos, metafísicos) foram tidos, tácita ou explicitamente, como dados genéticos das normas e da Ciência Penal ou suas categorias foram, como no neokantismo, essencialmente referidas a valores. Na Dogmática Penal, convivem, pois, o normativismo juspositivista, que preconiza um sistema do delito derivado exclusiva e indutivamente da lei (Liszt, Rocco) e um normativismo conceitualista com resquícios jusnaturalistas (Binding, Welzel).[30]

Para efeitos de nossa análise, contudo, o mais significativo da evolução da teoria do crime, aqui sumariada no limite de sua compreensão mínima, é, antes que as revisões ou alterações propostas e as suas diferenças metodológicas internas, o que esta evolução preserva; antes que suas variações, suas permanências.

Neste sentido, importa-nos, primeiramente, concluir, com Roxin (1972, p. 79-80), que "se pode descrever a teoria do delito dos últimos decênios como uma peregrinação dos elementos do delito pelos diferentes estágios do sistema."

E isto porque, como vimos:

"Quase todas as teorias do delito que se deram até a data são sistema de elementos, isto é, desintegram a conduta delituosa numa pluralidade de características concretas (objetivas, subjetivas, normativas, descritivas, etc.) que se incluem nos diferentes graus da estrutura do delito e que se reúnem, deste modo, como mosaico para a formação do fato punível. Este delineamento conduz a aplicar uma grande agudeza à questão de que lugar corresponde a esta ou àquela característica no sistema do delito..." (Roxin, 1972, p. 79-80)

Bastos (1983, 1982, p. 83) vê nesta depuração conceitual tão minuciosa a preservação de um autêntico "folclore", já que dificilmente

"(...) o penalista germânico se libertará da convicção de que se encontra historicamente destinado a desvendar o falso enigma da anatomia jurídica do crime e da pena. Dir-se-ía que persistem, nele, as ilusões de uma vocação filosófica dirigida à perquirição

---

[29] Traduzindo não apenas a delimitação do objeto da Ciência Penal ao Direito Penal positivo, mas a rejeição categórica de interferências extranormativas no seu estudo.

[30] Isto confirma que, mais correto do que falar de exegese ou interpretação da lei, como primeira etapa do método dogmático, é falar de interpretação do material normativo, como propomos na caracterização da autoimagem dogmática na introdução do capítulo primeiro.

cada vez mais profunda dos átomos e essências do 'jurídico', temporariamente escondidos à percepção humana. E ele então vai à luta, dissecando a seu modo a mosca azul de Machado de Assis, sem que a veja fragmentada e morta, já que trabalha com a força da fé e o vigor da clarividência introspectiva. E escreve livros, artigos, conferências, distinguindo e subdistinguindo; consertando aqui, retocando ali, dinamitando mais abaixo, sob protestos ou aplausos de colegas que retornam ao tema com novas distinções, acréscimos e adendos."

Desta forma, se por um lado é possível, devido a esta peregrinação intrassistêmica falar de diferentes dogmáticas do delito, é fundamental salientar, por outro lado, que a Dogmática Penal não perde, com ela, sua identidade estrutural (objeto, tarefa metódica e funções declaradas).

Em primeiro lugar, porque nem o causalismo naturalista, nem o causalismo neokantiano, nem o finalismo afetam o núcleo juspositivista da Ciência Penal como Ciência normativa, pois a determinação do Direito Positivo como objeto da Ciência Penal é "o postulado básico a que respondem todas as concepções metodológicas que têm lugar na história da Dogmática Penal." (Mir Puig, 1976, p. 196)

Em segundo lugar, porque, não obstante as significativas diferenças metodológicas internas entre o causalismo, o neokantismo e o finalismo, é mantida a tarefa metódica estrutural da Dogmática consistente na construção jurídica nucleada na exigência do sistema, precedida pela interpretação do material normativo.

Neste sentido,

"Dita polêmica se desenvolveu dentro dos estreitos limites que apontou à Ciência do Direito Penal o positivismo jurídico de finais do século passado. Segundo esta teoria, a única tarefa do jurista consistia em interpretar o Direito positivo e desenvolvê-lo num sistema fechado, de acordo com princípios lógicos dedutivos, subindo dos concretos preceitos da lei até os últimos princípios e conceitos fundamentais. A elaboração do sistema era, por conseguinte, a missão fundamental da Ciência do Direito Penal (...)" (Muñoz Conde, 1976, p. 179)

Por isto mesmo, a peregrinação causalismo-neokantismo-finalismo se apresenta como eminentemente sistemática. Como "uma luta para dentro: uma espécie de guerra civil entre, por e para juristas (...)." (Muñoz Conde, 1975, p. 179-180)

Consequentemente, suas respectivas metodologias têm implicações na forma de apreensão das categorias da teoria do crime; ou seja, o que muda são os caminhos da construção e seu produto, mas não a ideia de construção sistemática mesma sendo mantida, em decorrência, a estrutura categorial básica proveniente do originário sistema Liszt-Beling.

E uma vez que tanto o causalismo, quanto o neokantismo e o finalismo mantêm a tripartição clássica da estrutura do delito, limitando-se a mudar o conteúdo das categorias tipicidade, antijuridicidade e culpabilidade, ampliando ou restringindo o que originariamente se lhes assinalou, o sistema, neste sentido, avançou muito pouco. (Muñoz Conde, 1975, p. 177)

Nesta perspectiva, a polêmica entre causalismo e finalismo, na qual veio a se polarizar o sistema dogmático, pode ser situada como uma terceira grande polêmica no universo do saber penal que, guardadas as especificidades, substitui a originária luta entre classicismo e positivismo e, a seguir, entre Dogmática e Criminologia constituindo a nota mais chamativa do último pós-guerra.

Chegamos, assim, ao terceiro e decisivo aspecto que nos interessa aqui enfatizar. Além de manter seu *approach* e tarefa metódica, a Dogmática Penal não abandona, ao longo de sua peregrinação intra-sistêmica, a promessa racionalizadora/garantidora com que se constitui na modernidade, que permanece no centro dos modelos então configurados.

Mesmo que impliquem diferentes relações entre o sistema e a lei penal,[31] os modelos intra-sistêmicos da teoria do delito preservam, significativamente, a promessa de segurança jurídica, ou seja, a crença de que o sistema dogmático do crime é capaz de gestar a segurança jurídica na administração da Justiça Penal.

Basta relembrar que na sua base está a matriz de V. Lizst[32] e na sua última versão institucionalizada, a de H. Welzel[33] os quais, embora por metodologias específicas, atribuem ao sistema a mesma função racionalizadora/garantidora.

Com efeito, contrariamente à pretensão Lizsteana de um sistema do delito derivado indutivamente da lei, no ontologicismo representado por Welzel, a construção do sistema reenvia, tal como em Binding, a conceitos que se situam anterior e externamente à lei e que incumbem ao sistema apreender essencialmente.

Assim Welzel parte do reconhecimento de que as questões do sistema jurídico-penal não podem desenvolver-se, como crê o puro

---

[31] A respeito ver Bacigalupo (1982, p. 69 *et seq*).
[32] Conforme item "5.3.2" do primeiro capítulo e item "4" deste capítulo.
[33] A respeito ver também item "4" deste capítulo.

juspositivista, exclusivamente da lei, reconhecendo implicitamente ao sistema uma tarefa cognoscitiva do Direito positivo mediante a qual, unicamente, se pode desenvolver o seu conteúdo e estabelecer sua correta aplicação. (Bacigalupo, 1989, p. 468)

A metodologia ontologicista de Welzel não supõe o abandono da segurança jurídica pelo sistema mas, ao contrário, busca outro caminho, a seu ver mais eficaz, para a sua materialização, dela se concluindo

"(...) que o sistema de lei interpretada não pode ser senão sistema das estruturas prévias da lei mesma, ou seja, o do objeto regulado. Em outras palavras: teoria da ação e teoria do delito não se diferenciam. Assim dizia Welzel já em 1939: 'A teoria da ação é a mesma teoria do delito'. (...) Precisamente a compreensão das estruturas ônticas prévias à lei mesma seria o que preservaria a aplicação do direito da causalidade e da arbitrariedade." (Bacibalupo, 1989, p. 468)

Com a teoria finalista culmina, portanto, todo um processo dogmático de revisão da teoria do crime cujo escopo é precisamente superar as contradições anteriores e obter "uma maior precisão conceitual e garantidora", muito embora entreabrindo outros pontos críticos que põem tais resultados em discussão. (Bustos Ramirez, 1984, p. 167)

Nesta perspectiva podemos concluir que a Dogmática Penal não apenas transplanta, para o âmbito da aplicação judicial do Direito Penal, a promessa de segurança jurídica que o saber clássico enraizara na normatividade penal, mas confere a esta promessa o respaldo da Ciência, incumbindo-lhe assegurar, na práxis do Direito Penal o que o saber pré-dogmático consolidou na sua programação normativa. Constitui, assim, a formalização mais acabada do Direito Penal na modernidade.

Diante do exposto, se não se pode superdimensionar o discurso liberal na Dogmática Penal e a ele tudo reconduzir, é possível afirmar sua importância e permanência paradigmática ao longo da peregrinação resenhada.

11.1.5. Requisitos objetivos e subjetivos da imputação de responsabilidade penal na construção sistemática do crime para a maximização da segurança jurídica

O ponto mais avançado da construção dogmática do crime para a maximização das garantias do imputado (segurança jurídica)

consubstancia-se, portanto, numa técnica de limitação da intervenção punitiva baseada nos seguintes princípios (Baratta, 1988, p. 6663):

a) princípio da responsabilidade pessoal, que exclui tanto a responsabilidade objetiva do autor, quanto a responsabilidade penal coletiva e de pessoas jurídicas;

b) princípio da responsabilidade pelo "fato", diga-se, típico e antijurídico, que exclui os critérios de responsabilidade baseados nas características das pessoas;

c) princípio da culpabilidade fundado na possibilidade de conhecimento do injusto (fato típico e ilícito) e na exigibilidade de conduta diversa e cujo pressuposto é a imputabilidade penal.

Enquanto a verificação da tipicidade e ilicitude implicam juízos relacionais da conduta do autor (fato-crime) com os tipos penais de crime e o ordenamento jurídico, a verificação da culpabilidade implica juízos relacionais da responsabilidade do autor em relação ao fato-crime.

Desta forma, enquanto a tipicidade e ilicitude da conduta fática constituem os requisitos objetivos; a imputabilidade e a culpabilidade do agente constituem os requisitos subjetivos para a imputação de responsabilidade penal pelo juiz, no que concerne à motivação de "Direito" em que se funda a sentença penal; ou seja, à valoração jurídico-penal dos fatos e a individualização e quantificação da pena. É necessário aduzir então que, embora tais conceitos sejam centrais, fazem-se acompanhar, no âmbito da metaprogramação dogmática, de toda uma constelação teórica que, pretendendo cobrir desde a interpretação da lei penal até a graduação da pena, em torno deles gravita.

Neste sentido, como observa Brum (1980, p. 79):

"No Direito Penal, o grande prestígio da teoria dogmática do delito faz com que os juízes justifiquem invariavelmente a legalidade de suas decisões em termos de tipicidade, culpabilidade e antijuridicidade. Essa teoria está tão arraigada na mente dos penalistas que não se pode mais conceber o delito sem o seu auxílio. Nesse campo, quando surge uma inovação é pela mera troca de notas de um elemento pelo outro, como fez Welzel com a sua teoria finalista da ação, deslocando o dolo e a culpa da culpabilidade para a tipicidade. Teoricamente, nada impede que se substitua a teoria dogmática do delito pela teoria dos âmbitos de validez Kelsenianos, por exemplo. Isto, porém, não seria aconselhável em termos de força retórica (...) Além disso, por trás da teoria dogmática do delito, encontram-se respaldadas posturas políticas muito importantes. Portanto, a legalidade de uma decisão penal continua sendo otimamente demonstrada através da teoria dogmática do delito."

Por outro lado, há que se observar que enquanto algumas legislações penais, como o Código Penal italiano, proíbem, expressamente, a tomada em consideração da "personalidade" e vida do agente, no momento da individualização da pena, outras expressamente a autorizam, como o Código Penal brasileiro vigente, ao normar, em seu artigo "59" que:

"O juiz, atendendo à culpabilidade, aos antecedentes, à conduta social, à personalidade do agente, aos motivos, às circunstâncias e conseqüências do crime, bem como ao comportamento da vítima, estabelecerá, conforme seja necessário e suficiente para a reprovação e prevenção do crime:

I – as penas aplicáveis dentre as cominadas;

II – a quantidade de pena aplicável, dentro dos limites previstos;

III – o regime inicial de cumprimento da pena privativa de liberdade;

IV – a substituição da pena privativa de liberdade aplicada, por outra espécie de pena, se cabível.

11.2. A crítica externa da Dogmática Penal

11.2.1. A crítica política: a ambiguidade funcional do paradigma

Se a Dogmática Penal se declara como um paradigma garantidor do indivíduo numa visível expressão da matriz liberal que a condiciona, a crítica de matriz marxista mais ortodoxa acusa a sua instrumentalidade na legitimação das relações de dominação capitalista em que o Direito Penal se insere, reduzindo-a a mero epifenômeno da estrutura socioeconômica e negando-lhe qualquer autonomia. A Dogmática Penal é percebida, então, como uma "filosofia da dominação." (Castro, 1987, p. 27)

Em qualquer caso, o paradigma é visto como instrumento unilateral: porque instrumento de garantia individual se o defende; porque instrumento de dominação classista, se o recusa.

Esta polarização na leitura das funções da Dogmática Penal parece obstaculizar a percepção da ambiguidade profunda em que está inscrita e tem como conseqüência a sua apologia (liberal) ou a sua desqualificação (marxista).

Se é certo que, sobretudo depois de Marx e Engels, a análise da realidade social não pode obscurecer que a realidade das sociedades capitalistas é a realidade de sociedades divididas em classes sociais antagônicas e que o poder econômico e político da burguesia se reproduz sobre relações de exploração e domínio, o poder burguês não explica tudo. Revisitando a crítica política à Dogmática, subscrevemos a importância decisiva de levar em conta sua inserção num sistema de dominação e sua dimensão legitimadora. Mas numa leitura da Dogmática Penal que nela não se esgote, senão que revele a ambiguidade com que esta dimensão se articula com a garantidora, nos espaços de poder do sistema penal. Que saliente, enfim, a ambiguidade funcional e política do paradigma.

11.2.2. A crítica metodológica: a ambiguidade metodológica do paradigma

Nenhum argumento crítico parece ter sido tão recorrente, contudo, quanto o da separação, divórcio ou ruptura da Dogmática com a realidade social, por seu aprisionamento sistemático e lógico-formal no mundo do "dever-ser"; como nenhum outro parece ter sido também tão pouco aprofundado. Pois a realidade social, da qual se acusa a Dogmática de ter se divorciado aparece como uma ideia que, geralmente não explicitada, acaba por se converter numa "fórmula vazia". (Barcellona, 1983, p. 29)

No campo específico da Dogmática Penal, a exposição que acabamos de fazer ilustra precisamente o terreno em que esta crítica vem a se enraizar e que Pozo (1988, p. 22) sintetiza nos seguintes termos. Se, não obstante as divergências internas entre as teorias do delito, existem entre elas "semelhanças quanto ao método e as técnicas utilizadas para sistematizar as noções mediante abstração, nada surpreende então que sejam criticadas por um abuso de formalismo e, em consequência, por sua rejeição a ter em conta a realidade social."

Por isso mesmo, o que acaba por reconduzir a crítica metodológica à epistemológica

"Ao termo dogmática se dá igualmente uma significação pejorativa. Com este objeto e com base nos progressos realizados pelas ciências sociais, se nega o caráter científico ao estudo do direito. Se reprova nos juristas o seu 'dogmatismo', sua incapacidade para elaborarem um sistema suscetível de ter em conta os fatores sociais e, igualmente, sua inaptidão para evitarem o formalismo tautológico." (Pozo, 1988, p. 12)

Por este caminho, convertendo-se em um exercício lógico-conceitual cada vez mais refinado, complexo e marginalizado das realidades sociais da vida e dos problemas que esta cria, a Ciência Penal passa do teórico ao especulativo, sem que importe o aberrante das consequências práticas. (Carrasquilla, 1988, p. 74-5)

De fato, enquanto conjunto de "teorias" ou "doutrinas" relativas à construção sistemática, a Dogmática alicerçou-se no dualismo metodológico ser/dever-ser, expressivo de uma separação/incomunicabilidade entre o mundo da normatividade e o mundo da realidade, optando pela construção de uma Ciência Penal centrada no mundo do dever-ser e pelo consequente "corte" em relação à realidade, relegada e convertida, por exemplo, em objeto da Criminologia.

Desta forma, no mesmo movimento em que seu *approach* e método, expressivos daquele dualismo, excluem do seu horizonte científico a tematização do Direito Penal em sentido amplo – realidade fenomênica – e sua valoração crítica, sentam as bases para um conhecimento autorreferente (intrassistemático) e técnico.

Mas isto pretende justificar-se porque, como também vimos enfatizando, no paradigma dogmático, o fim "prático" domina e condiciona o "teórico": sendo normativos ou preceptivos em si mesmos, seus enunciados vão ordenados, antes que ao conhecimento em sentido estrito, à decisão.

Assim sendo, a construção dogmática

"(...) é puramente instrumental, pois há de ser tida tão-somente como um meio para a melhor aplicação do Direito na vida real (...). (...) em tal sentido, o jurista deve limitar-se sempre a tê-la como um puro modelo, que pode facilitar a compreensão ordenada do conceito correspondente; para isso deve considerá-la como algo esquemático e flexível, incapaz por si mesma de proporcionar a verdade (...)." (Monreal, 1982, p. 183).

Como sua opção, em nome da segurança jurídica, é pelo sistema conceitual, ela guarda um enorme grau de abstração para poder abarcar a generalidade dos casos concretos. A opção pelo sistema não se pretende justificar, desta forma, cognoscitivamente, mas praticamente, traduzindo o modelo em que o paradigma funcionalmente se expressa e em nome do qual pretende legitimar o seu ideal de Ciência.

Referimos na introdução como o valor cognoscitivo da Dogmática foi, nesta perspectiva, colocado em cheque; seja pela natureza (prescritiva) ou ausência de controle empírico ou lógico de seus enunciados.

Não se pode, contudo, obscurecer e subestimar o fato de que a Dogmática Penal não se reduz, como procuramos evidenciar, à Dogmática do delito. E que produz, para além do respectivo sistema, um específico conhecimento (propedêutico) sobre o Direito Penal, ao mesmo tempo em que reproduz um específico conhecimento sobre a criminalidade e a pena (sintetizados na ideologia da defesa social).[34]

Se a Dogmática Penal pode ser vista, nesta perspectiva, como "uma exemplar demonstração de formalismo e idealismo histórico" (Faria, 1988), pois tanto suas construções doutrinárias lógico-formais quanto seu discurso sobre o Direito Penal, a criminalidade e a pena caracterizam-se pela a-historicidade e abstração; tal idealismo deve ser visto como fundamentalmente ideológico no sentido que já indicamos.

De qualquer modo, não sendo a Dogmática Penal uma Ciência de conhecimento em sentido estrito e não tendo força "explicativa" do seu objeto – daí, entre outros argumentos, a recorrência histórica da discussão sobre a sua "cientificidade" – mas uma Ciência prática, não é numa função interna de produção de conhecimento (cognoscitiva) que devemos buscar uma explicação para sua marcada vigência, mas na funcionalização prática deste conhecimento, isto é, nas funções que cumpre na realidade social e, já o antecipamos, para além da funcionalidade declarada pelo próprio paradigma.

Desta forma, sua marcada vigência, não obstante crescentemente problematizada, impõe refutar parcialmente o argumento de sua falta de conexão com a "realidade social". Pois se a Dogmática Penal apresenta uma extraordinária capacidade de permanência espaço-temporal e uma sobrevivência histórica secular, não obstante sua "debilidade" epistemológica e divórcio "analítico" com a realidade social, é porque ela mantém uma conexão funcional com a realidade; é porque potencializa e cumpre certas funções na realidade social, ao mesmo tempo em que traz inscrita uma potencialidade universalista que lhe permite funcionar fora de seu espaço e tempo originários.

Nesta perspectiva, se o argumento da separação entre Dogmática e realidade social é verossímil relativamente à sua dimensão de conhecimento ou metodológica, ele é insustentável relativamente à sua dimensão prática ou funcional, pois a Dogmática Penal está presente nas Escolas de Direito, nas reformas legislativas e nos Tribunais, e suas teorias, conceitos e princípios instrumentalizando a educação

---

[34] E que o conhecimento dogmático é, em seu conjunto, fonte da socialização jurídica e da práxis jurídico-penal. Forma e conforma, ideologicamente, a mentalidade jurídica e a perpetuação do jurista dogmático, cumprindo também uma importante função pedagógica.

jurídica, a criação legislativa ou a aplicação judicial da lei penal, isto é, sendo usadas na argumentação decisória.

Nesta esteira, a crítica do divórcio entre Dogmática Penal e realidade social necessita ser recolocada no marco da ambiguidade que metodologicamente separa e funcionalmente insere (e sustenta) a Dogmática Penal na realidade. Que marca, simultaneamente, sua "debilidade" analítica e a "força" de sua sobrevivência histórica. E a partir desta percepção faz-se necessário investigar as funções "latentes" e "reais" da Dogmática Penal para além de suas funções "declaradas" e cuja perspectiva permite reconduzir a crítica metodológica à própria crítica política (ou político-funcional) acima referida, que assinala precisamente uma função legitimadora "latente" cumprida pela Dogmática Penal.

12. TENDÊNCIAS CONTEMPORÂNEAS NO SISTEMA DO DELITO

Abertura para a realidade social ou refuncionalização da Dogmática Penal?

Pois bem, o problema da "separação" entre Dogmática Penal e realidade social não apenas subsiste, mas orienta hoje, mais do que nunca, a sua crítica interna. Pode-se dizer, neste sentido, que o tema da abertura da Dogmática Penal para a realidade social domina o desenvolvimento da teoria do crime pós-finalista.

É que, desde meados dos anos 60, ganha espaço o questionamento de um século de debate sistemático, já que, como o traduz Roxin (1972, p. 18-9):

"(...) fica como um mal-estar que aumenta quando se põe pendente a sempre discutida questão, se não estará caracterizado o trabalho sistemático de filigrana de nossa dogmática, que opera com as mais sutís finezas conceituais, por uma desproporção entre a força desenvolvida e seu rendimento prático. Se apenas se tratasse de ordenação, proporção e domínio da matéria, a disputa pelo sistema 'exato' deveria aparecer como pouco frutífera."

A época do finalismo pode assim se estimar superada porque, tendo imposto o seu sistema, o caminho enfim entreaberto é a saída do mal-estar que ele próprio contribui para gerar.

De modo que Tratados e Manuais surgidos nos últimos anos, especialmente na Alemanha, preconizam o abandono dos exageros sistemáticos e a substituição do sistema finalista por um sistema teleológico que atenda mais às consequências do delito que à sua análise; que priorize mais as questões valorativas e problemáticas do que as sistemáticas. (Muñoz Conde, 1975, p. 176)

Assim,

"(...) a partir do ano 1965, época em que a teoria finalista alcança sua total consagração, surge uma nova etapa na evolução da teoria do delito, que sobre a base da renovação produzida na Criminologia e na política criminal, analisa o delito não apenas de uma perspectiva conceitual ou 'estritamente' dogmática, mas preferencialmente (...) do sentido e fundamento da pena. Com isso também se escavavam os alicerces da teoria finalista, que por seu delineamento ético básico, se sustentava sobre um estrito retribuicionismo e, portanto, sobre a idéia do livre-arbítrio como princípio fundamentador da imposição da pena a um sujeito." (Bustos Ramirez, 1984, p. 167)

Andrade (1983, p. 50) vê na publicação do "Projeto alternativo alemão", em 1966, e da obra "Kriminalpolitik und Strafrechtssystem" (*Política Criminal e Sistema do Direito Penal*), de C. Roxin, em 1970, dois marcos decisivos desta nova tendência,[35] corroborando que:

"(...) ela constitui a saída para um período de evidente perturbação e mal-estar, caracterizado, por um lado, pela consciência da escassez dos ganhos legados por anos de apaixonado debate doutrinal, polarizado sobretudo em torno das teses do finalismo, à margem dos ensinamentos da Criminologia e das renovadas aspirações da política criminal".

E se não seria realista esperar, prossegue, "que esta nova atitude se comunicasse sem mais ao concreto labor dogmático, induzindo a renovação mecanicista das suas categorias, princípios e institutos ou mesmo do sistema em seu conjunto" já são evidentes, não obstante, "os sinais duma dogmática jurídico-penal, assente na polaridade entre o dogma e o sistema por um lado e os recém-descobertos referentes criminológicos e político-criminais, por outro" (Andrade, 1983, p. 52-3).

Conclui neste contexto Mir Puig (1976, p. 281) que se o pensamento sistemático se encontra todavia vigente na Dogmática atual, isto constitui mais a continuação de delineamentos passados do que uma nota característica do presente. Pelo contrário, o diferencial neste é uma aproximação à realidade.

---

[35] Desenvolvidamente, sobre as novas tendências da teoria do delito ver: Mir Puig, (1976, p. 277-299); Andrade, (1983, p. 49-64); Muñoz Conde, (1975, p.177-187).

E tal é especialmente referida à análise político-criminal (relativa ao objeto e à finalidade da pena) e, no seu desdobramento, técnico-jurídica (referente ao sistema do delito) que, fundada sobretudo na teoria sistêmica, encontra-se no centro da Dogmática germânica desde meados da década de 70.

Segundo Baratta (1985, p. 8), a aplicação deste marco teórico em ambos os níveis representa assim uma tentativa de sair de gravíssimas aporias teóricas e contradições práticas nas quais a Dogmática Penal e a Política Criminal oficial se encontram desde anos mergulhadas.

Numa linha que, recolhendo as contribuições das obras de K. Amelung, H. J. Otto e C. Roxin, encontra sua mais sistemática expressão na obra de G. Jakobs, este novo enfoque pode ser reunido sob a denominação de "teoria da prevenção-integração". (Baratta, 1988, p. 3-4)

Nesta formulação é muito significativa, por exemplo, a contribuição de Roxin que, a partir de uma enfoque sistêmico-funcional em sentido lato, dá uma nova sistematização à teoria do delito, particularmente ao conceito de culpabilidade.

Objeta Roxin (1972), contra o ontologicismo de Welzel, que não são as estruturas prévias do objeto de regulação das normas que legitimam o sistema do delito na aplicação da lei, mas a coincidência de suas soluções com determinados fins político-criminais. Desta forma, a pré-estrutura das normas penais não estaria dada pela ação, mas pelos fins da pena.

Na base de um entendimento do Direito Penal como "a forma em que as finalidades político-criminais se transformam em módulos de vigência jurídica". Roxin (1972, p. 77) sustenta que o sistema dogmático será o sistema da lei penal na medida em que garanta resultados conforme os fins da pena.

Trata então de reconstruir o sistema do delito e as suas categorias centrais – tipicidade, ilicitude, causas de justificação, culpa, formas do crime, etc. e, em especial a culpabilidade – procurando identificar o seu conteúdo e limites a partir da respectiva função político-criminal.

Mas alerta, cuidadosamente, que:

"Uma tal penetração da Política criminal no âmbito jurídico da Ciência do Direito Penal não conduz a um abandono ou a uma relativização do pensamento sistemático, cujos frutos na clareza e segurança jurídica são irrenunciáveis (...)." (Roxin, 1972, p. 77)

Por isso mesmo Roxin (1972, p. 18) afirma que a busca de segurança jurídica "rege independentemente das transformações do sistema e de suas discrepâncias que, como é sabido, formam também hoje objeto de vivas controvérsias".

Mas na aplicação da teoria sistêmica na sua versão mais acabada, que se encontra na obra de Jakobs, a preocupação garantidora ainda presente em Roxin não mais parece encontrar respaldo.

Partindo da concepção de Luhmann do Direito como instrumento de estabilização social, de orientação das ações e de institucionalização das expectativas, com independência do conteúdo específico das normas jurídicas, a teoria da prevenção-integração formulada por Jakobs atribui à pena a função principal de reestabelecer a confiança e reparar ou prevenir os efeitos negativos que a violação da norma produz para a estabilidade do sistema e a integração social. (Baratta, 1985, p. 4-5)

Quando este efeitos,

"(...) em atenção à estabilidade do sistema, deixam de ser tolerados, intervém a reação punitiva. A pena, afirma Jakobs, não constitui retribuição de um mal com um mal, não é dissuasão, isto é, prevenção negativa. Sua função primária é, por outro lado, a prevenção positiva. A pena é prevenção-integração no sentido que sua função primária é 'exercitar' o reconhecimento da norma e a fidelidade frente ao direito por parte dos membros da sociedade. (...) O delito é uma ameaça à integridade e à estabilidade sociais, enquanto constitui a expressão simbólica oposta à representada pelo delito. Como instrumento de prevenção positiva, ela tende a restabelecer a confiança e a consolidar a fidelidade ao ordenamento jurídico, em primeiro lugar em relação com terceiros e, possivelmente, também com respeito ao autor da violação." (Baratta, 1985, p. 5)

E posto que esta função independe do conteúdo específico das normas penais, a abstração da validez formal do Direito relativamente aos conteúdos valorativos, que é um princípio fundamental do juspositivismo, é levada, na teoria sistêmica da integração-prevenção, às suas últimas consequências.

Assim para Jakobs, como para Otto, o Direito Penal não tem por função principal ou exclusiva a defesa de bens jurídicos, pois não reprime primeiramente lesões de interesses, mas o comportamento como manifestação de uma atitude de infidelidade ao Direito. Daí resulta que a violação da norma é socialmente disfuncional, não tanto porque resultam lesionados determinados interesses ou bens jurídicos, mas porque a norma mesma é posta em discussão como orientação da ação e é afetada, em consequência, a confiança institucional dos consorciados. (Baratta, 1985, p. 4-5 e 13)

Desta forma, a exigência funcionalista de reestabelecer a confiança no Direito mediante a contraposição simbólica da pena não é somente o fundamento desta, mas, transladada para o plano dogmático, o fundamento para determinar o grau de culpabilidade e individualizar a medida punitiva. (Baratta, 1985, p. 7)

Com efeito, chegando por esta via político-criminal ao plano técnico-jurídico, a teoria da prevenção-integração pretendeu dar uma nova fundamentação ao sistema dogmático do delito, dirigindo-se especialmente a resolver problemas pendentes sobre o conceito de culpabilidade.

Depois da sistematização dada por Welzel ao desenvolvimento da concepção normativa da culpabilidade, restava por resolver o seguinte problema: se a culpabilidade consiste na reprovação pela determinação subjetiva da conduta, como escapar ao círculo vicioso segundo o qual o fato de que a determinação subjetiva da conduta seja negativamente valorada – segundo o disposto numa norma penal – resulta considerado como o critério mesmo desta valoração? Como precisar um referente objetivo do juízo de culpabilidade prescindindo do princípio ontológico e metafísico do livre-arbítrio, baseado na hipótese de o sujeito "haver podido atuar conforme a norma", que constitui uma circunstância real, à qual, como está atualmente demonstrado, não é empiricamente verificável depois da realização da conduta ou, de qualquer modo, não é verificável dentro dos limites heurísticos do processo penal? (Baratta, 1985, p. 8)

Este fundamento ontológico do juízo de culpabilidade há muito vinha sendo polemizado e centralizou a crítica da teoria do delito pós-finalista que, numa progressiva normativização do conceito, antecipou e preparou o terreno para a rigorosa "renormativização" proposta por Jakobs,[36] segundo a qual não é possível nem necessária a

---

[36] Assevera neste sentido Baratta (1988, p. 6661, e 1985, p. 8-9) que a "radical" normativização do conceito de culpabilidade, cujos resultados são evidentes na doutrina alemã contemporânea, especialmente em Jakobs, um dos mais originais discípulos de Welzel, passou por diversas fases: a) o reconhecimento da liberdade de atuar como um "artifício do legislador" e uma "ficção necessária" sustentado já em 1903 por E. Kohlrasch; b) a demonstração da não-judicialidade, ou seja, da impossibilidade de determinar judicialmente o pretendido fundamento ontológico do juízo de culpabilidade, o "haver podido atuar diversamente", e de medir o grau de culpabilidade (G. Ellscheid); c) o reconhecimento da independência lógica do juízo relativamente ao seu pressuposto ontológico (C. Roxin e G. Jakobs).

Este desenvolvimento doutrinário culmina, na sua fase mais recente, na tendência a desvincular-se o juízo de culpabilidade do conteúdo ético da reprovação; na tentativa de construir um conceito de culpabilidade sem estigmatizacão (G. Ellscheid e W. Hassemer) e até na perspectiva de uma teoria do delito sem culpabilidade (Baurmann).

fixação de um referente objetivo para o juízo de culpabilidade, e este não é um juízo de demonstração de responsabilidade, mas de atribuição de responsabilidade conforme critérios normativos estabelecidos pelo Direito. (Baratta, 1985, p. 8)

O que importa na valoração negativa do comportamento delitivo e na atribuição de responsabilidade penal a um indivíduo não é tanto o cometimento consciente e voluntário de um fato lesivo de bens ou interesses dignos de tutela, mas o grau de intolerabilidade funcional para a expressão simbólica de infidelidade em relação aos valores consagrados pelo ordenamento jurídico. (Baratta, 1985, p. 5-6)

Pontualizando o dilema da culpabilidade numa radical normativização dos critérios pessoais (subjetivos) nela antes consubstanciados, subtrai-lhe o critério ontológico e de limite de atribuição de responsabilidade penal com a qual a teoria do delito pretendeu anteriormente comprovar sua função garantidora e processual.

Desta forma, conclui Baratta (1985, p. 7) que dois dos

"(...) baluartes erguidos pelo pensamento penal liberal para limitar a atividade punitiva do Estado frente ao indivíduo: o princípio do delito como lesão de bens jurídicos e o princípio de culpabilidade, parecem cair definitivamente e são substituídos por elementos de uma teoria sistêmica, na qual o indivíduo deixa de ser o centro e o fim da sociedade e do direito, para se converter num 'subsistema físico-psíquico' (G. Jakobs), ao qual o direito valoriza na medida em que desempenhe um papel funcional em relação com a totalidade do sistema social."

O sujeito é transformado, assim, em portador de uma resposta penal simbólica, de uma função preventiva e integradora, que se "realiza à sua custa" (segundo a expressão de Jakobs) ficando excluída tanto sua condição de destinatário de uma política de reintegração social, quanto de destinatário das garantias liberais. (Baratta, 1985, p. 20)[37]

---

[37] Numa crítica das incongruências internas e das funções ideológicas (concernentes à fundamentação e legitimação do sistema penal) Baratta (1985, p. 15) sustenta que o "progresso" representado por esta tendência é mais aparente do que real, pois parece evidente que ela representa uma das diversas tentativas de dar uma nova fundamentação à pena e proteger o sistema penal ante a profunda crise de legitimidade que o afeta, exercendo uma função conservadora e legitimante relativamente ao atual movimento de expansão e intensificação da resposta penal face aos conflitos sociais, isto é, face a uma nova fundamentação neoclássica e retribucionista do sistema penal. (Baratta, 1985, p. 15 e 21).
Assim, a perda do conteúdo ontológico e ético da culpabilidade, as tentativas de subtrair-lhe a função estigmatizadora não são apenas a expressão de uma crise do conceito de culpabilidade, mas de uma crise mais profunda de legitidade do próprio sistema penal que abarca toda a teoria da pena e da responsabilidade penal. (Baratta, 1988, p. 6661-3).

É visível, pois, que a teoria da prevenção-integração rompe o pacto dogmático com a segurança jurídica entendida como garantia dos Direitos Humanos, convertendo-a em exigência explícita de estabilização e segurança para o próprio sistema penal e social. E, em nome de uma abertura da Dogmática Penal para a realidade, ela opera o trânsito de uma ontologização (Welzel) para uma (re)funcionalização e uma (re)legitimação tecnocrática do sistema do delito.

Daí Bustos Ramirez (1984: 59) ter afirmado que nas teorias funcionalistas em geral desaparece toda transcendência garantidora e dogmática da teoria do bem jurídico que passa a ser um simples axioma ou dogma e, em nível social, passa a ser o mesmo que a posição imanente de Binding em nível jurídico.

Por outro lado, enquanto modelo tecnocrático, esta tendência funcionalista pode ser considerada contraposta e alternativa ao modelo crítico em que atualmente se inspira a Criminologia (Crítica) e que estando igualmente a se interseccionar com a Dogmática Penal, se baseia na radical reafirmação das garantias dos Direitos Humanos.

Seja como for, a função racionalizadora/garantidora persiste, contudo, como a promessa paradigmática da Dogmática Penal, pois nascida com ela é reiterada até o último estágio oficialmente aceito do sistema do crime, o finalismo, estendendo-se ainda expressamente ao sistema preconizado por Roxin.

Em síntese, pois, a situação presente da Dogmática Penal pode ser sumariada como a de convivência entre a continuidade do pensamento sistemático, que representa a conexão com o passado e a recepção de tendências político-criminais funcionalistas e criminológicas críticas, que representa a característica do presente.

É a recepção dos resultados desta crítica, que a Dogmática Penal também está a experimentar, que pode possibilitar, efetivamente, a sua abertura cognoscitiva para a realidade social. Mas, antes que isso, o próprio controle funcional da Dogmática Penal a que aludimos na Introdução e a cuja questão nos dedicamos, especificamente, no capítulo seguinte.

CAPÍTULO III

O impulso desestruturador do moderno sistema penal e a mudança de paradigma em Criminologia

O controle funcional da dogmática penal

1. INTRODUÇÃO

Até aqui falamos substancialmente do saber, ainda que em perspectiva histórica. No primeiro capítulo, enfatizamos que a consolidação da Dogmática no campo penal se dá, por um lado, na esteira de um paradigma genérico de Dogmática Jurídica, mas, simultaneamente, na esteira da constituição do moderno saber penal em sentido amplo, o que marca sua inserção numa problemática penal específica e daí sua específica identidade e relativa autonomia que abordamos no segundo capítulo.

Tendo demarcado, portanto, o campo do saber em cujo universo se enraíza e consolida a Dogmática Penal e assinalado o seu próprio horizonte de projeção e funções declaradas, aduzimos, enfim, que a Dogmática Penal encontra-se cognoscitivamente distanciada da realidade social, mas funcionalmente não. E que sua sobrevivência histórica somente pode ser explicada a partir das funções realmente cumpridas na realidade social.

Estamos, pois, em condições de interrogar: Em que medida têm sido cumpridas as promessas da Dogmática Penal na trajetória da modernidade? Tem a Dogmática Penal conseguido garantir, com sua metaprogramação, os direitos humanos individuais contra a violência punitiva? Tem sido possível controlar o delito com igualdade e segurança jurídica? Encontra congruência na práxis do sistema penal o discurso garantidor secular em nome do qual a Dogmática Penal fala e pretende legitimar o seu próprio ideal de Ciência? O sistema penal opera com base na conduta do autor? E é pelo cumprimento da função racionalizadora/garantidora declarada que se explica sua marcada vigência histórica ou ela potencializa e cumpre funções distintas das prometidas?

Tais indagações nos remetem, diretamente, para o âmbito do que vimos denominando de controle funcional. Pois elas constituem, como já assinalado, a questão central e o ponto de partida em torno do qual deve gravitar; embora este, como veremos, se redimensione na sua própria tematização. E como a relação da Dogmática Penal é com o sistema da Justiça Penal, uma vez que elaborou promessas para serem efetivadas em seu âmbito, a resposta àqueles interrogantes reivindica apelar para a real funcionalidade deste, cuja análise passa a constituir o referencial básico daquele controle.

Impõe-se, assim, a necessidade de uma análise relacional apta a contrastar a programação normativa e a metaprogramação dogmática do Direito Penal com a operacionalidade do sistema penal enquanto conjunto de ações e decisões. Pois é esta análise constrastiva que possibilita emitir juízos de (in)congruência entre operacionalidade ("ser") e programação ("dever-ser"), entre o acontecido socialmente e o postulado jurídica e dogmaticamente; ou seja, verificar se o sistema opera ou não no marco daquela programação e se o instrumental dogmático, particularmente o sistema do delito (no qual a Dogmática enraíza suas promessas) tem conseguido pautar as decisões judiciais em torno da conduta do autor e, por extensão, gestado decisões igualitárias, seguras e justas.

Pois, como diz Zaffaroni (1987, p. 51):

"Na medida em que tenhamos claro que uma coisa é a meta orientadora proposta e outra o grau de realização desta meta o dado da realidade nunca será uma objeção, senão um dado indispensável para a permanente dinâmica corretiva."

No caminho desta contrastação, faz-se necessário, pois, deslocar a abordagem do saber dogmático para o sistema da Justiça Penal que ele tem por referência, partindo de uma indagação preliminar: que saber pode orientar a análise deste sistema e, por extensão, o controle funcional da Dogmática Penal? Com base em que saber de controle da funcionalidade do sistema penal se pode controlar a real funcionalidade dogmática?

A questão é pertinente porque, até a década de sessenta de nosso século, o sistema penal não tinha sido convertido em objeto específico e sistemático de abordagem científica e, portanto, inexistia um saber apto a embasar o controle funcional da Dogmática Penal. O desenvolvimento deste saber é, contudo, uma das características mais salientes do campo penal pós-60 e, apesar de ser um edifício inacabado quanto às suas consequências, já produziu resultados considerados irreversíveis quanto à gênese, estrutura e operacionalidade do sistema penal, aptos a deslocar um controle epistemológico fundado na contrastação da Dogmática com as Ciências Naturais para um controle funcional fundado nos resultados das Ciências Sociais. Pois é esta a arena de sua materialização.

É de situar o universo de construção deste saber e de delimitá-lo que trataremos na continuação para fixar, ao final, os próprios termos em que desenvolveremos no capítulo seguinte, a análise do sistema penal e o controle dogmático nela baseados.

Previamente a esta tarefa impõe-se, contudo, anteciparmos uma caracterização genérica do moderno sistema penal que, legada por este próprio saber, temos por referente nesta tese e a qual reaparecerá, todavia, tematizada na posterior explicitação que dele faremos.

É que – é fundamental que se frise – uma primeira e fundamental contribuição deste saber ao elaborar a genealogia e desvendar a lógica de funcionamento do moderno sistema penal foi ter explicitado os modelos fundamentais em que se sustenta, sua estrutura organizacional e estratégias de legitimação. É sob este tríplice aspecto que passamos à sua caracterização.

2. CARACTERIZAÇÃO DO MODERNO SISTEMA PENAL
Modelos fundamentais e estrutura organizacional

Para tanto, vamos tomar por referente o mapeamento pontualizado por Cohen nas tabelas que seguem.

TABELA 1 – TRANSFORMAÇÕES FUNDAMENTAIS NO CONTROLE DO DESVIO

	Fase 1 (Pré-século XVIII)	Fase 2 (Desde o século XIX)	Fase 3 (Desde meados do século XX)
1. Introdução do Estado	Débil, descentralizado, arbitrário	Forte, centralizado racionalizado	Ataque ideológico: "Estado mínimo", mas intervenção intensificada e controle estendido
2. Lugar do controle	"Aberto": comunidade, instituições primárias	Fechado, instituições segregadas: vitória do asilo, "Grandes Encarceramentos"	Ataque ideológico: "desencarceramento", "alternativas comunitárias", mas permanece a velha instituição e novas formas comunitárias estendem o controle
3. Objeto do controle	Indiferenciado	Concentrado	Disperso e difuso

4. Visibilidade do controle	Público, "espetacular"	Limites claros mas invisibilidade no interior, "discreto"	Limites borrosos e o interior permanece invisível e dissimulado
5. Categorização e diferenciação dos desviantes	Sem desenvolver-se	Estabelecida e fortalecida	Mais fortalecida e refinada
6. Hegemonia da lei e do sistema da Justiça Penal	Ainda sem estabelecer: a lei penal é só uma forma de controle	Estabelecimento do monopólio do sistema de Justiça Criminal e complementado com novos sistemas	Ataque ideológico: "descriminalização", "deslegalização", "derivação", etc., mas o sistema de justiça penal não se debilita, e outros sistemas se expandem
7. Dominação profissional	Inexistente	Estabelecida e fortalecida	Ataque ideológico: "desprofissionalização", "antipsiquiatria", etc., mas a dominação profissional se fortalece e se estende
8. Objeto de intervenção	Comportamento exterior: "corpo"	Estado interno: "mente"	Ataque ideológico: volta ao comportamento, conformidade externa, mas permanecem ambas as formas
9. Teorias da pena	Moralista, tradicionais, logo clássicas, "justo preço"	Influenciadas pelo positivismo e o ideal do tratamento: "neopositivismo"	Ataque ideológico: regresso à justiça, neoclassicismo parcialmente obtido, apesar de que o ideal positivista ainda perdura
10. Forma de controle	Inclusiva	Exclusiva e estigmatizante	Acentuação ideológica em inclusão e integração: permanecem ambas as formas

Nesta tabela, Cohen (1988, p. 37-8) nos fornece um quadro ilustrativo genérico das transformações fundamentais experimentadas no controle do desvio (conduta desviante)[1] nas sociedades ocidentais, desde o pré-século XVIII até a contemporaneidade.

---

[1] É necessário antecipar, pois, que Cohen já se insere no marco da literatura crítica do sistema penal que, como veremos, desde o interacionismo simbólico, introduziu uma nova visão e uma nova linguagem e conceitos relativamente à literatura criminológica tradicional.
Assim, a introdução dos conceitos de controle ou reação social e conduta desviante para o centro da análise criminológica, passando-se a aludir ao controle do desvio, controle sociopenal, controle penal ou do delito – designações que usaremos indistintamente – onde antes lia-se combate à criminalidade e a conceber-se o sistema penal como um (sub)sistema de "controle social", entendendo-se por este termo, em sentido lato, as formas com que a sociedade responde, formal e informalmente, institucional e difusamente, a comportamentos e a pessoas que contempla como desviantes, problemáticos, ameaçantes ou indesejáveis, de uma forma ou de outra e, nesta reação, demarca (seleciona, classifica, estigmatiza) o próprio desvio e a criminalidade como uma forma específica dele.
No marco desta literatura, é aceita, assim, a distinção entre controle social formal (ou institucionalizado) e informal (ou difuso) conforme, respectivamente, a inespecificidade ou especificidade de atribuição normativa: enquanto o primeiro é aquele exercido por agências que têm a atribuição normativa específica para intervir; o segundo é exercido de forma inespecífica na sociedade. (A respeito, ver: Cohen, 1988, p. 15; Lemert, 1972; Gabaldon, 1989, p. 32 e 37; Kaiser, 1983, p. 82; Capeller, 1992b, p. 63-79).

Na fase 1, assinala as características deste controle no pré-século XVIII, com vigência ainda residual na transição do século XVIII para o século XIX. Na fase 2, assinala as notas típicas do controle moderno e, na fase 3, as transformações em curso no presente.

TABELA 2 – O IMPULSO DESESTRUTURADOR

Transformação do século XIX	Anos 1960: Contra Ideologia Movimentos desestruturadores
Controle estatal centralizado	Descentralização, desinformalização, descriminalização, derivação, despojamento, informalismo, não intervenção
Categorização, sistemas de conhecimento separados, expertos, profissionalização	Desprofissionalização, desmedicalização, deslegalização, antipsiquiatria, autoajuda, eliminação de estigmas e etiquetas
Segregação: vitória do asilo	Desencarceramento, desinstitucionalização, controle comunitário
Teoria positivista: traslado do corpo à mente	Regresso à justiça, neoclassicismo, conductismo

Nesta tabela, Cohen (1988, p. 57) ilustra, por sua vez, os modelos fundamentais (centralização, categorização e profissionalização, segregação, mente) que, resultando da transformação havida na passagem da fase 1 para a fase 2, conformam o moderno controle do desvio e o ataque que cada um deles, respectivamente, passa a receber com os movimentos desestruturadores.

2.1. Modelos penais fundamentais

Na passagem do antigo (tabela 1-fase 1) para o moderno (tabela 1-fase 2 e tabela 2) controle do delito situam-se assim quatro mudanças chaves que, cumulativamente fornecidas pela literatura crítica, fornecem o desenho dos modelos fundamentais que o caracterizam nas sociedades ocidentais (Cohen, 1988, p. 34):

a) *controle centralizado, racionalizado e burocratizado*: a introdução do Estado no controle do delito e a hegemonia da lei e do sistema da Justiça Penal conduziram ao desenvolvimento de um aparato centralizado, racionalizado e burocratizado. (Tabela 1, itens 1 e 8, e Tabela 2, item 1);

b) *categorização (classificação dos desviantes) e profissionalização (especializações)*: o aumento das classificações e diferenciações dos desviantes e grupos dependentes em categorias e tipos separados, cada um com seu próprio corpo de conhecimentos "científicos" e especialistas reconhecidos e acreditados conduz à captura daquele aparato pela profissionalização; (Tabela 1, itens 5 e 7, e Tabela 2, item 2);

c) *a segregação como resposta penal hegemônica:* o incremento da segregação dos desviantes em asilos, penitenciárias, cárceres, hospitais psiquiátricos, reformatórios e outras instituições fechadas conduz ao domínio da segregação e, em especial, à centralidade do cárcere como método dominante de castigo e lugar do controle (tabela 1, item 2);

d) *a mente como objeto do poder de punir:* a diminuição do castigo com inflição pública de sofrimento físico conduz a uma mudança qualitativa: a mente substitui o corpo como objeto da repressão penal e surgem as teorias positivistas para justificar a concentração do castigo no delinquente. (Tabela 1, itens 8 e 9, e Tabela 2, item 4)

Daí resulta também um controle "concentrado" quanto ao objeto (Tabela 1, item 3), "discreto" quanto à visibilidade (Tabela 1, item 4) e "exclusivo e estigmatizante" quanto à forma (Tabela 1, item 10).

O moderno controle do delito caracteriza-se como estatalmente centralizado no sistema da justiça penal, racionalizado, burocraticado e profissionalizado, tendo a prisão como resposta penal básica e a "mente" como objeto de controle.

Desta forma,

"o Estado moderno, qualquer que seja, mantém sempre uma ampla margem, fundamental, para o exercício do controle, para selecionar, estigmatizar e marginalizar constantemente a grandes setores da população e para mantê-la, a toda ela, dentro da rede de controle." (Bustos Ramirez, 1983, p. 31),

2.2. Estrutura organizacional

Na estrutura organizacional do moderno sistema penal, podem-se distinguir, pois, duas dimensões e níveis de abordagem: a) uma dimensão definicional ou programadora do controle penal que define as regras do jogo para as suas ações e decisões e os próprios fins perseguidos, que define, portanto, o seu horizonte de projeção; b) uma dimensão operacional que deve realizar o controle penal com base naquela programação. O sistema é, pois, um conceito bidimensional que inclui normas e saberes (enquanto programas de ação ou decisórios), por um lado, e ações e decisões, em princípio racionalizadas, por outro.

O Direito Penal entendido como lei ou legislação penal integra a dimensão programadora do sistema. Tem, neste sentido, um caráter "programático", já que a normatividade penal não realiza, por si só, o programa: simplesmente o enuncia, na forma de um "dever-ser". E embora não a esgote (porque acompanhado de normas constitucionais, processuais penais, penitenciárias, etc.) a ele sem dúvida foi atribuído um lugar central no sistema.

O Poder Legislativo é, de qualquer modo, a fonte básica da programação do sistema, enquanto as principais agências de sua operacionalização são a Polícia, a Justiça e o sistema de execução de penas e medidas de segurança, no qual a prisão ocupa o lugar central. O sistema penal existe, pois, como a articulação funcional sincronizada da Lei penal-Polícia-Justiça-Prisão e órgãos acessórios.[2]

Seja como for, estas agências não são, em si mesmas, "casadas com a justiça criminal; elas não têm vida própria (mesmo que, em certa medida, estejam ligadas ao sistema", eis que tanto a polícia quanto a justiça compartilham da estrutura do sistema jurídico global, agindo também nos moldes da Justiça Civil ou Administrativa. (Hulsman, 1993, p. 151)

Enfim, não se pode excluir do sistema penal o público, que, na condição de denunciante, tem o poder de operacionalizar o próprio sistema e na condição de opinião pública e "senso comum" interage ativamente com ele. A opinião pública figura na "periferia" do sistema. (Zaffaroni, 1987, p. 33, e Hulsman, 1993)[3]

3. O DISCURSO OFICIAL DE AUTOLEGITIMAÇÃO DO PODER E DO SISTEMA PENAL

Da legitimação (negativa) pela legalidade à legitimação (positiva) pela utilidade

É importante assinalar, nesta perspectiva, que, do ponto de vista do controle centralizado, racionalizado e burocratizado, a matriz do Estado moderno condiciona, essencialmente, a natureza do sistema penal.

---

[2] A respeito do exposto, ver Bergalli, (1989); Bergalli (in Bergalli & Bustos Ramirez, 1983a, p. 147-8); Cirino dos Santos, (1985, p. 25-6); Baratta, (1978, p. 9); Kaiser, (1983, p. 82-86); Batista, (1990, p. 24-5); Cirino dos Santos, (1985, p. 25-6, e 1984, p. 115); Huertas, (1989, p. 5-6); Cohen, (1984, p. 64); Zaffaroni, (1987, p. 30-1); Gabaldon, (1987, p. 11-4, e 1989, p. 37.).

[3] A respeito, ver a caracterização mais ampliada da Justiça Criminal proposta por Hulsman (1993, p. 152).

Com efeito, desde que o Estado moderno se caracteriza por deter (ou pela pretensão de deter) o monopólio da violência física, que constitui o aspecto especificamente político da dominação numa sociedade territorialmente delimitada (Weber, 1979, p. 17), o sistema penal, institucionalização desta violência, aparece estatalmente centralizado. Desde que a legitimidade desta violência física se refugia no "reino da lei", isto é, na legalidade, ele aparece também como um sistema juridicamente racionalizado.

Assim, ao mesmo tempo em que o Estado moderno encontra no sistema penal um dos seus instrumentos de violência e poder político, de controle e domínio, necessitou formalmente desde seu nascimento de discursividades ("saberes" e "ideologias") tão aptas para o exercício efetivo deste controle quanto para a sua justificação e legitimação. (Bustos Ramirez, 1983, p. 31, e Carrasquilla, 1988, p. 78)

Para além, portanto, de um "monopólio" detido pelo Estado, o sistema penal é um "exercício" de poder e de funções (Foucault, 1987, p. 26-30, 172 e 189, e Zaffaroni, 1991, p. 16) acionando um típico

"(...) controle social punitivo institucionalizado, que na prática abarca desde que se detecta ou supõe detectar uma suspeita de delito até que se impõe e executa uma pena, pressupondo uma atividade normativizadora que gera a lei que institucionaliza o procedimento, a atuação dos funcionários e assinala os casos e condições para atuar". (Zaffaroni, 1986, p. 31)[4]

Com efeito, uma característica do controle social formal é a de requerer não apenas a definição do objeto do controle, mas a justificação dos meios empregados para fazê-lo, de modo que suas ações (especialmente as coercitivas) devem receber uma fundamentação racional, e esta constitui o seu marco de legitimação, já que supõe "(...) uma aceitação societária destes instrumentos, que, naturalmente, deve ser trabalhada mediante uma discursividade." (Gabaldon, 1987, p. 14).

No Estado moderno ocidental, o poder de punir e o sistema penal em que se institucionaliza é marcado por uma dupla via legitimadora. Por um lado, por uma justificação e legitimação pela legalidade que se conecta com o seu enquadramento na programação normativa; por outro lado, por uma justificação e legitimação utilitarista que

---

[4] O "punitivo" abrange todas as reduções do espaço social que cumprem uma função punitiva, ainda que o discurso justificador seja terapêutico, educativo, assistencial etc. Abrange, pois, penas e medidas de segurança e os diferentes meios de sua execução. O "institucionalizado" significa ter lugar mediante formas ou procedimentos normativamente estabelecidos. (Zaffaroni, 1984 a, p. 8, e 1987, p.32).

se conecta com a definição dos fins (funções declaradas) perseguidos pela pena.[5]

E esta dupla via legitimadora é construída pelo próprio saber oficial que vai da Filosofia à Ciência do Direito Penal e da criminalidade, isto é, pelo saber clássico, dogmático e criminológico e arrasta consigo toda aquela construção a que nos referimos no primeiro capítulo. Trata-se, assim, de um processo da "autolegitimação" oficial do poder penal.

Enquanto a Dogmática Penal, na esteira do saber penal clássico, se projeta no horizonte da racionalização garantidora do sistema; a Criminologia se projeta no universo da racionalização utilitarista, vinculada à concentração da resposta penal na pessoa ("alma") do criminoso e diretamente relacionada, como veremos, com a instituição da prisão. Tratam-se de saberes (discursividades) fundamentais na justificação do sistema.

3.1. A legitimação pela legalidade vinculada ao Direito Penal do fato e à segurança jurídica
Programação normativa do sistema penal

Em primeiro lugar, portanto, a legitimação pela legalidade que marca o moderno poder penal resulta da intervenção do Direito (positivo = lei) na história do poder de punir. E esta representa uma transformação qualitativa associada por sua vez ao fenômeno mais profundo e abrangente de monopolização (ou tentativa de monopolização) da força física como sanção da ordem social e das relações privadas que corresponde ao nascimento e desenvolvimento do Estado central moderno e de uma nova forma de legitimação do poder mediante a qual o Estado moderno se faz e se apresenta como Estado de Direito, e o seu poder de punir se afirma como direito de punir (*jus puniendi*).

Desta forma, a produção de uma ideologia legitimadora do poder penal, baseada no princípio da legalidade, acompanha desde o começo a história do Direito Penal (Baratta, 1986, p. 79-80 e 82) e a

> "(...) autolimitação do uso da repressão física na função punitiva por parte do poder central, mediante as definições legais dos crimes e das penas, forma parte da nova ideologia legitimadora que, a partir do século XVIII, se encontra no centro do pensa-

---
[5] A respeito, ver Zaffaroni (1991, p. 186).

mento liberal clássico e das doutrinas liberais do direito penal." (Baratta, 1986, p.79-80)

Daí Resta (1986, p. 141) falar de um complexo processo de "autorreferência" que preside ao projeto jurídico moderno, "graças ao qual o Direito resolve por si mesmo o problema da legitimidade", pois é "a força da legalidade que demarca e determina cada mecanismo de legitimação": o "direito que fundamenta o poder de punir sobre a base de regras é o mesmo direito que fundamenta, em virtude de decisões, as regras fundadoras do direito de punir.".

Mediante esta via legitimadora, centrada no subsistema da "Justiça", o exercício do poder penal do Estado é normativamente programado segundo os princípios constitucionais do Estado de Direito e do Direito Penal liberal e por seu intermédio o sistema penal aparece como um exercício de poder racionalmente planejado: que exercita o controle penal com segurança jurídica individual.

No limiar deste processo autorreferente é não apenas

"(...) esta concepção da ação jurisdicional como plenamente pré-programada que empresta à administração da justiça a sua legitimidade, no contexto da legalidade fundante do Estado-de--Direito. Como é ela que, por sua vez, converte o subsistema da administração da justiça criminal num processo de legitimação do sistema político-social no seu conjunto." (Dias e Andrade, 1984, p. 505)

Esta discursividade legitimadora vai, assim, da afirmação e explicitação do princípio da legalidade pelo saber clássico à sua decodificação pela Dogmática Penal em cujo âmbito, como vimos, o princípio exerce também uma função hermenêutica e sistemática na construção da teoria do delito, apresentada então como uma metodologia garantidora de uma correta Justiça Penal. Trata-se, portanto, da legitimação vinculada ao retribucionismo, à construção do Direito Penal liberal do fato e à segurança jurídica que gestada pela Filosofia e chegando à Ciência Dogmática do Direito Penal como ideologia já consolidada, dela recebe uma base científica (legalidade científica ou cientificamente decodificada).

3.2. A legitimação pela utilidade vinculada ao Direito Penal do autor e à defesa social

Fins da pena

Mas, uma vez que a racionalidade do Direito não pode se fundamentar unicamente sobre seus caracteres formais, mas requer sobretudo a instrumentalidade do conteúdo com respeito a fins socialmente úteis, a legalidade, representando um limite negativo e formal do poder de punir, não esgota seu discurso legitimador. (Baratta, 1986, p. 82)

Por isto mesmo, o saber oficial, além de atribuir ao Direito Penal a função de "proteção de bens jurídicos", o que é hoje praticamente pacífico (Basoco, 1991, p. 10), trata de atribuir também à pena funções socialmente úteis.

Assim, as chamadas teorias "absolutas", circunscritas ao retribucionismo, foram logo superpostas pelas diversas teorias chamadas "relativas" ou "utilitárias" que, atribuindo à pena a função de prevenção geral e especial,[6] representam o complemento legitimador que decorre da positividade e instrumentalidade do Direito moderno.

Desta forma,

"A busca de critérios materiais utilitários para a legitimação do sistema punitivo legal é uma constante no desenvolvimento do pensamento moderno desde a escola liberal clássica, passando pela escola positiva, até chegar a nossos dias. (Baratta, 1986, p. 82)

Neste sentido, como vimos, o repertório da ideologia da defesa social é integrado, sob o *princípio do fim e da prevenção*, pelas teorias absolutas (retribuição), da prevenção geral negativa (intimidação) e da prevenção especial positiva (ressocialização), numa visão polifuncional da pena que corresponde, de resto, à opção dominantemente positivada pelas legislações penais contemporâneas que, sem abandonar a atribuição de funções retributivas e intimidativas à pena, acentuam a função reeducativa ou ressocializadora que se encontra no centro das estratégias legitimadoras do poder punitivo. Pode-se constatar, neste sentido, que "o direito penal contemporâneo se autodefine como *direito penal de tratamento*", e que a legislação mais recente atribui ao tratamento a finalidade de reeducar e reincorporar o delinquente à sociedade. (Baratta, 1982b, p. 737)[7]

Embora, pois, reconheça antecedentes no interior do próprio saber clássico, com as teorias da prevenção geral negativa, a via da legitimação do poder pela utilidade encontra seu ponto culminante no discurso criminológico da prevenção especial positiva, quando o discurso utilitário da pena vincula-se à ideia de um controle "científico"

---

[6] A respeito, ver nota "19" do primeiro capítulo.

[7] Exemplificativamente, podem ser citadas as leis de reforma penitenciária italiana (Lei italiana de 26 de julho de 1975), alemã (*Strafvollzugsgesetz*, de 16 de março de 1976) e brasileira (Lei de Execução Penal nº 7.210, de 11 de julho de 1984).

da criminalidade (o "mal") em defesa da sociedade (o "bem") e ao Direito Penal do autor. Representa, neste sentido, também a passagem para a legitimação de um controle penal intervencionista sobre a pessoa do delinquente.

Tal contributo legitimador do positivismo criminológico é destacado por Pavarini (1980, p. 49-54) ao assinalar que:

"(...) foi precisamente pela aportação determinante do positivismo criminológico que o sistema repressivo se legitimou como defesa social. O conceito de defesa social tem subjacente uma ideologia cuja função é justificar e racionalizar o sistema de controle social em geral e o repressivo em particular.

(...)

A defesa social reivindica o mérito de haver liberado a política criminal (e em particular a penal) das hipotecas de velhas interpretações transcendentes e míticas e de havê-la reconduzido a uma prática científica através da qual a sociedade se defende do crime. A defesa social é portanto uma ideologia extremamente sedutora, enquanto é capaz de enriquecer o sistema repressivo (vigente) com os atributos da necessidade, da legitimidade e da cientificidade."

Nesta dupla linha de legitimação vimos convergir, pois, a ideologia liberal e a ideologia da defesa social. Pode-se dizer, neste sentido, que a ideologia da defesa social sintetiza uma visão global legitimante do exercício de poder do sistema penal, à medida que sintetiza o conjunto das representações oficiais sobre sua identidade e fins que, dando sustentáculo às funções utilitárias atribuídas à pena, se dialetiza, por sua vez, com a legitimação liberal pela legalidade. E que em princípio, há um concurso de discursos na legitimação do sistema que não obedecem a uma coerência interna.

Desta forma,

"O sistema penal, constituído pelos aparelhos judicial, policial e prisional, e operacionalizado nos limites das matrizes legais, *aparece* como sistema garantidor de uma ordem social *justa*, protegendo bens jurídicos *gerais*, e, assim, promovendo o *bem comum*. Essa concepção é legitimada pela *teoria jurídica do crime* (extraída da lei penal vigente), que funciona como metodologia garantidora de uma correta justiça, e pela *teoria jurídica da pena*, estruturada na dupla finalidade de *retribuição* (equivalente) e de *prevenção* (geral e especial) do crime." (Cirino dos Santos, 1985, p. 26)

3.3. Legitimidade e (auto)legitimação

A legitimidade do sistema penal requer, desta forma, uma congruência da sua dimensão operacional em relação à sua dimensão programadora em nome da qual pretende justificá-lo; ou seja, requer não apenas sua operacionalização no marco da programação normativa (exercício racionalizado de poder), mas também o cumprimento dos fins socialmente úteis atribuídos ao Direito Penal e à pena (programação teleológica).

É necessário distinguir assim entre legitimidade e legitimação. Por legitimidade entendemos uma qualidade que se pode predicar ao sistema pela relação de congruência entre programação (normativa e teleológica) e operacionalização. Por legitimação entendemos o processo mediante o qual se atribui esta qualidade ao sistema. Trata-se do processo de reprodução ideológica do sistema penal e produção de consenso (real ou fictício) a seu respeito tanto em relação aos agentes do sistema como ao público em geral que

> "(...) representa o modo como o sistema punitivo tende a ser concebido por parte dos indivíduos aos quais incumbe a tarefa de prepará-lo, administrá-lo, controlá-lo e transmitir dele uma imagem útil ao seu funcionamento. Mas este esquema ideológico não é um esquema somente imaginário do sistema punitivo, privado de contato com a realidade . Antes de tudo, por meio da ideologia dos próprios organismos oficiais se realiza, de fato, aquela função de autolegitimação do sistema que Weber chama a 'pretensão de legitimidade'." (Baratta, 1991a, p. 178)

Nesta perspectiva, uma crise ou perda de legitimidade do sistema – que tem lugar na medida em que o sistema não opera no marco da programação ou não cumpre as funções declaradas – não é necessariamente acompanhada da perda de sua autolegitimação oficial.

4. DA CONSTRUÇÃO (LEGITIMADORA) À DESCONSTRUÇÃO (DESLEGITIMADORA) DO MODERNO SISTEMA PENAL

Delimitando o marco teórico do controle dogmático

Desta forma, se de finais do século XVIII ao longo do século XIX, assistimos à construção do moderno sistema penal e seus paradigmas fundamentais de sustentação,[8] a partir da década de 60 de nosso século

---

[8] Especialmente o tripé Dogmática Penal-Criminologia-Política criminal.

assistimos a um processo – aparentemente inverso – de desconstrução e deslegitimação teórica deste mesmo sistema e seus paradigmas que conforma aquilo que Cohen denominou, com propriedade, de "impulso desestruturador" ou a "desconstrução dos modelos penais fundamentais", e Zaffaroni (1991), de "marcos teóricos fundamentais da deslegitimação do sistema penal". Esta desconstrução, tal como aquela construção, enraiza-se no capitalismo central.

Assim Cohen (1988, p.56) designou por "impulso desestruturador" o

"(...) conjunto de ataques – críticas, demandas, visões, teorias, movimentos de reforma etc. – que constituíram, desde a década de 60 como que um assalto continuado às próprias fundações (ideológicas e institucionais) do sistema de controle penal da modernidade, cuja hegemonia perdurava há dois séculos."

É necessário dizer de imediato que este impulso desestruturador não tem uma manifestação isolada no campo penal, mas insere-se no horizonte da radicalização social, política e cultural e da intensa explosão de conflituosidade que dominaram os anos 60, e o contexto histórico que o preside é o de crise (fiscal e de legitimação) do Estado providência nas sociedades do capitalismo avançado.

Se, como diz Sousa Santos (1991), a crise do Estado providência criou as condições para um questionamento mais profundo do Direito e da Justiça estatais, no campo penal, aduzimos, este questionamento assumiu talvez sua expressão mais radicalizada, com significativas implicações criminológicas, político-criminais e, enfim, dogmáticas.

Nesta perspectiva, utilizaremos aqui a expressão *impulso desestruturador*, distinguindo nela duas dimensões: a dimensão propriamente desconstrutora consubstanciada pela crítica historiográfica, sociológica e criminológica do moderno sistema penal e a dimensão das Políticas Criminais alternativas e dos movimentos de reforma que a ela se seguiram e somente puderam ser pensados a partir desta desconstrução. (Capeller, 1992b, 1992c)

Na primeira dimensão, pode-se aludir a pelo menos cinco desconstruções fundamentais que, embora superpostas e convergentes, estruturam-se a partir de diferentes perspectivas analíticas: a desconstrução marxista, a desconstrução foucauldiana, a desconstrução interacionista do *labelling approach*,[9] a desconstrução abolicionista e a desconstrução feminista.[10]

---

[9] Esta matriz criminológica é designada na literatura alternativa e sinonimiamente por enfoque, perspectiva ou teoria do interacionismo simbólico, *labelling approach*, etiquetamento, rotulação

Tais desconstruções aparecem na forma de

"(...) uma incansável 'escavação arqueológica' que acabou por desvendar as intenções mais secretas dos modelos penais fundamentais e permitiu a 'mise en cause' desses modelos hegemônicos. Desenvolvem-se, neste momento, os estudos sobre a emergência da prisão que denunciam o sistema penal em seu conjunto." (Capeller, 1992b, p. 68)

Com efeito, a crítica historiográfica dos sistemas penais, desenvolvida a partir da crítica à prisão, ocupa uma importante página do impulso desestruturador representando, na sugestiva denominação cunhada por Cohen, autênticas "histórias revisionistas"[11] da gênese do moderno sistema penal. Mas ele atinge seu apogeu com a passagem da crítica à prisão à crítica do sistema penal, globalmente considerado e convertido em objeto específico de análise científica, na qual as investigações sobre a prisão passam a ocupar um dos níveis analíticos.

Nesta conversão, transforma-se o próprio estatuto do saber criminológico, pois ela se dá através da desconstrução e superação do paradigma etiológico pelo paradigma da reação social, o que tem sido considerado uma "revolução de paradigma" em Criminologia, processo este que culmina na construção da Criminologia crítica.

Assim, a Criminologia contemporânea experimenta uma troca de paradigmas mediante a qual está a se deslocar e transformar de uma Ciência das causas da criminalidade (paradigma etiológico) que caracterizou seu estatuto desde o século XIX, em uma Ciência das condições da crimininalização (paradigma da reação social),

---

ou ainda por paradigma da "reação social" (*social reaction approach*), do "controle", ou da "definição"; designações que também usaremos indistintamente.

[10] A desconstrução feminista ou a assim chamada Criminologia feminista, perspectivada para a relação entre controle social e desigualdade de gênero, investiga o impacto do controle social informal e formal (particularmente o sistema penal) sobre a mulher, seja como autora ou vítima, deslocando assim a visão androcêntrica da criminalidade. A respeito, ver Larrauri, 1994, e Andrade, 1995b. Apesar da sua importância decisiva para uma compreensão mais globalizante do controle, sua abordagem escapa aos objetivos mais estritos desta tese.

[11] Segundo Cohen (1988, p. 33) as histórias revisionistas chaves são, por ordem de publicação: a) a obra de David J. Rothman (*The Discovery of the Asylum: Social Order and Disorder in the New Republic* -1971); b) a obra de Michel Foucault (*Surveiller et punir* -1975), traduzido para o português sob o título "Vigiar e Punir"; c) a obra de Dario Melossi e Massimo Pavarini (*Carcere e fabbrica: alle origini del sistema penitenziario* -1977), traduzida para o espanhol sob o título *Carcel y Fabrica: los origenes del sistema penitenciário*.

A nosso ver é fundamental incluir-se aí a obra de Georg Rusche e Otto Kircheimer (*Punishment and Social Structure*) traduzida para o espanhol sob o título *Pena y Estructura social*, obra que, embora publicada nos Estados Unidos em 1939 passa a receber uma especial atenção da literatura crítica do sistema penal desde a década de 60/70, exercendo influência sobre as próprias historiografias de Foucault e Melossi e Pavarini.

ocupando-se hoje, especialmente, do controle sociopenal e da análise da estrutura, operacionalidade e reais funções do sistema de penal, que veio a ocupar um lugar cada vez mais central no interior do objeto da investigação criminológica. (Andrade, 1991)

Pode-se dizer então que desde as histórias revisionistas de sua fundação até a análise de sua inteira dinâmica funcional o desconstrucionismo abala, precisamente, os sustentáculos daquele duplo eixo legitimador do sistema penal a que nos referimos, expondo não apenas a violação encoberta e aberta da programação normativa e teleológica do sistema penal (da qual resulta sua grave crise de legitimidade, não obstante a convivência com sua autolegitimação), mas também o cumprimento de funções latentes, distintas das declaradas.

Como desdobramento destas desconstruções e com base nos seus resultados sobre o sistema penal, pode-se dizer que:

"(...) uma arqueologia da linguagem do controle social dos anos posteriores a 1960 revelaria quase um consenso ideológico em favor de inverter a direção que o sistema havia adotado em finais do século XVIII." (Cohen, 1988, p. 56)

São precisamente estas inversões as consignadas por Cohen na fase "3" da tabela "1" e pontualizadas na tabela "2", evidenciando quatro grupos de contra-ideologias ou movimentos desestruradores que se opõem a cada um dos submodelos do moderno controle penal: 1) opostos ao Estado; 2) opostos à categorização/profissionalização; 3) opostos à instituição segregadora e 4) opostos à mente.[12]

O impulso desestruturador atinge assim também o domínio da Política Criminal que, até então reduzida à "Política da Pena" e da reforma do Direito e do sistema penal oficial, tem seu horizonte pluralizado e aberto para o diálogo sobre "Políticas Criminais" alternativas. De certo modo, a Política Criminal respondeu na práxis e desde o seu interior, aos resultados desconstrutores experimentando-se, no capitalismo central, alternativas político-criminais concretas. (Capeller, 1992b, 1993, e Delmas Marty, 1992)

Em linhas gerais, os grandes eixos de alternativas político-criminais então em curso, fundamentam-se na necessidade da mínima – e redefinida – intervenção penal ou na abolição do sistema penal e sua substituição por formas alternativas de resolução de conflitos como mediação e conciliação. De forma que se distribuem, centralmente, entre posturas minimalistas (Ferrajoli, 1986 e 1989) e abolicionistas (Hulsman, 1984 e 1986) ou posturas que, sem recusar a utopia aboli-

---

[12] Desenvolvidamente, ver Cohen (1988, p. 33-135). Ver também Capeller (1992b, p. 66-68).

cionista a longo prazo reivindicam um Direito Penal mínimo baseado na reconstrução crítica e fortalecimento das garantias liberais a curto e médio prazo. (Zaffaroni, 1989 e 1991, e Baratta, 1976, 1983b e 1991a)

Se o "impulso desestruturador" nasceu da crítica à prisão, expandiu-se para englobar o sistema penal em seu conjunto conformando um novo paradigma criminológico; atingiu o horizonte da Política Criminal, entreabrindo para ambas as disciplinas a busca de uma nova identidade, acaba por atingir também o território da Dogmática Penal, entreabrindo o interrogante sobre uma nova forma de relação entre Dogmática Penal e Criminologia, dimensão na qual se situa, como veremos, o controle dogmático aqui preconizado.

O campo penal, tradicionalmente um campo fechado, encontra-se hoje aberto e perturbado. Aberto pelo diálogo, que o impulso desestruturador passou a possibilitar, entre o penal e o social, o político e o econômico; e pela descoberta, que ele coconstituiu, de novos parceiros para o penal. Ao dialogar com as Ciências Sociais e abrir-se para uma nova parceiragem o penal deixa de ser, ao menos como experiência, monopólio analítico dos penalistas e monopólio da prática estatal.

O impulso desestruturador abrange portanto um extenso, heterogêneo e riquíssimo universo teórico-prático que obviamente não pretendemos e podemos abarcar. Para efeitos de nossos objetivos, é na dimensão propriamente desconstrutora que vamos nos fixar de modo que só ilustrativa e secundariamente aludiremos aos seus desdobramentos político-criminais, ao nível teórico e prático.[13]

E no interior desta dimensão, elegemos três marcos que representam, a nosso ver, os principais eixos de construção de um saber crítico do sistema penal com uma simultânea e específica contribuição para o controle funcional da Dogmática: a crítica historiográfica foucauldiana, a crítica sociológica do *labelling approach*[14] de base interacionista, da

---

[13] Os desdobramentos político-criminais deste impulso estão em curso e plenos de consequências práticas e teóricas, sobretudo nas sociedades do capitalismo central. Sobre a política-criminal decorrente do *labelling approach*, da Criminologia crítica e do Abolicionismo penal, ver Baratta (1976, 1983b e 1991a), Hulsman (1984 e 1986), Dias & Andrade (1984), Pablos de Molina (1984); sobre a mudança de estatuto epistemológico da Política Criminal como disciplina, ver Delmas-Marty (1992), Capeller (1992b, 1993); sobre uma avaliação das experiências alternativas ver Cohen(1988); Matheus (1987); Capeller (1992b, 1993); Larrauri (1987, 1988), Garland (1987).

[14] O *labelling approach* surge nos Estados Unidos da América em finais da década de 50 e inícios da década de 60 com os trabalhos de autores como H. Garfinkel, E. Gofmann, K. Ericson, A. Cicourel, H.Becker, E. Schurt T. Scheff, Lemert, Kitsuse entre outros, pertencentes à chamada "Nova Escola de Chicago" que começam a questionar o paradigma funcional até o momento dominante dentro da Sociologia norte-americana. E como já referimos genericamente, o contexto histórico que preside a este surgimento é o de crise do Estado providência e das diversas formas de radicalização social, política e cultural que tiveram lugar contra estes mesmos Estados. Basta lembrar as lutas estudantis, as lutas dos negros e das mulheres pela igualdade de direitos, os protestos contra a guerra do Vietnã e a contracultura dos hippies. Contexto que, confluindo na

qual resulta, diretamente, o paradigma criminológico da reação social e a Criminologia Crítica[15] que, partindo deste paradigma, do reconhe-

---

criação de novas formas de conflitividade social, algumas delas relacionadas com a criminalização e estigmatização de condutas, requeria, a sua vez, novos paradigmas de interpretação e ação, engendrando a aparição, assim, de um novo modo de fazer Criminologia. Com efeito, se o funcionalismo pretendera explicar o que mantém a sociedade unida, os movimentos contestatórios de então revelavam que a suposta sociedade estável e consensual de que falavam os funcionalistas inexistia. É neste contexto que surgem as teorias interacionistas buscando interpretar, entre outras, a "conduta desviante". Instaura-se assim definitivamente o termo "desvio social" para englobar todas aquelas condutas que não podiam englobar-se dentro de definições legais ou psiquiátricas: homossexualidade, drogadição, movimento hippie, prostituicão, rebelião, feminismo, negrismo etc.; condutas que, em síntese, atentam contra o *status quo*. Serão estas, denominadas a partir de então de desvios "sem vítima" as formas desviantes estudadas pelos teóricos do interacionismo. (Alvarez G, 1990, p. 15; Pablos de Molina, 1988, p. 587; Dias e Andrade, 1984, p. 44-8; Larrauri, 1991, p. 1; Molina, 1984, p. 587).
Considera-se H. Becker, sobretudo através de seu já clássico *Outsiders*, publicado em 1963, o fundador desta perspectiva criminológica. E na verdade, *Outsiders* persiste ainda como a obra central do *labelling*, a primeira onde esta nova perspectiva aparece consolidada e sistematizada e onde se encontra definitivamente formulada, como veremos no próximo capítulo, a tese central do interacionismo.(Dias e Andrade, 1984, p. 50).

[15] É frequente a referência à Criminologia "radical", "nova" ou "crítica" como equivalentes em sua delimitação externa face a outras Criminologias e, sobretudo, face à Criminologia positivista tradicional. Seguimos contudo aqui a explicitação de Muñoz Gonzalez sobre a necessidade de diferenciá-las, não obstante se poder identificar um denominador comum nestas três expressões criminológicas, composta por três elementos: a) a comum referência a um período histórico determinado; b) a comum referência a um momento criminológico determinado; e c) uma comum atitude, vincadamente crítica, frente ao sistema de bem-estar e o controle sociopenal e de proposição de alternativas político-criminais.
Relativamente à matriz "a", todas elas surgem entre finais dos anos sessenta até meados dos anos setenta nos países do capitalismo avançado e sua forma política, o Estado providência, e são ainda condicionadas pelo contexto referido na nota anterior. Deste contexto geral, dois aspectos são especialmente relevantes: o primeiro, relativo ao controle sociopenal, é a posta em crise da ideologia do tratamento, própria dos Estados do bem-estar. O segundo se refere à radicalização e politização de certos profissionais do desvio e dos desviantes e delinquentes mesmos. Neste sentido, pode-se dizer "que a maturação política dos criminólogos e sociólogos 'radicais' 'novos' e 'críticos' esteve diretamente relacionado com a influída pela politização dos trabalhadores sociais, psicólogos, psiquiatras, enfermos mentais, desempregados e, em especial, os presos." (Muñoz Gonzalez, 1989, p. 268-9, e Platt, 1980).
Quanto à matriz "b", a comum referência a um momento criminológico determinado é precisamente o de mudança do paradigma etiológico para o paradigma da reação social, que condicionou o terreno de seu surgimento num duplo sentido. Pois, tanto a inovação representada por este paradigma face ao etiológico e os seus resultados, considerados um processo irreversível, quanto a crítica de suas limitações, tiveraram um importante papel no nascimento desta Criminologia radical, nova e crítica que se desenvolverá por dentro do paradigma da reação social e para além dele, numa perspectiva majoritariamente macrossociológica.
As razões concretas para manter sua diferenciação se assentam, por sua vez, em dois fatos: a) a diferente evolução concreta da Criminologia estadonidense ("radical") e da europeia ("nova"); b) a evolução interna para estudos de caráter materialista e marxista. O primeiro aspecto diferencia a Criminologia "radical" da "nova"; o segundo serve para precisar a referência à Criminologia crítica. Com efeito, enquanto a Criminologia radical teve como contexto geográfico e histórico de referência os Estados Unidos da América, a nova Criminologia teve a Europa. Não é de estranhar, pois, que uma revolução de paradigma em Criminologia fosse gestada e tivesse lugar num contexto criminológico como o norte-americano que contava com toda uma tradição de desenvolvimento criminológico de base sociológica. Como também não é de estranhar, devido a este *continuum* criminológico, que precisamente nos Estados Unidos se desse a passagem, inicialmente, da Criminologia da reação social, entendida em sentido amplo, para a originariamente chamada Criminologia

radical, que se desenvolveu sobretudo a partir da Escola de Criminologia de Berkeley (com Schwendinger e T. Platt) na Califórnia, entre os anos de 1968 a 1976. Criou a sua organização, a *Union of Radical Criminologists (U.R.C)*, fundada em 1972, e a revista *Crime and Social Justice*, fundada em 1974 e subtitulada até 1976 *A Journal of Radical Criminology*.

Por outro lado, pelo escasso desenvolvimento da Criminologia europeia, esta teve que recebê-la dos Estados Unidos. Em ambos os casos, tratava-se de uma Criminologia muito especialmente ligada à recepção do *labelling approach* e cumpriu um papel fundamental: foi instrumental com respeito à Criminologia anterior e serviu como veículo de transição com respeito à Criminologia posterior.

A "Nova Criminologia" europeia se organizou, assim, na Inglaterra em torno da National Deviance Conference (N.D.C.), fundada em 1968 e encabeçada por Taylor, Walton e Young, autores do já clássico *The New Criminology: For a Social Theory of Deviance* (1973) e organizadores da coletânea *Critical Criminology* (1975).

(Sobre o exposto, ver Muñoz Gonzalez, 1989, p. 267-282 e também Dias & Andrade, 1984, p. 56-8).

Enfim, sob a denominação de "Criminologia crítica" designa-se, em sentido lato, um estágio avançado da evolução da Criminologia "radical" norte-americana e da "nova Criminologia" europeia, englobando um conjunto de obras que desenvolvendo um pouco depois as indicações metodológicas dos teóricos do paradigma da reação social e do conflito e os resultados a que haviam chegado os criminológos radicais e novos chegam, por dentro desta trajetória, à superação deles. E nesta revisão crítica aderem a uma interpretação materialista – e alguns marxista, certamente não ortodoxa – dos processos de criminalizacão nos países do capitalismo avançado. (Pavarini,1980, p. 155-156 e 163-164 e Muñoz Gonzalez, 1989, p. 277).

Bem vistas as coisas – diz Pavarini (1980, p. 163-164) – "também esta última perspectiva orientada para uma interpretação marxista da criminalidade e do controle social era, ainda que implicitamente, uma saída obrigatória e necessária para quem havia passado através da teorização do *labelling* e da reação social. Uma vez que o interesse do criminólogo se desloca desde a fenomenologia criminal para os processos de criminalização, uma das saídas teóricas mais previsíveis é precisamente o estudo das razões estruturais que sustentam, numa sociedade de classes, o processo de definição e de enquadramento."

No âmbito da Criminologia crítica, podem assim ser situados, entre outros: a) na Alemanha, especialmente vinculada à recepção do *labelling approach*: F.Sack, A.Baratta, Linda Smaus, Karl Schumann, Stefan Quensel, Sebastian Scherer, F. Werkentin, J. Feest e, em geral, todos os criminólogos agrupados em torno à organização *Arbeitskreiss Junger Kriminologen* (A.J.K) e o respectivo órgão, a revista *Kriminologishes Journal*, ambas fundadas em 1969; b) no chamado "Grupo europeu" (Escandinávia e Itália): Matiesen,Cohen, Tullio Sppilli, M.Pavarini, D. Melossi, Mario Simondi, Tamar Pitch; c) no Grupo austríaco: Heinz Steiner e Pilgram (*Kriminalsoziologische Bibliographie*); d) a Escola de Bolonha de Direito Penal e Criminologia, que originariamente destinada à investigação de um modelo integrado sobre a questão criminal entre Direito Penal e Criminologia, prossegue numa direção mais criminológica. Nela avultam os nomes de Bricola (já falecido) A. Baratta, D. Melossi, M. Pavarini, M. Simondi e a publicação (desde 1975) da revista *La questione criminale:Rivista di ricerca e dibatito su devianza e controle sociale*, posteriormente renomeada para *Rivista Dei Dellitti e delle pene*, hoje sob a direção de A. Baratta.

Na América Latina surge em 1974, em Maracaibo, o *Grupo latino-americano de Criminologia Comparada*, coordenado pelo Instituto de Criminologia da Universidade de Zulia e pelo Centro de Criminologia da Universidade de Montreal (Canadá) então dirigidos, respectivamente, por Denis Szabo e L. Aniyar de Castro e cujo órgão de divulgação científica é a Revista *Capítulo criminológico*. A criação deste grupo foi perspectivada para a investigação criminológica da realidade norte-americana baseada na premissa de que a Criminologia na América Latina se convertera em uma mera recepção da Criminologia europeia e norte-americana. (Manzanera, 1990, p. 191-2) Assim têm realizado projetos de investigação sobre temas como violência, criminalidade de colarinho branco e controle social na América Latina em torno dos quais se agrupam diversos criminólogos da região e do exterior, como R. Bergalli, R. Zaffaroni, E. Kosovski e, em especial A. Baratta, que participou da própria fundação do grupo. Destaca-se também na Venezuela, embora não vinculada ao grupo, a obra criminológica crítica de R. Del Olmo. No Brasil, destaca-se a obra de Roberto Lyra Filho (já falecido) e J. Cirino dos Santos.

Pontualizadas tais especificidades conceituais, que adotamos aqui, é visível, por outro lado, que se pode e deve caracterizar o conjunto desta produção científica não homogênea nem constituída por uma definida comunidade de cientistas, como um "movimento" criminológico crítico cimento da sua eficácia deslegitimadora e do desenvolvimento crítico dos seus resultados, entre outros, representa o momento culminante de maturação daquele saber.[16]

5. DA HISTÓRIA OFICIAL ÀS HISTÓRIAS REVISIONISTAS DA GÊNESE DO MODERNO SISTEMA PENAL

Se a história explicativa da essência e consequências das transformações dinamizadas pelo "impulso desestruturador" está sendo escrita e ainda inexiste um acordo a respeito[17] pode-se dizer que os seus resultados analíticos sobre a gênese e operacionalidade do moderno sistema penal já são tidos por irreversíveis. Situemos, pois, a trajetória de construção deste marco teórico, iniciando por situar a historiografia de Foucault no marco revisionista.

5.1. A história oficial
O enfoque idealista ou ideológico

A história oficial da emergência do moderno sistema da justiça penal é precisamente a representada pelo discurso jurídico declarado que, desde uma visão linear e idealista da história a contou como produto de uma evolução progressiva da "barbárie" ao "humanismo", comandada pela evolução das ideias pelo e para o homem.

É quando as ideias se sofisticam e se acentua a visão reformista que as mudanças ocorrem:

---

que, surgido quase ao mesmo tempo nos Estados Unidos e em Inglaterra, irradia depois para a generalidade dos países europeus – sobretudo Alemanha, Itália, Holanda, França e Países Nórdicos –, para o Canadá, etc e América Latina. Enquanto movimento, sua unidade está dada, precisamente, pelas matrizes comuns que aludimos acima.

[16] Zaffaroni (1991, p. 68-69) sustenta nesta mesma direção que as contribuições teóricas deslegitimantes mais significativas do sistema penal na América Latina foram a criminologia da reação social em suas vertentes interacionistas, femonomenológicas, marxistas dos autores que trabalham teoricamente a partir do reconhecimento da eficácia deslegitimant dos anteriores, as de Foucault quanto à "microfísica" do poder e, mais recentemente, as contribuições da criminologia da economia dependente.

Subscrevemos portanto aqui o ponto de vista de que a deslegitimação do sistema penal opera num *continnum* de correntes da Criminologia liberal, culminando e atingindo um caráter irreversível com o interacionismo simbólico que fundamentou a Criminologia da reação social. A respeito, ver Zaffaroni, (1991, p. 60-61, 67-69 e 172); Baratta, (1991a).

[17] Pois, é importante que se diga, sendo interpretada no seu própio curso é tida, por alguns, como um questionamento e uma reversão da transformação inicial dos séculos XVIII e XIX; enquanto por outros é interpretada como uma mera continuação e intensificação das linhas originais (A respeito, ver Cohen, 1988; Cohen e Scull, 1983; Matthews, 1987; Larrauri, 1988 e 1991).

"A força motriz que ocasionou as mudanças se situa no terreno das idéias: ideais, visões, teorias, intenções, avanços científicos. Toda mudança constitui 'reforma' (uma palavra sem conotações negativas); toda reforma está motivada pela benevolência, o altruísmo, a filantropia e o humanitarismo e as reformas sucessivas devem ler-se como uma incessante história de progresso." (Cohen, 1988, p. 39)

Nesta ótica, o que emerge na modernidade – a fase adulta da humanidade – é um Direito Penal liberal e humanitário por oposição e superação à arbitrariedade do "Antigo Regime", visto por sua vez como uma realidade normativa autônoma, cuja concretização é sujeita às suas regulações normativas internas e suas opções éticas fundamentais. Um eventual fracasso é interpretado como um desvio na concretização deste projeto; ou seja, como uma consequência não desejada do Direito. Deste ponto de vista, a lógica da aplicação seria uma lógica contrária à da normativização. A história oficial se apoia, assim, sobre uma negação ou neutralização estrutural do poder e da dominação.

5.2. As histórias revisionistas
A crítica historiográfica materialista

As "histórias revisionistas" são tais precisamente porque, desde um enfoque materialista-marxista[18], materialista político-econômico[19], ou funcionalista[20] recontaram a história oficial da ótica do poder, do controle e da dominação mostrando, por um lado, o idealismo do discurso jurídico, embora às vezes, em direção oposta, à custa da negação estrutural do homem e do humanismo.

5.3. Indicações epistemológicas comuns das histórias revisionistas materialistas

A "trilogia" representada pelas já clássicas historiografias de Rusche e Kircheimer, Foucault, Melossi e Pavarini nos oferece em seu conjunto – não obstante as diferenças internas que as separam entre si – as seguintes indicações epistemológicas:

---

[18] Representado pelas obras de Georg Rusche e Otto Kircheimer, Melossi, Pavarini, indicadas na nota "11".

[19] Representado pela obra de Foucault, indicada na nota "11".

[20] Representado pela obra de David J. Rothman, indicada na nota "11". A respeito ver Cohen (1988, p. 40-3).

a) O sistema penal não pode ser compreendido como realidade autônoma, mas como parte do sistema social concreto no qual se insere e a partir da conexão funcional que guarda com ele; ou seja, de suas funções reais. Daí a necessidade de fundamentar o estudo das suas funções declaradas na base das funções latentes e reais;

b) A reforma iluminista e a fundação do sistema penal moderno que dela decorreu não resultam unicamente de transformações das ideias, mas de transformações no sistema social, e suas funções declaradas ocultam exigências e funções latentes. O discurso declarado é ideológico;

c) O desenvolvimento histórico e a situação presente da prisão e do sistema penal só podem ser compreendidos em relação à fundação do sistema e da unidade do Direito, isto é, entre a programação normativa e sua aplicação.

Assim, uma tese comum desta historiografia é que a emergência da pena de prisão e do moderno sistema penal somente pode ser compreendida no marco das transformações sociais, econômicas e políticas concretas que presidem à consolidação da sociedade capitalista, pois expressa suas exigências de dominação classista antes que a exigência de humanização da pena. O processo de industrialização e o impacto racionalizador do mercado, a necessidade de regular a força de trabalho, o medo ao proletariado nascente, a necessidade de substituir a autoridade tradicional e os conceitos pré-modernos; todos estes fatores, em diversificadas combinações, faziam da violência física aberta um castigo penal anacrônico e ineficaz. Era necessário um novo sistema de dominação e disciplina para socializar a produção e criar uma força de trabalho submissa e perfeitamente regulada. Assim, não apenas a prisão, mas todo o sistema penal forma parte de uma extensa racionalizacão das relações sociais no capitalismo nascente (Cohen, 1988, p. 45)

O discurso jurídico oficial é então reconduzido a um discurso de justificação ética e cobertura ideológica:

"O sistema de controle novo serviu às necessidades da ordem capitalista nascente para assegurar a repressão dos membros recalcitrantes da classe trabalhadora e ao mesmo tempo continuava mistificando a todo mundo (incluídos os reformadores) fazendo-os crer que estas mudanças eram justas, humanas e progressistas.

(...)

Nem os ideais nem as ideologias podem variar demasiado a história. (...) as intenções declaradas ocultam os interesses e os motivos verdadeiros escondidos por detrás do sistema. Constituem uma fachada para tornar aceitável o exercício de outra forma inaceitável do poder, da dominação ou dos interesses de classe, que são, por sua vez, o produto de uns particulares imperativos político-econômicos." (Cohen, 1988, p. 44-5)

Nesta linha, destaca-se inicialmente a historiografia dos autores da Escola de Frankfurt que, como seu título "Pena e Estrutura social" está a indicar, constitui uma abordagem do sistema penal à luz de categorias do materialismo histórico, segundo a qual:

"O sistema penal de uma sociedade determinada não constitui um fenômeno isolado sujeito somente a suas regulações normativas, senão que é parte integral da totalidade do sistema social com o qual compartilha suas aspirações e defeitos." (Rusche e Kircheimer, 1984, p. 254)

Fazendo referência às teorias jurídicas da pena, Rusche & Kircheimer sintetizam a debilidade do enfoque jurídico, na reconstrução histórica do sistema penal, nos seguintes termos:

"As teorias retribucionistas fracassam desde o início pelo fato de perceber na relação entre culpabilidade e expiação, um mero problema de imputação jurídica segundo o qual o indivíduo atua conforme a seu livre-arbítrio. As teorias teleológicas, por sua parte, concentrando-se sobre necessidades sociais, reais ou fictícias, tendem a considerar os impedimentos para o cumprimento de seus objetivos como problemas de índole técnica e não histórica. Conseqüentemente, as teorias jurídico-penais não só contribuíram escassamente para elucidar a problemática sócio-histórica dos métodos punitivos, senão que exerceram uma influência negativa sobre aquela enquanto consideraram a pena como uma entidade eterna e imutável."(Rusche e Kirchheimer, 1984, p. 1-2)

Trata-se então de romper com este enfoque jurídico abstrato, no qual a pena é concebida como epifenômeno do crime (seja como retribuição proporcionada a ele ou como sua prevenção) para recolocá-la e explicá-la no marco da relação histórica entre os diversos sistemas punitivos e os sistemas de produção em que se efetuam, desde a escravidão, passando pelo feudalismo e, em especial, a relação entre o modo de produção capitalista e a afirmação da prisão, a partir do final do século XVIII, como método punitivo central. A pena, superestrutura punitiva, é vinculada à estrutura econômica da sociedade e a partir dela é explicada.

Partindo assim da indicação epistemológica básica de que "a pena como tal não existe; existem somente sistemas punitivos concretos e práticas determinadas para o tratamento dos criminosos" (Rusche & Kircheimer, 1984, p. 3) é conhecida a tese central formulada e desenvolvida nesta historiografia:

"Cada sistema de produção tende ao descobrimento de métodos punitivos que correspondem a suas relações produtivas. Resulta, por conseguinte, necessário investigar a origem e o destino dos sistemas penais, o uso ou a elusão de castigos específicos e a intensidade das práticas penais em sua determinação por forças sociais, sobretudo no que diz respeito à influência econômica e fiscal." (Rusche e Kircheimer, 1984, p. 3)

Uma segunda tese que se extrai desta investigação é a da seletividade classista dos modernos sistemas punitivos, ou seja, a de que a população criminal se recruta predominantemente entre as classes mais baixas da sociedade, tal como a ilustram, nesta passagem, Rusche e Kircheimer (1984, p. 92), referindo-se às promessas iluministas:

"Os processos públicos, a livre eleição do defensor, o juízo por jurados, a supressão da tortura, normas definidas sobre a prova, a proteção contra as detenções ilegais; todas demandas em nome da humanidade e o progresso que deviam beneficiar ao conjunto das classes por igual. Todavia, a experiência demonstrou que os novos procedimentos diferiam amplamente nas distintas classes sociais. Apesar de uma certa tendência para o incremento das garantias gerais, estas serviram para proteger, entre outros, aos membros deste tipo, amparando-os e facilitando assim suas atividades pouco respeitáveis. De outra parte, as classes inferiores raramente podiam utilizar a complexa maquinaria judicial criada pela lei por falta tanto dos conhecimentos necessários como dos meios econômicos."

A terceira tese estabelece que se a pena objetiva gerar efeitos realmente intimidativos sobre os criminosos potenciais, "deve ser de uma natureza tal que possa produzir uma diminuição ainda maior de suas condições atuais de existência." (Rusche & Kircheimer, 1984, p. 4)

E dela se deriva, diretamente, a quarta tese (mercado de trabalho) que se traduz na concreção do enunciado geral contido na primeira. É que tendo por categoria explicativa central das transformações dos sistemas penais o mercado de trabalho, esta quarta tese se apoia numa hipótese de dupla via: quando a força de trabalho excede das necessidades do mercado (excesso de trabalhadores) a punição – para conservar seu efeito intimidatório – assume a forma de penas corporais, podendo chegar ao extermínio massivo da mão de obra excedente; quando, ao revés, a força de trabalho é insuficiente para as necessidades do mercado (déficit de trabalhadores), a punição assume formas de trabalho forçado, com finalidades de produção e preservação da mão de obra.

Embora reconhecendo que a situação do mercado de trabalho não está determinada exclusivamente pelo déficit ou excesso de mão de obra, já que intervenções da esfera política podem corrigir ou alterar o movimento da oferta e da demanda, Rusche e Kircheimer entendem que, em termos gerais, as condições do mercado de trabalho constituem um fator determinante dos distintos tipos e modalidades de execução penal. A prisão então cumpriria a função básica de regulador coativo do mesmo.[21]

Foucault, por sua vez, compartilha relativamente da explicação materialista de "Pena e Estrutura social", conforme o tributo por ele próprio assinalado:

"Do grande livro de Rusche & Kircheimer podemos guardar algumas referências essenciais. Abandonar em primeiro lugar a ilusão de que a penalidade é antes de tudo (se não exclusivamente) uma maneira de reprimir os delitos

(...)

Analisar antes os 'sistemas punitivos concretos', estudá-los como fenômenos sociais que não podem ser explicados unicamente pela armadura jurídica da sociedade nem por suas opções éticas fundamentais; recolocá-los em seu campo de funcionamento onde a sanção dos crimes não é o único elemento; mostrar que as medidas punitivas não são simplesmente mecanismos 'negativos' que permitem reprimir, impedir, excluir, suprimir; mas que elas estão ligadas a toda uma série de efeitos positivos e úteis (...)"

A historiografia de Foucault é assim orientada por uma regra fundamental, qual seja, a positividade do poder,[22] na qual poder e saber aparecem como fenômenos estreitamente ligados.

Inverte, neste sentido, a ideia de que é o saber que gera poder, para afirmar que:

"(...) o poder produz saber (e não simplesmente favorecendo-o porque o serve ou aplicando-o porque é útil); que poder e saber estão diretamente implicados; que não há relação de poder sem constituição correlata de um campo de saber, nem saber que não suponha e não constitua ao mesmo tempo relações de poder." (Foucault, 1987, p. 30)

---

[21] A respeito, ver também Cirino dos Santos (1981, p. 42-3) e Garcia Mendez (1984, p. 262-3).

[22] A respeito, ver também Foucault, (1987, p. 26 a 30, 172 e 189).

Embora, pois, também tenha a gênese do cárcere como objeto central de investigação, a historiografia de Foucault alça uma "genealogia do atual complexo científico-judiciário, onde o poder de punir se apoia, recebe suas justificações e suas regras, estende seus efeitos e máscara sua exorbitante singularidade." (Foucault, 1987, p. 26)

Atacando mais do que o idealismo das teorias da pena, o idealismo do enfoque jurídico acima assinalado, a genealogia de Foucault se distancia também relativamente da explicação marxista, ao sustentar que a moderna Justiça Penal não resulta unicamente das ideias reformistas (enfoque idealista) ou das transformações econômicas (enfoque marxista), mas da complexa espiral poder/saber, no marco do capitalismo nascente.

Nesta perspectiva, Foucault (1987, p. 52) ataca diretamente o idealismo da oposição "moderna justiça humanitária x antiga justiça bárbara" demonstrando que no antigo regime o exercício da punição diretamente sobre o "corpo" dos condenados e a ostentação pública dos suplícios a que eram submetidos possuía a sua própria lógica. "Não era a conseqüência de uma lei de talião obscuramente admitida. Era o efeito, nos ritos punitivos, de uma certa mecânica de poder".

O poder de punir não conhecia limites porque estava identificado com o superpoder monárquico. Daí o excesso, o abuso, o desequilíbrio do superpoder punitivo do antigo regime que a modernidade irá condenar. (Foucault, 1987, p. 33-63)

Desequilíbrio que vinha por sua vez acentuado por outro, relativo ao povo. Havia-se gerado uma multiplicidade de condutas ilegais (contrabando, acumulação de mercadorias com fins especulativos, etc.) que, toleradas na prática, permitiam a acumulação de bens e estes ilegalismos atuavam contra o superpoder existente.

Com a emergência da sociedade capitalista, onde o arranque econômico possibilitou a acumulação do capital como um fim, ambos desequilíbrios passaram a significar um grande desgaste econômico e político. É que a nova Justiça – e o modelo disciplinar que a prisão devia representar – correspondia a uma economia de poder bastante distinta que a representada pelo governo violento, direto e arbitrário do soberano. O poder na sociedade capitalista devia ser exercido com o menor custo possível, e seus efeitos deveriam ser intensos e extensos: transmitidos a todas as partes do corpo social.

Neste sentido, a historiografia de Foucault objetiva caracterizar a disciplina (incorporada na estrutura panótica das relações sociais) como a modalidade específica de poder que coloniza a gênese da instituição carcerária, explicando-a pela produção e reprodução de uma "ilegalidade fechada, separada e útil" (a delinquência) e, simultaneamente, de "corpos dóceis", garantindo e reproduzindo as relações de poder (e a estrutura de classe) da sociedade. Trata-se de aumentar a eficácia produtiva do homem e diminuir sua força política (maximização da força econômica e minimização da força política). (Cirino, 1981, p. 44, Gonzalo Escobar, 1986, p. 271)

O sistema penal é assim "um instrumento para gerir diferencialmente as ilegalidades, não para suprimi-las a todas" na medida em que os castigos universais das leis vêm aplicar-se seletivamente a certos indivíduos e sempre aos mesmos. (Foucault, 1987, p. 82)

A transição histórica que simbolizou a nova ordem foi a passagem do castigo concebido como tortura – um espetáculo público e teatral – para condenações a cárceres economicamente produtivos e politicamente discretos. O castigo se torna razoável, e a mente substitui o corpo como objeto da repressão penal. O sofrimento físico, a dor corporal não são mais os elementos constitutivos da pena. Doravante, a certeza de ser punido é que deve desviar o homem do crime, e não mais o abominável teatro; a justiça não mais assume publicamente a parcela da violência vinculada ao seu exercício. (Foucault, 1987, p. 15)

Tratava-se, portanto, não apenas de uma redução quantitativa das punições, mas de um deslocamento qualitativo do seu objeto: do corpo para a alma. (Foucault, 1987, p. 20)

A transição da antiga para a moderna Justiça Penal que se verifica na transição do século XVIII para o XIX não significou, portanto, a passagem de formas indiferenciadas, confusas e bárbara a formas racionais e humanizadas de castigo, mas a "passagem de uma arte de punir a outra, não menos científica que ela. Mutação técnica." (Foucault, 1987, p. 228)

E este deslocamento qualitativo do ponto de aplicação do poder punitivo é que engendrará, no seu próprio exercício

"(...) todo um campo de objetos recentes, todo um novo regime de verdade e uma quantidade de papéis até então inéditos no exercício da justiça criminal. Um saber, técnicos, discursos 'científicos' se formam e se entrelaçam com a prática do poder de punir." (Foucault, 1987, p. 26)

Eis aí a materialização da espiral: o poder, como mecanismo, produz o saber adequado ao seu domínio, e o saber reproduz o poder a que corresponde, nas relações entre classes e grupos sociais. Eis aí ressignificada, econômica e politicamente, a configuração do moderno saber penal. Pois, em definitivo, trata-se de um saber "do" sistema penal, gerado no seu horizonte de projeção – como seu efeito – e tornado instrumento de seu complexo exercício de poder.

Na esteira da investigação de Rusche e Kircheimer e de M. Foucault, situa-se, por seu turno, a historiografia de Melossi & Pavarini (1987) que investiga as origens do sistema penitenciário na Europa (em especial em Itália) e Estados Unidos dos séculos XVI a XIX para demonstrar a relação existente entre cárcere e fábrica; entre internação e adestramento para a disciplina fabril. Para eles, a conexão funcional entre cárcere e sociedade reside no conceito de disciplina.[23]

Como observa Neppi Modona (1987, p. 7), Melossi e Pavarini também invertem a concepção do cárcere como instituição isolada e separada do contexto social:

"O cárcere e as demais instituições de confinamento são lugares fechados, e portanto estão isolados e separados da sociedade livre, mas esta separação resulta mais aparente que real, já que o cárcere não faz mais do que levar ao paroxismo modelos sociais ou econômicos de organização que se tentam impor ou que já existem na sociedade. Foucault por uma parte, e Melossi e Pavarini por outra, seguindo métodos e projetos ideológicos muito diferentes, chegam à mesma conclusão, que se pode considerar já como o ponto de partida da investigação histórica atual das instituições penitenciárias."

---

[23] Como a crítica tem anotado (Cohen, 1980, García Mendez, 1984, p. 262-3, Baratta, 1991a, p. 206) entre outros aspectos que vão do "idealismo" de Foucault ao "determinismo" das historiografias marxistas, estas histórias concentram suas explicações sobre a gênese e desenvolvimento da pena de prisão no âmbito do surgimento e desenvolvimento do capitalismo. Por isto, não obstante sua reconhecida contribuição para a reconstrução científica da história do cárcere e para a análise das funções reais do sistema penal, cada uma delas é limitada para compreender o sistema de controle atual, ou seja, das sociedades do capitalismo avançado, porque os sucessos de que fazem a crítica estão hoje sobredefinidos.
De qualquer modo, como afirma Baratta (1991a, p. 204-5): "Tanto Rusche e Kircheimer, quanto Foucault, estão conscientes de que nos países capitalistas mais avançados, na fase final de desenvolvimento por eles descrito (a Europa dos anos trinta, no caso de Rusche e Kircheimer; a Europa dos anos setenta, no caso de Foucault), o cárcere não tem mais aquela função real de reeducação e de disciplina, que possuía em sua origem. Esta função educativa e disciplinar se reduz, portanto, agora, a pura ideologia. As estatísticas das últimas décadas nos países capitalistas avançados, demonstram uma diminuição relativa da população carcerária em relação ao impacto conjunto do sistema penal, e indicam um aumento das formas de controle diversos da reclusão, como, por exemplo, o *probation* e o livramento condicional."
Neste mesmo sentido, Pavarini (1980, p. 87-8) fala da perda das funções reeducativas reais da prisão moderna, para adquirir uma função ideológica de terror repressivo, de modo que parece orientada a sobreviver, unicamente, como cárcere de segurança máxima para um universo "cada vez mais fechado" precisamente no momento em que o controle social se projeta para o exterior de seus muros, isto é, para um universo social "cada vez mais dilatado."

6. O *LABELLING APPROACH* E O PARADIGMA DA REAÇÃO SOCIAL

Uma revolução de paradigma em Criminologia

Mas o eixo nuclear do impulso desestruturador reside na desconstrução do *labelling approach* que, ocasionando uma mudança de paradigma, desemboca no surgimento da Criminologia crítica. Antes de abordá-la, é importante, contudo, indicar as principais teorias que, representando o desenvolvimento da Criminologia pós-positivista, não apenas prepararam o caminho para esta troca de paradigmas mas, ao fazê-lo, anteciparam já uma negação da "ideologia da defesa social".

6.1. Do paradigma etiológico ao paradigma da reação social

A negação da ideologia da defesa social

Como temos visto, na base do paradigma etiológico, modelado segundo uma matriz positivista derivada das Ciências Naturais, a Criminologia é definida como uma Ciência causal-explicativa da criminalidade; ou seja, que investiga as causas da criminalidade (seu objeto) segundo o método experimental.

Aceitando acriticamente o Direito Penal Positivo como marco definitório da criminalidade, esta é concebida como uma realidade ontológica preconstituída ao Direito Penal (delitos "naturais") que, com exceção dos chamados delitos "artificiais"[24] não faz mais do que reconhecê-la e positivá-la.

Desta forma,

"O pressuposto de que parte a Criminologia etiológica (...) é que existe um meio natural de comportamentos e indivíduos que possuem uma qualidade que os distingue de todos os outros comportamentos e de todos os outros indivíduos: esse meio natural seria a criminalidade.Este modo de considerar a criminalidade está tão profundamente enraizado no senso comum que uma concepção que dele se afaste corre o risco de, a todo momento,passar por uma renúncia a combater situações e ações socialmente negativas." (Baratta, 1983b, p. 154)

Daí a tese fundamental de que ser delinquente constitui uma propriedade da pessoa que a distingue por completo dos indivíduos

---

[24] A respeito desta distinção entre delitos "naturais" e "artificiais", que ficou a dever-se a Garofalo, ver item "e" (*Princípio do interesse social e do delito natural*) da ideologia da defesa social citada no segundo capítulo.

normais. Sendo a criminalidade uma entidade ontológica, seria possível descobrir as suas causas e colocar a Ciência destas ao serviço da prática que a deve combater.

Neste sentido,

"Um de seus ganhos mais destacados foi que os criminólogos positivistas puderam fazer o que parecia impossível. Desvincularam o estudo do delito do funcionamento e da teoria do Estado. Uma vez feito isto e quando o mesmo resultado se obteve a respeito da conduta desviada em geral, o programa de investigação e estudo para os próximos anos ficou relativamente esclarecido, em especial a respeito do que não se estudaria." (Matza, citado por Walton, Taylor e Young, 1990, p. 46)

Com efeito, este paradigma, com o qual nasceu a Criminologia no final do século XIX, permanece também na base de seus posteriores desenvolvimentos, inclusive os mais modernos que à indagação sobre as causas da criminalidade, forneceram respostas diferentes das antropológicas e patológicas do positivismo originário e que nasceram, em parte, da polêmica com ele (teorias explicativas de ordem psicológica, psicanalítica, psiquiátrica e pela atenção dedicada às leis da hereditariedade, combinação de cromossomos, teorias multifatoriais). (Baratta, 1982b, p. 29)

Sendo uma criação europeia, este paradigma permanece ainda hoje na Europa como o modelo tradicional de Criminologia que, seja nas perspectivas de ordem biopsicológica, sociológica ou multifatorial se encontra comprometida, como vimos, com a ideologia dominante na Dogmática Penal: a ideologia da defesa social.

Por outro lado, como é sabido, no século XX, a Criminologia muda de cenário, deslocando-se do continente europeu para o americano. E enquanto a Criminologia europeia permanece relativamente estanque do ponto de vista epistemológico é no mundo anglo-saxão, em particular na América do Norte, que experimentará um posterior desenvolvimento, sobretudo como Sociologia Criminal.

Ao longo do século XX desenvolvem-se, pois, nos Estados Unidos

"(...) novas formas de conhecimento criminológico dirigidas a compreender, explicar e atuar sobre os problemas sociais de uma comunidade culturalmente tão diversa como aquela. A partir de então, a produção criminológica norte-americana começou a distanciar-se da européia e a tomar a dianteira teórica da disciplina." (Muñoz Gonzoles, 1989, p. 273)

É justamente este desenvolvimento da Criminologia desde os anos 30 que Baratta (1991a, p. 35 *et seq.*, e 1982b, p. 33-36) reconstrói para demonstrar que, não obstante demarcado num sistema jurídico e numa Ciência do Direito Penal, muito diversos dos característicos da Europa Ocidental, não apenas preparou o terreno para uma mudança de paradigma em Criminologia mas, ao fazê-lo, promoveu a negação da ideologia da defesa social; enquanto a Dogmática Penal europeia mantém constante, por outro lado, sua estrutura conceitual e ideológica e sua incomunicabilidade com outras disciplinas.

Confrontando criticamente os resultados e argumentos extraídos da Criminologia estadonidense[25] – e auxiliarmente da europeia – com os postulados desta ideologia, segundo o método da crítica externa, Baratta (1991a, p. 36-37, e 1982b, p. 33-38) chega então às seguintes conclusões indicadas abaixo.

O princípio do bem e do mal é questionado pela teoria funcionalista da anomia ao acentuar que as causas do desvio criminal não se localizam nem na patologia individual nem na patologia social, mas que, ao contrário, a criminalidade é um fenômeno "normal" de toda estrutura social. Segundo esta teoria, somente quando se superam os limites fisiológicos do desvio, este se converte num fator negativo para a estabilidade e evolução do sistema social; enquanto, mantidos estes limites, este desvio é considerado como um fator parcialmente positivo devido a seu caráter inovador.

O princípio da culpabilidade é posto em cheque pelas teorias das subculturas criminais, segundo as quais o comportamento delitivo não pode ser interpretado como a expressão de uma atitude interior reprovável porque dirigida conscientemente contra valores e normas existentes na sociedade antes de sua sanção legislativa (como sustenta a teoria normativa da culpabilidade). E isto porque estas teorias demonstram que inexiste um único sistema oficial de valores, mas uma série de subsistemas que se transmitem aos indivíduos mediante mecanismos de socialização e aprendizagem específicos dos ambientes e grupos sociais particulares nos quais se inserem. Por outro lado, transcende o poder de decisão do indivíduo e, portanto, sua responsabilidade moral, o fato de participar ou não de uma determinada subcultura e, em consequência, de aprender um determinado sistema de

---

[25] As teorias criminológicas objeto desta confrontação são: as teorias psicanalíticas da criminalidade e da sociedade punitiva (Freud, Theodor Reik, Franz Alexander e Hugo Staub, Paul Reiwald, Helmut Ostermeyer e Edward Naegeli; a teoria estrutural-funcionalista do desvio e da anomia (Émile Durkheim, Robert K. Merton); a teoria das subculturas criminais (Edwin H. Sutherland, Albert K. Cohen) e das técnicas de neutralização (Gresham M. Sykes e David Matza); as teorias do *labbeling approach* e sua recepção alemã; A Sociologia do conflito e sua aplicação criminológica (Ralf Dahrendorf, Lewis A. Coser, Gerog Simmel, Georg D. Vold) e Austin T. Turk.

valores ou ainda determinados comportamentos desviantes ou "técnicas de neutralização" alternativas aos critérios oficiais de comportamento e de valoração.

O princípio da legitimidade resulta controvertido pelas teorias psicoanalíticas da criminalidade e do Direito Penal, pois os mecanismos psicossociais da pena por elas ressaltados, como, por exemplo, a projeção do mal e da culpa no "bode expiatório", substituem as funções preventivas e éticas nas quais se baseia a ideologia penal tradicional.

O princípio da igualdade é convincentemente refutado pelo *labelling approach*, em cujo âmbito se demonstra que o desvio e a criminalidade não são entidades ontológicas preconstituídas, identificáveis pela ação das distintas instâncias do sistema penal, mas sim uma qualidade atribuída a determinados sujeitos por meio de mecanismos oficiais e não oficiais de definição e seleção. Em consequência, não é possível estudar a criminalidade independentemente destes processos. Desde o ponto de vista das definições legais, a criminalidade se manifesta como o comportamento da maioria, antes que de uma minoria desviada da população (neste sentido, o *labelling approach* tem em conta os estudos sobre as infrações não perseguidas, sofre a cifra obscura da criminalidade e sobre a delinquência de colarinho branco). Segundo a definição sociológica, a criminalidade, como em geral do desvio, é um *status* social que caracteriza ao indivíduo somente quando lhe é adjudicada com êxito uma etiqueta de desviante ou criminoso pelas instâncias que detêm o poder de definição. As possibilidades de resultar etiquetado, com as graves consequências que isto implica, se encontram desigualmente distribuídas. Isto implica que o princípio da igualdade, ou seja, a base mesma da ideologia do Direito Penal, seja posta em séria dúvida, eis que a minoria criminal a que se refere a definição sociológica aparece, na perspectiva do *labelling approach*, como o resultado de um processo altamente seletivo e desigual dentro da população total; enquanto o comportamento efetivo dos indivíduos não é, por si mesmo, condição suficiente deste processo.

O princípio do interesse social e do delito natural é questionado pelas teorias do conflito que, desenvolvidas sobre a base do *labelling approach*, tratam de localizar as verdadeiras variáveis do processo de definição nas relações de poder e nos grupos sociais, tomando em conta a estratificação social e os conflitos de interesse. Estas teorias puderam determinar em ditas relações a base não só da desigual distribuição do *status* de criminoso, mas também a desigual distribuição entre os grupos sociais de poder de definição, do qual aquele *status* e as mesmas definições legais da criminalidade dependem. Puseram assim em evidência que, na origem do processo de criminalização primária (gênese da lei penal) e secundária (aplicação da lei penal) não residem interesses fundamentais para uma determinada sociedade ou diretamente para toda sociedade civilizada, mas interesses dos quais são portadores os grupos que detêm o poder. Afirmam, portanto, que o caráter político (relativo à violação de determinadas ordens econômico-políticos contingentes) não é prerrogativa de um pequeno número de delitos "artificiais", mas do fenômeno total da criminalidade como realidade social *criada* através de processos de criminalização.

Finalmente, *o princípio do fim e da prevenção* resulta questionado pelos resultados das múltiplas investigações acerca da efetividade dos fins atribuídos à pena, as quais partem das diferentes correntes da Sociologia Criminal acima mencionadas. Contesta-se de maneira crescente tanto a função reeducativa da pena e a ideologia do tratamento como o conceito mesmo de reeducação e ressocialização, convertendo-os em objeto de profundas dúvidas. O princípio da ressocialização através da prisão tem sido particularmente questionado pela Sociologia do cárcere e de outras instituições totais, assim como pelas investigações acerca das influências das sanções estigmatizantes sobre o desvio "secundário" e a reincidência[26].

Ilustrada esta negação dos princípios que conformam a ideologia da defesa social, situemos a desconstrução que, partindo do *labelling approach* e passando pelas teorias do conflito, culmina na consolidação da Criminologia Crítica. Pois é no marco desta trajetória e da "revolução de paradigma" que ela arrasta consigo que o sistema penal se converte em objeto específico do saber criminológico.

6.2. Matrizes teóricas, pressupostos metodológicos, quadro explicativo e teses fundamentais do *labelling approach*

A troca de paradigmas

Em 1960, sintetizando as linhas fundamentais da história da Criminologia, escrevia Mannheim (citado por Dias e Andrade, 1984, p. 41-2):

> "É interessante notar, dum ponto de vista cronológico, que dois dos mais momentosos eventos da história da Criminologia ocorreram nos anos sessenta e setenta dos séculos XVIII e XIX: 'a publicação de *Dei delitti e delle pene* (1764), de Beccaria, e de *L'Umo delinquente* (1876), de Lombroso. Serão de esperar rebentamentos tão explosivos nas duas décadas que se avizinham?'"

---

[26] A respeito, ver também Oliveira, (1984), Thompson, (1988), Bergalli, (1976) e Mir Puig, (1989).

Respondem Dias e Andrade (1984, p. 42) que:

"Os acontecimentos deram uma resposta definitiva e inequivocamente afirmativa à interrogação de Mannheim. A década de sessenta de nosso século assistiu, com efeito, a uma das viragens mais significativas da história da Criminologia."

E esta viragem, embora relativamente preparada, como referimos, pelo desenvolvimento da própria Criminologia norte-americana, representando neste sentido um processo sem solução de continuidade, encontra na introdução das teorias do *labbeling approach* no estudo do desvio e da criminalidade seu momento decisivo.

6.2.1. Interacionismo simbólico e construtivismo social modelando o paradigma epistemológico do "labelling approach"

Com efeito, o horizonte dentro do qual o *labelling approach* se situa é dominado, em grande medida, por duas correntes da Sociologia norte-americana estreitamente ligadas entre si. Em primeiro lugar, ele remonta àquela direção da Psicologia Social e da Sociolinguística denominada de "interacionismo simbólico" e inspirada em Charles Cooley e George H. Mead. Em segundo lugar, a etnometodologia, inspirada na sociologia fenomenológica de Alfred Shutz, concorre para modelar o paradigma epistemológico do *labelling*.

O interacionismo simbólico representa uma certa superação da antinomia rígida das concepções antropológicas e sociológicas do comportamento humano, ao evidenciar que não é possível considerar a natureza humana ou a sociedade como *dados* estanques ou estruturas imutáveis. O mesmo vale para a *identidade* pessoal, que necessita ser encarada como o resultado dinâmico do processo de envolvimento, comunicação e interação social. (Dias e Andrade, 1984, p. 344-5)

A sociedade, ou seja, a realidade social, é constituída por uma infinidade de interações concretas entre indivíduos, aos quais um processo de tipificação confere um significado que se afasta das situações concretas e continua a estender-se através da linguagem. O comportamento do homem é assim inseparável da "interação social" e sua interpretação não pode prescindir desta mediação simbólica.[27]

---

[27] Do interacionismo desenvolvido por Mead, cuja tese central pode ser resumida em que a sociedade é interação e que a dinâmica das instituições sociais somente pode ser analisada em termos de processos de interação entre seus membros, se derivaram diversas escolas dentro das quais a "Escola de Chicago" à que pertencem Lemert e Becker, a Escola dramatúrgica de Goffman e a etnometodologia. (Alvarez G, 1990, p. 19).

Influenciado pelo interacionismo simbólico

"(...) o *labelling* mantém com ele extensas áreas de contacto e superposição. Assim sucede, por exemplo, com o recurso ao modelo e ao vocabulário da dramaturgia e com a utilização de técnicas de investigação próprias da microssociologia. Por outro lado, tal como o interacionismo simbólico, também o *labelling approach* rejeita o pensamento determinista e os modelos estruturais e estáticos, tanto no que respeita à abordagem do comportamento como no que toca à compreensão da própria identidade individual." (Dias & Andrade, 1984, p. 50)

Segundo a etnometodologia, também a sociedade não é uma realidade que se possa conhecer objetivamente, mas o produto de uma "construção social" obtida mediante um processo de definição e de tipificação por parte dos indivíduos e grupos diversos. Consequentemente, para o interacionismo e a etnometodologia, estudar a "realidade social" (por exemplo, a conduta desviada) significa, essencialmente, estudar esses processos, partindo dos que são aplicados a simples comportamentos para chegar às construções mais complexas como a própria ordem social. (Baratta, 1991a, p. 85-6; Dias e Andrade, 1984, p. 54)

Também deve-se acrescentar que, além de mergulhar suas raízes no interacionismo simbólico, os fundamentos teóricos e postulados metodológicos do *labelling* são tributários de três outros campos de investigação: das aquisições da teoria jurídica, relativamente à tese do papel criador do juiz e, em especial, da distinção entre conceitos (ou linguagem) "descritivos" e "adscritivos" ou "atributivos", devida sobretudo ao jusfilósofo inglês H. L. A. Hart e das aquisições da Sociologia Criminal dos últimos decênios, relativas a dois novos campos de investigação: a) criminalidade de colarinho branco; b) a cifra negra da criminalidade e a crítica das estatísticas criminais. (Baratta, 1991a, p.101; Dias e Andrade, 1984, p. 344-6)

6.2.2. *O crime e a criminalidade como construção social*

O papel constitutivo do controle social na
construção seletiva da criminalidade

Modelado pelo interacionismo simbólico e o construtivismo social como esquema explicativo da conduta humana, o *labelling* parte dos conceitos de "conduta desviada" e "reação social", como termos reciprocamente interdependentes, para formular sua tese central: a de que o desvio – e a criminalidade – não é uma qualidade intrínseca da conduta ou uma entidade ontológica preconstituída à reação (ou controle) social, mas uma qualidade (etiqueta) atribuída a determinados sujeitos através de complexos processos de interação social; isto é, de processos formais e informais de definição e seleção.

Uma conduta não é criminal "em si" ou *"per si"* (qualidade negativa ou nocividade inerente) nem seu autor um criminoso por concretos traços de sua personalidade (patologia). O caráter criminal de uma conduta e a atribuição de criminoso a seu autor depende de certos processos sociais de "definição", que atribuem à mesma um tal caráter, e de "seleção", que etiquetam um autor como delinquente.

Consequentemente, não é possível estudar a criminalidade independentemente destes processos. Por isso, mais apropriado que falar da criminalidade (e do criminoso) é falar da criminalização (e do criminalizado) e esta é uma das várias maneiras de construir a realidade social. (Baratta, 1982b, p. 35; Pablos de Molina, 1988, p. 581-583; Hassemer, 1984, p. 81-2; Hulsman, 1986, p. 127-8; Alvarez, 1990, p. 15-6 e 21)

Esta tese, da qual provém a própria denominação do *labelling* ("etiquetamento", "rotulação") se encontra definitivamente formulada na obra de Becker (1971, p. 19) nos seguintes termos:

"(...) os grupos sociais criam o desvio ao fazer as regras cuja infração constitui o desvio e aplicar ditas regras a certas pessoas em particular e qualificá-las de marginais (estranhos). Desde este ponto de vista, o desvio não é uma qualidade do ato cometido pela pessoa, senão uma conseqüência da aplicação que os outros fazem das regras e sanções para um 'ofensor'. O desviante é uma pessoa a quem se pode aplicar com êxito dita qualificação (etiqueta); a conduta desviante é a conduta assim chamada pela gente."

Ao acentuar que o crime (e a criminalidade) não é o objeto, mas o produto da reação social e, portanto, não tem natureza ontológica, mas social e definitorial, o *labelling* acentua o papel coconstitutivo do controle na sua construção social de forma que as agências controladoras não "detectam" ou "declaram" a natureza criminal de uma conduta, a "geram" ou "produzem" ao etiquetá-la assim.[28] (Pablos de Molina, 1988, p. 585)

---

[28] Mas, como acentua Vetter (citado por Pablos de Molina, 1988, p. 593), uma vez que não é da etiologia do delito que se ocupam os teóricos do *labelling*, não se pode extrair dele diagnóstico algum sobre as causas (fatores e variáveis) da criminalidade. De tal forma que o valor "constitutivo" que asignam aos agentes do controle social deve ser interpretado em sua acepção simbólica, de acordo com as premissas do interacionismo. O etiquetamento não "causa" a criminalidade, mas os modelos ou pautas sociais de comportamento derivados da reação social condicionam a natureza e o significado atribuídos àquela, bem como suas consequências.
Por outro lado, é importante observar que nem todos os teóricos do etiquetamento atribuem um peso absoluto à reação social na criação do desvio (daí falar-se de posturas radicais e modera-

Numa segunda aproximação, contudo, a criminalidade se revela como o processo de interação entre ação e reação social de modo

"que um ato dado seja desviante ou não depende em parte da natureza do ato (ou seja, se quebranta ou não alguma regra), e em parte do que outras pessoas fazem a respeito." (Becker, 1971, p. 13)

Pois, ainda no dizer de Becker (1971, p. 14):

"(...) devemos reconhecer que não podemos saber se um certo ato vai ser catalogado como desviante até que seja dada a resposta dos demais. O desvio não é uma qualidade presente na conduta mesma, senão que surge da interação entre a pessoa que comete o ato e aqueles que reagem perante o mesmo."

Trata-se ainda, a "criminalidade", não apenas de uma de uma realidade social construída, mas construída de forma altamente seletiva e desigual pelo controle social.

A tese da seletividade, que já se encontra nas historiografias de Rusche/Kircheimer e Foucault recebe aqui uma investigação sistemática e é levada às suas últimas consequências a partir de outra das revelações fundamentais do *labelling*: a das correlativas "regularidades" a que obedecem a criminalização e o etiquetamento dos estratos sociais mais pobres, visibilizada pela clientela da população carcerária.

6.2.3. O quadro e os níveis explicativos do "labelling approach"

Da dimensão da definição à dimensão do poder
(de definir, selecionar e estigmatizar) e de um
modelo consensual a um modelo pluralista

Relativizando e problematizando a definição da criminalidade do paradigma etiológico, o *labelling* desloca o interesse cognoscitivo e a investigação das "causas" do crime (e,pois, da pessoa do criminoso e seu meio e mesmo do fato-crime) para a reação social da conduta desviada, em especial para o sistema penal, como conjunto articulado de processos de definição (criminalização primária) e de seleção (criminalização secundária) e para o impacto que produz o etiquetamento na identidade do desviante. (Kaiser, 1983, p. 85; Pablos de Molina, 1988, p. 584-592; Dias e Andrade, 1984, p. 43)

Desta forma, ao invés de indagar, como a Criminologia tradicional, "quem é criminoso?", "por que é que o criminoso comete crime?"

---

das) salientando neste sentido que deverá existir uma conduta prévia, perante a qual a sociedade reage. (Hassemer, 1984, p. 82 e Pablos de Molina, 1988, p. 587).

o *labelling* passa a indagar "quem é definido como desviante?" "por que determinados indivíduos são definidos como tais?", "em que condições um indivíduo pode se tornar objeto de uma definição?", "que efeito decorre desta definição sobre o indivíduo?", "quem define quem?" e, enfim, com base em que leis sociais se distribui e concentra o poder de definição?

É assim que a pergunta relativa à natureza do objeto e do sujeito na definição dos comportamentos desviantes orientou o desenvolvimento de três níveis explicativos do *labelling approach*, cuja ordem lógica procede aqui inverter:

a) um nível orientado para a investigação do impacto da atribuição do *status* de criminoso na identidade do desviante (é o que se define como "desvio secundário");[29]

b) um nível orientado para a investigação do processo de atribuição do *status* criminal (processo de seleção ou "criminalização secundária");[30] e

c) um nível orientado para a investigação do processo de definição da conduta desviada (ou "criminalização primária")[31] que conduz por sua vez, ao problema da distribuição do poder social desta definição, isto é, para o estudo de quem detém em maior ou menor medida este poder na sociedade. E tal é o problema que conecta a investigação

---

[29] Este nível, no qual não nos deteremos neste trabalho, prevalece entre os autores que se ocuparam particularmente da identidade e das carreiras desviadas, como Howard Becker (não obstante sua decisiva contribuição no nível da definição), Edwin M. Schur e Edwin M.Lemert, a quem se deve o conceito de "desvio secundário" (*secondary deviance*) que teorizado pela primeira vez em seu *Social Pathology* em 1951, foi por ele retomado e aprofundado em *Human Deviance. social problems and social control* (1972) tendo se convertido num dos tópicos centrais do *labelling*.
Conforme já o antecipamos no tópico "6.1", relacionando-se com um mais vasto pensamento crítico sobre os fins da pena os resultados deste nível de investigação sobre o "desvio secundário", e as carreiras criminosas negam a concepção reeducativa da pena e a ideologia do tratamento (negação do *princípio do fim e da prevenção*) ao evidenciar que a intervenção do sistema penal, em especial a prisão, ao invés de exercer um efeito reeducativo sobre o delinquente, determina, na maior parte dos casos, a consolidação de uma verdadeira e própria carreira criminal, lançando luz sobre os efeitos criminógenos do tratamento penal e sobre o problema não resolvido da reincidência. (Baratta,1991a, p. 89, e 1991a, p. 116).

[30] Tal é o processo de aplicação das normas penais pela Polícia e a Justiça. É o importante momento da atribuição da etiqueta de desviante (etiquetamento ou rotulação) que pode ir desde a simples rejeição social até a reclusão do indivíduo em uma prisão ou internação em um manicômio. Para os teóricos do *labelling* a atribuição desta etiqueta é um momento fundamental não apenas na construção seletiva da criminalidade mas pelo seus efeitos na identidade do sujeito etiquetado.

[31] Correspondente ao processo de criação (gênese) das normas penais, em que se definem os bens jurídicos protegidos, as condutas criminalizadas, a qualidade e quantidade das penas. Não obstante, não se limitam a análise das definições legais, levando também em consideração (com maior ou menor ênfase) as definições informais dadas pelo público em geral (definições do "senso comum").

do *labelling* com as teorias do conflito. (Baratta, 1991a, p. 87; Pablos de Molina, 1988, p. 588, 592-3; Dias e Andrade, 1984, p. 43).[32]

A investigação se desloca dos controlados para os controladores e, remetendo a uma dimensão macrossociológica, para o poder de controlar.

Becker (1971, p. 26) sintetiza esta dimensão do poder nos seguintes termos:

"As diferenças na habilidade para fazer regras e aplicá-las a outras pessoas são essencialmente diferenças de poder (tanto legal como extralegal). Esses grupos cuja posição social lhes dá armas e poder estão em melhor capacidade para implantar suas regras. Distinções em idade, sexo, étnicas e de classe estão todas relacionadas com diferenças de poder. Além de reconhecer que o desvio é criada pelas respostas da gente perante um particular tipo de conduta e por etiquetar esta conduta como desviante, nós devemos também ter em mente que as regras criadas e mantidas por esta etiqueta não são universalmente aceitas. Ao contrário, estas são objeto de conflito e desacordo, parte do processo político da sociedade."

Ao chamar a atenção para a importância do processo interativo (de definição e seleção) para a construção e a compreensão da realidade social da criminalidade, o *labelling* demonstrou também como as diferenças nas relações de poder influenciam esta construção. (Hulsman, 1986, p. 127)

Assenta, pois, na recusa do monismo cultural e do modelo do consenso como teoria explicativa da gênese das normas penais que constituía um pressuposto fundamental da Criminologia positivista. Desde Becker, as normas penais passam a ser vistas numa perspectiva de pluralismo axiológico, coincidindo seus partidários em que o processo de criação (modificação ou derrogação) das normas penais não procede de um amplo consenso social nem se orientam para a efetiva e necessária tutela de interesses gerais. Em uma sociedade plural, as verdadeiras variáveis de todo processo de definição devem localizar-se nas relações de poder existentes entre os diversos grupos sociais. (Pavarini, 1990, p. 127-8; Dias e Andrade, 1984, p. 43; Alvarez, 1990, p.22 e Pablos de Molina, 1988, p. 602)

Assim:

---

[32] Podemos agora pontualizar, relativamente à negação da ideologia da defesa social anteriormente referida, que são os resultados do nível analítico do impacto (a) que negam *os princípios do fim e da prevenção*; os resultados do nível da atribuição do *status* criminal (b) que se contrapõem ao *princípio da igualdade* e os relativos no nível da definição (c), conectados com as teorias do conflito, que se opõem ao *princípio do interesse social e do delito natural*.

"A legitimação tradicional do sistema penal como sistema necessário à tutela das condições essenciais de vida de toda a sociedade civil, além da proteção de bens jurídicos e de valores igualmente relevantes para todos os consórcios, é fortemente problematizada no momento em que se passa – como é lógico em uma perspectiva baseada na reação social – da pesquisa sobre a aplicação seletiva das leis penais à pesquisa sobre a formação mesma das leis penais e das instituições penitenciárias." (Baratta, 1991a, p. 115)

6.2.4. O sistema penal (processo de criminalização) numa perspectiva dinâmica e no "continuum" do controle social

Em decorrência, pois, de sua rejeição ao determinismo e aos modelos estáticos de comportamento, o *labelling* supera uma visão e abordagem estática e descontínua por uma visão e abordagem dinâmica e contínua do sistema penal, conduzindo ao reconhecimento de que, do ponto de vista do processo de criminalização seletiva, a investigação das agências formais de controle não pode considerá-las como agências isoladas umas das outras, autossuficientes e autorreguladas mas requer, no mais alto grau, um *approach* integrado que permita dar uma maior consistência ao "funcionamento" do sistema como um todo.[33] (Dias e Andrade, 1984, p. 373-4).

É que, precisamente desde o ponto de vista do processo de criminalização seletiva, o sistema penal se apresenta como um *continuum* no qual é possível individualizar segmentos que vão desde o legislador até os órgãos encarregados do controle e assistência dos liberados e os sujeitos sob o regime de liberdade condicional.

Nesta perspectiva não apenas a criminalização secundária insere-se no *continuum* da criminalização primária, mas o processo de criminalização acionado pelo sistema penal se integra na mecânica do controle social global da conduta desviada de tal modo que para compreender seus efeitos é necessário apreendê-lo como um subsistema encravado dentro de um sistema de controle e de seleção de maior amplitude.

O sistema penal não realiza o processo de criminalização e estigmatização à margem ou inclusive contra os processos gerais de

---

[33] Neste sentido, o emprego do termo "sistema penal" já se consagrou na literatura, para além da questão de saber se as diferentes agências da Justiça penal constituem um autêntico "sistema" na acepção que a este termo é conferida pela moderna teoria do sistema social ou antes uma mera justaposição ou conjunto de subsistemas relativamente desintegrados. A respeito, ver por exemplo: Zaffaroni (1991, p. 144); Hulsman (1993, p. 58-60); Dias & Andrade. (1984, p. 373-384)

etiquetamento que tem lugar no seio do controle social informal, como a família e a escola (por exemplo, o filho estigmatizado como "ovelha negra" pela família, o aluno como " difícil" pelo professor, etc.) conforme salienta o interacionismo simbólico (Hassemer, 1984, p. 82; Muñoz Conde, 1985, p. 37) e o mercado de trabalho, entre outros, como salientará a Criminologia crítica.

Por outro lado, considerada a amplitude e pluridimensionalidade do controle social,[34] relativizado fica, em seu âmbito, o controle exercido pelo sistema penal de forma que:

"(...) dentro do controle social a norma penal, o sistema jurídico-penal, ocupa um lugar secundário, puramente confirmador e assegurador de outras instâncias muito mais sutis e eficazes.

(...)

As diferenças existentes entre o sistema jurídico-penal e outros sistemas de controle social são mais bem de tipo quantitativo: o Direito penal constitui um *plus* adicional em intensidade e gravidade das sanções e no grau de formalização que sua imposição exige." (Muñoz Conde, 1985, p. 37)

E relativizado fica o lugar do Direito Penal e sua Dogmática e da própria "Justiça", seja porque ocupam um espaço relativo e não absoluto no âmbito do sistema penal, seja pelo enorme campo do controle social que escapa aos seus limites.

Com a transposição do conceito de reação ou controle social para o centro da investigação criminológica, nestes termos, o *labelling* introduz na literatura a visão e a linguagem do controle sociopenal, controle penal ou do delito e, pois, do sistema penal como subsistema de controle social.[35]

---

[34] Pois, de fato, o âmbito do controle social é amplíssimo e, dada sua proteica configuração nem sempre é evidente, pois se exerce informalmente através de meios mais ou menos difusos e encobertos (como a família, a educação escolar, a religião,os meios de comunicação de massa, e muitos outros aspectos que tecem o complexo tecido social) até meios formalizados e explícitos como o sistema penal que é, como já afirmamos, um exemplo típico de controle social formal. (Zaffaroni, 1987, p. 24-5).

[35] Conforme já o antecipamos no item "2" e, em especial, na nota "1" deste capítulo. Neste sentido, merecem referência as importantes – e entre si polemizadas – construções de uma "Sociologia do controle penal" e de uma "Teoria Crítica do controle social" que, na esteira do *labelling* e do paradigma da reação social são protagonizadas, respectivamente, por Bergalli e Aniyar de Castro, em especial para a América Latina. Enquanto Bergalli (1970, 1983, 1987, 1989, 1990; Bergalli *et al.* 1983, p. 147-8) propõe substituir a própria denominação "Criminologia" por "Sociologia do controle penal", cujo objeto seria o controle penal concebido como espécie ou tipo particular do gênero controle social realizado através do sistema penal; Aniyar de Castro (1986, 1987, 1990) entende que a Criminologia deve converter-se em teoria crítica da totalidade do controle social. Ambas as formulações foram por sua vez polemizadas por Monreal (1985).

6.2.5. Mudança de paradigma

Manifesta é, pois, a ruptura epistemológica e metodológica operada com a Criminologia tradicional, traduzida no abandono do paradigma etiológico-determinista (sobretudo na perspectiva individual) e na substituição de um modelo estático e descontínuo de abordagem do comportamento desviante por um modelo dinâmico e contínuo que o conduz a reclamar a redefinição do próprio objeto criminológico. Ruptura que se traduz, por outro lado, na desqualificação das estatísticas oficiais como instrumento fundamental de acesso à "realidade" criminal, devido às insuperáveis aporias a que conduziam, como veremos, do ponto de vista gnoseológico.

Produz assim, como se autoatribuem seus representantes e a literatura em geral subscreve, um verdadeiro salto qualitativo – uma "revolução" de paradigma no sentido kuhneano – consubstanciado na passagem de um paradigma baseado na investigação das causas da criminalidade a um paradigma baseado na investigação das condições da criminalização. (Bergalli, 1983, p. 146-7; Baratta, 1991a, 1982b; Alvarez, 1990, p. 15-6 e 31; Muñoz Gonzalez, 1989; Hassemer, 1984, p. 84; Larrauri, 1991, p. 1; Pavarini, 1987, p. 127; Dias e Andrade, 1984, p. 43)

Foi assim que:

"A introdução do *labelling approach*, sobretudo devido à influência de correntes de origem fenomenológica (como o interacionismo simbólico e a etnometodologia), na sociologia da desviância e do controle social, e de outros desenvolvimentos da reflexão sociológica e histórica sobre o fenômeno criminal e sobre o direito penal, determinaram, no seio da Criminologia contemporânea, uma troca de paradigmas mediante a qual esses mecanismos de definição e de reação social vieram ocupar um lugar cada vez mais central no interior do objeto da investigação criminológica. Constitui-se, assim, um paradigma alternativo relativamente ao paradigma etiológico, que se chama justamente, o paradigma da 'reação social' ou 'paradigma da definição'." (Baratta, 1983b, p. 147 e 1991a, p. 225)

Com o então denominado paradigma da reação social, do controle ou da definição e a polarização da análise criminológica em torno da natureza, estrutura e funções do controle social e suas diversas instâncias, considera-se inaugurada a terceira grande fase no desenvolvimento do conhecimento criminológico, depois da ruptura que um século antes a Escola Positiva realizou relativamente ao pensamento criminológico clássico. (Bergalli *in* Bergalli e Bustos Ramirez, 1983a, p. 146-7)

7. DE UM MODELO PLURALISTA A UM MODELO CONFLITIVO

O desenvolvimento da dimensão do político no paradigma da reação social

São as teorias conflituais (Coser, Simmel, Turk, Quinney), contudo, que irão desenvolver a dimensão do político no interior do paradigma da reação social, reconduzindo-a das estruturas paritárias dos pequenos grupos e dos processos informais de interações que se desenvolvem no seu interior às estruturas gerais da sociedade e aos seus conflitos de interesse e hegemonia que aparecem como princípio explicativo fundamental dos processos de criminalização.[36]

São assim elementos peculiares das teorias conflitivas baseadas no paradigma da reação social:

"a] a antecipação lógica do processo de criminalização relativamente ao comportamento criminal; b] a dependência funcional do processo de criminalização (e, em conseqüência do comportamento criminal) das dinâmicas conflitivas presentes na sociedade; c] a natureza política de todo o fenômeno criminal." (Pavarini, 1988, p. 140)

Se criminal é o comportamento criminalizado e se a criminalização não é mais do que um aspecto do conflito que se resolve através da instrumentalização do Direito e portanto do Estado por parte de quem é politicamente mais forte, os interesses que estão na base da formação e aplicação do Direito Penal não são interesses comuns a todos os cidadãos, mas interesses dos grupos que têm o poder de influir sobre os processos de criminalização. Consequentemente, a questão criminal como um todo – e não apenas um determinado número de delitos "artificiais" – é uma questão eminentemente política. Mediante a relação instaurada entre conflito social e processo de criminalização, a inserção do Direito Penal numa perspectiva política e uma explicação mais articulada da natureza seletiva daquele processo, as teorias conflituais representam, como já referimos, uma pontual contraposição ao *princípio do interesse social e do delito natural* (Pavarini, 1988, p. 140; Baratta, 1991a, p. 123)

---

[36] A respeito, tanto Pavarini (1988, p. 139-40) quanto Baratta (1991a, p. 122-123) assinalam que as teorias conflituais da criminalidade não são teorias de medio alcance, pois partem de uma teoria geral da sociedade na qual o modelo do conflito, polemizando com o modelo consensual do estrutural-funcionalismo (Talcott Parsons e Robert Merton) é fundamental.

8. DO *LABELLING APPROACH* À CRIMINOLOGIA CRÍTICA

Por isto mesmo, com o *labelling approach* e com as teorias sociológicas do conflito,

"(...) tem lugar, no âmbito da sociologia criminal contemporânea, a passagem da Criminologia liberal à Criminologia crítica. Uma passagem (...) que acontece sem uma verdadeira e própria solução de continuidade. A recepção alemã do *labelling approach*, em particular, é um momento importante desta passagem." (Baratta, 1991a, p. 165 e 1982b, p. 39-40)

8.1. Marco teórico-metodológico, quadro explicativo e teses fundamentais da criminologia crítica

8.1.1. Recepção crítica do paradigma da reação social

Irreversibilidade e limites analíticos do *labelling approach*
(de um modelo pluralista a um modelo materialista)

Numerosos são assim os aportes teóricos recebidos pela Criminologia crítica que indo por dentro do paradigma da reação social e para além dele desenvolve a dimensão do poder – considerada deficitária no *labelling* – numa perspectiva materialista cujo nível de abstração macrossociológica alça as relações de poder e propriedade em que se estrutura conflitivamente a sociedade capitalista.

Nesta perspectiva, se a utilização do paradigma da reação social é uma condição necessária, não é condição suficiente para qualificar como crítica uma Criminologia (Baratta, 1991a, p. 225 e 1991b, p. 53), pois:

"Mesmo na sua estrutura mais elementar, o novo paradigma implica uma análise dos processos de definição e de reação social, que se estende à distribuição do poder de definição e da reação numa sociedade, à desigual distribuição desse poder e aos conflitos de interesses que estão na origem desses processos." (Baratta, 1983b, p. 147)

Assim,

"Quando, ao lado da 'dimensão da definição' esta 'dimensão do poder' é suficientemente realizada na construção de uma teoria, estamos em presença do mais pequeno denominador comum de todo esse pensamento que podemos alinhar sob a denominação de 'Criminologia crítica'." (Baratta, 1983b, p. 147)[37]

Para melhor situar o alcance explicativo da Criminologia crítica, é necessário referir que parte tanto do reconhecimento da irreversibilidade dos resultados do paradigma da reação social e das teorias do conflito nele baseadas sobre a operacionalidade do sistema penal e a ideologia da defesa social, quanto de suas limitações analíticas macrossociológicas e mesmo causais (Baratta, 1991a, p. 114; Pavarini, 1988, p. 187; Muñoz Gonzalez, 1989, p. 270)

Relativamente a tais limites,[38] dois aspectos têm sido especialmente destacados. Em primeiro lugar, a abstração do enfoque político em relação ao enfoque econômico do poder.

É que na teoria do *labelling* o privilégio concedido

"(...) às relações de hegemonia desloca a análise para um terreno abstrato, no qual o momento político é definido de maneira independente da estrutura econômica das relações de produção e de distribuição. Daí resulta uma teoria que está em condições de descrever mecanismos de criminalização e de estigmatização, de referir estes mecanismos ao poder de definição e à esfera política em que este se insere, sem poder explicar, independentemente do exercício deste poder, a realidade social e o significado do desvio, dos comportamentos socialmente negativos e da criminalização." (Baratta, 1991a, p. 118)

Por sua vez, o desenvolvimento do paradigma da reação social no marco do conflito, ainda que alce uma dimensão macrossociológica, o faz com insuficiente grau de abstração em relação à estrutura econômica. Pois, uma vez que a atenção se fixa no processo de criminalização em si, sem perquirir seus condicionantes estruturais, a interpretação pluralista acaba por reduzir-se a uma interpretação "atomista" da sociedade, vista como um conjunto de pequenos grupos, cujas relações não remetem nunca às relações mais gerais de classe, isto é, a uma desigual distribuição das oportunidades sociais. (Pavarini, 1990, p. 131)

Nesta perspectiva, o objeto do conflito não são:

---

[37] Tal critério demarcador da Criminologia crítica que adotamos aqui requer, portanto, um aporte interacionista + um aporte materialista das relações de poder que, se inclui seu desenvolvimento a partir de categorias do materialismo histórico, a ele não se reduz, conforme nota "15". Sobre o critério proposto por Zaffaroni para a América Latina, ver 1984:142.Sobre a explicitação da relação que subsiste entre Criminologia e marxismo e o problema de uma teoria materialista, dado que a obra de Marx e do marxismo em geral carece de uma teoria explicativa do controle penal em si, ver Baratta, (1991a, p.165 *et.seq.*) e Pavarini, (1988, p.148 *et seq.*).

[38] Desenvolvidamente, ver Pavarini (1988, p.130-137).

"(...) as relações estruturais sobre as quais se funda o poder senão a simples relação política de domínio de alguns indivíduos sobre outros. O que, em palavras simples, equivale a afirmar que a única saída possível para os conflitos é a mediação política dentro da esfera institucional." (Pavarini, 1990, p. 141)

O segundo aspecto, correlato ao primeiro, refere-se à radicalização do antideterminismo do *labelling* contra o paradigma etiológico que Pavarini traduziu por ceticismo *qualunquista*.

É que – escreve – ao negar taxativamente a existência de uma realidade fenomênica do desvio que não seja efeito do processo de etiquetamento,

"(...) chega com o tempo a negar também toda realidade estrutural (social, política e econômica) na explicação do comportamento desviante. A criminalidade como fenômeno se transformou assim em pura aparência de um jogo formal de recíprocas interações. Dizendo que o louco é tal porque socialmente é considerado assim, se esquece que o sofrimento mental desgraçadamente existe prescindindo também da reação social que suscita; afirmando que o criminoso é só quem sofreu um processo de criminalização se acaba por perder de vista que a ação desviante é em primeiro lugar expressão de um mal-estar social, de um conflito social. Se não se explicam pois as razões políticas de porque um certo comportamento é enquadrado como desviante ou de porque um certo sujeito é criminalizado, a criminalidade, ademais de ser uma aparência, chega a ser também um inexplicável acidente. Céticos a respeito de toda interpretação da criminalidade, os interacionistas muito pronto se alogam no mar de qualunquismo." (Pavarini, 1988, p. 130)

Também Baratta (1983b, p. 147), sintetizando a crítica de esquerda ao *labelling*, destaca que:

"(...) avaliar a criminalidade e o desvio como o resultado do processo de definição pode provocar, num tal contexto, o escamotear de situações socialmente negativas e de sofrimentos reais que, em numerosos casos, podem ser considerados como o ponto de referência objetiva das definições."

O reconhecimento dos limites das teorias do *labelling* em traduzir-se numa crítica macrossociológica do sistema penal, das teorias do conflito em alçar o nível da estrutura de classe e de ambas em apreender os condicionamentos estruturais da criminalidade não conduz, assim, à negação, mas à reafirmação dos seus resultados e à sua complementação na direção deficitária apontada.[39]

Baratta (1991a, p. 166-7, e 1976, p. 8-9) assinala, neste sentido, que através do desenvolvimento da Criminologia dos anos quarenta em diante são duas as etapas principais que conduziram aos umbrais da Criminologia crítica:

"Em primeiro lugar, o deslocamento do enfoque teórico do autor às condições objetivas, estruturais e funcionais, que se encontram na origem dos fenômenos do desvio. Em segundo lugar, o deslocamento do interesse cognoscitivo desde as causas do desvio criminal até os mecanismos sociais e institucionais mediante os quais se elabora a 'realidade social' do desvio (...). Opondo ao enfoque biopsicológico o enfoque macrossociológico, a Criminologia crítica historia a realidade do comportamento desviante e põe em evidência sua relação funcional ou disfuncional com as estruturas sociais, com o desenvolvimento das relações de produção e distribuição. O salto qualitativo que separa a nova da velha Criminologia consiste, todavia, sobretudo na superação do paradigma etiológico, que era o paradigma fundamental de uma ciência entendida naturalisticamente como teoria das 'causas' da criminalidade. A superação deste paradigma comporta também a de suas implicações ideológicas: a concepção do desvio e da criminalidade como realidade social e institucional e a aceitação acríticas das definições legais como princípio de individualização daquela pretendida realidade ontológica; duas atitudes, além de tudo, contraditórias entre si."

A Criminologia crítica recupera, portanto, a análise das condições objetivas, estruturais e funcionais que originam, na sociedade capitalista, os fenômenos de desvio, interpretando-os separadamente conforme se tratem de condutas das classes subalternas ou condutas das classes dominantes (a chamada criminalidade de colarinho branco, dos detentores do poder econômico e político, a criminalidade organizada, etc.).[40]

---

[39] A respeito do *labelling* como uma teoria de "médio alcance", ver Baratta (1991a, p. 149-150) e Zaffaroni (1991, p. 60-61).

[40] As primeiras são vistas como expressões específicas das contradições que caracterizam a dinâmica das relações de produção e de distribuição, numa determinada fase do desenvolvimento da formação econômico-social; na maior parte dos casos, uma resposta inadequada, individual e irracional, àquelas contradições, por parte dos indivíduos socialmente em desvantagem. As segundas são estudadas à luz da relação funcional entre processos legais e ilegais da acumulação e da circulação do capital e entre esses processos e a esfera política. (Baratta, 1978, p. 14-5; Cirino dos Santos, 1984, p. 100-124).

De qualquer modo, é quando o enfoque macrossociológico se desloca do comportamento desviante para os mecanismos de controle social dele, em especial para o processo de criminalização, que o momento crítico atinge sua maturação na Criminologia, e ela tende a transformar-se de uma teoria da criminalidade em uma teoria crítica e sociológica do sistema penal. De modo que, deixando de lado possíveis diferenciações no seu interior, ela se ocupa hoje em dia, fundamentalmente, da análise dos sistemas penais vigentes.

Como objeto desta abordagem

"(...) o sistema penal não é unicamente o complexo estático de normas, senão mais bem um complexo dinâmico de funções (processo de criminalização) ao qual concorre a atividade das diversas instâncias oficiais, desde o legislador até os órgãos de execução penal e dos mecanismos informais da reação social." (Baratta, 1982b, p. 40-1)

A "criminalidade" se revela, principalmente, como um *status* atribuído a determinados indivíduos, mediante uma dupla seleção: em primeiro lugar, pela seleção dos bens jurídicos penalmente protegidos e dos comportamentos ofensivos a estes bens, descritos nos tipos penais; em segundo lugar, pela seleção dos indivíduos estigmatizados entre todos aqueles que praticam tais comportamentos. (Baratta, 1991a, p. 167)

8.1.2. Da descrição da fenomenologia da desigualdade (seletividade) à sua interpretação estrutural

A relação funcional entre sistema penal e sistema social capitalista

Contudo,

"O progresso na análise do sistema penal como sistema de direito desigual está constituído pelo trânsito da descrição da fenomenologia da desigualdade à interpretação dela, isto é, ao aprofundamento da lógica desta desigualdade. Este aprofundamento evidencia o nexo funcional que existe entre os mecanismos seletivos do processo de criminalização e a lei de desenvolvimento da formação econômica em que vivemos (e também as condições estruturais próprias da fase atual deste desenvolvimento em determinadas áreas ou sociedades nacionais). (Baratta, 1991a, p. 171)

Nesta perspectiva, a realidade social "está constituída pelas relações de produção, de propriedade e poder e pela moral dominante".

E legitimá-la significa reproduzir ideologicamente estas relações e a moral dominante." (Baratta, 1986, p. 90)

De modo que, em um nível mais alto de abstração, o sistema penal se apresenta

"(...) como um subsistema funcional da produção material e ideológica (legitimação) do sistema social global, isto é , das relações de poder e de propriedade existentes, mais que como instrumento de tutela de interesses e direitos particulares dos indivíduos." (Baratta, 1987a, p. 625)

No trânsito da análise da operacionalidade do sistema penal – descrição da desigualdade – para a sua interpretação estrutural, a Criminologia crítica chega, assim, à investigação das funções simbólicas e reais do sistema penal e a uma desconstrução unitária e mais elaborada da ideologia da defesa social.

9. O CONTROLE EPISTEMOLÓGICO DO PARADIGMA ETIOLÓGICO

É importante então pontualizar como esta "revolução de paradigma" em Criminologia permitiu evidenciar o déficit causal do paradigma etiológico e desconstruir seus fundamentos epistemológicos, explicitando a relação de dependência na qual se encontra em relação ao Direito e ao sistema penal oficial na própria definição de seu objeto de investigação.

É que a Criminologia positivista tem como referente para a individualização do seu objeto a própria lei penal e os resultados finais e contingentes do processo de criminalização acionado pelo sistema penal, investigando assim a criminalidade tal como resultante de uma dupla seleção.

Em primeiro lugar, das definições legais de crime e das estatísticas oficiais e, em segundo lugar, da seleção dos criminosos deste modo tornados disponíveis para a observação e experimentação clínica através da prisão e dos manicômios.

Ao aceitar que crime é a concreção de uma conduta legalmente definida como tal, já não pode investigar a criminalidade como fenômeno social, mas apenas enquanto definida normativamente. Na própria delimitação de seu objeto, já se realiza, pois, uma subordinação da Criminologia ao Direito Penal. E ao identificar os criminosos com os autores das condutas legalmente definidas como tais e, mais do que isso, com os sujeitos etiquetados pelo sistema como criminosos, identifica população criminal com a clientela do sistema penal. Neste nível, sua dependência metodológica estende-se da normatividade ao resultado da própria operacionalidade, altamente seletiva, do sistema penal.

Seu interesse originário pela investigação dos delinquentes converte-se em investigação dos delinquentes selecionados pelo sistema, e seu laboratório de experimentação, que deveria ser a sociedade, converte-se, na prática, nas prisões, nos manicômios e delegacias de polícia.[41] (Platt, 1980; Zaffaroni, 1991, p. 44; Dias e Andrade, 1984, p. 66; Pavarini, 1988, p. 53-4; Pablos de Molina, 1988, p. 583)

Assim, o criminólogo positivista não conhecerá nunca o "fenômeno" da prostituição, do tráfico de drogas, do crime organizado, etc., podendo conhecer algumas mulheres, traficantes e mafiosos, por exemplo, que foram selecionados pelo sistema. E isto vale independentemente para todas as formas de criminalidade.

Pelo que se chega

"a uma conclusão verdadeiramente paradoxal: o positivismo criminológico que havia se dirigido para a busca de um fundamento natural, ontológico, da criminalidade, contra toda sua boa intenção é a demonstração inequívoca do contrário; ou seja, de que a criminalidade é um fenômeno normativo. Certamente impossível de ser conhecido desde um ponto de vista fenomenológico." (Pavarini, 1988, p. 54)

Na medida em que a Criminologia positivista encontra-se metodologicamente dependente, na delimitação do seu objeto (a criminalidade), das definições de crime e da seleção de criminosos pelo sistema penal, suas teorias etiológicas somente podem concluir por causas indissociável e exclusivamente ligadas ao tipo de pessoas que integram a clientela do sistema, buscando nelas todas as variáveis que expliquem sua diversidade com respeito aos sujeitos normais, com exclusão, todavia, do próprio processo de criminalização, que aparece como o fundamento da diversidade.

É precisamente esta situação de dependência na qual a Criminologia positivista se encontra na própria definição de seu objeto de investigação e as aporias daí resultantes, que dão lugar ao profundo questionamento de seu *status* científico levando a concluir que "a sua pretensão de proporcionar uma teoria das causas da criminalidade não tem justificação do ponto de vista epistemológico." (Baratta,1982a, p. 29, e 1983b, p. 146)

---

[41] Basta lembrar a engenharia lombrosiana de medição e quantificação de crânios dos presos italianos, imortalizada no Museu de Turim.

E isto porque uma investigação causal-naturalista não é aplicável a objetos definidos por normas, convenções ou avaliações sociais ou institucionais, já que fazê-lo acarreta uma "coisificação" dos resultados destas definições normativas que aparecem como "coisas" que existem independentemente delas. A "criminalidade", os "criminosos" são, sem dúvida, objetos deste tipo. E são impensáveis sem a intervenção da reação social e penal. (Baratta, 1983, p. 146)

Em síntese, pois, a aporia desta Criminologia consiste em que ela se declara como uma ciência causal-explicativa da criminalidade, exclui a reação social de seu objeto (centrando-se na ação criminal) quando é dela inteiramente dependente; ao mesmo tempo em que se apoia, aprioristicamente, numa noção ontológica da criminalidade. Assim, ao invés de investigar, fenomenicamente, o objeto criminalidade, este aparece já dado pela clientela das prisões e dos manicômios que constitui então a matéria-prima para a elaboração de suas teorias criminológicas, com base nas estatísticas oficiais. Afirmando que este atributo criminalidade, sendo uma realidade ontológica, diferencia tais sujeitos dos que estão fora dos muros do cárcere e dos manicômios, pode passar à investigação de suas causas e ao seu combate científico em defesa da sociedade.

A coisificação da criminalidade produzida pelo paradigma etiológico comporta então, como reverso da medalha, uma grave consequência. Esta matéria-prima é obtida e coincide, não se sabe em virtude de que harmonia preestabelecida, com o produto da reação social e penal a qual, segundo a hipótese de que parte este paradigma deveria ser indiferente para a existência do seu objeto de investigação, porque de existência ontológica.

Por outro lado, a dependência metodológica que está na base desta crítica epistemológica é que conduziu a Criminologia positivista a uma dependência da ideologia dominante na Dogmática Penal, e esta dupla dependência (metodológica e ideológica) é que tornou possível o modelo oficial integrado de Ciência Penal.

Da mesma forma, pois, como sucedeu há quase um século com o paradigma dogmático de Ciência Penal, o estatuto epistemológico do paradigma etiológico de Criminologia encontra-se hoje colocado em xeque.[42] E ambos o foram por argumentos derivados, em linhas gerais, de um mesmo denominador: a impossibilidade da Dogmática Penal realizar inteiramente o modelo positivista de Ciência; a traição da Criminologia à promessa de realização deste modelo, isto é, de

---

[42] A respeito, ver Walton, Taylor e Young (1990, p. 46 e 47); Pavarini, (1980, p. 53).

uma Ciência causal-explicativa da criminalidade segundo o método experimental.

10. O CONTROLE FUNCIONAL DO PARADIGMA ETIOLÓGICO
A reinterpretação da Escola clássica e da Criminologia positivista como saberes do controle penal

Chegamos, assim, a um ponto fundamental. A partir desta desconstrução epistemológica, fica claro como a Criminologia positivista, mesmo nas suas versões mais atualizadas (através da aproximação "multifatorial"), não opera como uma instância científica "sobre" a criminalidade, mas como uma instância interna e funcional ao sistema penal, desempenhando uma função imediata e diretamente auxiliar relativamente a ele e à Política Criminal oficial.

Pois não se trata de "explicar" causalmente a criminalidade, mas de instrumentalizar e justificar, legitimando-a, a seleção da criminalidade e a estigmatização dos criminosos operada pelo sistema penal. E não se trata, igualmente, de "combatê-la", porque a função do sistema é, precisamente, a de construí-la ou geri-la seletivamente.

É por isso que o seu universo de referências é praticamente imposto pelo mesmo sistema, e ela é obrigada a pedir-lhe a definição do seu próprio objeto de investigação. Neste sentido, não apenas coloca seu próprio saber (a teoria das causas da criminalidade, das medidas penais e alternativas) a serviço dos objetivos declarados do sistema, mas produz (e reproduz) o próprio discurso interno que os declara avalizando, do ponto de vista da ciência, uma imagem do sistema que é dominada por esses objetivos. A sua contribuição para a racionalização do sistema é, sobretudo, uma contribuição legitimadora (autolegitimação oficial). (Baratta, 1982b, p. 29; 1983a, p. 152 e 1983b, p. 154)

Ao definir-se, pois, como ciência causal-explicativa, a Criminologia positivista oculta o que na verdade sempre foi: uma "ciência do controle social" (Aniyar de Castro, 1987, p. 22-32) que nasce

> "(...) como um ramo específico da ciência positiva para aplicar e legitimar o controle. A teoria da defesa social, como uma teoria com pretensões científicas e sociológicas, é a nova ideologia do controle do intervencionismo, justamente para submeter a toda outra ideologia. Com mais nitidez que nunca o Estado aparece ligado intrinsecamente a uma ideologia do controle para o controle da ideologia e sob o manto da neutralidade e objetividade

científica, que lhe permite abjurar de toda ideologia, salvo a própria.

(...)

Não é de estranhar, pois, que com o positivismo se radicalize o controle, sobre as bases da divisão científica e sociológica da existência de homens não perigosos (normais) e perigosos (anormais); logo se trata de defender a sociedade destes seres perigosos – aos que há que ressocializar ou inocuizar –, que são os que se apartam do normal; mais ainda, que apresentam características potenciais de separar-se do normal – prognóstico científico de periculosidade. No fundo, o controle se inicia com o nascimento do indivíduo e ainda mais atrás, com o controle das características dos futuros pais." (Bustos Ramirez *in* Bergalli e Bustos Ramirez, 1983b, p. 17)

E na esteira desta reinterpretação da Criminologia positivista como Ciência do controle social,[43] passa a ser reavaliado o próprio lugar que corresponde à Escola Clássica na história da Criminologia, discutindo-se se ela representa apenas uma "pré-Criminologia" ou se constitui, já, uma primeira Criminologia e um capítulo não menos importante da sua história. Passa a falar-se de Escola Clássica de Criminologia, e não mais unicamente de Escola Clássica do Direito Penal.

Assim Taylor, Walton & Young (1990, p. 25) observam que:

"A teoria clássica é, antes de tudo, uma teoria do controle social (na qual as teorias sobre a motivação humana, etc. estão implícitas e não explícitas): Fixa, em primeiro lugar, a forma em que o Estado deve reagir perante o delinqüente; em segundo termo, as condutas desviantes que permitem qualificar de delinqüentes a determinadas pessoas; e, terceiro, a base social do direito penal."

E por ter se concentrado nas condições do contrato social e nas questões relativas ao ordenamento jurídico e ao destino que se deveria dar aos delinquentes, ou seja, unicamente nos problemas da administração do controle, julgam acertado caracterizá-la como uma "Criminologia administrativa e legal". Enfim, precisamente por ter estipulado "as condições do contrato social e do controle social é que exerceu uma influência extraordinária nas legislações de todo o mundo." (Taylor, Walton, Young, 1990, p. 20, 23, 25)

---

[43] A respeito, ver também Olmo, (1984); Aniyar de Castro, (1987); Pavarini, (1988); Taylor, Walton eYoung, (1990); Bergali eBustos Ramirez, (1983a).

Neste sentido, afirma Aniyar de Castro (1984, p. 22-3, e 1982, p. 72) que a Criminologia não nasce, como se afirma repetidamente, com a Escola Positiva, pois sendo controle social

> "(...) deveremos reconhecê-la já na chamada Escola Clássica do direito penal, a qual fez a maior sistematização controladora da ordem que se recorde no campo repressivo. Com razão Taylor, Walton & Young, a definem como 'uma Criminologia administrativa e legal'. Isto o reconheceram alguns positivistas. O faz, por exemplo, Quintiliano Saldanha, em um livro que, coincidentemente se denomina, como o dos autores nomeados, 'A Nova Criminologia', só que aparecido em 1936, onde proclama à Criminologia positivista como uma 'nova Criminologia' que ele opunha à velha Criminologia da Escola Clássica. (...) Reconhece assim este autor que a filosofia da repressão representada pela Escola Clássica, baseada sobre o livre-arbítrio, o acento na pulcritude processual, nas garantias legais e na medida da pena, era já uma Criminologia." (Aniyar de Castro, 1987, p. 22-3, e 1982, p. 72)

Seja como for, a importância desta linha interpretativa está em situar o saber oficial, tanto o clássico como o criminológico positivista, como saber do controle penal, inserção que, também presente na genealogia foucauldiana da moderna Justiça Penal interpela, muito sugestivamente, a Dogmática Penal. É nesta direção que seguimos.

11. DO CONTROLE EPISTEMOLÓGICO E FUNCIONAL DO PARADIGMA ETIOLÓGICO DE CRIMINOLOGIA AO CONTROLE FUNCIONAL DO PARADIGMA DOGMÁTICO DE CIÊNCIA PENAL

Para tanto, importa-nos a seguir abordar duas ordens de implicações decorrentes da mudança paradigmática aqui explicitada: a) uma nova relação entre Criminologia e Direito Penal como uma relação ciência-objeto; b) uma nova relação entre Criminologia e Dogmática Penal.

Recapitulemos, pois, que no modelo oficial de Ciência Penal integrado pelo paradigma dogmático de Ciência Penal e pelo paradigma etiológico de Criminologia, aquela era definida como ciência normativa do Direito Penal, e esta, como Ciência causal explicativa do fenômeno da criminalidade, concebida como realidade ontológica, preexistente à reação social e penal.

Neste modelo, enquanto

"(...) o direito penal ocupava-se apenas do 'dever-ser', com o qual o poder assinalava os limites do saber criminológico, a Criminologia ocupava-se da 'etiologia' das ações das pessoas selecionadas pelo poder do sistema penal; no entanto, nem o direito penal, nem a Criminologia ocupavam-se da realidade operacional do sistema penal, cuja legitimidade não era questionada." (Zaffaroni, 1989, p. 44)

Ao conectar, como signos reciprocamente inseparáveis, a conduta desviada (a criminalidade) e a reação social (Direito e sistema penal) tomando a ambos, numa unidade analítica, como seu objeto (cujo elo é representado pelo "processo de criminalização"), o paradigma da reação social demonstra e supera o artificialismo desta separação, fazendo convergir a separação temática que ao longo da modernidade dividia em termos contrapostos o objeto da Criminologia e da Dogmática Penal positivistas.

11.1. Uma nova relação entre criminologia e Direito Penal como uma relação ciência-objeto

Nesta redefinição temática em relação ao objeto de ambas as disciplinas, o Direito Penal converte-se, diretamente, em objeto criminológico e "a relação Criminologia-direito penal, se faz, pois, uma relação de ciência-objeto." (Aniyar de Castro, 1987, p. 88)

E se, enquanto objeto da Dogmática, o Direito Penal era definido como normatividade abstrata, protetora de bens jurídicos universais (princípio do interesse social) igualitária e mecanicamente aplicada (princípio da igualdade); na condição de objeto criminológico, é criticamente recolocado e funcionalmente redimensionado no marco e na dinâmica do sistema penal. Na mesma medida em que a explicação da criminalidade passa a ser referenciada e explicada a partir da reação social, vista como constitutiva da sua "construção seletiva", o Direito Penal também passa a ser explicado como instrumento do controle sociopenal.

Neste sentido, o novo paradigma comporta não apenas uma superação da concepção ontológica da criminalidade, mas, simultaneamente, uma superação da concepção normativista e despolitizada do Direito Penal, própria dos paradigmas etiológico e dogmático e da ideologia da defesa social que os conforma. Desde sua redefinição criminológica, é no marco do sistema penal e do processo de criminalização seletiva por ele acionado que o Direito Penal adquire sua significação plena.

11.2. Uma nova relação (secundária) entre Criminologia e Dogmática Penal

Passando do plano da relação entre Criminologia e Direito Penal, para o plano de uma nova relação entre Criminologia e Dogmática Penal, estamos, também, em presença de uma relação Ciência-objeto?

Em primeiro lugar, impõe-se constatar que enquanto a Criminologia tinha seu objeto de estudo delimitado pelas definições legais de crime, a lei penal, acriticamente aceita por ela e a Dogmática Penal, representava um ponto de encontro ideal para uma integração entre ambas as disciplinas. No momento em que a lei penal (Direito Penal) é diretamente convertida em objeto criminológico, nos termos acima aludidos, desaparece aquela dupla dependência em que a Criminologia se encontrava face à Dogmática Penal, a convergência ideológica de ambas e, por extensão, a função auxiliar daquela em relação a esta. (Baratta, 1982b, p. 45; Aniyar de Castro, 1987, p. 88)

Contrariamente à Criminologia tradicional que, na condição de instância interna do sistema penal, desempenha uma função auxiliar e legitimadora relativamente a este e à Política Criminal oficial, a Criminologia contemporânea, ao resgatar sua autonomia científica, situa-se como uma instância crítica externa do Direito e do sistema penal.

Neste sentido,

"(...) a Criminologia crítica coloca-se numa relação radicalmente diferente com a prática. Para a Criminologia tradicional o sistema positivo e a prática oficial são os destinatários, os beneficiários do seu saber, o príncipe que ela é chamada a aconselhar. Para a Criminologia crítica o sistema positivo e a prática oficial são, antes de mais, o objeto do seu saber. A relação com o sistema é crítica: a sua tarefa imediata não consiste em fornecer receitas de política criminal mas sim em examinar de maneira científica a gênese do sistema, a sua estrutura, os seu mecanismos de seleção, as funções que ele realmente exerce, os seus custos econômicos e sociais." (Baratta, 1983b, p. 153)

Resgatada a autonomia do saber criminológico, consequentemente, uma discussão contemporânea sobre as relações entre Dogmática Penal e Criminologia somente pode dar-se sobre novas bases. (Aniyar de Castro, 1987, p. 87-88)

Retornamos assim a uma clássica e delicada questão. Pois se, como o ilustramos no primeiro capítulo, as relações entre ambas têm sido historicamente pouco cordiais e sujeitas a fortes tensões (Ramirez, 1987, p. 523), estas aparecem revigoradas ao se indagar sobre a possibilidade de uma nova relação a ponto de Zaffaroni (1982, p. 46) ter afirmado, há certo tempo, que "no fundo parecem coincidir e de fato coincidem numa incomunicabilidade absoluta".

Para logo aduzir, contudo, que:

"(...) há tanto irracionalismo na atitude dos penalistas que rechaçam indiscriminadamente toda a Criminologia chamada crítica e inclusive toda a Criminologia atual, como na dos criminólogos radicais que negam em bloco toda a legitimidade do direito penal." (Zaffaroni, 1982, p. 46)

Por outro lado, como observa Olmo (1987, p. 38-9), hoje podemos constatar que esta incomunicabilidade não é mais absoluta, na medida em que:

"Estão surgindo uma série de penalistas que tem iniciado uma interessante reflexão crítica não apenas sobre o direito penal e o direito em geral, mas também sobre a Criminologia crítica, que pode resultar muito útil para a concreção desta Criminologia. Incumbe ao criminólogo sua reflexão crítica da Criminologia crítica e do direito penal (...)." (Olmo, 1987, p. 38-9)

Nesta perspectiva, como também pondera Bustos Ramirez (1987, p. 538): "o criminólogo crítico será um penalista crítico e o penalista também um criminólogo crítico."

Com efeito, a quebra desta incomunicabilidade está hoje instaurada por obra de criminólogos e penalistas críticos que, colocando em suspensão, seja o radicalismo criminológico (que desqualifica inteiramente o Direito Penal), seja o radicalismo dogmático (que ignora ou repudia em bloco a Criminologia crítica), tem protagonizado uma nova relação e na qual visualizamos, sem prejuízo de outros enfoques, duas faces. Uma, relativa à recepção (desde o interior do próprio penalismo) ou à projeção (por criminólogos críticos) dos dados sobre o sistema penal para a análise da Dogmática cujos resultados obtidos têm remetido para (e esta é a segunda e correlata face) o debate relativo à sua reconstrução/transformação que acaba retomando, sob um novo prisma, o clássico debate do final do século XIX sobre as (im)possibilidades de um novo modelo integrado de Ciência Penal.[44]

---

[44] Nesta interação entre Criminologia e Penalismo críticos, da qual a Escola de Bolonha italiana pode ser considerada uma expressão exemplar podem situar-se, sem pretensões de exaustividade: Baratta, (1982b e 1991a); Bergalli, (1984a); Zaffaroni, (1989 e 1981); Bustos Ramirez, (1987);

Neste sentido, pode-se dizer que independentemente da transformação dogmática e de um novo modelo disciplinar que esta nova interação possa protagonizar, está hoje aberta e explorada a recepção da crítica historiográfica e criminológica do sistema penal também desde o interior da própria Dogmática Penal por segmentos, embora minoritários, de penalistas críticos que, atuando como "sujeitos" desta recepção, podem inclusive ser considerados como "cientistas extraordinários" no sentido kuhneano.

Não visualizamos, portanto, aqui, uma nova relação Ciência-objeto, na qual a Dogmática Penal seja convertida em objeto da Criminologia Crítica (objeto criminológico) vista como um saber externo, alheio e de confrontação a ela. Visualizamos uma interação teórico-prática que se situa, portanto, no momento de interregno entre um modelo oficial integrado de Ciência Penal epistemológica e (como veremos em maior profundidade) funcionalmente deslegitimado (ainda que oficialmente vigente) e a busca de uma nova integração superadora e cujo pressuposto é a perda de legitimidade do sistema penal ao qual este modelo se vincula.

Ponto fundamental então a destacar é que neste interregno um dos elos fundamentais da referida interação tem sido, ao que nos parece, o desenvolvimento do aspecto crítico da Criminologia ao encontro do aspecto garantidor do Direito Penal dogmático e vice-versa; ou seja, o que podemos denominar de um "garantismo crítico" entendido como vigilância sobre o (des)respeito aos direitos humanos no marco do funcionamento efetivo (e não idealizado) do sistema penal e sua crise de legitimidade.

Em decorrência, sejam os movimentos político-criminais, sejam as postulações de reconstrução/transformação da Dogmática Penal orientados pela Criminologia crítica se baseiam na mais radical afirmação das garantias dos direitos humanos.

Assim, se o projeto de transformação do controle penal da Criminologia crítica não se limita ao garantismo, é necessário insistir com Aniyar de Castro (1987, p.88-9) que apesar do que pensam alguns juristas, ela não trata de negar o Direito: interessa-se antes por dotá-lo de novos conteúdos e resgatar sua vertente garantidora. Salvo, aduzimos, em suas vertentes mais radicalizadas.

Bacigalupo, (1982); Aniyar de Castro, (1987); Garcia Mendez (19--); Carrasquilla, (1984); Conorado Franco, (1990); Navarro Solano, (1990); Tosca Hernandez, (1991); Clemente, (1991), Sola Dueñas, (1982); Ferrajoli, (1986 e 1989); Perfecto Ibañez (1988); Cirino dos Santos, (1985); Nilo Batista, (1991).

É importante aduzir também que esta interação não tem se limitado no nível da produção teórica, mas abrange o engajamento em movimentos de reforma da Justiça e de defesa dos direitos humanos (em especial dos menores) em países europeus e latino-americanos.

Referindo-se, por exemplo, à investigação sobre sistemas penais e Direitos Humanos dirigida por Zaffaroni (1984a e b) na América Latina, Aniyar de Castro (1987, p. 93-4) visualiza nela, precisamente, as potencialidades de um aprofundamento daquele elo (garantismo crítico) ao asseverar que:

"(...) a primeira conseqüência relevante de um projeto como este está, nos parece, em um refrescamento das possibilidades de colaboração, senão de integração, entre a Criminologia – que não pode ser senão a crítica –, e um direito penal (ou se quer ser mais preciso, uma ciência penal), também crítico. O 'garantismo', ou respeito, vigilância e garantia dos Direitos Humanos, se converteria assim na zona coincidente de ambos os círculos e em objetivo de alto nível na escala de prioridades de ambas as disciplinas."

12. MARCO TEÓRICO E BASES DO CONTROLE DOGMÁTICO

Inserção da dogmática penal no âmbito do sistema penal

Em definitivo, portanto, com seu novo e autônomo estatuto e objeto, a Criminologia fundada no paradigma da reação social, desde o seu momento genético com a matriz interacionista até seu desenvolvimento com a Criminologia crítica, em cujo marco chega-se ao direto questionamento de uma nova forma de relação com a Dogmática Penal, é o saber que potencializa e assumimos, sob a indicada ótica do garantismo, para o seu controle funcional. Neste sentido, consideramos fundamental e recebemos tanto a contribuição dos criminólogos quanto a dos penalistas críticos, nos termos já aludidos. Por sua vez, a historiografia foucauldiana, apresentando fortes pontos de intersecção e convergência com a crítica criminológica que dela recebe, inclusive, algumas indicações epistemológicas fundamentais, concorre com uma contribuição fundamental para este controle.[45]

Situemos, pois, as bases do controle postulado iniciando por retomar o ponto de partida. Como afirmamos ao início deste capítulo, a questão central em torno da qual ele deve gravitar – e que traduzimos num conjunto de interrogantes – é se a Dogmática Penal, enquanto ciência prática, tem cumprido sua função racionalizadora/garantidora em nome da qual pretende legitimar o seu modelo de Ciência. E se é o cumprimento desta função que explica sua marcada vigência

---

[45] Designaremos este saber de controle por "Ciência social", "crítica historiográfica, sociológica e criminológica" ou "crítica social". E utilizaremos complementarmente argumentos de outras matrizes na medida de sua convergência com o marco assinalado.

histórica. Interrogante que nos conduziu a postular uma análise contrastiva entre as promessas dogmáticas e a operacionalidade do sistema penal. Mas, como também afirmamos, este ponto de partida redimensiona-se na sua própria tematização, conduzindo-nos agora a recolocar esta análise metodologicamente contrastiva no marco de uma reinterpretação mais ampla, apta a dar conta das duas grandes questões até aqui deixadas pendentes e a retomar: a) a da relação funcional entre Dogmática e realidade social, que permite explicar sua sobrevivência histórica e b) a da separação cognoscitiva entre Dogmática e realidade social. A partir do marco teórico acima situado, podemos agora pontualizar tais questões entreabertas.

É que um controle funcional não pode se limitar à contrastação direta entre funções declaradas da Dogmática Penal e operacionalidade do sistema penal, partindo dos próprios pressupostos dogmáticos. Mas deve partir de uma reinterpretação global do paradigma que, acorde com as indicações do saber eleito, chegue ao controle de sua autoimagem funcional (funções declaradas) desde o controle de sua autoimagem genérica.

Nesta perspectiva, a primeira indicação fundamental que retemos é a necessidade de inserção analítica da Dogmática no âmbito do sistema penal, o que conduz a ressignificar sua autoimagem como Ciência (neutra) do Direito Penal. Pois, para além de uma instância científica externa, isto é, sobre o Direito Penal, trata-se de uma instância funcional interna ao sistema penal.

Operando como instância do sistema penal, ela ocupa uma posição no seu interior, situando-se, precisamente, como código de comunicação entre os seus níveis definicional ou programacional (legislação penal-criminalização primária) e operacional (Justiça-criminalização secundária).

Recolocando neste marco a função instrumental racionalizadora/garantidora declarada da Dogmática Penal ela significa então uma função instrumental do exercício de poder do sistema penal, isto é, do controle penal, ao nível judicial da criminalização secundária (vocação técnica) e, ao mesmo tempo, de racionalização garantidora desta mesma criminalização por ela instrumentalizada (vocação humanista).

Esta duplicidade funcional indica assim que o instrumental dogmático deve possibilitar o exercício do controle penal com segurança jurídica individual, ao proporcionar às decisões judiciais uma fundamentação técnica de base científica.

Trata-se, pois, tal como a Criminologia positivista, de uma Ciência do controle penal, com um duplo código: tecnológico e legitimador.

Em segundo lugar, enquanto instância do sistema penal, a Dogmática coparticipa, consequentemente, de seu real funcionamento. Por isto mesmo, ao explicitá-lo, a crítica social fornece dados decisivos para responder não apenas às indagações sobre o (des)cumprimento das funções declaradas do paradigma, mas para a constatação do cumprimento de outras funções que, embora não declaradas e assumidas, tem latentemente potencializado, como a já afirmada, de legitimação do sistema penal. Permite assim perquirir sua real funcionalidade para além da sua autoimagem funcional.

Em terceiro lugar, inserir a Dogmática Penal no âmbito do sistema de controle e criminalização é inseri-la como instância do poder concreto que ele representa no Estado moderno: ser instância do sistema é ser instância do poder.

Nesta perspectiva, a pretensão apolítica e objetiva da Dogmática Penal carece inteiramente de fundamentação (Bustos Ramirez, 1987, p. 16). E "o lugar da Política, na Ciência, não deixa de ser, principalmente, um lugar ideológico." (Warat, 1983, p. 43)

Com efeito, sendo a ideologia uma forma de expressão (e ocultação) do político no discurso da Ciência, o discurso dogmático é, como já assinalamos, um discurso fundamentalmente ideológico.

O discurso dogmático declarado, visível, ao operar com o complexo de representações e símbolos do Estado de direito, consubstancia, positivamente, um programa ou um metaprograma decisório para a prática penal contendo, neste sentido, potenciais garantidores do indivíduo. Mas, ao centrar-se discursivamente na simbologia jurídico-garantidora ("de direito") do Estado moderno oculta, ideologicamente, a dimensão do poder e da dominação ("capitalista") que com ela se dialetiza, materializando uma visão ideologizada do seu funcionamento.

Ocultando/invertendo a realidade ao se materializar, o discurso dogmático é configurador de sentido, pois não apenas contribui, decisivamente, para a formação da mentalidade dos operadores jurídicos (através da educação jurídica), mas para a formação do próprio senso comum da generalidade dos cidadãos isto é, da opinião pública, que interage ativamente com o sistema penal.

Nesta dupla e simultânea dimensão ideológica de seu discurso é que potencializa uma função legitimadora pela legalidade, não apenas das decisões da agência judicial, mas de todo o sistema penal. (Zaffaroni, 1991, p. 182)

Pois concorre, de maneira não desprezível, para socializar a crença e produzir um consenso (real ou aparente), dentro e fora do circuito profissional do sistema penal, em torno de uma imagem ideal e mistificadora de seu funcionamento; em especial um consenso em torno de um modelo liberal de funcionamento "dentro" da legalidade, igualdade e segurança jurídica e, portanto, em torno do monopólio da força assumido pelo Estado moderno. Concorre, desta forma, para conformar um tipo de imaginário social sobre o sistema penal, ao mesmo tempo em que oculta a sua real funcionalidade.

Não se trata de afirmar, contudo, que o discurso dogmático sobre o Direito Penal (assim como o discurso criminológico) haja assumido conscientemente uma função legitimadora, mas que tem produzido, como consequência de seu discurso, um efeito legitimador. Do mesmo modo, em momento algum este discurso assumiu-se como discurso do "controle penal".

Em quarto lugar, a inserção da Dogmática Penal como instância do sistema penal – ponto de partida do seu controle – conduz a retomar a relação funcional entre Dogmática e realidade social para além da relação funcional, dogmaticamente imaginada, entre seu modelo e a aplicação judicial do Direito Penal, abstratamente considerada.

É que nesta perspectiva a relação Dogmática Penal-realidade social passa a ser concebida como relação Dogmática Penal-sistema de controle sociopenal-sistema social.

Seu lugar de materialização na realidade social é, portanto, o *locus* contraditório, conflitivo e violento do sistema penal que expressa contradições inscritas na Sociedade e no Estado, e não o *locus* apolítico por ela idealizado (aplicação científica e neutra da lei penal pelo Judiciário).

Por último, os dados historiográficos, sociológicos e criminológicos críticos sobre o sistema penal e sobre a ideologia da defesa social permitem refundamentar o atraso teórico da Dogmática Penal e o seu déficit cognoscitivo. Pois, se a fundamentação deste atraso não é nova, tendo se realizado no interior de disciplinas como a Semiologia, a Sociologia Jurídica, as Teorias críticas do Direito e outras, com estes dados acumulam-se as perspectivas para se concluir que a Dogmática Penal se apoia em crenças e fundamentos teóricos totalmente desacreditados pelo conhecimento contemporâneo.

A partir deste marco teórico, é possível então oferecer uma resposta às duas grandes questões pendentes sobre a relação funcional e a separação cognoscitiva entre Dogmática Penal e realidade social.

Nesta perspectiva, entendemos que a crítica do sistema penal possibilita, embora indiretamente, não apenas uma interpretação da sobrevivência dogmática, mas gera um "quadro desconcertante" (Zaffaroni, 1989, p. 431) para a sua vigência, hoje, ao mesmo tempo em que cria as condições para um questionamento mais profundo de sua crise, diante das quais buscamos identificar sua especificidade e a partir das quais hoje se prediz, acrescente-se, as bases de sua reconstrução/transformação, no horizonte de um novo modelo (integrado?) de Ciência Penal.

É neste marco analítico que recolocamos e a partir dele pretendemos responder àquelas indagações originárias.

CAPÍTULO IV

Configuração, operacionalidade e funções do moderno sistema penal

Das funções declaradas às funções reais da dogmática como ciência do sistema penal

1. INTRODUÇÃO

Tendo delimitado o marco teórico para a análise do sistema penal e pontualizado os termos de realização do controle dogmático nele baseado, este capítulo será desenvolvido em três momentos.

Em primeiro lugar, situaremos a configuração do moderno sistema penal centralmente orientada pela historiografia de Foucault. Pois, ao explicitá-la desde a relação poder-saber no marco do sistema social capitalista, possibilita operar o trânsito para a análise mais estrita do funcionamento do sistema penal a partir de uma perspectiva histórica que, remetendo às bases fundacionais daquela relação nos permite: a) situar a configuração dos modelos penais fundamentais[1] e a especificidade então assumida pelo moderno sistema penal (enquanto subsistema jurídico e subsistema social); b) assinalar a ambiguidade que está na base de sua fundação entre exigências latentes de dominação e promessas de garantismo; e c) ressignificar, a partir destas exigências latentes, a configuração do saber penal clássico, criminológico e dogmático que descrevemos no capítulo primeiro sob a ótica de seu discurso declarado;[2] e, em especial, a autoimagem da Dogmática Penal e sua relação com a Criminologia positivista.

Não se trata, pois, de reconstruir historicamente a emergência do moderno sistema penal, mas de situar sua configuração em perspectiva histórica, assinalando a ambivalência que o marca desde sua fundação para recolocar a Dogmática Penal no marco deste sistema

---

[1] A que aludimos no item "2" do capítulo anterior.

[2] Situando-o aqui como saber do sistema de controle sociopenal, na linha interpretativa que assinalamos no item "10" do capítulo anterior.

ambivalente, ressignificando sua autoimagem e, enfim, sua convergência funcional com a Criminologia no interior do sistema penal, para além da relação funcional entre ambas, oficialmente declarada no modelo integrado de Ciência Penal.

De modo que o conceito da Dogmática Penal, reconstruído até aqui desde as bases fundacionais do moderno saber penal (capítulo primeiro) e sua própria autoimagem (capítulo segundo) reassume sua significação plena desde as bases fundacionais do moderno sistema penal em cujo horizonte, em definitivo, se constitui e demarca e, ao mesmo tempo, se torna constitutivo dele. A Dogmática Penal reaparece então, a partir de uma reinterpretação global do moderno saber penal, como Ciência "funcionalmente ambígua" do sistema penal.

A seguir, procedemos à análise da operacionalidade e das funções reais do moderno sistema penal centralmente orientada[3] pela Criminologia da reação social à Criminologia e o Penalismo críticos, pela própria via entreaberta pela genealogia de Foucault. Pois dela se depreende, também, que a lógica de funcionamento do sistema penal descrita pela crítica criminológica está inscrita na própria fundação do sistema.

Chegamos por esta via à análise comparativa direta entre programação (normativa e teleológica) e operacionalidade e, a seguir, entre metaprogramação dogmática e operacionalidade do sistema penal, pontualizando as funções cumpridas e descumpridas pela Dogmática enquanto Ciência funcionalmente ambígua do sistema de controle, ao mesmo tempo em que os termos de sua relação funcional e separação cognoscitiva com a realidade social.

2. CONFIGURAÇÃO DO MODERNO SISTEMA PENAL E SEU CAMPO CORRELATO DE SABER NO MARCO DO SISTEMA SOCIAL CAPITALISTA

Poder e saber penal

O viés da genealogia foucaultiana que nos interessa então focalizar é precisamente o da relação poder-saber penal sob o fio condutor da tese já situada no capítulo anterior: a de que a transição da antiga para a moderna Justiça Penal não significou a passagem da barbárie ao humanismo, mas de uma estratégia de punir a outra, mediante um

---

[3] O "centralmente orientada" significa que, tanto neste quanto no momento anterior apesar da exposição destas matrizes ser nuclear e obedecer a uma sequência, utilizamos às vezes intercaladamente os argumentos de uma em relação à outra e ainda, eventualmente, contribuições que, embora externas a ambas, são convergentes com seus resultados.

deslocamento qualitativo do seu objeto (do corpo para a mente) e objetivos (minimização dos custos econômico e político e maximização da eficácia).

Neste revisionismo, embora não se ocupando diretamente da Dogmática Penal, Foucault percorre a trajetória de constituição do moderno saber penal que vai do saber clássico (desde o discurso reformista, simbolizado especialmente na obra de Beccaria) ao criminológico, evidenciando sua conexão com a constituição do moderno poder penal e suas exigências latentes e reais de dominação e ressignificando, desta ótica, a reforma penal iluminista, a linha jurídica de formulação do "Direito Penal do fato" e a criminológica do "Direito Penal do autor". Por esta via, possibilita ressignificar também a chamada "luta" entre as Escolas Clássica e Positiva e a disputa pela hegemonia entre Dogmática Penal e Criminologia que a ela se seguiu, bem como a convergência funcional latente e real de ambas no marco do sistema penal.

2.1. Ressignificando a reforma e o saber penal iluminista

Dos objetivos declarados aos objetivos latentes e reais

É assim que Foucault (1987, p. 70) irá revisitar a ambiência da reforma penal iluminista, iniciando por questionar o binômio "humanidade-medida" em que assenta:

"(...) como esse homem-limite serviu de objeção à prática tradicional dos castigos? De que maneira ele se tornou a grande justificação moral do movimento de reforma? Por que esse horror tão unânime pelos suplícios e tal insistência lírica por castigos que fossem 'humanos'? ou, o que dá no mesmo, como se articulam um sobre o outro, numa única estratégia, esses dois elementos sempre presentes na reivindicação de uma penalidade suavizada: 'medida' e 'humanidade'?"

É preciso então, prossegue Foucault (1987, p. 70-71), contar o nascimento e a primeira história desta "enigmática suavidade" recolocando essa reforma no processo que os historiadores isolaram recentemente ao estudar os arquivos judiciários. No decorrer do século XVIII, registra-se uma diminuição considerável dos crimes de sangue e, de um modo geral, das agressões físicas, passando a prevalecer os delitos contra a propriedade; ao mesmo tempo a delinquência difusa, ocasional, mas frequente das classes mais pobres é substituída por uma delinquência limitada e hábil.

A mitigação da violência das penas, à custa de múltiplas intervenções, acompanha, pois, a mitigação da violência dos crimes e uma transformação da própria organização interna da delinquência.

E este processo de dupla via significa que, com o desenvolvimento da sociedade capitalista, um movimento global faz derivar a "ilegalidade", do ataque aos corpos para o desvio mais ou menos direto dos bens:

"(...) com as novas formas de acumulação de capital, de relações de produção e de estatuto jurídico da propriedade, todas as práticas populares que se classificavam, seja numa forma silenciosa, cotidiana, tolerada, seja numa forma violenta, na ilegalidade dos direitos, são desviadas à força para a ilegalidades dos bens. O roubo tende a tornar-se a primeira das grandes escapatórias à legalidade, nesse movimento que vai de uma sociedade da apropriação jurídico-política a uma sociedade de apropriação dos meios e produtos do trabalho." (Foucault, 1987, p. 80)

Desta forma, a passagem de uma criminalidade de sangue para uma criminalidade de fraude faz parte de todo um mecanismo complexo onde figuram a acumulação do capital, o desenvolvimento da produção, uma modificação do jogo das pressões econômicas, um forte crescimento demográfico, uma multiplicação da riqueza e da propriedade, uma valorização jurídica e moral das relações de propriedade, uma elevação geral do nível de vida e a "necessidade de segurança jurídica" como sua consequência. Por outro lado, constata-se no decorrer do século XVIII que a justiça se torna de certo modo mais pesada, e sua legislação agrava, em vários pontos, a severidade punitiva. Na sociedade capitalista, dá-se, assim, uma reestruturação da "economia das ilegalidades": a "ilegalidade dos direitos" que muitas vezes assegurava a sobrevivência dos mais despojados é separada da "ilegalidade dos bens".[4] Divisão que corresponde a uma oposição de classe, pois enquanto a ilegalidade mais acessível às classes baixas será a dos bens (transferência violenta das propriedades), a burguesia proprietária se reservará a "ilegalidade dos direitos." (Foucault, p. 71-72 e 80)

E ao mesmo tempo em que esta separação se realiza, afirma-se a necessidade de uma vigilância constante, mas que se faça essencialmente sobre a ilegalidade dos bens; de uma minuciosa coerção para manter seu ajustamento. É portanto necessário controlar e codificar

---

[4] Por "ilegalidade de bens" Foucault designa a criminalização ou tipificação das condutas contrárias à propriedade privada, que passa a assumir o primeiro posto em relação às condutas contrárias à pessoa, como a vida, a liberdade etc., designadas por "ilegalidade dos direitos".

tais práticas ilícitas. É preciso que as infrações sejam bem definidas e punidas com "segurança", de modo que se impõe

"(...) desfazer a antiga economia do poder de punir que tinha como princípios a multiplicidade confusa e lacunosa das instâncias, uma repartição e uma concentração de poder correlatas com uma inércia de fato e uma inevitável tolerância, castigos ostensivos em suas manifestações e incertos em sua aplicação. Afirma-se a necessidade de definir uma estratégia e técnicas de punição em que uma economia da continuidade e da permanência substituirá a da despesa e do excesso." (Foucault, 1987, p. 80-1)

Foi assim que a reforma penal nasceu do ponto de interseção entre a luta contra o superpoder do soberano e a luta contra o infrapoder das ilegalidades conquistadas e toleradas. E sob o influxo desta dupla exigência é que vimos formar-se, durante todo o século XVIII, dentro e fora do sistema judiciário, na prática penal cotidiana como na crítica das instituições, uma nova estratégia para o exercício do poder de punir que assumiu a forma de um projeto global para a sua redistribuição. (Foucault, 1987, p. 75-6 e 80-1)

A conjuntura que viu nascer a reforma não é, portanto, a de uma nova sensibilidade e respeito pela "humanidade" dos condenados (os suplícios são ainda frequentes), mas a de uma outra política em relação às ilegalidades e à punição cujo verdadeiro objetivo

"(...) não é tanto fundar um novo direito de punir a partir de princípios mais equitativos, mas estabelecer uma nova 'economia' do poder de castigar, assegurar uma melhor distribuição dele, fazer com que não fique concentrado demais entre instâncias que se opõem; que seja repartido em circuitos homogêneos que possam ser exercidos em toda parte, de maneira contínua e até o mais fino grão do corpo social." (Foucault, 1987, p. 75)

Desde suas formulações mais gerais, pois, a reforma deve ser lida como uma estratégia para o remanejamento do poder de punir, que objetiva fundamentalmente diminuir seu custo econômico (dissociando-o do sistema de propriedade, de compra e vendas, da venalidade tanto dos ofícios quanto das próprias decisões) e seu custo político (dissociando-o do arbitrário poder monárquico), aumentando sua eficácia e multiplicando seus circuitos de acordo com modalidades que o tornam mais regular, mais constante e mais bem detalhado em seus efeitos. Em suma, "constituir uma nova economia e uma nova tecnologia do poder de punir; tais são sem dúvida as razões de ser essenciais da reforma penal no século XVIII." (Foucault, 1987, p. 81-2)

Não tendo sido protagonizada pelo discurso dos ideólogos iluministas ressalta dele, todavia, uma "notável coincidência" com esta estratégia reformista global (Foucault, 1987, p. 75-6). Pois o que os ideólogos criticam não é tanto ou apenas os privilégios, a arbitrariedade, a arrogância arcaica ou os direitos incontroláveis da justiça; mas antes a mistura entre suas lacunas e seus excessos (a distribuição mal regulada do poder) e sobretudo o princípio do qual provém esta disfunção: o superpoder monárquico que identifica o direito de punir com o poder pessoal do soberano.

Assim é a

"(...) má economia do poder e não tanto a fraqueza ou a crueldade o que ressalta da crítica dos reformadores. Poder excessivo nas jurisdicões inferiores que podem – ajudadas pela pobreza e pela ignorância dos condenados – negligenciar as apelações de direito e mandar executar sem controle sentenças arbitrárias; poder excessivo do lado de uma acusação à qual são dados quase sem limite meios de prosseguir, enquanto o acusado está desarmado diante dela, o que leva os juízes a ser, às vezes severos demais, às vezes, por reação, indulgentes demais; poder excessivo para os juízes que podem se contentar com provas fúteis se são 'legais' e que dispõem de uma liberdade bastante grande na escolha da pena; poder excessivo dado à 'gente do rei', não só em relação aos acusados, mas também aos outros magistrados; poder excessivo enfim exercido pelo rei, pois ele pode suspender o curso da justiça, modificar suas decisões, cassar os magistrados, revogá-los ou exilá-los, substituí-los por juízes por comissão real." (Foucault, 1987, p. 74)

Neste sentido, a "reforma propriamente dita", tal como formulada pelas teorias clássicas e materializada em projetos não é mais do que a

"(...) retomada política ou filosófica dessa estratégia, com seus objetivos primeiros: fazer da punição e da repressão das ilegalidades uma função regular, coextensiva à sociedade; não punir menos, mas punir melhor; punir talvez com uma severidade atenuada, mas para punir com mais universalidade e necessidade; inserir mais profundamente no corpo social o poder de punir." (Foucault, 1987, p. 76)

Engloba, pois, antes que um projeto humanitário, uma "semiotécnica" geral da punição, isto é, uma receita geral para esta nova "economia política" do poder de punir (Foucault, 1987, p. 226) que responde às exigências de uma nova estratégia de dominação.

A crítica dos suplícios teve assim uma importância decisiva na reforma penal porque se tratava da figura que reunia o poder ilimitado do soberano com a ilegalidade sempre desperta do povo. A humanidade das penas é a regra declarada de um regime de punições que deve fixar limites a um e a outra; assim como o homem que se pretende fazer respeitar na pena é a forma jurídica e moral que se dá a essa dupla delimitação. Contudo, se a reforma, como teoria penal e como estratégia do poder de punir, foi ideada no ponto de coincidência desses dois objetivos, sua estabilidade futura – a passagem de um projeto à de instituição prática – se deveu ao fato de que o segundo ocupou, por muito tempo, um lugar prioritário. (Foucault, 1987, p. 81-2)

Ou seja,

"(...) se, aparentemente, a nova legislação criminal se caracteriza por uma suavização das penas, uma codificação mais nítida, uma considerável diminuição do arbítrio, um consenso mais bem estabelecido a respeito do poder de punir (na falta de uma partilha mais real do seu exercício) ela é apoiada basicamente por uma profunda alteração na economia tradicional das ilegalidades e uma rigorosa coerção para manter seu novo ajustamento." (Foucault, 1987, p. 82)

Desta forma, o "homem" redescoberto pelos reformadores "contra o despotismo do cadafalso é também um homem-medida: não das coisas, mas do poder." (Foucault, 1987, p. 70)

Em nível dos princípios, esta estratégia é facilmente formulada na teoria geral do contrato:

"Supõe-se que o cidadão tenha aceito de uma vez por todas, com as leis da sociedade, também aquela que poderá puni-lo. O criminoso aparece então como um ser juridicamente paradoxal. Ele rompeu o pacto, é portanto inimigo da sociedade inteira, mas participa da punição que se exerce sobre ele. O menor crime ataca toda a sociedade; e toda a sociedade – inclusive o criminoso – está presente na menor punição. O castigo penal é então uma função generalizada, coextensiva do corpo social e a cada um de seus elementos." (Foucault, 1987, p. 82-3)

O contrato social originaria a solidariedade de todos os cidadãos em torno dos valores fundamentais; o consenso assim criado determinaria uma "igualdade de deveres" assente na (pressuposta) "igualdade de interesses", mas a que corresponderia uma "desigualdade real de oportunidades". (Taylor, Walton, Young, 1990, p. 23-4)

A relação de poder que fundamenta o exercício da punição se apoia sobre um duplo eixo:

"De um lado, o criminoso designado como inimigo de todos, que tem interesse em perseguir, sai do pacto, desqualifica-se como cidadão e surge trazendo em si como que um fragmento selvagem de natureza; aparece o 'anormal'. É a esse título que ele se encontrará um dia sob uma objetivação científica, o 'tratamento' que lhe é correlato. De outro lado, a necessidade de medir, de dentro, os efeitos do poder punitivo prescreve táticas de intervenção sobre todos os criminosos, atuais ou eventuais: a organização de um campo de prevenção, o cálculo dos interesses, a entrada em circulação de representações e sinais, a constituição de um horizonte de certeza e verdade, o ajustamento das penas e variáveis cada vez mais sutis, tudo isso leva igualmente a uma objetivação dos crimes e dos criminosos." (Foucault, 1987, p. 92)

Nos dois casos, a relação de poder que fundamenta o exercício da punição arrasta consigo uma relação de objeto na qual se encontram incluídos não só o crime como fato a estabelecer segundo normas precisas, mas o criminoso como indivíduo a conhecer segundo critérios específicos.

Daí se definem duas linhas de objetivação (do crime e do criminoso) que, nascendo das próprias táticas do poder e na distribuição do seu exercício, demarcam o campo do saber, respectivamente jurídico-penal e criminológico; ao mesmo tempo em que neste saber passa a se apoiar o exercício do poder penal, dele recebendo suas regras e justificações.

O poder, enquanto mecanismo, relação, exercício, produz novos objetos de saber e de papéis de forma que:

"Sobre esta microfísica do poder punitivo, sobre essa realidade-referência vários conceitos foram construídos e campos de análise foram demarcados: psique, subjetividade, personalidade, consciência, etc.; sobre ela técnicas e discursos científicos foram edificados; a partir dela, valorizaram-se as reivindicações morais do humanismo." (Foucault, 1987, p. 31)

2.2. Ressignificando a linha de objetivação do crime (Direito Penal do fato) da Escola Clássica à Dogmática Penal

Assim, a linha de objetivação do crime (que vimos denominando "Direito Penal do fato") é precisamente aquela desenvolvida desde o saber clássico até o dogmático sob o binômio humanidade-medida, situando o homem como limite negativo do poder. Trata-se da linha inaugural que está na base da nova economia punitiva e primeiro se impõe, tendo efeitos muito mais rápidos e decisivos que a linha criminológica na medida em que

"(...) estava mais diretamente ligada à reorganização do poder de punir: codificação, definição dos papéis, tarifação de penas, regras de procedimento, definição do papel dos magistrados. E também porque se apoiava sobre o discurso já constituído dos ideólogos. Este fornecia com efeito, pela teoria dos interesses, das representações e dos sinais, pelas séries e gêneses que reconstituía, uma espécie de receita geral para o exercício de poder sobre os homens (...)" (Foucault, 1987, p. 93)

No ponto de partida da nova estratégia punitiva, radica então o projeto político de classificar exatamente as ilegalidades, de generalizar a função punitiva e de delimitar, para controlá-lo, o poder de punir. Enquanto isso a objetivação (criminológica) do criminoso não passa ainda de uma virtualidade, de uma linha de fuga em suspenso (Foucault, 1987, p. 93), e o homem criminoso, embora objeto de uma latente objetivação, ainda não coincide com o anormal, mas simplesmente com o violador consciente do pacto.

Importa fundamentalmente a constituição daquele campo de certeza e verdade em que o crime é objetivado como fato a estabelecer segundo normas gerais precisas. Coloca-se positiva, e não mais reativamente, o problema da medida e cálculo do poder de punir. Eis aí a passagem de um saber filosófico, político e totalizador que havia projetado as bases ideológicas (ideologia reformista) da nova estratégia punitiva para um saber jurídico-penal que deveria, na continuidade, sustentá-lo. A Filosofia, embora legando uma herança decisiva, já havia cumprido o seu papel.

Assim diz Pavarini (1980, p. 40):

"Com a consolidação do domínio capitalista na Europa da Restauração, a interpretação política da criminalidade que havia caracterizado a época da conquista do poder por parte da nova classe burguesa, incluídas as contradições do pensamento iluminista, sempre indeciso entre o momento crítico e as exigências de racionalização, parece resolver-se definitivamente numa leitura apologética da ordem social existente. A ambigüidade que caracterizava as primeiras formas de conhecimento criminológico estava realmente ditada pela dupla exigência de criticar as formas hostis de poder (o feudal) e ao mesmo tempo projetar as formas de um novo poder (o burguês); mas uma vez que o poder político foi definitivamente conquistado, os interesses da classe hegemônica se limitaram a inventar a estratégia para conservá-lo."

Vimos aqui ressignificado o problema da racionalização do poder punitivo e da promessa de certeza e segurança jurídica tal como aparece desde o saber jurídico clássico chegando ao saber dogmático.

A racionalização do poder penal, declarada em nome do indivíduo, traduz uma exigência latente mais profunda de cálculo e eficácia punitiva e de retorno de seus efeitos matemáticos para o próprio poder que pune de forma que:

"O que se precisa moderar e calcular, são os efeitos de retorno do castigo sobre a instância que pune e o poder que ela pretende exercer. Aí está a raiz do princípio de que se deve aplicar só punições 'humanas', sempre, a um criminoso que pode muito bem ser um traidor e um monstro, entretanto. (...) A razão não se encontra numa humanidade profunda que o criminoso esconda em si, mas no controle necessário dos efeitos de poder. Essa *racionalidade 'econômica'* é que deve medir a pena e prescrever as técnicas ajustadas. 'Humanidade' é o nome respeitoso dado a essa economia e a seus cálculos minuciosos. 'Em matéria de pena o mínimo é ordenado pela humanidade e aconselhado pela política.'" (Foucault, 1987, p. 84)

É assim que a regra da "certeza perfeita", como a denomina Foucault, torna-se um dos princípios básicos da nova estratégia punitiva.

E esse princípio geral de certeza

"(...) que deve dar eficácia ao sistema punitivo implica um certo número de medidas precisas. Que as leis que definem crimes e prescrevem as penas sejam perfeitamente claras 'a fim de que cada membro da sociedade possa distinguir as ações criminosas das ações virtuosas'. Que essas leis sejam publicadas, e cada qual possa ter acesso a elas; que se acabem as tradições orais e os costumes, mas se elabore uma legislação escrita, que seja 'o monumento estável do pacto social', que se imprimam textos para conhecimento de todos (...)" (Foucault, 1987, p. 87)

E tal corresponde, precisamente, à decodificação clássica e dogmática da legalidade: não existe crime nem pena sem lei penal escrita, estrita, anterior e certa que o defina.

Como derivação daquela regra da certeza, vem a regra da "especificação ideal", e ela significa que:

"Para que a semiótica penal recubra bem todo o campo das ilegalidades que se quer reduzir, todas as infrações têm que ser qualificadas; têm que ser classificadas e reunidas em espécies que não deixem escapar nenhuma ilegalidade. É então necessário um código, e que seja suficientemente preciso para que cada tipo de infração possa estar claramente presente nele. A esperança da impunidade não pode ser precipitar no silêncio da lei. É necessário um código exaustivo e explícito, que defina os crimes, fixando as penas." (Foucault, 1987, p. 89-90)

Vimos assim que este projeto econômico-político de objetivação do crime que o poder punitivo necessitava para a sua eficácia coincide precisamente com o projeto jurídico do "Direito Penal do fato" empreendido desde a Escola Clássica à Dogmática Penal.

Não é difícil ver aqui como a Dogmática Penal herda e confere às regras da "certeza perfeita" e da "especificação ideal" (que a própria Criminologia entreabrirá na individualização) a sua formulação mais acabada. Para maximizar a certeza (declarada na legalidade) faz-se necessário sua "especificação ideal" (codificação e tipificação) e para maximizar a ambas é necessário um saber metacódigos, metaprogramacional; é necessário uma Dogmática que reconstrua com a arquitetônica de um sistema (classificatorial) as particularidades que cada delito encerra e encerre neste sistema as condições precisas da imputabilidade penal que a legalidade requer. Enquanto o saber clássico demarca os contornos legais desta economia de cálculos precisos, a Dogmática Penal se encarregará de transportá-los para o ato de sentenciar.

Efeito desta economia política e instrumento do seu próprio exercício, ao se comprometer em exorcizar todo aquele arbítrio que o superpoder monárquico potencializava no ato judicial de sentenciar, ela instrumentalizará as suas exigências (ambíguas) de certeza, previsibilidade e segurança.

Reaparecem aqui razões latentes de uma Dogmática tão preocupada pela sorte da "minoria transgressora" antes que da "maioria obediente"; de tanto esforço teórico depositado nos tribunais onde sentam os acusados ao invés das ruas por onde transitam suas vítimas; de tamanha ênfase no binômio indivíduo (garantia) x poder (arbítrio) e no discurso matemático das punições. Reaparecem aqui funções latentes que a Dogmática Penal irá potencializar.

2.3. Ambiguidade genética do moderno poder e saber penal
Dominação e garantismo

Ao desnudar os objetivos latentes do discurso humanista-garantidor declarado e da refundação da penalidade que ele expressa e coconstitui em seus próprios termos, o revisionismo foulcaultiano desnuda a lógica de dominação que os preside.

Mas, contrariamente ao discurso jurídico declarado que só exalta o lado humanitário e garantidor da moderna Justiça Penal, ocultando sua relação com o poder e a dominação (negação estrutural do poder), Foucault, ao explicitá-la, se aproxima, contrariamente, de uma negação estrutural do próprio homem, pois não parece reconhecer o discurso humanista como "constitutivo" da nova Justiça e, portanto, a ambiguidade que está na base desta refundação e deste saber, como o reconhecem outros criminólogos e penalistas críticos.

Se a refundação e racionalização do poder de punir responde, como Foucault o demonstra vigorosamente, a uma nova estratégia de dominação que requer um controle penal política e economicamente mais eficaz fundado num princípio estrutural de cálculo, certeza e previsibilidade, cujas exigências de segurança jurídica (da propriedade) estão ao serviço do poder (burguês) que pune; nesta mesma estratégia, a humanidade do indivíduo é, de qualquer modo, declarada como um domínio inviolável e um novo referencial na história do poder de punir, e a segurança jurídica (individual) coloca-se igualmente para ele como uma exigência a satisfazer.

Assim Pavarini (1980, p. 28), embora revertendo o ângulo do discurso humanista e se aproximando da interpretação de Foucault, reconhece o discurso humanista como constitutivo da nova Justiça:

"Somente o esforço para ler a questão criminal dentro da mais ampla reflexão política do período permite evitar a interpretação ainda hoje dominante que vê ou quer ver do pensamento político-jurídico da época apenas o aspecto, igualmente presente, da 'afirmação da liberdade civil' com relação às arbitrariedades do Poder, da defesa do cidadão contra o Príncipe. Uma interpretação, esta, que quer privilegiar somente o momento negativo da crítica dos horrores da justiça penal ainda impregnada de heranças feudais, que tende a enfatizar entre outras medidas a pretensão voluntarista e ideológica de fazer da legislação criminal a 'magna carta' da liberdade do cidadão-imputado mais que o instrumento da repressão do Estado. Obscurece-se, deste modo, uma realidade cultural muito mais complexa que não deixa nunca de acompanhar o momento destrutivo de 'a crítica à velha ordem' sociopolítica, uma reflexão por outra parte profunda sobre os modos de preservar a concordância e de garantir o 'controle social na nova ordem'. A nova geografia socioeconômica que se determina com a progressiva ruptura dos vínculos feudais e com a emergência de uma economia capitalista impõe a necessidade de elaborar um novo atlas sobre o qual ordenar a prática política."

Dias e Andrade (1984, p. 9-10) também assinalam, neste sentido, que reconduzida a obra de Beccaria e dos reformadores iluministas, na linha de Foucault, ao seu enquadramento histórico e ao plano da Escola Clássica geral

"(...) correspondente à ideologia da burguesia em ascensão, simultaneamente em conflito com o soberano e com os não-possidentes, nunca a Escola Clássica poderia ser susceptível de uma interpretação unilateral. Viu-se, por isso, compelida a reforçar as garantias face ao perigo de arbítrio e a definir, ao mesmo tempo, uma nova estratégia do poder punitivo, reforçando a luta contra o crime e cobrindo as lacunas deixadas pelo velho poder punitivo – tanto mais quanto a criminalidade se convertia progressivamente em criminalidade patrimonial."

E Resta (1991, p. 79-80) na esteira da matriz foucauldiana, pontualiza os termos desta genética ambiguidade ao assinalar que:

"(...) todo o esforço da cultura própria do Iluminismo penal do século XVIII é reconstruível à luz [da] tentativa de 'legalização' da penalidade, não somente no sentido de positivização normativa, mas também (quando não basicamente) no sentido de sua economização dirigida por critérios de 'utilidade' científica. O texto de Beccaria continua sendo exemplar acerca deste propósito. Sua resposta pontual à atrocidade 'dos suplícios' e à inutilidade de seus 'esplendores' se dirige a uma refundação da penalidade, depurada finalmente do arbítrio de uma punição imprevisível e violenta demais – e por isso exposta demais à imitação da violência transgressiva. Princípios modernos como a proporcionalidade da pena com respeito ao delito, a proibição da pena de morte, a rigidez da prevenção da lei, ainda mais a justificação do caráter preventivo da ameaça que observa o delito para se autoconfirmar como punição, nascem ao mesmo tempo de modo ambivalente, como exigências de 'humanização', mas também de relegitimação de funções perdidas, de reconquista de economicidade. A brandura das penas significa ao mesmo tempo uma redução do ônus de espetacularidade inútil e de reconquista científica de 'medida'; é, portanto, uma questão de dose de violência ameaçada."

Contra a negação estrutural do homem e do poder, assumimos uma interpretação da fundação da moderna Justiça Penal em termos essencialmente ambíguos entre exigências de dominação (e legitimação) e exigências humanitárias que se traduzem, no marco de uma legitimação pela legalidade, na exigência de um controle penal com certeza/segurança jurídica.

E expressando, a um só tempo, a necessidade de segurança da propriedade e da liberdade individual (Beccaria), tal exigência genética de "segurança jurídica" no moderno controle penal, com a qual se compromete a Dogmática, é a que melhor simboliza aquela ambiguidade e seus destinatários: o poder burguês (dominação capitalista concreta) e o homem abstrato (garantismo potencial). E porque ambíguo é o significado da certeza/segurança por ela prometida, ambíguo será, como já sugerimos acima e pontualizaremos adiante, seu significado e potencialidades funcionais no controle penal.

A racionalização da Justiça Penal insere-se nesta bifurcação e ela não se exercerá, historicamente, não obstante esta contradição, mas através dela.

2.4. Ressignificando a linha de objetivação do criminoso (Direito Penal do autor)

A complementariedade criminológica

Mas se num primeiro momento o exercício do poder punitivo engendrou e se apoiava unicamente na linha de objetivação do crime, no saber e no profissional jurídico, materializando um controle "segundo, preferentemente, as vias legitimadoras que Weber denominou de dominação legal." (Aniyar de Castro, 1987, p. 24)

"(...) o mesmo imperativo de cobertura integral pelos efeitos-sinais da punição obriga ir mais longe. A idéia de um mesmo castigo não tem a mesma força para todo mundo: a multa não é temível para o rico, nem a infâmia a quem já está exposto. A nocividade de um delito e seu valor de indução não são os mesmos, de acordo com o *status* do infrator; (...) Enfim, já que o castigo quer impedir a reincidência, ele tem que levar bem em conta o que é o criminoso em sua natureza profunda, o grau presumível de sua maldade, a qualidade intrínseca de sua vontade." (Foucault, 1987, p. 89-90)

O que começa a se esboçar doravante é uma modulação que se refere ao próprio infrator, à sua natureza, ao seu modo de vida e de pensar, ao seu passado, e não mais à intenção de sua vontade. Desenha-se a necessidade de uma classificação paralela dos crimes e das penas e a necessidade de individualizá-las, de acordo com as características singulares de cada criminoso. Trata-se agora de fundamentar a ligação código-individualização segundo os modelos científicos da época. Sem dúvida, como acentua Foucault, em termos de teoria do Direito e de acordo com as exigências da prática cotidiana, a individualização se encontra em oposição radical com o princípio da codificação.[5]

Mas, do ponto de vista de uma economia do poder de punir

"(...) e das técnicas através das quais se pretende pôr em circulação, em todo o corpo social, sinais de punição exatamente ajustados, sem excessos nem lacunas, sem 'gasto' inútil de poder mas sem timidez, vê-se bem que a codificação do sistema delitos-castigos e a modulação do par criminoso-punição vão a par e se chamam um ao outro. A individualização aparece como o objetivo derradeiro de um código bem adaptado." (Foucault, 1987, p. 90)

E é neste processo agora em curso de objetivação do criminoso que o exercício do poder penal produz um novo campo de saber: a Criminologia "científica". E, com ela, se estabelece progressivamente um conhecimento positivo dos delinquentes e de suas espécies, muito diferente da qualificação jurídico-dogmática dos delitos e de suas circunstâncias. Ao lado da qualificação e classificação cientifica do delito como realidade normativa pelo saber dogmático compete a este novo saber qualificar e classificar cientificamente o delito enquanto ato, mas principalmente o "delinquente" enquanto pessoa.

Desta forma, junto a um saber fundado na racionalidade das ações criminais (livre-arbítrio) e do controle igualitário, sobre o qual se edificaram as codificações penais, desenvolve-se um saber do criminoso como homem privado de vontade, desigual e perigoso; desenvolve-se um saber do controle diferencial.

É precisamente aqui que o discurso dos fins da pena passa a ser hegemonizado pelo discurso cientificista da prevenção especial positiva (ideologia do tratamento e recuperação do delinquente) baseado na defesa social.

A Criminologia se converterá, assim, com o princípio da "individualização da pena", os conceitos de periculosidade e as classificações dos delinqüentes, etc., em Ciência auxiliar da aplicação judicial do Direito Penal (individualização da pena) e a partir de então

"(...) a sentença que condena ou absolve não é simplesmente um julgamento de culpa, uma decisão legal que sanciona; ela implica uma apreciação de normalidade e uma prescrição técnica para uma normalização possível. O juiz de nossos dias – magistrado ou jurado – faz outra coisa, bem diferente de 'julgar'. E ele não julga mais sozinho. Ao longo do processo penal, e da execução

---
[5] A respeito ver também Taylor, Walton, Young (1990, p. 54).

da pena, prolifera toda uma série de instâncias anexas." (Foucault, 1987, p. 24)

Doravante, a observação do delinquente deve remontar não só às circunstâncias, mas às causas do seu crime; procurá-lo na história de sua vida, sob o triplo ponto de vista da organização, da posição social e da educação, para conhecer e constatar as inclinações perigosas da primeira, as predisposições nocivas da segunda e os maus antecedentes da terceira. Esse inquérito biográfico, antes de converter-se em condição do sistema penitenciário, é parte essencial da instrução judiciária, para a aplicação da pena. Deve, portanto, acompanhar o detento do tribunal à prisão, mas igualmente completar, controlar e retificar seus elementos no decorrer do cumprimento da pena.

Tanto na aplicação quanto na execução da pena, o infrator não é mais considerado unicamente como o autor de seu ato (responsável em razão de certos critérios da vontade livre e consciente), mas é amarrado a ele por um feixe de fios complexos (instintos, pulsões, tendências, temperamento). Ambas se exercem não apenas sobre a relação de autoria, mas sobre a relação de afinidade do criminoso com seu crime.

De qualquer modo, se a sentença passa a se inscrever entre os discursos do saber, esta exigência do saber criminológico não se insere, em primeira instância, no aparelho judicial, para melhor fundamentar a sentença e determinar a medida da culpa mas, sobretudo, no aparelho penitenciário, pois "é como condenado, e a título de ponto de aplicação de mecanismos punitivos que o infrator se constitui como objeto de saber possível."[6] (Foucault, 1987, p. 223-227)

Nesta perspectiva, é a colonização do controle penal pelo poder disciplinar que conduz à hegemonia da prisão como método punitivo e à constituição do saber criminológico, no qual passa a se apoiar.

Ao mesmo tempo em que a prisão se impõe como a resposta penal por excelência do moderno sistema penal e logo justifica-se a sua utilidade, o condenado torna-se um indivíduo a conhecer – e modificar – no laboratório prisional, um objeto criminológico demarcado desde o seu interior e o seu exercício de poder.

É que a prisão

"(...) não tem só que conhecer a decisão dos juízes e aplicá-la em função dos ordenamentos estabelecidos: ela tem que coletar

---

[6] Foucault (1987, p. 226-7) lembra que a prisão não é um elemento endógeno ou não integra o ideário do sistema penal definido entre os séculos XVIII e XIX, trata-se de uma filha "adotiva" que vem de outro lugar: dos mecanismos próprios de um poder disciplinar que, no seu próprio exercício, "fabrica" o "delinquente" (com o concurso de Ciências – Criminologia, Psiquiatria etc.) como um sujeito distinto do "condenado" que a Justiça lhe entrega.

permanentemente do detento um saber que permitirá transformar a medida penal em uma operação penitenciária; que fará da pena tornada necessária pela infração uma modificação do detento, útil para a sociedade. A autonomia do regime carcerário e do saber que ele torna possível permitem multiplicar essa utilidade da pena que o código colocara no princípio de sua filosofia punitiva." (Foucault, 1987, p. 223)

A linha de objetivação do criminoso arrasta consigo, portanto, a multiplicação das instâncias da decisão judiciária, prolongando-a muito além da sentença; o fracionamento do poder legal de punir por pequenas justiças e juízes paralelos que se multiplicaram em torno do julgamento principal.

E o poder e autonomia doravante conferidos aos agentes da execução penal na sobreindividualização da pena retirou do poder penal (judicial) a autoridade imediata que detinha sobre sua aplicação. É o julgamento daqueles (entendido como constatação, diagnóstico, caracterização, precisão, classificação diferencial) e não mais um veredito em forma de determinação da culpa, que deve servir de suporte a essa modulação interna da pena – à sua atenuação ou mesmo à sua interrupção. (Foucault, 1987, p. 21 e 24)

Resumindo:

"(...) desde que funciona o novo sistema penal – o definido pelos grandes códigos dos séculos XVIII e XIX – um processo global levou os juízes a julgar coisa bem diversa do que crimes; foram levados em suas sentenças a fazer coisa diferente de julgar; e o poder de julgar foi, em parte, transferido a instâncias que não são as dos juízes de infração. A operação penal inteira encarregou-se de elementos e personagens extrajurídicos." (Foucault, 1987, p. 25)

Se a técnica jurídica se exerce até o limite da sentença, com a Criminologia e a técnica penitenciária um "exército inteiro de técnicos veio substituir o carrasco, anatomista imediato do sofrimento." (Foucault, 1987, p. 16)

Junto com os criminólogos, guardas, médicos, assistentes sociais, psiquiatras, psicólogos, educadores vêm disputar o monopólio do poder penal detido pelos juristas e pelos juízes. É então que o sistema penal é dominado pela especialização científica e a profissionalização.

É chegado pois o dia, no século XIX, em que o "homem" (re)descoberto no criminoso, se tornou o alvo da intervenção penal, o objeto que ela pretende corrigir e transformar, o domínio de Ciências e práticas penitenciárias e criminológicas. Diferentemente da época das luzes em que o homem foi posto como objeção contra a barbárie dos suplícios, como limite do Direito e fronteira legítima do poder de punir, agora o homem é posto como objeto de um saber positivo. Não mais está em questão o que se deve deixar intacto para respeitá-lo, mas o que se deve atingir para modificá-lo.

A objetivação do criminoso, originariamente colocada sob suspensão, corresponde agora a uma ressignificação do homem sob o domínio, a um só tempo, da prisão e do cientificismo.

Assim, enquanto a trajetória que vai do saber clássico ao dogmático – objetivação do crime – é demarcada em torno e contributo essencial de uma "semiotécnica punitiva" (estratégia de justificação e legitimação do sistema penal pela legalidade) a chegada ao saber criminológico é demarcada em torno e contributo essencial de uma "anatomia política do corpo" (estratégia de legitimação utilitarista do sistema penal pela defesa social).

E é este trânsito que permitirá recruzar, na figura do "delinquente" e com a caução das Ciências, as duas linhas divergentes de objetivação formadas no século XVIII: a que rejeita o criminoso para o outro lado – o lado de uma natureza contra a natureza; e a que procura controlar a delinquência por uma anatomia calculada das punições. Neste entrecruzamento, o infrator da lei e o objeto de uma técnica científica se superpõem aproximativamente. (Foucault, 1987, p. 93 e 226)

E esta transição corresponde, precisamente, à segunda grande reforma penal intervencionista no sentido da subjetivação do poder de punir no marco da qual se coloca, inicialmente, o problema da "luta" entre as Escolas penais convertido, a seguir, no problema da relação "científica" entre a Dogmática Penal e a Criminologia, quando o discurso da Ciência passa a dominar o estatuto do saber penal, chegando-se à consolidação do modelo integrado das Ciências Penais que perdura oficialmente até nossos dias.

2.5. O princípio da seleção

Do fracasso (das funções declaradas) ao sucesso
(das funções latentes e reais) da prisão

Pela via da distinção entre objetivos oficialmente declarados e objetivos latentes e reais do sistema penal, Foucault (1987, p. 248) chega ao tema da seleção e a uma conclusão fundamental:

"Não há uma justiça penal destinada a punir todas as práticas ilegais e que, para isso, utilizasse a polícia como auxiliar, e a prisão como instrumento punitivo, deixando no rastro de sua sombra o resíduo inassimilável da 'delinqüência'. Deve-se ver nessa justiça um instrumento para o controle diferencial das ilegalidades.

(...)

Os juízes são os empregados, que quase não se rebelam, desse mecanismo. Ajudam na medida de suas possibilidades a constituição da delinqüência, ou seja, a diferenciação das ilegalidades, o controle, a colonização e a utilização de algumas delas pela ilegalidade da classe dominante."

Numa economia-política, o sistema penal deve ser visto "como um instrumento para gerir diferencialmente as ilegalidades, não para suprimi-las a todas", de forma que a prisão deve ser recolocada, com toda a tecnologia corretiva de que se acompanha, no ponto em que se faz a torsão do poder codificado de punir, em um poder disciplinar de vigiar; no ponto que os castigos universais das leis vêm aplicar-se seletivamente a certos indivíduos e sempre aos mesmos. (Foucault, 1987, p. 82 e 196)

Assim a prisão, ao aparentemente fracassar no seu objetivo declarado de combater a criminalidade, não erra seu objetivo, ao contrário, ela o atinge na medida em que:

"(...) contribui para estabelecer uma ilegalidade visível, marcada, irredutível a um certo nível e secretamente útil – rebelde e dócil ao mesmo tempo; ela desenha, isola e sublinha uma forma de ilegalidade que parece resumir simbolicamente todas as outras, mas que permite deixar na sombra as que se quer ou se deve tolerar. Essa forma é a delinqüência propriamente dita." (Foucault, 1987, p. 243)

O atestado de que a prisão fracassa em reduzir a criminalidade pode assim ser substituído pela hipótese de que a prisão produziu exitosamente a delinquência e de que seu sucesso consistiu, nas lutas em torno da lei e das ilegalidades, em especificar uma delinquência, a qual, na condição de "ilegalidade dominada, é um agente para a ilegalidade dos grupos dominantes." (Foucault, 1987, p. 244 e 246)

A lógica que desde a fundação do sistema penal orienta o seu funcionamento é a da diferenciação ou seleção de pessoas (delinquentes – delinquência) e neste sentido, como aduz Cohen (1988, p. 134-5) na esteira do próprio Foucault:

"Desde a fundação do sistema de controle, um princípio único tem governado cada forma de classificação, eleição, seleção, diagnóstico, tipologia e política. É o princípio estrutural da oposição binária: como separar os bons dos maus, os escolhidos dos condenados, as ovelhas das cabras, os rebeldes dos dóceis, os tratáveis dos intratáveis, os de alto risco dos de baixo, os que valem a pena dos que não valem; como saber quem pertence ao extremo profundo, quem ao extremo superficial, quem é duro e quem é mole. Cada decisão individual no sistema – quem será escolhido? – representa e cria este princípio fundamental de bifurcação. Os julgamentos binários particulares que chegaram a dominar o sistema presente – quem deve ser mandado para fora da instituição de custódia e quem deve permanecer, quem deve ser derivado e quem inserido – são só exemplos desta estrutura profunda em funcionamento. E se ignorarmos as decisões individuais e olharmos o sistema como um todo – como se estende e propaga – veremos como esta mesma bifurcação preside todos seus movimentos."

3. O SABER OFICIAL COMO SABER DO SISTEMA DE CONTROLE PENAL
Ressignificando a "luta" entre as Escolas Clássica e Positiva e a disputa criminodogmática (contradição teórica interna e convergência funcional)

Vimos assim como a genealogia foucauldiana reconstrói os modelos penais fundamentais (centralização, racionalização e burocratização; especialização, categorização, encarceramento e mente)[7] que caracterizam o moderno sistema de controle penal demonstrando como se configuram através de um complexo e cumulativo processo de objetivação do crime e do criminoso dinamizado pela espiral poder-saber e cuja trajetória, aduzimos, vai da consolidação de um controle penal liberal à transição para um controle intervencionista na Europa.

E, ao fazê-lo, evidencia que é no horizonte de projeção deste sistema que o moderno saber penal (clássico, dogmático e criminológico) adquire sua significação plena, na medida em que é não apenas por ele condicionado e coconstitutivo de sua identidade mas coparticipa, decisivamente, de seu complexo exercício de poder. O poder produz o saber adequado ao seu domínio e o saber reproduz o poder a que corresponde, nas relações entre classes e grupos sociais.

Na esteira de Foucault, portanto, ressignificada fica, desde seus objetivos latentes e reais, isto é, econômica e politicamente, aquela trajetória do saber penal filosófico e totalizador a um modelo integrado

---

[7] Explicitados no item "2" do capítulo anterior.

de Ciências Penais baseado na especialização e neutralidade científicas, ao mesmo tempo em que evidenciada a profunda complementariedade funcional do saber criminológico em relação ao saber clássico e dogmático e do Direito Penal do autor em relação ao Direito Penal do fato. Pois aquela segunda reforma penal (intervencionista) não representa uma negação, mas um *continuum* em relação às bases fundacionais do sistema.

Na medida em que se trata, no sistema penal, de gerir diferencialmente a criminalidade e de pôr em circulação social sinais de punição perfeitamente ajustados, sem excessos nem lacunas, esta gerência requer o diferencial no marco do universal, fazendo com que a codificação do sistema delitos-punições e a individualização do par criminoso-punição caminhem juntos e se chamem um ao outro. A universalidade e igualdade postulada pelo "jurídico" requer o diferencial que o "criminológico" inscreve no seu interior.

Assim, enquanto a Dogmática Penal estabelece o universo do Direito Penal do fato como referente para a ação do sistema penal e garantia do indivíduo sem distinções, a Criminologia se assenta na defesa da sociedade contra o indivíduo diferente, o indivíduo perigoso, sentando as bases para um (contra) Direito Penal do autor e a estigmatização de certos indivíduos. Enquanto do saber jurídico o sistema recebe o instrumental conceitual para delimitar as decisões judiciais em torno da conduta do autor em relação ao fato-crime e o discurso da legitimação pela legalidade; do saber criminológico recebe o instrumental conceitual para decisões judiciais e penitenciárias fundadas na pessoa do autor e o discurso de legitimação científico-utilitarista, isto é, da defesa social contra a delinquência. O exercício de poder do sistema – a seleção de pessoas – não se desenvolve, portanto, não obstante esta contradição, mas desde o seu interior, isto é, através dela.

Desta forma, se o conflito escolar opunha a constelação da codificação (fato) à constelação da individualização (autor) que a segunda reforma penal intervencionista veio a resolver a favor da complementariedade código-individualização, se define, para além da reforma, o lugar dos saberes "do" e "no" sistema penal. Enquanto incumbirá à Dogmática Penal mediar, na aplicação da lei penal, entre codificação e individualização, a Criminologia estará interpelada a auxiliar na individualização e, fundamentalmente, a orientar a execução penal.

É por isso que, aduzimos, a Criminologia pode se tornar uma Ciência apenas "auxiliar " da Dogmática Penal na aplicação do Direito Penal, pois se seu saber tecnológico auxilia "juízos de prognose" no ato de sentenciar o seu *locus* prioritário é o da execução penal, onde também se engendrará o chamado "Direito penitenciário".

Se teoricamente existiu, de fato, uma "luta" escolar, da perspectiva funcional do exercício e legitimação do poder penal, tanto a "luta" originária entre a Escolas Clássica e Positiva, quanto a sucessiva disputa Criminodogmática seriam uma falsa questão. A Criminologia e a Dogmática Penal foram, pois, os paradigmas oficiais que deram continuidade, instrumentalizando/legitimando o controle penal, àquela contradição-complementariedade originária entre fato e autor, demarcada no universo de luta entre as escolas.

3.1. A convergência tecnológica e legitimadora da Dogmática Penal e da Criminologia como Ciências do controle penal

Nesta perspectiva, fundamentada fica uma reinterpretação global do moderno saber penal como saber do sistema de controle sociopenal e, mais estritamente, podemos pontualizar agora que a Dogmática Penal e a Criminologia constituem, para além de duas instâncias científicas externas "sobre", respectivamente, o Direito Penal e a criminalidade, duas instâncias internas e funcionais ao sistema, com um duplo código (tecnológico e legitimador). E ambas não apenas colocam seu saber tecnológico ao serviço dos objetivos declarados do sistema, mas produzem (e reproduzem) o próprio discurso interno que os declara, consubstanciando uma imagem do sistema dominada por tal racionalidade. Neste sentido, a sua contribuição para a racionalização do sistema é, sobretudo, uma contribuição legitimadora (autolegitimação oficial).

Assim, embora da instrumentalização e legitimação jurídica à parajurídica convivam discursos internamente incompatíveis entre si, esta incompatibilidade teórica nunca se traduziu em prática. Ao contrário, trata-se de uma de uma divisão do trabalho "científico" funcional ao exercício e legitimação do poder punitivo.

3.2. Ressignificando a consolidação da Dogmática Penal

Definitivamente podemos dizer agora que a consolidação da Dogmática Penal somente adquire sua significação plena quando se relaciona o campo do moderno saber penal em que se projeta – da herança iluminista à juspositivista – com o campo do moderno poder penal e do sistema em que se institucionaliza.

Nesta perspectiva, as potencialidades ambíguas das promessas dogmáticas estão inscritas em sua própria gênese, pois o mesmo discurso e instrumental dogmático declarado ao serviço de uma função instrumental racionalizadora/garantidora potencializa, contraditoriamente, uma função instrumental de outra lógica de funcionamento do sistema e a sua própria legitimação. Vale dizer que a função instrumental declarada da Dogmática Penal bifurca-se nesta ambiguidade em que reingressam precisamente as exigências de dominação capitalista neutralizadas em seu discurso, ao centrar-se no polo "de Direito" do Estado moderno. Estamos, portanto, diante de uma função instrumental e legitimadora latente da Dogmática Penal.

Consequentemente, se o Direito Penal moderno e sua Dogmática nascem reativamente contra os excessos de violência punitiva e déficit de garantismo da antiga Justiça Penal e, neste sentido, contêm potenciais garantidores do indivíduo para a moderna Justiça Penal, conformam, ao mesmo tempo, um novo modelo de controle penal inserido numa nova lógica de dominação.

Desta forma, como pondera Bustos Ramirez (1987, p. 538), se não se pode subestimar, por um lado, o legado da Dogmática Penal traduzido na "construção de uma rede de garantias e restrições à intervenção do Estado nos direitos do indivíduo, em sua liberdade e dignidade pessoal ", por outro lado é necessário reconhecer que

"(...) tal conjunto de garantias carecem de conteúdo e significação se não se pensa ao mesmo tempo que o Direito Penal está inserido no exercício de controle de um Estado determinado e, portanto, não pode ser concebido prescindindo da realidade em que se movem os cidadãos aos quais se aplica. De outro modo, o melhor Direito Penal garantidor concebido não passa de uma pura ficção ou bons pensamentos de uns bons juristas."

Trata-se a Dogmática Penal não apenas de um saber visceralmente político, mas politicamente inscrito na contradição básica do controle penal: exigências de dominação e legitimação e exigências de segurança jurídica individual e neste sentido é que se trata de uma Ciência funcionalmente ambígua do controle penal.[8]

Importa avaliar, pois, como esta ambiguidade tem se resolvido, ao longo de sua vigência na trajetória da modernidade, pois a indaga-

---

[8] Neste mesmo sentido, pondera ainda Bustos Ramirez (1983, p. 31) que a contradição da Dogmática Penal consiste em que se por um lado nasce como um limite do Estado e uma garantia do indivíduo, por outro pode ser utilizada como mera técnica de dominação.

ção fundamental a que nos propomos responder, agora redimensionada, continua sendo se a Dogmática Penal tem possibilitado exercer o controle penal com segurança. (Kaiser, 1983, p. 85)

Para tanto, incumbe aprofundar a análise sobre a operacionalidade e a lógica de funcionamento do sistema penal pela própria via entreaberta por Foucault: a do controle diferencial da criminalidade.

4. OPERACIONALIDADE DO SISTEMA PENAL
Da seletividade quantitativa à seletividade-qualitativa como lógica de funcionamento do sistema penal

Guardadas suas especificidades analíticas internas, há assim um ponto de aproximação fundamental entre a genealogia foucaultiana e a Criminologia da reação social: a tese da produção (diferencial ou seletiva) da criminalidade pelo sistema penal, então caracterizado como instrumento de gerência diferencial das ilegalidades pela primeira ou como instrumento de criminalização seletiva pela segunda.[9]

E é precisamente esta lógica seletiva de operar radicada na construção do universo da criminalidade mediante a diferenciação ou seleção de pessoas, que Foucault põe em evidência desde a fundação do sistema penal que ocupará, da Criminologia da reação social à Criminologia crítica, por isso mesmo chamada em seu conjunto de "Criminologia da seleção" (Dias e Andrade, 1984, p. 386-7) a atenção central e receberá neste marco teórico uma fundamentação decisiva e hoje considerada irreversível.

---

[9] Neste particular, Foucault, opondo igualdade jurídica universal e disciplina, poder jurídico (Justiça) como produtor da condenação e poder disciplinar-normalizador (Prisão) como produtor da delinquência, atribui à prisão e ao poder disciplinar nela exercido uma função central na produção de uma "ilegalidade separada e útil" e daí a ideia do sistema penal como controle seletivo da criminalidade.
A Criminologia da reação social, por sua vez, cuja orientação subscrevemos aqui, trata de demonstrar que a criminalidade é seletivamente construída pela inteira dinâmica do controle sociopenal e que o conjunto das agências formais de controle – e não apenas a prisão – concorrem nesta construção. Relativiza, portanto, a centralidade que Foucault atribui à prisão na produção da delinquência, demonstrando que inexiste a oposição condenação igualitária x execução penal disciplinar e assimétrica, totalizadora da vida do criminoso. Pois, a construção seletiva da criminalidade antecede e atravessa inteiramente a Justiça. Neste sentido, as variáveis relativas ao autor criminoso têm um peso muito maior na sentença penal do que Foucault lhe atribui.
Obviamente há que se levar em conta aqui o que já salientamos na nota n° "23" do capítulo anterior: a genealogia de Foucault se ocupa de explicar a função da prisão na gênese do moderno sistema penal. Daí sua ênfase na sua função educativa e disciplinar que hoje se reduz à pura ideologia. As teorias do *labelling approach* são explicativas do funcionamento atual do sistema penal e neste contexto também se explicam suas teorias sobre as "carreiras criminosas" (desvio secundário) e todas as demais hoje voltadas para as funções simbólicas da pena.

São seus resultados a este respeito, que circunscrevem especialmente o nível de investigação da "criminalização secundária",[10] que nos interessa num primeiro momento focalizar para o que iniciamos retomando os principais argumentos, também já indicados, em que se fundam: a) o papel criador do juiz, b) a criminalidade de colarinho branco, c) a cifra oculta da criminalidade e a crítica das estatísticas criminais.

4.1. Fundamentos básicos

4.1.1. O papel criador do juiz e dos demais agentes do controle social

A teoria do papel do juiz como criador do Direito há muito centraliza o interesse das correntes antiformalistas e realistas da Jurisprudência. Nela se expressa a ideia de que a lei não pode assegurar por completo e com toda a clareza sua própria aplicação, dando margem à incidência de regras, princípios e atitudes subjetivas do intérprete quando então, e somente então, adquire seus precisos contornos. A lei é vista, nesta perspectiva, como um "projeto de Direito". (Bastos, 1991, p. 58-9)

Aplicando esta teoria para os operadores da criminalização secundária (Polícia, Ministério Público, juízes) os teóricos da reação social sustentam que a definição da conduta desviada não se resolve definitivamente no momento normativo. Nem a aplicação das definições ao caso concreto é um problema secundário, de lógica formal (subsunção). Ao contrário, a lei penal configura tão só um marco abstrato de decisão, no qual os agentes do controle social formal desfrutam ampla margem de discricionariedade na seleção que efetuam, desenvolvendo uma atividade criadora proporcionada pelo caráter "definitorial" da criminalidade. Nada mais errôneo que supor (como faz a Dogmática Penal) que, detectando um comportamento delitivo, seu autor resultará automática e inevitavelmente etiquetado. Pois, entre a seleção abstrata, potencial e provisória operada pela lei penal e a seleção efetiva e definitiva operada pela instâncias de criminalização secundária, medeia um complexo e dinâmico processo de refração.

Assim a polícia, o Ministério Público e os juízes, que devem se ater à programação legal nas suas tarefas de investigação, acusação e sentenciamento operam com ela de um modo dispositivo, pois não tomam (e nem podem tomar) as definições legais de crime indepen-

---

[10] Conforme indicamos no item "6.2" do capítulo anterior.

dentemente deles, mas desde suas particulares concepções acerca da fronteira entre a conduta delitiva e a não delitiva. (Hassemer, 1984, p. 83; Pablos de Molina, 1988, p. 596; Dias e Andrade, 1984, p. 366)

4.1.2. A criminalidade de colarinho branco

Já em seu clássico artigo *White-Collar Criminality*, Sutherland (1940) mostrava, com apoio de dados extraídos das estatísticas de vários órgãos americanos competentes em matéria de economia e comércio, a impressionante proporção das infrações a normas gerais praticadas neste setor por pessoas colocadas em posição de alto prestígio social, bem como analisava as causas do fenômeno, sua ligação funcional com a estrutura social e os fatores que explicavam a sua impunidade. Posteriormente, em um artigo sugestivamente intitulado *Is 'White-Collar Crime' Crime?*, Sutherland (1945), mostrando uma visão mais sofisticada da criminalidade do que a do paradigma etiológico – que antecipava até a visão do *labelling* – indagava precisamente se, devido àquela impunidade, eram crimes, os crimes de colarinho branco. Instaurada assim ficava a respectiva investigação. Por outro lado, as proporções da criminalidade de colarinho branco ilustradas por Sutherland e que remontavam aos decênios precedentes, provavelmente aumentaram desde que ele escreveu seu artigo. Elas correspondem a um fenômeno criminoso característico não só dos Estados Unidos da América do Norte, mas de todas as sociedades.

4.1.3. A cifra negra da criminalidade

Desqualificação das estatísticas criminais para a quantificação da criminalidade real e reapropriação para a quantificação da criminalização e análise da lógica do controle penal

Também há várias décadas, a atenção dos criminólogos se viu atraída para um fenômeno que, num enfoque ainda não especificamente crítico do sistema penal, foi chamado de "cifra negra", "cifra obscura" ou "zona obscura" (*dark number*) da criminalidade, designando a defasagem que medeia entre a criminalidade real (isto é, as condutas criminalizáveis efetivamente praticadas) e a criminalidade estatística (oficialmente registrada). (Hulsman, 1993, p. 64-5; Hassemer e Conde, 1989, p. 46-7)

Pois,

"Entre o acontecer do crime e o seu registro estatístico, aquele é submetido à ação erosiva e transformadora de múltiplas vicissitudes, que tornam a conversão do 'crime real' em 'crime estatístico' altamente contingente." (Dias e Andrade, 1984, p. 132-3)

As estatísticas criminais oficiais, que têm representado desde sempre e sobretudo depois da chamada Escola franco-belga um instrumento básico da investigação criminológica, versam sobre a atividade da polícia, do Ministério Público, dos Tribunais ou da Administração penitenciária. E tradicionalmente têm servido de base: a) para a quantificação da criminalidade *real* (manifestações, volume, flutuações); b) para cálculos ajustados acerca dos custos morais e materiais do crime (índices de criminalidade); e c) para a construção e comprovação de teorias científicas.

A revelação da criminalidade de colarinho branco e da cifra negra que a inclui, mas a transcende, conduziu à desqualificação do valor das estatísticas oficiais na quantificação da criminalidade real pelo reconhecimento de que:

"(...) o certo é que a estatística criminal não informa quase nada a respeito da chamada 'criminalidade real', mas proporciona dados bem precisos sobre a magnitude e qualidade da criminalização (...)" (Zaffaroni, 1984)[11]

Inversamente, então, e na sequência do *labelling approach*, as estatísticas criminais adquiriram uma nova dimensão científica, como instrumento privilegiado para o estudo da lógica do controle social, isto é, dos modelos de comportamento das agências de controle e das suas específicas clientelas. (Quinney, 1973, p. 118 *et seq*.)

Reapropriadas doravante como informativas dos resultados da criminalização, as estatísticas criminais possibilitaram também a conclusão de que a cifra negra varia em razão da classe de estatística (policial, judicial ou penitenciária): nem todo delito cometido é perseguido; nem todo delito perseguido é registrado; nem todo delito registrado é averiguado pela polícia; nem todo delito averiguado é denunciado; nem toda denúncia é recebida; nem todo recebimento termina em condenação.

Os delitos não perseguidos, que não atingindo o limiar conhecido pela polícia (pois não se realizam nas ruas por onde ela passa), nem chegam a nascer como fato estatístico, constituem a propriamente chamada criminalidade oculta, latente ou não oficial. E embora se reconheça a dificuldade de fornecer números precisos a seu respeito e, por extensão, da criminalidade real, as diversas investigações empíricas

---

[11] Sobre a diferença do valor das estatísticas criminais nos países do capitalismo central e periférico (América Latina), ver Zaffaroni (1984a, p. 144).

a respeito, ainda que parciais, são suficientemente representativas para concluir que esta cifra negra "é considerável" e que "a criminalidade real é muito maior que a oficialmente registrada". (Hulsman, 1993, p. 65; Baratta, 1991a, p. 103)

Por outro lado, embora nascendo e acessado pela polícia, o delito nem sempre é objeto de denúncia, julgamento e condenação. A elaboração social e judicial do delito vai tornando-se cada vez mais precisa em cada nível, até chegar à condenação de uma pessoa; mas também vai aumentando, em cada nível, a cifra obscura.

Assim também a passagem do crime de instância a instância (Polícia-Ministério Público-Justiça-Administração penitenciária), isto é, o processo de criminalização é, em todas as suas fases, criador de cifras negras e, por isso, redutor dos contingentes de criminalidade. (o que Van Vechten designou por *criminal case mortality*).

Visível se torna, nesta perspectiva, como a criminalidade estatística não é, em absoluto, um retrato da criminalidade real, mas o resultado de um complexo processo de refração existindo entre ambas um profundo defasamento não apenas *quantitativo*, mas também aqui *qualitativo*. Pois o "efeito-de-funil" ou a "mortalidade de casos criminais" operada ao longo do corredor da delinquência, isto é, no interior do sistema penal, resulta da ampla margem de discricionariedade seletiva dos agentes do controle. (Hassemer e Conde, 1989, p. 47; Dias e Andrade, 1984, p. 132-3 e nota 97)

4.2. A seletividade quantitativa

4.2.1. A redefinição do conceito corrente de criminalidade, sua distribuição (estatística) e explicação (etiológica)

Relembremos que, segundo a Criminologia positivista, a criminalidade é o atributo de uma minoria de indivíduos socialmente perigosos que, seja devido a anomalias físicas (biopsicológicas) ou fatores ambientais e sociais, possuem uma maior tendência a delinquir. Sendo um sintoma revelador da personalidade mais ou menos perigosa (antissocial) de seu autor, para a qual se deve dirigir uma adequada defesa social, a criminalidade constitui uma propriedade da pessoa que a distingue por completo dos indivíduos normais. (Ferri, 1931, p. 44, 45, 49 e 80)

As pesquisas sobre a criminalidade de colarinho branco e a cifra negra[12] que incluem a primeira mas se referem, num plano generalizado, à real frequência e distribuição da criminalidade numa dada sociedade, conduziram assim a uma correção fundamental deste conceito corrente ("senso comum") de criminalidade.

Desde o ponto de vista das definições legais de crime, a conduta criminal é "majoritária", ou seja, o comportamento de muitos ou até da maioria dos membros de nossas sociedades.

Uma segunda consequência das pesquisas sobre a criminalidade de colarinho branco e a cifra negra foi assim a desqualificação do valor interpretativo das estatísticas criminais para a análise da distribuição da criminalidade nos vários estratos sociais e fundamentação das teorias criminológicas a esta vinculadas, conduzindo a uma segunda correção no conceito corrente sobre a distribuição (estatisticamente fundada) e explicação (etiológica) da criminalidade.

É que sendo baseadas sobre e ilustrando apenas a criminalidade identificada e perseguida (os resultados da criminalização) as estatísticas criminais, nas quais a criminalidade de colarinho branco é representada de modo enormemente inferior à sua calculável cifra negra, falsearam a distribuição da criminalidade nos grupos sociais ao mesmo tempo em que distorceram as teorias da criminalidade baseadas nesta distribuição. (Baratta, 1991a, p. 102)

Ao fundamentar um conceito corrente da criminalidade como fenômeno pouco representado nos estratos superiores e concentrado, sobretudo nos estratos inferiores da sociedade, as estatísticas criminais fornecem o substrato para uma explicação da criminalidade vinculada

"(...) a fatores pessoais e sociais correlativos da pobreza, entre os que se incluem, observa Sutherland, 'a doença mental, os desvios psicopáticos, a habitação em *slums*, e a *'má'* situação familiar da classe. Estas conotações da criminalidade recaem não apenas sobre os estereótipos de criminalidade, os quais, como indagações recentes demonstraram, influenciam e guiam a ação dos órgãos oficiais, tornando-a desse modo socialmente 'seletiva', mas também sobre a definição corrente que o homem da rua partilha, ignorante das estatísticas criminais." (Baratta, 1991a, p. 108)

A correção fundamental desta distribuição estatística e explicação etiológica da criminalidade é a de que a criminalidade, além

---

[12] Entre as quais se incluem as pesquisas de 'autodenúncia' *ou self-reporter survey*. Um resumo dos dados mais importantes sobre a cifra negra pode ver-se em Hassemer e Muñoz Conde (1989, p. 47).

de ser uma conduta majoritária, é ubícua, ou seja, presente em todos os estratos sociais. O que ocorre é que a criminalização é, com regularidade, desigual ou seletivamente distribuída pelo sistema penal. Desta forma, os pobres não têm uma maior tendência a delinquir, mas sim a serem criminalizados. De modo que à minoria criminal da Criminologia positivista opõe-se a equação maioria criminal x minoria pobre regularmente criminalizada.

A seletividade do sistema penal deriva, nesta perspectiva, de duas variáveis estruturais.

Em primeiro lugar, da própria incapacidade operacional do sistema, pois

"(...) as agências do sistema penal dispõem apenas de uma capacidade operacional ridiculamente pequena se comparada à magnitude do planificado. A disparidade entre o exercício de poder programado e a capacidade operativa dos órgãos é abissal, mas se por uma circunstância inconcebível este poder fosse incrementado a ponto de chegar a corresponder a todo o exercício programado legislativamente, produzir-se-ia o indesejável efeito de se criminalizar várias vezes toda a população.Se todos os furtos, todos os adultérios, todos os abortos, todas as defraudações, todas as falsidades, todos os subornos, todas as lesões, todas as ameaças, etc. fossem concretamente criminalizados, praticamente não haveria habitante que não fosse, por diversas vezes, criminalizado." (Zaffaroni, 1991, p. 26)

Se o sistema penal concretizasse o poder criminalizante programado "provocaria uma catástrofe social". E diante da absurda suposição – absolutamente indesejável – de criminalizar reiteradamente toda a população, torna-se óbvio que o sistema penal está estruturalmente montado para que a legalidade processual não opere em toda sua extensão. (Zaffaroni, 1991, p. 26-7)

Assim, tanto a maneira como a violência é construída como problema social pelo sistema é parcial, quanto

"O modo como o sistema da justiça criminal intervém sobre este limitado setor da violência 'construído' através do conceito de crime é estruturalmente seletivo. Esta é uma característica de todos os sistemas penais. Há uma enorme disparidade entre o número de situações em que o sistema é chamado a intervir e aquelas em que este tem possibilidades de intervir e efetivamente intervém. O sistema de justiça penal está integralmente dedicado a administrar uma reduzidíssima porcentagem das infrações, seguramente inferior a 10%. Esta seletividade depende da própria estrutura do sistema, isto é, da discrepância entre os programas de ação previstos nas leis penais e as possibilidades reais de intervenção." (Baratta, 1993, p. 49)

4.2.2. A imunidade, e não a criminalização, é a regra no funcionamento do sistema penal

Daí se deriva a conclusão fundamental de que a "imunidade e não a criminalização é a regra no funcionamento do sistema penal". (Hulsman, 1986, p. 127)

As pesquisas sobre a cifra negra se voltam, pois, pondera Hulsman (1993, p.65), "contra o sistema: pode haver algo mais absurdo do que uma máquina que se deva programar com vistas a um mau rendimento, para evitar que ela deixe de funcionar?"

E tal descoberta constitui

"(...) um ponto de partida extraordinariamente importante, dentro de uma reflexão global sobre o sistema penal. (...) Todos os princípios ou valores sobre os quais o sistema se apóia (a igualdade dos cidadãos, a segurança, o direito à justiça, etc.) são radicalmente deturpados, na medida em que só se aplicam àquele número ínfimo de situações que são os casos registrados." (Hulsman, 1993, p. 66)

Concluem então no mesmo sentido Hassemer e Conde (1989, p. 47-8) que: "quiçá o mais importante da 'cifra obscura' seja o mal-estar que produz numa Administração de Justiça que, teoricamente, está obrigada a atuar de um modo justo, tratando a todos por igual e impondo, acima de tudo, a legalidade".

4.3. A seletividade qualitativa

Mas o funcionamento seletivo do sistema penal não depende somente da defasagem entre programação penal e recursos disponíveis do sistema para sua operacionalização (a que estamos denominando seletividade "quantitativa"), mas também de outra variável estrutural: a especificidade da infração e as conotações sociais dos autores (e vítimas), isto é, das pessoas envolvidas. Trata-se, esta última, de uma seletividade "qualitativa" que é recriadora de cifras negras ao longo do processo de criminalização.

4.3.1. A criminalidade como conduta majoritária e ubícua mas desigualmente distribuída

Imunidade e criminalização orientadas pela seleção
de pessoas, e não pela incriminação
igualitária de condutas

Com efeito, se a conduta criminal é majoritária e ubícua, e a clientela do sistema penal é composta regularmente em todos os lugares do mundo por pessoas pertencentes aos baixos estratos sociais, isto indica que há um processo de seleção de pessoas às quais se qualifica como delinquentes e não, como se pretende, um mero processo de seleção de condutas qualificadas como tais. O sistema penal se dirige quase sempre contra certas pessoas, mais que contra certas ações legalmente definidas como crime.

Desta forma, a "minoria criminal" a que se refere a explicação etiológica (e a ideologia da defesa social a ela conecta) é o resultado de um processo de criminalização altamente seletivo e desigual de "pessoas" dentro da população total, enquanto a conduta criminal não é, por si só, condição suficiente deste processo. Pois os grupos poderosos na sociedade possuem a capacidade de impor ao sistema uma quase que total impunidade das próprias condutas criminosas. Enquanto a intervenção do sistema geralmente subestima e imuniza as condutas às quais se relaciona a produção dos mais altos, embora mais difusos danos sociais (delitos econômicos, ecológicos, ações da criminalidade organizada, graves desviantes dos órgãos estatais) superestima infrações de relativamente menor danosidade social, embora de maior visibilidade, como delitos contra o patrimônio, especialmente os que têm como autor indivíduos pertencentes aos estratos sociais mais débeis e marginalizados. (Zaffaroni, 1987, p. 22 e 32, e Baratta, 1991a, p. 172, 1982b, p. 35, 1993, p. 49, e 1991b, p. 61)

4.3.2. A seletividade como grandeza sistematicamente produzida

Variáveis não legalmente reconhecidas e
mecanismos de seleção

Isto significa que imunidade e criminalização (recriadoras de cifras negras internas ao longo do corredor da delinquência) são condicionadas por fatores e variáveis latentes relativas à "pessoa" do autor (e da vítima) que transcendem o catálogo de elementos legais e oficiais que formalmente vinculam a tomada de decisões das agências de controle.

Numerosas são assim as investigações desenvolvidas nos últimos anos, em sua maioria associadas ao paradigma da reação social, com o propósito de demonstrar como tais variáveis (*status* social, etnia, condição familiar, etc.) obtêm sua influência e condicionam a seletividade decisória dos agentes do sistema penal: Polícia, Ministério Público, juízes.[13]

Trata-se de variáveis não legalmente reconhecidas e nem sequer refletidas pelas agências de controle de profunda eficácia seletiva, pois têm

"(...) um efeito sobre os resultados seletivos do sistema jurídico-penal que não é em absoluto menor do que têm as variáveis oficialmente reconhecidas, ou seja, aquelas que estão submetidas à obrigação de justificação e aos critérios das ações profissionais." (Baratta, 1982b, p. 51)

A seguir e correlativamente, concluiu-se que a regularidade verificada na distribuição seletiva da criminalidade (imunização das classes altas e criminalização das baixas) e traduzida no predomínio desproporcionado de pobres nas prisões e nas estatísticas oficiais da criminalidade, não pode imputar-se ao acaso, mas deve ser interpretada "como grandezas sistematicamente produzidas." (Dias e Andrade, 1984, p. 385)

Daí a refutação do caráter fortuito desta seletividade pela atribuição de sua constância às leis de um código social (*second code, basic rules*)[14] latente integrado por mecanismos de seleção[15] dentre os quais tem-se destacado a importância central dos "estereótipos"[16] de autores

---

[13] Uma expressiva resenha bibliográfica encontra-se em Baratta, (1982b, p. 43, nota 28,"c","d" e "e", e p. 50, nota 40).

[14] Conceitos que, na sequência, respectivamente, de McNaughton-Smith e Cicourel, designam a totalidade do complexo de regras e mecanismos reguladores latentes e não oficiais que determinam *efetivamente* a aplicação da lei penal pelos agentes do controle penal (A. Turk, 1969, p. 39 *et. seq.*).

[15] Com o conceito de mecanismos de seleção "designam-se os operadores genéricos que imprimem sentido ao exercício da discricionariedade real das instâncias formais de controle e permitem explicar as regularidades da presença desproporcionada de membros dos estratos mais desfavorecidos nas estatísticas oficiais da delinquência, ou – como outros autores preferem – entre os clientes das instâncias formais de controle." (Dias e Andrade, 1984, p. 386-7).

[16] Os estereótipos, designados por Kar-Dieter Opp e A. Peukert por *Handlungsleitenden Theorien* (teorias diretivas da ação) e por W.Lippman (considerado o primeiro a refletir de forma sistemática sobre eles) por *pictures in our minds* (imagens em nossa mente) são construções mentais, parcialmente inconscientes que, nas representações coletivas ou individuais, ligam determinados fenômenos entre si e orientam as pessoas na sua atividade quotidiana, influenciando também a conduta dos juízes.
A respeito, ver Dias & Andrade, (1984, p. 347-8 (e nota 181), p. 388-9 e 553) e Schur, (1971, p. 40 *et seq.*).

(e vítimas),[17] associados às "teorias de todos os dias" (*every days theories*), isto é, do senso comum sobre a criminalidade. (Baratta, 1991a, p. 188; Dias e Andrade, 1984, p. 388 e 553)

A heterogeneidade de variáveis decisórias extralegais acima referidas tem recebido assim uma recondução unitária a uma imagem estereotipada e preconceituosa da criminalidade que, pertencente ao *second code* da Polícia, do Ministério Público e dos juízes (assim como ao "senso comum" dos cidadãos), condiciona suas subseleções que têm, por outro lado, um caráter conservador e reprodutivo das assimetrias de que, afinal, se alimentam os estereótipos.

Pois,

"(...) do que não se pode duvidar é da força persuasiva dos estereótipos e da sua eficácia seletiva: eles operam claramente em benefício das pessoas que exibem os estigmas da respeitabilidade dominante e em desvalor dos que exibem os estigmas da associabilidade e do crime." (Dias e Andrade, 1984, p. 541)

E uma vez que os estereótipos de criminosos são tecidos por variáveis (*status* social, cor, condição familiar), majoritariamente associadas a atributos pertencentes a pessoas dos baixos estratos sociais, torna-os extremamente vulneráveis, além de outros fatores concorrentes, a uma maior criminalização.

Desta forma,

"(...) a coerência intrínseca dos estereótipos ajuda a explicar que as instâncias formais de respostas – de controle e de tratamento – recrutem preferencialmente os seus 'clientes' entre os que exibem os respectivos estigmas. Como ajuda outrossim a explicar o caráter reprodutivo de todos os processos formais de resposta à desconformidade." (Dias e Andrade, 1984, p. 389)

---

[17] De fato, "a intervenção estereotipada do sistema penal age tanto sobre a 'vítima',como sobre o 'delinqüente'. Todos são tratados da mesma maneira." (Hulsman, 1993, p. 83).

Assim como a imagem da delinqüência está associada a certos estigmas que indicam quem fica dentro e quem fica fora do seu universo, a imagem da vitimização também o está.

Ilustrativamente, uma pesquisa documental levada a cabo no Brasil pelo Conselho Nacional dos Direitos da Mulher evidencia esta dupla esteriotipação na análise de sentenças penais relativas a crimes de estupro. Reconstruindo desde o teor das sentenças penais as variáveis mediantes as quais o juiz constrói o estereótipo do estuprador e da vítima que condicionam a decisão, esta pesquisa demonstra que enquanto as mulheres cuja condição permite estereotipá-las como "honestas", do ponto de vista sexual são consideradas vítimas; as que, pelas mesmas variáveis, são estereotipadas como "desonestas", em especial as prostitutas, não apenas não são consideradas vítimas, mas podem passar da condição de vítimas a provocadoras ou autoras do crime, especialmente se o autor não corresponder ao estereótipo de estuprador. Pois, correspondê-lo, é condição fundamental para a condenação. (Ardaillon e Debert, 1987). A respeito, ver também Andrade, (1995a).

De qualquer modo, é o estereótipo do autor que tem sido mais enfatizado e considerado determinante, nas investigações a respeito.

4.3.3. Da tendência (etiológica) de delinquir à tendência (maiores chances) de ser criminalizado

Foi assim que a descoberta deste código social extralegal conduziu a uma explicação da regularidade da seleção (e das cifras negras) superadora da etiológica: da tendência a delinquir às maiores "chances" (tendência) de ser criminalizado.A clientela do sistema penal é constituída de pobres, não porque tenham uma maior tendência para delinquir, mas precisamente porque têm maiores chances de serem criminalizados e etiquetados como delinquentes. As possibilidades (chances) de resultar etiquetado, com as graves consequências que isto implica, se encontram desigualmente distribuídas. É "o mesmo estereótipo epidemiológico do crime que aponta a um delinquente as celas da prisão e poupa a outro os seus custos." (Dias e Andrade, 1984, p. 552)

4.3.4. Das promessas às funções latentes e reais da Criminologia positivista como Ciência do controle penal
Contributo tecnológico e legitimador

Nesta explicação desconstrutora, mais nítido também fica como opera o código tecnológico e legitimador da Criminologia positivista no universo de uma legitimação utilitarista da pena (prevenção especial positiva) vinculada à ideia de um controle científico da criminalidade em nome da sociedade (defesa social).

Ao mesmo tempo em que o seu código tecnológico opera nas decisões judiciais relativas à individualização (juízos de periculosidade, etc.) e, sobretudo, nas decisões penitenciárias relativas à execução da pena (exame criminológico, progressão de regimes, etc.) instrumentalizando-as, seu código ideológico legitima a seleção e estigmatização que delas resultam.

Com efeito, na medida em que as teorias etiológicas recaem sobre a clientela selecionada pelo sistema penal, justificam a sua periculosidade (minoria criminal) e maior tendência para delinquir.

Com este proceder, a Criminologia positivista contribui para mistificar os mecanismos de seleção e estigmatização ao mesmo tempo em que lhes confere uma justificação ontológica de base científica (uma base de marginalização científica aos estratos inferiores). (Andrade, 1983, p. 36, e Baratta, 1982b, p. 30)

Ou, como diz Bustos Ramirez (1987, p. 18), ela confere

"(...) uma aparência de racionalidade aos mesmos processos de estigmatização que no Antigo Regime tiveram lugar sobre a base de crenças ou adesões de fé. A verdade da ciência substitui a verdade da fé em sua justificação da discriminação e desigualdade perante a lei penal. Não é necessário acudir aos planteamentos da mais-valia para concluir que a questão criminal não é congênita a um determinado grupo social."[18]

Trata-se, portanto, de uma matriz fundamental na produção (e reprodução) de uma imagem estereotipada e preconceituosa da criminalidade e do criminoso vinculada aos baixos estratos sociais[19] que condiciona, por sua vez, a seletividade do sistema penal, num círculo de representações extraordinariamente fechado que goza de uma secular vigência no senso comum em geral e nos operadores do controle penal em particular.

Consequentemente, a sobrevivência secular desta Criminologia e suas representações da criminalidade, na ciência e no senso comum, para além de sua desconstrução epistemológica, se explica pelo cumprimento de outras funções latentes e reais, distintas das prometidas. Eis aí o fascínio pelo qual saiu da academia para ganhar as ruas e legitimar o sistema penal, em uma palavra, como ciência do controle penal.

4.3.5. A seleção judicial

Isto posto, chegamos a um ponto de particular relevância para os objetivos de nossa tese: o da seleção judicial. Embora explicativa, nos termos antes mencionados, do conjunto das decisões dos operadores do controle penal, uma teoria da criação judicial no marco do paradigma da reação social se projetou especialmente como uma Sociolocia (teórica e empírica) da seleção operada pelos juízes e tribunais em cujo centro se encontram e assumem importância explicativa fundamental os conceitos já aludidos.

Assim, se a teoria da criação judicial desde há muito colocou em evidência que o espaço pelo qual a discricionariedade judicial

---

[18] De fato, não é necessário, porque bastaria, por exemplo, recorrer ao próprio Sutherland e a linha de investigação da criminalidade de colarinho branco por ele entreaberta.

[19] Mediante as seguintes representações que, de resto, imprimiu à ideologia da defesa social: a) criminalidade ontológica; b) determinismo/periculosidade: distinção entre homens perigosos e não perigosos e identificação da criminalidade com a periculosidade (o "mal"); c) identificação da criminalidade com a violência individual das classes baixas, imunizando as classes altas e a violência institucional e estrutural.

ingressa é, preliminarmente, pelo da vagueza e/ou ambiguidade da linguagem da lei;[20] se projetada para o Direito Penal[21] já permitiu evidenciar, por isto mesmo, a debilidade do princípio da legalidade para cumprir uma função de garantia (segurança jurídica); no marco da reação social, ensejará a conclusão de que:

"(...) não é possível preencher o 'programa' do legislador sem o contributo dos concorrentes 'programas' do julgador, dos seus *second codes* que prestam homenagem a estereótipos, ideologias e 'teorias'." (Dias e Andrade, 1984, p. 509)

Mas tem-se demonstrado que, para além de uma eficácia seletiva conformadora do conteúdo normativo da lei (cabendo-lhe suprir suas vaguezas e ambiguidades), o *second code* judicial tem uma eficácia seletiva conformadora, reelaboradora e recriadora dos próprios *fatos* a processar e a sancionar como crimes. Isto significa que a eficácia dos mecanismos de seleção se manifesta na atividade jurisdicional ao longo da multiplicidade de decisões que incumbem aos juízes e tribunais. Seja na fixação dos fatos, na sua valoração e qualificação jurídico-penal, individualização, escolha e quantificação da pena. Igualmente se tem colocado em relevo que em todos estes momentos decisórios intervêm muitas assimetrias relativas não apenas às desigualdades ancoradas nas estruturas sociais (de que se alimentam os estereótipos), mas também relativas ao poder de interação, comunicação e expressividade e aos níveis de credibilidade dos diferentes participantes. Neste sentido "não podem subsistir dúvidas de que os indivíduos e os grupos sociais interagem em tribunal em condições de insuperável desigualdade". (Dias e Andrade, 1984, p. 366-370, 308, 538, 542 e 546)

Assim, seja na discricionariedade para fixação da verdade processual dos fatos, seja na discricionaridade permitida pela vagueza ou ambiguidade da linguagem da lei (especialmente verticalizada no caso dos chamados elementos normativos do tipo, como "honestidade", "obscenidade", etc.); pela ausência de parâmetros precisos na definição dos tipos penais (especialmente nos chamados tipos abertos como os crimes culposos, omissivos impróprios, etc.) e para a individualização e fixação da pena em geral (especialmente nas hipóteses de perdão judicial, tentativa, concurso formal e continuado, etc.); seja pelas lacunas ou antinomias do ordenamento jurídico, a interpretação judicial "postula necessariamente a mediação das normas derivadas

---

[20] No Brasil, destaca-se nesta linha a formulação de uma "Semiologia do Poder", por Warat, Rocha e Cittadini (1984). Ver também Warat (1982b).

[21] No Brasil, merecem referência neste sentido os trabalhos, entre outros, de Cunha (1979), Bastos (1984, 1990, 1991 e 1993), Warat (1982b), Andreucci (1989), Brum (1980).

dos *second codes* dos juízes, normas de natureza e impacto reconhecidamente seletivo." (Dias e Andrade, 1984, p. 548)

É de aduzir, neste sentido, que não apenas as normas penais se ressentem de linguagem vaga e/ou ambígua e fluidez de limites incriminadores e o ordenamento jurídico de contradições internas, mas também o instrumental dogmático que a elas se superpõe se ressente das mesmas características (conceitos igualmente imprecisos na fixação de parâmetros decisórios, teorias e métodos internamente contraditórios), permitindo aumentar, e não reduzir a indeterminação normativa e a elasticidade decisória, dando lugar a soluções diferentes para casos iguais.[22] Não obstante, tal circunstância, é ocultada precisamente pela afirmação de que a Dogmática possibilita maximizar a uniformização e certeza das decisões judiciais.

É importante assinalar ainda que a indeterminação do conteúdo dos conceitos de imputabilidade e culpabilidade, erigidos pela Dogmática em requisitos subjetivos para a responsabilidade penal tem, neste sentido, centralizado a atenção da crítica pela constatação de que:

"(...) não se vê como a culpabilidade, da qual não se pode medir objetivamente o grau no processo, possa ser um limite da responsabilidade penal e cumprir uma função de garantia a favor do processado com relação a formas subjetivas, intuitivas e presuntivas de determinação dela." (Baratta, 1988, p. 6661-2)

No mesmo sentido, Hulsman (1993, p. 67) observa que a culpabilidade é uma noção grave e complexa que ninguém domina e com a qual o sistema penal joga perigosamente. Por isso mesmo "o sistema penal fabrica culpados".

Nesta perspectiva, tem-se negado o caráter ontológico dos conceitos de imputabilidade e culpabilidade e reconhecido o seu caráter normativo ao mesmo tempo em que se tem negado aos juízos de responsabilidade penal neles fundados a qualidade de juízos "descritivos", para reconhecê-los como juízos "atributivos", segundo a distinção de H. L. A Hart. Tal reconhecimento significa que com estes juízos não se "descrevem" qualidades existentes no sujeito,[23] mas que tais qualidades são atribuídas a ele. A determinação da responsabilidade é, portanto, uma "atribuição" de responsabilidade, e os pressupostos de tal determinação são critérios normativos construídos pelo

---

[22] Desenvolvidamente sobre tais contradições e abertura de soluções decisórias, ver Andrade (1996, p. 77-84), Bastos (1990, p.52-9), Warat (1989, p.102-3) e Pozo (1988, p. 40).

[23] Como a "possibilidade de conhecimento do injusto" e a "exigibilidade de conduta diversa", elementos da concepção normativa da culpabilidade.

Direito que correspondem não a fatos, mas a tipos de fatos (tipos penais) que condicionam "normativamente", e não "ontologicamente", a imputação de responsabilidade. (Baratta, 1988, p. 6660)

Num sentido mais amplo ainda

"Todas as características sobre as quais se baseia a motivação da sentença de condenação se revelam então como qualidades atribuídas ao sujeito; enquanto as variáveis latentes da decisão judicial que não acham correspondência na sentença e sua motivação, são reportadas, na mais rigorosa investigação sociológica sobre o processo penal, ao *status* social do processado e aos estereótipos de criminosos e criminalidade dos quais são portadores os órgãos da justiça penal, como também a opinião pública." (Baratta, 1988, p. 6660)

Esclarecedoras neste sentido são as considerações de Luhmann (1980, p. 53-9). Não obstante acentuar a dependência da decisão jurisdicional em relação à programação previamente estabelecida pelo legislador, aponta a *incerteza ou indeterminação* quanto ao resultado final do processo (em matéria de fato e de direito) como uma nota essencial do processo moderno, imprescindível à sua função legitimadora. Incertezas que, como já afirmamos, a Dogmática não faz reduzir, mas aumentar.

E simplesmente

"Num sistema que, pela sua diferenciação, se torna tão aberto a alternativas, têm que desenvolver as técnicas eficazes correspondentes de seleção – ou então chegam a utilizar-se, de forma latente, simplificações ilegais de forma no sentido de que o juiz se deixa influenciar pela classe social diferente dos restantes participantes, ou que ele se serve das suas experiências, que lhe aparecem como modelo, que não apresenta para debate esses fundamentos da sentença e que não os deixa aparecer na argumentação da opção." (Luhmann, 1980, p. 58)

E estas razões "reais" das decisões, "fixam a apresentação dos resultados, do trabalho e, simultaneamente, dirigem, num segundo plano, aquilo que tem de ser feito para o estabelecimento da apresentação", mas não aparecem na fundamentação formal da sentença, pois se

"(...) cada procedimento tem que principiar sob condição prévia de que qualquer coisa pode, dentro do vasto quadro dos fatos gerais e conhecidos ser outra coisa (por fatos gerais e conhecidos entende-se: conhecidos do juiz através de sua atividade oficial). A sentença não pode já ser tão facilmente obtida a partir de preconceitos. No lugar de preconceitos têm que entrar pré-conceitos." (Luhmann, 1980, p. 58)

Nas decisões judiciais, pois, "os processos conscientes e legalmente reconhecidos aparecem como um microcosmos, inscrito num macrocosmos só parcialmente explorado." (Baratta, 1982b, p. 51)

Reencontramos aqui uma continuidade fundamental da Criminologia da reação social em relação à genealogia foucauldiana, podendo-se constatar que aquela levas às últimas consequências a radiografia interna do fenômeno mais profundo que esta pôs em evidência.

É que, como demonstrou Foucault, a inscrição oficial de um (contra) Direito Penal do autor no interior de um Direito Penal do fato, via individualização judicial e penitenciária da pena integrava necessariamente a lógica de controle diferencial do moderno sistema penal e que o seu exercício de poder – a seleção de pessoas – se desenvolve por dentro desta aparente contradição. Assim sendo, o moderno sistema penal interpelou oficialmente os juízes a ultrapassar o universo do Direito Penal do fato e fazer da sentença muito mais do que um julgamento de culpa do autor pelo seu ato (responsável em função de certos critérios da vontade livre e consciente) para buscar na biografia do autor, um juízo de (a)normalidade e uma prescrição técnica para uma normalização possível.

Ao radiografar o curso deste desenvolvimento, a Criminologia da reação social demonstra que da abertura oficial do sistema para o (contra) Direito Penal do autor à sua colonização pelo criminoso estereotipado foi apenas um passo e, se acrescente, amplamente preparado pela Criminologia positivista.

5. DA DESCRIÇÃO DA FENOMENOLOGIA DA SELETIVIDADE À SUA INTERPRETAÇÃO ESTRUTURAL
Da desigualdade penal à desigualdade social

No marco da Criminologia crítica, a descrição da fenomenologia da seletividade pela Criminologia da reação social receberá uma interpretação macrossociológica que, aprofundando a sua lógica, evidencia o seu nexo funcional com a desigualdade social estrutural das sociedades capitalistas.

É assim que Sack,[24] numa formulação autodesignada de interacionista-marxista, explica o fenômeno da criminalidade oculta e da

---

[24] Sobre o abaixo exposto, sobre Sack nos baseamos em Baratta, (1991a, p. 104-9) e Pablos de Molina (1988, p. 585 e 601-2).

regularidade do processo de seleção da população criminosa em relação à estrutura macrossociológica.

Sustenta ele que embora os mecanismos reguladores da seleção da população criminosa sejam complexos e também reconduzíveis às peculiaridades de algumas infrações penais e das reações a elas correspondentes, desde uma perspectiva macrossociológica mais geral da interação e das relações de poder entre os grupos sociais, é possível reencontrar, por detrás deles, os mesmos mecanismos de interação, de antagonismo e de poder que dão conta, em uma dada estrutura social, da desigual distribuição de bens e de oportunidades entre os indivíduos.

Por um lado, o poder de atribuir a qualidade de criminoso é detida por um grupo específico de funcionários que, pelos critérios segundo os quais são recrutados e pelo tipo de especialização a que são submetidos, exprimem certos estratos sociais e determinadas constelações de interesses. Por outro lado, como documentam as pesquisas relativas à cifra negra, a criminalização depende, essencialmente, da condição social de que provém ou da situação familiar a que pertence o desviante.

Isto não demonstra, como sustentado pela Criminologia positivista, que a pertinência a um estrato social ou a uma situação familiar produzam no indivíduo uma maior motivação para o comportamento desviante (por supostas anomalias ou carências), mas que uma pessoa que provém destas situações sociais deve ter consciência do fato de que seu comportamento acarreta uma maior probabilidade de ser definido e etiquetado como desviante ou criminoso pelos outros e especialmente pelos detentores do controle penal, do que outra pessoa que se comporta da mesma maneira, mas pertence a outra classe social ou a um *milieu familiar* íntegro.De modo que as chances e riscos do etiquetamento criminal não dependem tanto da conduta executada como da posição do indivíduo na pirâmide social (*status social*).

Para Sack, portanto, seguindo as linhas gerais do paradigma da reação social, a criminalidade, como realidade social, não é uma entidade pré-constituída em relação à atividade judicial, mas uma qualidade (etiqueta) por ela atribuída a determinados indivíduos. E não apenas pela subsunção de sua conduta num tipo penal de crime, mas também, e sobretudo, conforme as metarregras básicas (*basic rules*)[25] de que são portadores.

---

[25] Partindo da distinção entre "regras" e "metarregras", ou seja, entre as regras gerais e as regras (ou práticas) sobre interpretação e aplicação das regras gerais, Sack considera, na esteira de Cicourel, que as primeiras correspondem às "regras superficiais", e as segundas, às "regras básicas" (*basic rules*).
Se no âmbito da teoria da criação do judicial do Direito as regras básicas têm sido tradicionalmente concebidas, como regras ou princípios metodológicos conscientemente aplicados pelo intérprete, Sack, juntamente com Cicourel, deslocou-as do plano subjetivo da metodologia jurídica

Em consequência, o processo de seleção tende a assegurar a atribuição do *status* criminal de acordo com imagens e esteriótipos que, deste modo, se perpetuam (modelo do círculo vicioso).[26] Os processos de criminalização respondem, ademais, ao estímulo da visibilidade diferencial da conduta desviada em uma sociedade concreta; ou seja, são mais guiados pela sintomatologia do conflito que pela etiologia do mesmo (visibilidade *versus* latência).

Basta pensar, neste sentido,

"(...) na 'reatividade' que caracteriza a ação da polícia, a qual tem uma tendência generalizada a intervir ali onde é chamada; ou na 'visibilidade' variável dos comportamentos contrários à lei que conduz a atividade controladora dos órgãos a se concentrar nos comportamentos publicamente visíveis e imunizar aqueles que tem lugar em recintos fechados." (Baratta, 1982a, p. 50-1)

Assim (seguindo a distinção de H. L. A. Hart entre juízos descritivos e atributivos), Sack considera os juízos mediantes os quais se atribui um fato punível a uma pessoa como "juízos atributivos", que produzem a qualidade criminal desta pessoa, com as consequências jurídicas (responsabilidade penal) e sociais (estigmatização, mudança de *status* e de identidade social, etc.) decorrentes. Pois a sentença cria uma nova qualidade para o imputado, introduzindo-o em um *status* que, sem ela, não possuiria.

A criminalidade em suma (a etiqueta de criminoso) é considerada como um "bem negativo" que a sociedade (controle social) reparte com o mesmo critério de distribuição de outros bens positivos (o *status social* e o papel das pessoas: fama, patrimônio, privilégios, etc.) mas em relação inversa e em prejuízo das classes sociais menos favorecidas. A criminalidade é o exato oposto dos bens positivos (do privilégio). E, como tal, é submetida a mecanismos de distribuição análogos, porém em sentido inverso à distribuição destes.

Na formulação de Baratta, uma das mais representativas e importantes da Criminologia crítica, a criminalidade se revela, principalmente, como um *status* atribuído a determinados indivíduos mediante

---

para o plano objetivo sociológico. As metarregras básicas (*basic rules*) são assim concebidas como regras objetivas do sistema social que, correspondendo às regras que determinam a definição de desvio e de criminalidade no senso comum e seguidas conscientemente ou não pelos aplicadores da lei, estão ligadas a leis, mecanismos e estruturas objetivas da sociedade, baseadas sobre as relações de poder entre grupos e sobre as relações sociais de produção. (Baratta, 1991a, p.108).

[26] O recurso ao estereótipo desencadeia assim "(...) um efeito de *feed-back* sobre a realidade, racionalizando e potenciando as 'razões' que geram os estereótipos e as diferenças de oportunidades que eles exprimem. Deste modo, o estereótipo surge simultaneamente como mecanismo de seleção e reprodução, funcionando como estabilizador entre a sociedade e os seus criminosos." (Andrade, 1980, p. 85).

uma dupla seleção: em primeiro lugar, pela seleção dos bens jurídicos penalmente protegidos e dos comportamentos ofensivos a estes bens, descritos nos tipos penais; em segundo lugar, pela seleção dos indivíduos estigmatizados entre todos aqueles que praticam tais comportamentos. (Baratta, 1991a, p. 167)

A interpretação estrutural da fenomenologia da seletividade como fenomenologia da desigualdade social parte assim da análise da criminalização primária para a criminalização secundária resgatando o fenômeno da distribuição seletiva dos "bens jurídicos" e chegando, por esta via, a uma desconstrução unitária e acabada da ideologia da defesa social.

Assim, o processo de criação de leis penais (criminalização primária) que define os bens jurídicos protegidos, as condutas tipificadas como crime e a qualidade e quantidade da pena (que frequentemente está em relação inversa com a danosidade social dos comportamentos), obedece a uma primeira lógica da desigualdade que, mistificada pelo chamado "caráter fragmentário" do Direito Penal pré-seleciona, até certo ponto, os indivíduos criminalizáveis. E tal diz respeito, simultaneamente, aos "conteúdos" e aos "não conteúdos" da lei penal.

Quanto aos "conteúdos" do Direito Penal abstrato, esta lógica se revela no direcionamento predominante da criminalização primária para atingir as formas de desvio típicas das classes e grupos socialmente mais débeis e marginalizados. Enquanto é dada a máxima ênfase à criminalização das condutas contrárias às relações de produção (crimes contra o patrimônio individual) e políticas (crimes contra o Estado) dominantes e a elas dirigida mais intensamente à ameaça penal; a criminalização de condutas contrárias a bens e valores gerais como a vida, a saúde, a liberdade pessoal e outros tantos não guarda a mesma ênfase e intensidade da ameaça penal dirigida à criminalidade patrimonial e política. Simultaneamente são preservadas, seja pela omissão ou criminalização simbólica, as condutas desviantes típicas das classes sociais hegemônicas (detentoras do poder econômico e político) cuja gravidade, embora difusa, é muitas vezes superior à chamada criminalidade "tradicional". Criam-se, assim, zonas de imunização para comportamentos cuja danosidade se volta particularmente contra as classes subalternas.

E a seleção criminalizadora é visível desde a diversa formulação técnica dos tipos penais e a espécie de conexão que eles determinam, por exemplo, com o mecanismo das agravantes e das atenuantes. (é difícil que se realize um furto não "agravado"). Enquanto as redes dos tipos são, em geral, muito finas quando se dirigem às condutas típicas contra o patrimônio e o Estado, são frequentemente mais largas quando os tipos penais têm por objeto a criminalidade econômica e outras formas de criminalidade típicas dos indivíduos pertencentes às classes no poder. Por todos estes mecanismos, estes crimes têm também, desde sua previsão abstrata, uma maior probabilidade de permanecerem impunes.

Quanto aos "não conteúdos", o chamado "caráter fragmentário" do Direito Penal que os juristas geralmente justificam como um dado da natureza das coisas ou pela pretensa relevância penal e idoneidade técnica de certas matérias em detrimento de outras, se revela como uma lei de tendência, pois tais justificações constituem uma ideologia que encobre o fato de que o Direito Penal tende a privilegiar os interesses das classes dominantes e a imunizar do processo de criminalização comportamentos socialmente danosos típicos dos indivíduos a elas pertencentes, e ligados funcionalmente à exigência da acumulação capitalista e tende a dirigir o processo de criminalização, principalmente, para formas de desvio típicas das classes subalternas.

Nesta perspectiva, o processo de criminalização secundária não faz mais do que acentuar o caráter seletivo do Direito Penal abstrato, pois as maiores chances de ser selecionado para fazer parte da população criminosa e ser sujeito de sanções, especialmente as estigmatizantes, como a prisão, aparecem, de fato, concentradas nos níveis mais baixos da escala social (subproletariado e grupos marginais). A posição precária no mercado de trabalho (desocupação, subocupação, falta de qualificação profissional) e defeitos de socialização familiar e escolar, que são características dos indivíduos pertencentes aos níveis mais baixos, e que na Criminologia positivista e em boa parte da Criminologia liberal contemporânea são apontados como as causas da criminalidade, revelam ser, antes, conotações sobre a base das quais o *status* de criminoso é atribuído. (Baratta, 1991a, p. 171-2)[27]

Considera assim que: "A variável principal da distribuição desigual do *status* de delinquente parece indubitavelmente ser, à luz das investigações recentes, a posição ocupada pelo autor potencial na escala social." (Baratta, 1982b, p. 43, nota 30)

A corroborar tal constatação, Baratta (1991a, p. 186-188) sumaria os resultados das investigações empíricas[28] sobre os *second codes* (estereótipos, preconceitos, teorias de todos os dias) que guiam as decisões judiciais.

---

[27] No mesmo sentido do exposto, ver também Cirino dos Santos, (1984, p. 102-110).

[28] Refere em especial as investigações de K. D. Opp e A. Peuckert, J. Feest e J. Blankengurg, J. Hogar, R. L. Hensel e R. A. Silvermann e D. Peters.

Com base nestes resultados, conclui ser possível afirmar que, em geral, existe uma tendência por parte dos juízes de esperar um comportamento conforme à lei dos indivíduos pertencentes aos estratos médios e superiores; o inverso ocorre com os indivíduos provenientes dos estratos inferiores. Orientados por uma imagem estereotipada da criminalidade, os juízes tendem, como ocorre no caso do professor e dos erros nas tarefas escolares, a procurar a verdadeira criminalidade, principalmente naqueles estratos sociais dos quais é *normal* esperá-la.

Desta forma, tais investigações empíricas têm colocado em relevo as diferenças de atitude emotiva e valorativa dos juízes em face de indivíduos pertencentes a diversas classes sociais que os conduzem, inconscientemente, à tendência de juízos diversificados conforme a posição social dos acusados. E tais juízos seletivos incidem, como já vimos, ao longo da multiplicidade das intervenções judiciais, seja na fixação dos fatos, na sua valoração e qualificação jurídico-penal (interpretação normativa, juízos de tipicidade (dolo, culpa) ilicitude e culpabilidade), seja na individualização (juízos sobre o caráter sintomático do delito em face da personalidade que se refletem diretamente na escolha e quantificação da pena). A distribuição da criminalidade se ressente, de modo particular, da diferenciação social.

Especialmente significativa a respeito da individualização da pena é que nas hipóteses de cominação alternativa de sanções pecuniárias e detentivas, os critérios de escolha funcionam nitidamente em desfavor dos marginalizados e do subproletariado, no sentido de que prevalece a tendência a considerar a pena detentiva como mais adequada no seu caso porque é menos comprometedora para o seu *status* social já baixo. Assim, as sanções que mais incidem sobre o *status* social, isto é, mais estigmatizadoras, são preferencialmente usadas contra aqueles que já o tem debilitado.

Também tem sido demonstrado que o insuficiente conhecimento e capacidade de penetração por parte do juiz no mundo do acusado é desfavorável aos indivíduos provenientes dos estratos inferiores da população. E isto não somente pela ação exercida por estereótipos e preconceitos, mas também pelas chamadas "teorias de todos os dias" que o juiz tende a aplicar na reconstrução da verdade judicial.

Por sua vez, a dupla seleção (criminalização primária e secundária) operada pelo sistema penal não atua isoladamente, mas se insere no âmbito de um controle social informal e de seleção de maior amplitude[29] que com aquela se dialetiza de forma que:

---

[29] A respeito da inserção do sistema penal como um todo e do cárcere em particular no *continuum* da seleção operada pelo controle social informal, em especial pelo sistema escolar e o mercado de trabalho, ver Baratta (1991a, p. 179 *et.seq*).

"Desde o ângulo dos processos funcionais e integradores do sistema penal oficial, podemos assinalar dentro desse complexo: a) os processos informais de reacão social que correm paralelos aos processos de criminalização oficiais (definicões comuns da criminalidade), 'a distância social' a respeito de quem é submetido a sanções, a 'proibição de coalizão' e a 'obrigação de coalizão', assim como os que constituem um início para processos oficiais de criminalização (a disposição de apresentar uma denúncia, ou de depor como testemunha); b) deve ser considerada, ainda, uma série de processos que transcorrem em instituições cuja relação com o processo oficial de criminalização é mais bem indireta e quicá não foram ainda investigados em toda sua complexidade pela análise sociológica contemporânea. Pense-se, por exemplo, na importância dos processos sociais de marginalização pertencentes ao mecanismo do mercado de trabalho e à seleção escolar. Estes fatores, junto com o sistema de direito penal e os controles sociais informais, conduzem à formação de setores entre os quais com preponderância se recruta, para falar em termos de Foucault, a 'população criminal', isto é, a maioria daqueles sobre os quais se concentra a ação do sistema penal." (Baratta, 1982b, p. 49-50)[30]

Reconduzido ao controle social global, o sistema penal aparece, por um lado, como filtro último e uma fase avançada de um processo de seleção que tem lugar no controle informal (família, escola, mercado de trabalho), mas os mecanismos deste atuam também paralelamente e por dentro do controle penal formal.

5.1. Da negação da ideologia da defesa social à desconstrução do mito do Direito Penal igualitário

Conclui então Baratta (1976, p. 10; 1982b, p. 42-3 e 1991a, p. 168) que os resultados da análise teórica e de uma série inumerável de pesquisas empíricas sobre os mecanismos de criminalização tomados em particular e em seu conjunto podem ser condensados em três proposições que constituem a negação radical do "mito do Direito Penal como direito igualitário"[31] que está na base da ideologia da defesa social.

Tais são:

---

[30] Sobre os conceitos utilizados pelo autor nesta citação, ver nota n° 38 da mesma referência bibliográfica.

[31] O qual circunscrevemos no item "8" do segundo capítulo.

a) O Direito Penal não defende todos e somente os bens essenciais nos quais todos os cidadãos estão igualmente interessados e quando castiga as ofensas aos bens essenciais, o faz com intensidade desigual e de modo parcial ("fragmentário");

b) A lei penal não é igual para todos. O *status* de criminal é desigualmente distribuído entre os indivíduos;

c) O grau efetivo de tutela e da distribuição do *status* de criminal é independente da danosidade social das ações e da gravidade das infrações à lei, pois estas não constituem as principais variáveis da reação criminalizadora e de sua intensidade.

Eis aí evidenciada a "contradição fundamental de todo o Direito burguês entre igualdade formal dos sujeitos de direito e desigualdade substancial dos indivíduos, que, neste caso, se manifesta em relação às *chances* de serem definidos como criminosos" (Baratta, 1991a, p. 168).

Pois "o desigual tratamento de situações e de sujeitos iguais no processo social de definição da "criminalidade" responde a uma lógica de relações assimétricas de distribuição do poder e dos recursos da sociedade." (Baratta, 1983b, p.146)

Mas Baratta (1986, p. 80-1) insiste também na debilidade da legalidade face às exigências do poder, já que cada vez que a lógica do conflito ultrapassa as previsões legais de intervenção punitiva esta também ultrapassa e inclusive transborda os limites da legalidade.

Assim,

"Em inúmeras situações locais, estudos e controles realizados por instituições e comissões de defesa dos direitos humanos, nacionais e internacionais, têm colocado em evidência as graves e até gravíssimas violações apresentadas pelo funcionamento da justiça criminal com relação a quase todas as normas previstas para a defesa dos direitos humanos neste campo na legislação local e nas convenções internacionais. Trata-se de graves e gravíssimas ilegalidades cometidas por parte de órgãos de polícia, no processo penal e na execução das penas. Em não poucos casos se trata de desvios de leis e ordenamentos nacionais frente a princípios de direito penal liberal nacional e internacional." (Baratta, 1989d, p. 13)

Nesta perspectiva, pode-se constatar que a violação encoberta da igualdade jurídica e da legalidade pela seletividade estrutural convive no sistema penal com a violação aberta da legalidade que, amplamente documentada, se verifica, em maior ou menor grau, na totalidade dos sistemas penais vigentes.

5.2. Função real do sistema penal na reprodução material e ideológica da desigualdade social

O aprofundamento da relação entre Direito/sistema penal e desigualdade conduz, em certo sentido, a inverter os termos em que esta relação aparece na superfície do fenômeno descrito. Não apenas as normas penais se criam e se aplicam seletivamente e a distribuição desigual da criminalidade (imunidade e criminalização) obedece geralmente à desigual distribuição do poder e da propriedade e à consequente hierarquia dos interesses em jogo (estrutura vertical da sociedade), mas o Direito e o sistema penal exercem, também, uma função ativa de conservação e reprodução das relações sociais de desigualdade.[32] São, também, uma parte integrante do mecanismo através do qual se opera a legitimação dessas relações, isto é, a produção do consenso real ou artificial. (Baratta, 1991a, p. 173; 1993, p. 49-50; 1983b, p. 151, 157 e 160)

A Criminologia crítica se intersecciona, aqui, com a indicação fundamental da crítica historiográfica marxista e foucauldiana: a conexão funcional que subsiste entre o sistema penal e o sistema social.

Enuncia Baratta (1987a, p. 625) com um de seus resultados globais:

"(...) em um nível mais alto de abstração o sistema punitivo se apresenta como um subsistema funcional da produção material e ideológica (legitimação) do sistema social global; ou seja, das relações de poder e propriedade existentes, mais do que como instrumento de tutela de interesses e direitos particulares dos indivíduos."

6. OPERACIONALIDADE DO SISTEMA PENAL NA AMÉRICA LATINA
Da seletividade encoberta à radicalização da arbitrariedade aberta

Em sua investigação específica sobre a operacionalidade do sistema penal na América Latina, Zaffaroni (1984a, 1984b, 1990, 1991)[33] conclui pela aceitação da validade e irreversibilidade dos resultados

---

[32] Para Hulsman (1993, p. 75) também o sistema penal reforça, visivelmente, as desigualdades sociais.

[33] A Pesquisa dirigida por Zaffaroni junto ao Instituto Interamericano de Direitos Humanos e cujo informe final de sua autoria foi publicado em Zaffaroni (1984a e 1984b), pode ser considerada a mais completa sobre a realidade dos sistemas penais latino-americanos.

da Criminologia da reação social também para a região, ao atribuir-lhe "a inquestionável vantagem de descrever detalhadamente – com um arsenal ao qual não se pode imputar nenhum enfeite teórico – o processo de produção e reprodução da delinquência." (Zaffaroni, 1991, p. 60)

É que, como ressalta, todos os sistemas penais apresentam características estruturais próprias de seu exercício de poder que, cancelando o discurso jurídico-penal, se materializam no centro e na periferia do capitalismo mundial e que, por constituírem marcas de sua essência, não podem por sua vez ser eliminadas sem a supressão dos próprios sistemas penais. (Zaffaroni, 1991, p. 15)

Assim,

"A seletividade, a reprodução da violência, a criação de condições para maiores condutas lesivas, a corrupção institucionalizada, a concentração de poder, a verticalização social e a destruição das relações horizontais ou comunitárias não são características conjunturais, mas estruturais do exercício de poder de todos os sistemas penais." (Zaffaroni, 1991, p. 15)

Por outro lado, contudo, tais aspectos estruturais convivem com modalidades operacionais concretas diferentes que se traduzem, na América Latina, numa radicalização da sua violência operacional (muito maior violência operativa na região marginal). (Zaffaroni, 1991, p. 173)

Sustenta assim que o máximo e o mais importante exercício de poder do sistema penal não é o poder repressivo legal enraizado na agência legislativa e centralizado na agência judicial, mas o poder repressivo positivo, configurador, constitutivo da função não manifesta de verticalização militarizada da sociedade que fica a cargo das agências executivas do sistema, especialmente a policial. (Zaffaroni, 1989, p. 435)

E é precisamente para a "gravidade dos resultados práticos da violentíssima operacionalidade dos sistemas penais" latino-americanos que chama a atenção, uma vez que na região a violação encoberta da legalidade e da igualdade pelo exercício de poder (discricionário) estruturalmente seletivo do sistema penal é agravada pela violação aberta e extrema da legalidade penal e processual penal e pelo altíssimo número de fatos violentos e de corrupção praticados pelos próprios órgãos do sistema penal. (arbitrariedade) (Zaffaroni, 1991, p. 27, 29 e 35)

Em primeiro lugar, "a base indispensável para que possa operar o verdadeiro exercício de poder do sistema penal, ou seja, para que opere o poder configurador dos órgãos do sistema penal" é, paradoxalmente, o âmbito de uma renúncia (planificada) da própria lei à legalidade. (Zaffaroni, 1991, p. 23)

O princípio da *legalidade penal* tal como decodificado pela Dogmática impõe rigorosos limites à punibilidade, com especial ênfase nos limites garantidores da tipicidade. O princípio da legalidade *processual penal* requer a incriminação de todos os autores de condutas *típicas, antijurídicas e culpáveis* de acordo com requisitos também detalhadamente explicitados. Isto significa uma dupla exigência: que o sistema penal não apenas exerça seu poder no estrito horizonte da programação normativa, mas que deva exercê-lo igualmente sempre e em todos os casos. (Zaffaroni, 1991, p. 21)

No entanto,

"(...) uma leitura atenta das leis penais permite comprovar que a própria lei renuncia à legalidade e que o discurso jurídico-penal (saber penal) parece não perceber tal fato. Através da minimização jurídica reserva-se ao discurso jurídico-penal, supostamente, os 'injustos mais graves'; através da 'administrativização', consideram-se fora do discurso jurídico-penal as institucionalizações manicomiais (...), as institucionalizações de menores (...), as institucionalizações dos anciões. (...)

(...)

O discurso jurídico-penal exclui de seus requisitos de legalidade o exercício de poder de seqüestro e estigmatização que, sob pretexto de identificação, controle migratório, contravenção,etc.., fica a cargo de órgãos executivos, sem intervenção efetiva dos órgãos judiciais.A lei permite, deste modo, enormes esferas de exercício arbitrário do poder de seqüestro e estigmatização, de inspeção, controle, buscas irregulares, etc., que se exercem cotidiana e amplamente, à margem de qualquer 'legalidade' punitiva contemplada no discurso jurídico-penal." (Zaffaroni, 1991, p. 22)

Mediante esta expressa renúncia à legalidade penal, os órgãos do sistema penal são encarregados de um controle social militarizado e verticalizado que exercido cotidianamente sobre a grande maioria da população é substancialmente configurador da vida social. (Zaffaroni, 1991, p. 23)

Mas também no exercício do poder repressivo "formal" a agência executiva exerce um poder seletivo fundamental de modo a minimizar a incidência seletiva dos órgãos legislativo e judicial.

Pois:

"A análise do poder do sistema penal nos mostra hoje claramente que o poder seletivo do sistema penal – inegável a estas alturas em qualquer país – não o tem primeiro o legislador, logo o juiz, por último as agências executivas, mas tudo ao contrário: exerce o poder do sistema o conjunto de agências executivas, com poder configurador, e seletivo, haja vista que seleciona uns poucos casos que submete à agência judicial. A agência legislativa se limita a conceber âmbitos de seletividade que são exercidos pelas agências executivas, ficando a judicial no meio de ambas, com poder muito limitado." (Zaffaroni, 1989, p. 435-6)

Observada a incapacidade estrutural do sistema penal para operacionalizar toda a programação penal, são os órgãos executivos que, primeiramente, têm espaço legal para exercer seu poder sobre qualquer pessoa. Não obstante, operam quando e contra quem decidem: sobre os setores mais carentes da população e sobre alguns dissidentes (ou "diferentes") mais incômodos ou significativos. (Zaffaroni, 1991, p. 23-4 e 27)

Nesta perspectiva, o sistema penal se encontra estruturalmente montado para que a legalidade processual não opere em sua plenitude, mas para que exerça seu poder com altíssimo grau de arbitrariedade seletiva dirigida, naturalmente, aos setores vulneráveis.

Verifica-se assim

"(...) na operacionalidade social dos sistemas penais latino-americanos um violentíssimo exercício de poder à margem de qualquer legalidade. Neste sentido, basta rever qualquer informe sério de organismos regionais ou mundiais de direitos humanos para comprovar o incrível número de seqüestros, homicídios, torturas e corrupção cometidos por agências executivas do sistema penal ou por seus funcionários. A estas violações devem ser acrescentadas a corrupção, as atividades extorsivas e a participação nos benefícios decorrentes de atividades como o jogo, a prostituição, o contrabando, o tráfico de drogas proibidas, dados geralmente não registrados nos informes dos organismos de direitos humanos, apesar de pertencerem à inquestionável realidade de nossos sistemas penais marginais." (Zaffaroni, 1991, p. 29)

A conclusão fundamental de Zaffaroni neste sentido é que na América Latina a deslegitimação do sistema penal é resultante da evidência dos próprios fatos[34] e que a "ética deslegitimante" é, num plano mais profundo, a própria morte humana; ou, mais explicitamente, a magnitude e notoriedade do fato morte que caracteriza seu exercício

---

[34] A respeito da violência do aparelho policial em geral e no Brasil, ver Cirino dos Santos (1984, p. 123 et. seq.). Uma investigação especialmente importante a respeito, que denuncia a existência de um "esquadrão da morte oficial" na Polícia Militar de São Paulo é a de Barcellos (1992).

de poder de forma que implica "um genocídico em marcha, em ato". (Zaffaroni, 1989, p. 434, e 1991, p. 38 e 67)

Com efeito,

"Há mortes em confrontos armados (alguns reais e a maioria simulada, ou seja, fuzilamentos sem processo). Há mortes por grupos parapoliciais de extermínio em várias regiões. Há mortes por grupos policiais ou parapoliciais que implicam a eliminação dos competidores em atividades ilícitas (disputa por monopólio de distribuição de tóxicos, jogo, prostituição, áreas de furtos, roubos domiciliares, etc.). Há 'mortes anunciadas' de testemunhas, juízes, fiscais, advogados, jornalistas, etc. Há mortes de torturados que 'não agüentaram' e de outros que os torturadores 'passaram do ponto'. Há mortes 'exemplares' nas quais se exibe o cadáver, às vezes mutilado, ou se enviam partes do cadáver aos familiares, praticadas por grupos de extermínio pertencentes ao pessoal dos órgãos dos sistemas penais. Há mortes por erro ou negligência, de pessoas alheias a qualquer conflito. Há mortes do pessoal dos próprios órgãos do sistema penal. Há alta freqüência de mortes nos grupos familiares desse pessoal cometidas com as mesmas armas cedidas pelos órgãos estatais. Há mortes pelo uso de armas, cuja posse e aquisição é encontrada permanentemente em circunstâncias que nada têm a ver com motivos dessa instigação pública. Há mortes em represália ao descumprimento de palavras dadas em atividades ilícitas cometidas pelo pessoal desses órgãos do sistema penal. Há mortes violentas em motins carcerários, de presos e de pessoal penitenciário. Há mortes por violência exercida contra presos nas prisões. Há mortes por doenças não tratadas nas prisões. Há mortes por taxa altíssima de suicídios entre os criminalizados e entre o pessoal de todos os órgãos do sistema penal, sejam suicídios manifestos ou inconscientes. Há mortes (...)." (Zaffaroni, 1991, p. 125)

Chama a atenção então Zaffaroni (1991, p. 143-4) para o fato de que o sistema penal não viola unicamente os direitos humanos dos criminalizados, mas de seus próprios operadores, deteriorando regressivamente os que o manejam ou assim o creem.

Se Foucault já insistira em que as garantias liberais se detêm, geralmente, antes das portas da prisão, que constitui uma zona franca de arbítrio em relação aos detidos; se a Criminologia da seleção desnuda a seletividade destas garantias desde o Legislativo, passando pela Polícia e o Judiciário e chegando à prisão, Zaffaroni insiste em que, na América Latina elas se detêm, sobretudo, entre as portas do Legislativo e do Judiciário entreabertas pela Polícia.

Por sua vez, a investigação também específica de Aniyar de Castro (1987, p. 96) sobre o sistema penal na América Latina chega a duas conclusões globais. A de que há na região um funcionamento global e real dos mecanismos do controle formal e informal em contrariedade ao funcionamento oficialmente programado. Daí falar de "um sistema penal subterrâneo" funcionando sob "um sistema penal aparente". E que a articulação da instâncias judiciais com os níveis de maior discricionariedade, como a policial, operam sistematicamente na região em função da seletividade classista do controle social.

7. CONTRASTAÇÃO ENTRE OPERACIONALIDADE E PROGRAMAÇÃO (NORMATIVA E TELEOLÓGICA) DO SISTEMA PENAL

Uma funcionalidade de eficácia invertida

Em suma:

"Na Criminologia de nossos dias, tornou-se comum a descrição da operacionalidade real dos sistemas penais, em termos que nada têm a ver com a forma pela qual os discursos jurídico-penais supõem que eles atuam. Em outros termos, a programação normativa baseia-se em uma 'realidade' que não existe e o conjunto de órgãos que deveria levar a termo esta programação atua de forma completamente diferente." (Zaffaroni, 1991, p. 12)

7.1. Violação da programação normativa

Da proteção à violação encoberta e aberta dos Direitos Humanos

Comparando-se a programação normativa do sistema penal, isto é, como deveria ser, de acordo com os princípios constitucionais do Estado de Direito e do Direito Penal e Processual Penal liberal com seu real funcionamento, pode-se concluir que, na maior parte dos casos, é um sistema de violação ao invés de proteção deles. (Baratta, 1989d, p. 13)

Pois,

"(...) é necessário repeti-lo – depois do advento do Estado de direito, a história do sistema punitivo segue ainda desenvolvendo-se parcialmente à margem da história do direito penal. O princípio de legalidade – bem como os demais princípios do direito penal liberal – se manifesta especialmente como uma instância ideológica de legitimação e nem sempre como um princípio real de funcionamento enquanto não corresponde, senão parcialmente e de forma contingente, ao funcionamento efetivo do sistema penal. Estas afirmações podem verificar-se não apenas considerando o sistema em toda a sua extensão, mas também centrando nossa atenção no subsistema institucional 'Legal'." (Baratta, 1986, p. 80-1)

A realização de todos os princípios garantidores do Direito Penal (legalidade, culpabilidade, humanidade e, especialmente, o de igualdade) é, em definitivo, uma ilusão, porque a operacionalidade do sistema penal está estruturalmente preparada para violar a todos. (Zaffaroni, 1991, p. 237, e 1989, p. 439)

Mais do que uma violação, trata-se, contudo, de uma contradição estrutural entre a lógica do sistema penal e a ideologia dos Direitos Humanos, pois:[35]

"Enquanto os direitos humanos assinalam um programa realizador de igualdade de direitos de longo alcance, os sistemas penais são instrumentos de consagração ou cristalização da desigualdade de direitos em todas as sociedades." (Zaffaroni, 1991, p. 149)

E na medida em que o sistema penal moderno se transforma, graças a suas contaminações policialescas e rupturas relativamente excepcionais com suas formas garantidoras, em um sistema de controle crescentemente informal (Ferrajoli, 1978, p. 44), é a própria caracterização do sistema penal como "controle social punitivo institucionalizado", que é colocada em cheque pela sua fenomenologia. (Zaffaroni, 1984, p. 8, e 1986, p. 32)

Guardadas todas as proporções que separam o antigo do moderno sistema penal, pela mudança qualitativa da estratégia punitiva que este instaura em relação àquele, o problema da sua justificação normativa retorna, paradoxalmente, à posição fetal.

Pois:

"(...) o verdadeiro problema penal de nosso tempo é a crise do direito penal, ou seja, desse conjunto de formas e garantias que o distingue de outra forma de controle social mais ou menos selvagem e disciplinário. Talvez o que hoje é utopia não são as alternativas ao direito penal, e sim o próprio direito penal e suas garantias; a utopia não é o abolicionismo, é o garantismo, inevitavelmente parcial e imperfeito. Se tudo é verdade, então o problema normativo da justificação do direito penal volta a adquirir

---

[35] A respeito, ver também Zaffaroni, (1984, 1989, p. 439-40, e 1991, p. 33, 147-152).

hoje o sentido originário que teve na idade do iluminismo, quando foram postos em questão os ordenamentos despóticos do antigo regime." (Ferrajoli, 1978, p. 44-5)

7.2. Descumprimento da programação teleológica
Das funções declaradas às funções reais da pena

Da mesma forma, comparando-se a programação teleológica do sistema penal, isto é, as funções instrumentais e socialmente úteis declaradas pelo seu saber oficial com as funções reais da pena e do sistema pode-se concluir que estas não apenas têm descumprido, mas sido opostas às declaradas.

Enquanto a função de proteção de bens jurídicos universais atribuída ao Direito Penal revela-se como proteção seletiva de bens jurídicos; a pretensão de que a pena possa cumprir uma função instrumental de efetivo controle (e redução) da criminalidade e de defesa social na qual se baseiam as teorias da pena deve, através de pesquisas empíricas nas quais a reincidência é uma constante, considerar-se como promessas falsificadas ou, na melhor das hipóteses, não verificadas nem verificáveis empiricamente.

Em geral está demonstrado, neste sentido, que a intervenção penal estigmatizante (como a prisão) ao invés de reduzir a criminalidade ressocializando o condenado produz efeitos contrários a uma tal ressocialização, isto é, a consolidação de verdadeiras carreiras criminosas cunhadas pelo conceito de "desvio secundário". (Baratta, 1991b, p. 49, 1993, p. 50-1; Zaffaroni, 1987, p. 38; Hulsman, 1993, p. 72)

Num sentido mais profundo, contudo, a crítica indica que a prisão não pode "reduzir" precisamente porque sua função real é "fabricar" a criminalidade e condicionar a reincidência.

Se as funções declaradas da pena se resumem numa dupla meta, a repressão da criminalidade e o controle (e redução do crime); as funções reais da prisão aparecem em uma dupla reprodução: reprodução da criminalidade (recortando formas de criminalidade das classes dominadas e excluindo a criminalidade das classes dominantes) e reprodução das relações sociais. (Cirino dos Santos, 1981, p. 56)

O fracasso das funções declaradas da pena abriga, portanto, a história de um sucesso correlato: o das funções reais da prisão que, opostas às declaradas, explicam sua sobrevivência e permitem compreender o insucesso que acompanha todas as tentativas reformistas de fazer do sistema carcerário um sistema de reinserção social. (Foucault, 1987, p. 209)

A história do projeto "técnico-corretivo" do sistema carcerário é a história de seu fracasso, porque

"O 'poder penitenciário' se caracteriza por uma 'eficácia invertida' (produção da recorrência criminal) e por um 'isomorfismo reformista' (reproposição do mesmo projeto, em cada constatação histórica do seu fracasso). Um século e meio de fracasso do aparelho penal (...) coexiste com um século e meio de manutenção do mesmo projeto fracassado." (Cirino dos Santos, 1981, p. 56)

7.3. A violência institucional como expressão e reprodução da violência estrutural

Se a violência institucional é "consubstancial a todo sistema de controle social" (Muñoz Conde, 1985, p. 16) ou "intrínseca à ação de controle social" (Cirino dos Santos, 1984, p. 123) a violência institucional como expressão e reprodução da violência estrutural das relações sociais, isto é, da injustiça social, sintetiza o *modus vivendi* experimentado pelo sistema de controle penal da modernidade.

Por todos estes motivos e porque o Estado expropriou uma das partes envolvidas – a vítima – da sua gestão, o modelo penal não pode ser considerado, diferentemente de outros campos do Direito, como um modelo de "solução de conflitos" gerando, ao revés, mais problemas e conflitos do que aqueles que se propõem a resolver com a agravante dos seus altos custos sociais. (Hulsman, 1993, p. 91)[36]

8. DAS FUNÇÕES INSTRUMENTAIS ÀS FUNÇÕES SIMBÓLICAS DO DIREITO PENAL

Diante deste quadro, uma constatação que se impôs foi a de que a eficácia das funções declaradas do Direito Penal é sobretudo "simbólica" e legitimadora, ao invés de instrumental. (Baratta, 1993, p. 50-1; Basoco, 1991; Aniyar de Castro, 1987, p. 84).

A identificação do fenômeno do Direito Penal simbólico e da relação entre funções instrumentais e simbólicas do Direito Penal se

---

[36] A respeito, ver também Zaffaroni, (1989, p. 437; 1991, p. 197, 203-204 e 212-3) e Baratta, (1988, p. 6659).

converteu assim em ponto central de discussão sobre os sistemas penais e as Políticas Criminais.[37]

Conforme observa Hassemer (1991, p. 28, 30 e 36), embora o próprio conceito de simbólico não tenha sido objeto de estudo sistemático e não se encontre na respectiva literatura um significado preciso, existe um acordo global a respeito da direção na qual se busca o fenômeno do Direito simbólico. Trata-se precisamente de uma oposição entre o "manifesto" (declarado) e o "latente"; entre o verdadeiramente desejado e o diversamente acontecido; e se trata sempre dos efeitos e consequências reais do Direito Penal. Simbólico no sentido crítico é por conseguinte um Direito Penal no qual se pode esperar que realize através da norma e sua aplicação outras funções instrumentais diversas das declaradas, associando-se neste sentido com engano.

Afirmar assim que o Direito Penal é simbólico não significa afirmar que ele não produza efeitos e que não cumpra funções reais, mas que as funções latentes predominam sobre as declaradas não obstante a confirmação simbólica (e não empírica) destas. A função simbólica é assim inseparável da instrumental à qual serve de complemento[38] e sua eficácia reside na aptidão para produzir um certo número de representações individuais ou coletivas, valorizantes ou desvalorizantes, com função de "engano".

9. CRISE DE LEGITIMIDADE, AUTOLEGITIMAÇÃO E DEMANDA RELEGITIMADORA

O funcionamento ideológico do sistema penal

Promessas vitais descumpridas, excessivas desigualdades, injustiças e mortes não prometidas. Mais do que uma trajetória de ineficácia, o que acaba por se desenhar é uma trajetória de eficácia invertida, na qual se inscreve não apenas o fracasso do projeto penal declarado mas, por dentro dele, o êxito do não projetado; do projeto penal latente da modernidade.

---

[37] A respeito, ver Hassemer, (19-- e 1991); Terradillos Basoco, (1991); Baratta, (1991b); Melossi, (1991); Muñoz G., (1991); Edwards, (1991); Gomez de la Torre, (1991); Bustos Ramirez, (1991); Kerchove, (1984 e 1992); Aniyar de Castro, (1987, p. 93-4;) Sanguiné, (1992); Paul, (1991).

[38] E foi Durkheim, em cuja obra culmina a dimensão social do simbolismo, já que foi o primeiro a manejar complexos íntegros de crenças, frente a seus predecessores que manejavam símbolos isolados, quem fixou em caráter definitivo que esta função instrumental está unida, no Direito Penal, à função simbólica. (Terradillos Basoco, 1991, p. 10).

Reencontramos novamente aqui outra indicação fundamental da crítica historiográfica[39] que se intersecciona com as grandes linhas da Criminologia crítica: a explicação do fenômeno reside na distinção entre funções declaradas (ideológicas) e exigências e funções latentes e na unidade do Direito, isto é, entre programação normativa e sua aplicação.

Partindo desta distinção/unidade funcional é possível compreender que o desenvolvimento contraditório do sistema penal não decorre de uma lógica da aplicação contrária à lógica da normativização, mas da unidade entre ambas, o que significa "atribuir a todo o sistema, e não somente à aplicação, a sua função real, controlável com os dados da experiência e interpretar como ideologia legitimante as finalidades do legislador que, até agora, permanecem um programa irrealizado." (Baratta, 1991a, p. 213-4)

Neste sentido, a discursividade da programação normativa e teleológica do sistema penal contém, como vimos afirmando, um código ideológico legitimador que integra e é fundamental ao funcionamento do sistema penal.

Em definitivo, pois:

"Se chegarmos à conclusão de que os princípios estruturais e funcionais necessários para organizar cientificamente o conhecimento do sistema penal são opostos aos que por ele mesmo são declarados, então, partindo de um conceito dialético de racionalidade, excluiremos que esta contradição entre princípios declarados e o funcionamento real do sistema seja um caso devido ao azar, um acidente da sua realização, imperfeita como tudo o que é humano. Não consideramos a imagem ideal proposta pelo próprio sistema unicamente como um erro da parte dos operadores e do público, mas atribuímos-lhe o estatuto de uma ideologia. Esta ideologia penal devém uma parte integrante do objeto de uma análise científica do sistema penal. O funcionamento do sistema não se realiza não obstante mas através desta contradição. Ela é um elemento importante, como outros elementos do sistema, para assegurar a realização das funções que tem no interior do conjunto da estrutura social. O elemento ideológico não é contingente mas sim inerente à estrutura e ao modo de funcionar o sistema penal, tal como este, mais em geral, é inerente à estrutura e ao funcionamento do direito abstrato moderno.(...) Ele concorre para assegurar, reproduzir e mesmo legitimar (sendo esta última uma função essencial para o mecanismo de reprodução

---

[39] Referida no item "5" do capítulo anterior.

da realidade social) as relações de desigualdade que caracterizam a nossa sociedade, em particular a escala social vertical, o mesmo é dizer a diversa distribuição dos recursos e do poder, a conseqüência visível do modo de produção capitalista." (Baratta, 1983b, p. 150-1)

Desta perspectiva, as potencialidades do desenvolvimento contraditório do sistema penal, aparecem inscritas em sua própria gênese.

Uma tal interpretação do funcionamento ideológico do sistema penal contribui para compreender, por outro lado, o quadro apresentado neste final de século. Não obstante teórica e faticamente exposta a grave crise de legitimidade do moderno sistema penal subsiste o processo de sua autolegitimação oficial convivendo ainda com uma forte e contraditória demanda relegitimadora de sua intervenção.

Assim, não obstante a falsificação empírica dos princípios liberais e das teorias da prevenção geral negativa (intimidação) e da prevenção especial positiva (ressocialização) no moderno Estado de Direito o poder punitivo segue encontrando no princípio da legalidade e no discurso da instrumentalidade utilitária o fundamento ideológico de sua autolegitimação, pois a própria ideia de ressocialização ainda não foi abandonada.

Por outro lado e simultaneamente, se o correlato da desconstrução deslegitimadora do sistema penal tem sido, como vimos, um movimento de inversão dos seus modelos fundamentais e propostas político-criminais que demandam desde a minimização da sua violência mediante o fortalecimento das garantias individuais à sua abolição e substituição por políticas alternativas de resolução de conflitos, a contraface deste processo aparece de forma multifacetada e complexa.

De um lado, o sistema penal experimenta uma demanda relegitimadora de sua intervenção proveniente da ascensão do chamado "Movimento de Lei e Ordem"[40] (contrarreforma ressocializadora) que responde ao problema da criminalidade violenta, seja individual ou organizada e da segurança pública ("alarma da criminalidade"), especialmente nos grandes centros urbanos, com a demanda pela radicalização repressiva. Que vai, se acrescente, desde um incremento do discurso da retribuição e prevenção geral negativa (aumento do *quantum* da penas, restrição de garantias processuais, maximização do aparelho policial, etc.) até o apelo à prevenção especial negativa (neutralização e incapacitação dos criminosos mediante prisão de segurança máxima, prisão perpétua e pena de morte, onde inexistem).

---

[40] Sobre a caracterização deste movimento e do papel dos meios de comunicação de massa, ver Franco, (1991, p. 22-27).

Ao mesmo tempo, verifica-se uma demanda de intervenção do sistema penal contra a criminalidade de colarinho branco em geral e uma demanda de movimentos sociais (ecológicos, feministas, étnicos, de defesa de menores, etc.) baseada na possibilidade de utilizar o Direito Penal para a tutela de interesses fundamentais não protegidos ou para a tutela dos sujeitos e grupos mais débeis e violentados na sociedade, sob pena de, recusando-o, abandonar-se o instrumento disponível para tal. (Larrauri, 1991, p. 192)

E tais demandas, que circunscrevem diversificados e complexos problemas que vão desde a chamada criminalidade tradicional violenta, passando pelas organizações do tráfico de drogas, mafiosas e terroristas, corrupção política, administrativa e econômico-financeira, relações de consumo, depredação ecológica, relações de gênero (homem x mulher) racismo, menores abandonados e outros tantos, não apenas geram retornos inesperados para um sistema penal em crise de legitimidade, mas também novos desafios para a própria estrutura (normativa, teórica e institucional) individualista em que assenta. Pois remetem, no marco de suas demandas, tanto para o problema da responsabilidade penal coletiva e de pessoas jurídicas quanto para a proteção de interesses difusos e coletivos como por exemplo, o bem jurídico "patrimônio ecológico".

O horizonte do final de século aparece assim marcado por reivindicações político-criminais contraditórias para o sistema penal. A reivindicação de sua redução e abandono convive com a de sua expansão; e se aquela primeira se faz acompanhar de um fortalecimento das garantias inexistentes, esta preconiza o próprio abandono de seu reconhecimento formal. Enquanto está demonstrada a debilidade dos potenciais garantidores do Direito Penal, continua se apostando neles.[41]

Seja como for, na convivência entre desregulação e (neo)regulação, longe do Estado e perto do Estado tal horizonte (aqui apenas indicado) parece testemunhar, mais do que nunca, a ambiguidade do Penal, reatualizando, a um só tempo, seu potencial técnico repressivo e seu potencial humanista-garantidor.

O resultado, como a própria crítica também tem indicado, resgata uma lição fundamental do funcionalismo: persiste a "história da

---

[41] No Brasil dos anos 80 em diante verifica-se claramente este quadro político-criminal ambíguo representado, por um lado, pelos Movimentos de Lei e Ordem (de cuja hegemonia são expressões mais visíveis as Leis de Prisão Temporária, crimes hediondos, crime organizado, movimentos pela pena de morte ou prisão perpétua) e, por outro, por uma tendência despenalizadora/descriminalizadora representada pela reforma penal de 84, a recente Lei dos Juizados Especiais criminais (constitucionalmente programada) e a reforma penal da parte especial do Código Penal.

legitimação" apesar do fracasso. As críticas profundas não alteraram a natureza do sistema, que sobrevive devido ao seu funcionalismo e à enorme força da retórica benevolente e neste sentido pode sobreviver indefinidamente. (Cohen, 1985, p. 41-2; Foucault, 1987; Hulsman, 1993, p. 161-2)[42]

10. CONTRASTAÇÃO ENTRE OPERACIONALIDADE E METAPROGRAMAÇÃO DOGMÁTICA DO SISTEMA PENAL

As Ciências Sociais evidenciam, portanto, que para além das intervenções contingentes há uma lógica estrutural de operacionalização do sistema penal nas sociedades capitalistas que implicando na violação encoberta (seletividade) e aberta (arbitrariedade) dos direitos humanos não apenas viola a sua programação normativa e teleológica mas é, num plano mais profundo, oposta a ambas, caracterizando-se por uma eficácia instrumental invertida à qual uma eficácia simbólica (legitimadora) confere sustentação. A potencialidade deste desenvolvimento contraditório está, todavia, inscrito nas bases fundacionais do próprio sistema.

Globalmente considerada, pois, esta lógica se traduz numa subprodução (déficit) de garantia dos direitos humanos e numa sobreprodução (excesso) de seletividade/arbítrio e legitimação, cuja violência institucional mantém um nexo funcional mais profundo com a reprodução das relações sociais desiguais de poder e riqueza; isto é com a violência estrutural.

E deste desequilíbrio resulta a grave crise de legitimidade experimentada pelo moderno sistema penal, não obstante a sobrevivência de sua autolegitimação oficial e demandas relegitimadora de sua intervenção.

Ora, visibilizado que tal lógica, inserindo-se no *continuum* do controle social global, radica na criminalização seletiva de pessoas/arbitrariedade, e não na incriminação igualitária de condutas objetiva e subjetivamente consideradas em relação ao fato-crime, como o atesta inequivocamente a clientela do cárcere. E que, como produto desta lógica, é a *des*-igualdade, a *in*-segurança jurídica e a *in*-justiça que estão sob nossos olhos visibilizado fica, diretamente, que a lógica de operacionalidade do sistema não apenas viola, mas também é inversa à lógica prometida pela metaprogramação dogmática e, indiretamente,

---

[42] A respeito, ver tabela 1, fase 3 de Cohen no item 2 do capítulo anterior.

que esta também se caracteriza por uma eficácia instrumental invertida acompanhada de uma eficácia simbólica. Os juízos obtidos a partir da contrastação entre programação e metaprogramação dogmática e operacionalidade do sistema penal são não apenas de incongruência e irrealização, mas de realização invertida.

10.1. A relação funcional entre Dogmática Penal e realidade social
Das funções declaradas às funções latentes e reais da Dogmática Penal como Ciência do controle penal

10.1.1. Déficit ou subprodução de garantismo e limites estruturais na racionalização da violência punitiva e garantia dos Direitos Humanos
Da onipotência à ilusão de poder

Em primeiro lugar, pois, a radiografia interna dos sistemas penais é, também, uma radiografia direta e um testemunho definitivo do profundo déficit histórico de cumprimento da função instrumental racionalizadora/garantidora prometida pela Dogmática Penal e de que não tendo assegurado o exercício do controle penal com igualdade e segurança jurídica não é pelo cumprimento desta função que se explica sua vigência na modernidade.

Pari passu, ao visibilizar a abrangência e complexidade do fenômeno do controle sociopenal, evidencia também que, em definitivo, o campo de intervenção vital e o poder racionalizador/garantidor da Dogmática Penal nesta fenomenologia é muito menor do que o dogmaticamente idealizado e prometido, potencializando argumentos explicativos de seu déficit funcional de garantismo também por limitações estruturais do próprio paradigma que remetem, por sua vez, para seus déficit cognoscitivos.

Se toda a argumentação aqui desenvolvida demonstra que o limite do sistema penal é o limite da própria sociedade e, consequentemente, não pode ser atribuído unicamente a limitações dogmáticas, por outro lado é fundamental pontualizar tais limitações porque a Dogmática Penal assumiu a onipotente função de racionalizar o sistema. E, fazendo-o, estaremos desvelando sua "ilusão" de poder neste sentido.

É que o espaço dentro do qual a Dogmática Penal poderia fazer surtir seus efeitos garantidores está duplamente limitado.

Em primeiro lugar porque, excluída a "criminalidade oculta" que não é sequer acessada pelo sistema penal (seletividade quantitativa), os casos que são submetidos à decisão dos juízes e Tribunais representam o resultado de um processo de seleção sumamente avançado no qual já intervieram todos os poderosos filtros específicos do sistema penal (Legislador, Polícia, Ministério Público) cada um deles recriadores de cifras negras, além dos filtros anteriores do controle social global. (Baratta, 1982b, p. 51-2; Aniyar de Castro, 1987, p. 94)

A incidência da agência judicial (e da Dogmática Penal) dá-se assim numa fase parcial e já avançada do processo de seleção formal e informal, cuja intervenção sucessiva de filtros anteriores determinam uma seletividade estrutural que lhe é submetida à decisão. No interior do sistema penal, o poder judicial aparece relativizado não apenas em face do Poder Legislativo, mas sobretudo em face do poder policial que pré-seleciona o seu universo decisório e, ainda, em face do poder penitenciário que, fracionando o poder de punir, decide *a posteriori* sobre suas decisões.

Intervindo unicamente sobre o exercício de poder jurisdicional, a Dogmática Penal intervém assim sobre a agência do sistema mais abrigada da arbitrariedade. Pois sendo as decisões judiciais relativamente pré-programadas pelo Legislador, seu poder discricionário é menor do que o poder das agências policial e penitenciária e mesmo que o de outros segmentos da agência judicial, como o Ministério Público. Desta forma fica fora da intervenção dogmática, embora seja por ela legitimado, o exercício do poder policial que, juntamente com o poder penitenciário (execução penal) são responsáveis, como se tem demonstrado, pela maior arbitrariedade e violação dos Direitos Humanos; seja pelo poder repressivo configurador, seja pela repressão aberta (Zaffaroni), seja pelo poder disciplinar (Foucault) estigmatizador ou deteriorador (paradigma da reação social). De qualquer modo, também está demonstrado que se a agência judicial está mais abrigada da arbitrariedade aberta, está, por outro lado, plenamente inserida na lógica da seletividade encoberta à qual não tem revertido, mas integrado, convalidado e racionalizado.

Neste sentido, embora

"(...) o principal exercício de poder do sistema penal tenha lugar sem a intervenção do órgão judicial (ao qual se limita o poder dos juristas) quando, neste âmbito, devem ser defendidos os direitos humanos, seus defensores acabam considerando verdadeiros os pressupostos do discurso jurídico-penal que devem esgrimir e, com isso, admitem, quase sem percebê-los, a racionalização justificadora de todo o exercício de poder do sistema penal." (Zaffaroni, 1991, p. 30)

Em segundo lugar, pois, o campo de intervenção vital da Dogmática Penal está limitado pelo fato de que o seu código tecnológico, isto é, o instrumental construído para a racionalização garantidora das decisões judiciais, não cobre o *second code* judicial e os processos de influência que, excluídos e predominando sobre aquele, condicionam, latententemente, a seletividade das decisões judiciais.

Ou, em outras palavras:

"(...)as regras administradas pela metodologia e a dogmática do Direito Penal e processual penal, cobrem somente parte do processo decisório. A maioria das regras derivadas de fatores como o comportamento e a socialização do juiz penal, regras que encontram expressão em seus prejuízos e esterótipos, escapam da competência da ciência jurídico-penal. Igualmente escapam a ela outras condições de aplicação da lei que não dependem da consciência individual dos juízes, mas que influem de maneira não menos intensa em sua atividade decisória, como por exemplo os processos de influência derivados da estrutura organizativa e comunicativa do aparato judicial." (Baratta, 1982b, p. 51-2)

Os conceitos de *second code* e *basic rules* (entendidos como regras objetivas do sistema social), conectam precisamente a seleção operada pelo controle penal formal com o controle social informal, mostrando como os mecanismos seletivos presentes na sociedade colonizam as decisões judiciais num processo interativo de poder entre controladores e controlados (público), perante o qual a assepsia da Ciência e da Técnica jurídica para exorcizá-los, assumem toda a extensão do seu artificialismo.

Assim, enquanto a Dogmática Penal centraliza a construção do sistema garantidor na conduta do autor edificando uma técnica de imputação de responsabilidade penal pautada por requisitos objetivos (conduta típica e antijurídica) e subjetivos (culpabilidade do agente imputável) e demarcando um horizonte decisório vinculado à legalidade e ao fato-crime cometido, em que a subjetividade do autor apenas ingressa como vontade (dolosa ou culposa) e culpabilidade em relação ao fato; são precisamente as variáveis relativas à pessoa do autor e outras, exorcizadas pela Dogmática pela porta da frente de sua construção conceitual que ingressam pela porta dos fundos e preponderam nas decisões judiciais.

A sentença penal é, efetivamente, muito mais complexa que uma exclusão/imputação de responsabilidade penal baseada nos Códigos legais e no Código tecnológico dogmático.

E se os mecanismos de seleção têm uma eficácia conformadora latente de todo o processo decisório (fixação do fato, qualificação jurídico-penal, individualização e quantificação da pena), levando em consideração a pessoa do autor mesmo ali onde a legislação penal proibiu fazê-lo, é importante observar que nas legislações penais como a brasileira, em que, ao revés, a individualização da pena reenvia, expressamente, para a consideração de características relativas ao autor, como os "antecedentes", a "conduta social" e a "personalidade" (art. 59 do Código Penal Brasileiro) a porta para o ingresso dos estereótipos fica "legalmente" aberta.

Quando esta herança, visível do instrumental criminológico positivista se faz legalmente presente, o potencial estereotipador se faz explícito, e não apenas latente, facilitando, por exemplo, a caracterização da "personalidade perigosa" do criminoso.

Trata-se, em definitivo, de um (contra) Direito Penal do autor, operando latentemente por dentro de um Direito Penal do fato e submetendo-o até deixá-lo imerso nele, sendo condicionante da seletividade que a Dogmática Penal não consegue exorcizar, acabando, paradoxalmente, por racionalizar.

Parece então demonstrado que a centralidade[43] e o superpoder garantidor assumidos pelo Direito Penal e sua metaprogramação dogmática (em detrimento, também, do próprio Processo Penal), no marco de um modelo integrado de Ciência Penal, foi um poder excessivamente superior à sua intrínseca capacidade.

10.1.2. Excesso ou sobreprodução de seletividade e legitimação
Da eficácia instrumental invertida e eficácia simbólica das funções declaradas

Nesta perspectiva é necessário reconhecer que, paradoxalmente, a atividade dogmática "(...) para a racionalização e gestação da igualdade exclui por decisão própria uma série de mecanismos que, vistos em seu conjunto, resultam mais adequados para a produção do efeito contrário, ou seja, para gestar a desigualdade." (Baratta, 1982a, 539)

E que o instrumental conceitual da Dogmática Penal não apenas "frustra em sua aplicação prática a realização dos princípios dos quais

---

[43] Conforme assinalamos no final do primeiro capítulo.

depende a legitimidade da reação penal em um Estado democrático", mas acaba exercendo "um papel significativo na atividade seletiva da administração da justiça." (Bacigalupo, *in* Mir Puig, 1982, p. 68-9)

Com efeito, na medida em que a Dogmática Penal é uma instância interna e não externa do sistema penal, ela não apenas tem sido incapaz de controlá-lo externamente, mas tem sido capturada pela sua lógica de funcionamento, integrando-a e coparticipando dela. Assim, o desequilíbrio global do exercício de poder do sistema penal deixa a Dogmática prisioneira da própria fantasia que cria definindo seus próprios limites e possibilidades; isto é, não apenas seus déficits mas também seus excessos funcionais. Por sua vez, a própria funcionalidade Dogmática não é controlada.

São seis, neste sentido, os resultados das Ciências Sociais até aqui expostos a reunir e pontualizar:

1) Se os casos que chegam à agência judicial são o produto de uma seletividade estrutural (controle social informal, criminalização primária, incapacidade operacionalizadora estrutural do sistema penal, criminalização secundária) que lhe é submetida à decisão e à qual ela tem regularmente convalidado e consolidado, como o evidencia inequivocamente a clientela do sistema penal, tornando o juiz um funcionário, que geralmente não se rebela, do controle diferencial ou da construção seletiva da criminalidade;

2) Se a regularidade das decisões judiciais seletivas é explicada pela influência de estereótipos de criminosos e criminalidade e teorias de todos os dias dos quais são portadores os juízes (*second code*) e a opinião pública, além de processos derivados da estrutura organizacional e comunicativa do sistema penal que reenviam ao *status social* do processado em detrimento do instrumental dogmático construído para a imputação da responsabilidade penal e administradas através da técnica jurídico-penal, que deveria reenviar à sua conduta;

3) Se a uniformização e previsibilidade das decisões judiciais aparece, consequentemente, como probabilidade de que alguns serão selecionados pelo sistema e outros não, dependendo de seu *status* social e/ou das exigências do poder constituído; a igualdade formal aparece como des-igualdade real, a segurança como in-segurança que beneficia determinados grupos e classes sociais em detrimento de outros, isto é, como in-justiça;

4) Se o *second code* judicial é o que geralmente pauta e condiciona, efetivamente, o horizonte das decisões, mas não se submete à obrigação de motivação fática e jurídica da sentença permanecendo, por isto, invisível e fora do controle público ("macrocosmos invisível");

5) Se, ao revés, o código dogmático do Direito Penal do fato, com seu poder pautador esvaziado, é o que aparece regularmente junto com os Códigos legais na motivação formal e na justificação da legalidade das decisões seletivas ("microcosmos visível"), permitindo recolocar normas e "conceitos" no lugar daqueles preconceitos, operando como uma cobertura decisória do (contra) Direito Penal do autor;

6) Se, enfim, tal colonização do código tecnológico dogmático pelo *second code* judicial autoriza a considerar as características nas quais se baseia a motivação formal da sentença de condenação (como os conceitos de imputabilidade e culpabilidade) como qualidades atribuídas ao sujeito, os juízos de imputação de responsabilidade penal nele baseados como juízos atributivos e a sentença penal como atribuição de responsabilidade penal.

Todos estes argumentos concorrem para uma conclusão genérica fundamental: entre a evidência empírica de que o código tecnológico da Dogmática tem sido utilizado para fundamentar juridicamente e justificar a legalidade das decisões judiciais e a evidência empírica de sua incapacidade racionalizadora para a gestação de decisões igualitárias (soluções iguais para casos iguais) seguras e justas somente resta a hipótese de que tem concorrido para instrumentalizar e racionalizar as decisões seletivas, acabando por fornecer a elas uma justificação técnica de base científica, legitimando-as e, na sua esteira, a totalidade do exercício de poder do sistema penal. Pois, é em virtude mesmo da pré-programação legislativa e dogmática da ação jurisdicional, que o sistema penal se legitima pela legalidade.

Por isto, o discurso dogmático cai na onipotência e

"Esta omnipotência nos ensina até hoje que o discurso jurídico-penal deve legitimar o poder de todo o sistema penal para poder planificar o exercício de poder decisório da agência judicial nos poucos casos que as outras agências (executivas) selecionam para submetê-los a seu conhecimento. (...)" (Zaffaroni, 1989, p. 135-6)

Se a promessa Dogmática de converter-se em Ciência instrumental da justiça penal tem, portanto, sido cumprida, o tem com uma eficácia invertida. Ao invés de uma racionalização decisória para a gestação da igualdade e segurança jurídica, ela tem concorrido para a racionalização da seletividade decisória e da violação dos Direitos Humanos consumada pela operatividade do sistema penal, ao mesmo tempo em que colocado em circulação social sinais de punição perfeitamente ajustados: o simbolismo da segurança jurídica, que cumpre efeitos fundamentais de legitimação do sistema penal.

Ao mesmo tempo em que a segurança jurídica aparece empiricamente falsificada, aparece simbolicamente reafirmada. De modo que "compramos a suposta segurança que o sistema penal nos vende, que é a empresa de mais notória insolvência estrutural de nossa civilização." (Zaffaroni, 1991, p. 27)

Consequentemente, não é pela "efetividade" da segurança jurídica, mas pela instrumentalidade real de eficácia invertida e pela eficácia simbólica ("ilusão") da segurança jurídica (que dá sustentação àquela instrumentalidade) que pode ser explicada a conexão funcional da Dogmática Penal com a realidade social e sua marcada vigência histórica.

Não parecem restar dúvidas, pois, de que na lógica global de funcionamento do sistema penal a ambiguidade dogmática tem sido excessivamente apropriada pelas exigências de dominação e legitimação (pilar da regulação). A segurança do homem tem sido colonizada e hegemonizada pela exigência de segurança do próprio sistema social que o sistema penal contribui a reproduzir, exercendo seu poder contra alguns homens (os mesmos expropriados na partilha real do poder) em benefício de outros.

Se os espaços de garantismo que o sistema penal possibilita são, por sua intrínseca "violência institucional", muito vulneráveis e uma Justiça Penal recoberta de garantias formais parece ser um reconhecimento inequívoco disto, hoje está evidenciado que a apropriação dos potenciais garantidores da Dogmática Penal (que subsistem, todavia, no simbolismo de suas promessas) para uma ação rigorosamente correta da Justiça Penal somente pode se dar em situações contingentes e excepcionais, mas não tem o poder de reverter a lógica da seletividade e a arbitrariedade do sistema.

10.1.3. Da convergência funcional declarada à convergência funcional latente e real da Dogmática Penal e da Criminologia no marco do modelo integrado de Ciência Penal e sua crise de legitimidade

Reaparece aqui a convergência funcional latente e real da Dogmática Penal e da Criminologia positivistas como instâncias do sistema penal caracterizada, igualmente, por uma eficácia invertida. Pois no lugar de uma "luta" racional, cientificamente respaldada contra a criminalidade, reaparece uma convergência tecnológica na criminalização seletiva ou no controle diferencial da criminalidade e na sua legitimação.⁴⁴ E tal convergência, possibilitada pela dependência metodológica e ideológica da segunda em relação à primeira, é que pode explicar, por funções reais e inversas às oficialmente declaradas, o êxito do modelo integral de Ciência Penal, a denominada *Strafrechtswissenschft*.

A desconstrução deslegitimadora do moderno sistema penal arrasta consigo a desconstrução deslegitimadora dos seus paradigmas fundamentais de sustentação – a Dogmática Penal e a Criminologia positivistas – e o próprio modelo integrado de Ciência Penal que aparece hoje como um modelo epistemológica e funcionalmente deslegitimado.

Desde o golpe deslegitimador do exercício de poder do sistema penal promovido pela Criminologia da reação social "o discurso jurídico-penal ficou irremediavelmente desqualificado pela demonstração incontestável de sua falácia, e a Criminologia etiológica, complemento teórico sustentador desse discurso, viu-se irremediavelmente desmentida." (Zaffaroni, 1991, p. 60-61)

É assim que tanto Zaffaroni (1991, p. 13 e 19) acentua a falsificação empírica do discurso dogmático pela operacionalidade do sistema penal⁴⁵ e a sua perversão, já que "torce-se e retorce-se, tornando alucinado um exercício de poder que oculta ou perturba a percepção do verdadeiro exercício de poder"; quanto Baratta (1991, p. 158-164) acentua a irreversibilidade do seu atraso teórico face à desconstrução criminológica (liberal e crítica) da ideologia da defesa social⁴⁶ e o abismo que hoje separa o conhecimento dogmático do conhecimento produzido pelas Ciências Sociais.

---

⁴⁴ Se hoje está evidenciado o potencial seletivo desta Criminologia, questão importante entreaberta é o questionamento do próprio conteúdo seletivo velado ou encoberto da Dogmática Penal. Tal é precisamente o que sugere Bacigalupo (1982, p. 68) ao assinalar que "o descobrimento dos critérios cotidianos de seleção com que operam os órgãos do controle social incidem na vigência real do princípio constitucional de igualdade perante a lei e sugerem a necessidade de revisar o conteúdo seletivo implícito das teorias da Dogmática Penal (...)".
Neste sentido, se no marco da Criminologia da seleção tem sido relevada a investigação do *second code* de que são portadores os juízes e a opinião pública, não parece ter sido relevada a interferência do *second code* do próprio dogmata na sua atividade científica (isto é, na interpretação e construção teórica da programação penal) e analisado o potencial seletivo do (seu) código tecnológico que, daí resultante, se interpõe entre a programação penal e as decisões judiciais.
E é para este que Bastos (1990, p. 53) chama, todavia, a atenção ao constatar que o esforço dogmático de depuração do sistema legislado deixa entrever, tantas vezes, a "interferência abusiva de um outro sistema, o do próprio dogmata."

⁴⁵ E a tal vincula a sua crise, caracterizando-a como o "momento em que a falsidade do discurso jurídico-penal alcança tal magnitude de evidência que este desaba, desconcertando o penalismo da região [latino-americana]." (Zaffaroni, 1991, p. 14).

⁴⁶ E a tal vincula a crise da Ciência Penal dogmática (Baratta, 1991, p. 162).

10.2. Da relação funcional à separação cognoscitiva entre Dogmática Penal e realidade social

10.2.1. Recondução do déficit funcional de garantismo ao déficit cognoscitivo que condiciona os limites racionalizadores da Dogmática Penal

Com efeito, com o conhecimento produzido pelas Ciências Sociais sobre o Direito Penal, a criminalidade e a pena relacionadamente à fenomenologia do controle sociopenal e demonstrada a abrangência e complexidade desta, refundamentada fica a separação cognoscitiva entre Dogmática Penal e realidade social e seu profundo déficit cognoscitivo.

Da desconstrução teórica e falsificação empírica dos princípios liberais e da ideologia da defesa social que conformam o seu repertório ideológico[47] à desconstrução de suas promessas são as bases teóricas e ideológicas mesmo da metaprogramação dogmática para a racionalização garantidora das decisões judiciais[48] que reassumem aqui, em seu conjunto, todo o seu idealismo.

É que, em definitivo, há uma distância abissal entre a abrangência e complexidade da fenomenologia do sistema penal revelada pela Ciência Social e a apreensão reducionista e idealizada que dela faz a Dogmática Penal.

O milagre da abstração normativa e descontextualização que ela continua a cumprir até hoje consiste na superposição à imagem do sistema penal como ele é pela imagem do Direito Penal como ele deveria ser.[49]

Esta superposição idealista resulta de um reducionismo analítico mediante o qual a Dogmática Penal:

a) captando o Direito Penal como realidade normativa (consubstanciada pela separação estática entre norma e aplicação judicial) abstraída ao invés de inserida na totalidade funcional do controle sociopenal esgota a complexa fenomenologia deste controle no trânsito da norma à aplicação judicial, mediante a qual se interpõe, aproximativamente; b) idealizando a racionalidade do legislador, do juiz e a sua própria, idealiza aquele trânsito como se o juiz realizasse, neutra e mecanicamente, a programação penal enunciada pelo legislador e

---

[47] Princípios da legalidade, da igualdade jurídica, do bem e do mal, da culpabilidade, da legitimidade, da igualdade, do interesse social e do delito natural, do fim e da prevenção.

[48] Que descrevemos no segundo capítulo, em especial nos itens "8 a 10".

[49] A respeito desta idealização, ver especialmente o item "10" do segundo capítulo.

por ela metaprogramada; c) centrando sua atividade comunicacional racionalizadora onde apreende, esgota e idealiza a materialização do poder punitivo exclui dela, consequentemente, todo o complexo poder do controle social informal e formal que não reconhece como constitutivo daquele poder. Ao mesmo tempo, tendo uma visão idealizada da atividade jurisdicional, exclui dela todas as variáveis que não reconhece como constitutivas das decisões judiciais.

Por não reconhecer as variáveis relativas ao autor, mas unicamente a variável conduta/fato-crime como constitutiva das decisões judiciais, ela racionaliza esta num preciso esforço, aliás, de exorcização daquelas. E totalmente abstraído, acrescente-se, da Dogmática Processual Penal (que igualmente não as considera constitutivas do processo penal).

Ao mesmo tempo, por não reconhecer a subjetividade do juiz como constitutiva das decisões judiciais, supõe uma recepção mecanicista por ele da lei e do seu instrumental decisório; isto é, uma incidência direta sobre a decisão.

Por não ter, enfim, uma visão totalizadora e crítica do próprio sistema, ela também não tem, consequentemente, uma consciência crítica de sua própria relação funcional que vá além de uma relação funcional com a aplicação judicial do Direito Penal, abstratamente considerada. Com o que ratifica, também, a ideia de neutralidade do Judiciário e da Ciência. Por isso mesmo a Dogmática Penal se concebe como uma ciência "do" Direito Penal ; ou seja, como uma instância científica sobre ele, servindo à sua aplicação.

Inserida, pois, numa visão liberal de autonomia do jurídico (em especial do Judiciário) em relação ao político, que a conduz a exaltar o pilar "de Direito" do Estado moderno e na ideologia da defesa social, a Dogmática Penal neutraliza o próprio poder punitivo demonstrando uma visceral incapacidade analítica para apreender seu polo "capitalista" e a relação entre o penal e o poder.

Neste sentido, é fundamental reconduzir o seu déficit funcional de garantismo ao seu déficit cognoscitivo pois, sob um argumento geral, pode-se concluir que a incapacidade estrutural da Dogmática Penal para a racionalização garantidora deriva também de sua própria debilidade analítica e idealismo cognoscitivo.

Tal como argumenta W. Paul (citado por Basoco, 1991, p. 14):

"(...) o fato de que o controle jurídico-penal na realidade empírica não funciona, radica em que a concepção teórica de um direito penal orientado para fins parte de uma ilusão, ou seja, de pressupostos idealistas, e esquece que da perspectiva pragmática da práxis do direito penal este não é mais que um direito instrumental (...)"

O problema, portanto, não está na tentativa de racionalização do "ser" (operacionalização) a partir do "dever-ser" (programação), mas nos pressupostos *idealiza*dos em que esta tentativa se apoia que, embora a converta numa tentativa análoga à do legendário "Sísifo", convive com uma onipotência e uma ilusão racionalizadora.

Desta forma, enquanto a Dogmática Penal racionaliza cada vez menos a violência punitiva, "por esgotamento de seu arsenal de ficções gastas" (Zaffaroni, 1991, p. 13) e segue ancorada numa visão idealizada do funcionamento do Direito Penal, na premissa de sua legitimidade e no discurso da segurança jurídica, os sistemas penais prosseguem na "desmesura" (Resta, 1991) de sua violência seletiva e, na América Latina, genocida.

10.2.2. A funcionalidade do déficit cognoscitivo
O código ideológico-legitimador do discurso dogmático

Mas a complexidade desta espiral nos conduz a ir além, pois ao se reconduzir seus déficits de garantismo aos seus déficits cognoscitivos e concluir que o discurso dogmático é hoje mais do que nunca contestável como cognoscitivamente atrasado e empiricamente falsificado (e que seu idealismo condiciona, até certo ponto, sua incapacidade estrutural para a racionalização garantidora), constata-se ao mesmo tempo que o idealismo e a falsidade do discurso dogmático integra seu código ideológico (ideologia liberal + ideologia da defesa social) que tem sido fundamental à legitimação e à eficácia simbólica (reprodução ideológica) do sistema penal.

É precisamente por sobrepor (e socializar) à imagem real do sistema penal uma imagem ideal do Direito Penal que o discurso dogmático tem cumprido, exitosamente, uma função legitimadora e que suas funções declaradas têm tido uma eficácia simbólica.

Até certo ponto, pois, esta falsidade é duplamente funcional: condiciona, relativamente, tanto a subprodução de garantismo quanto a sobreprodução de legitimação; tanto os déficits quanto os excessos funcionais da Dogmática Penal. Pois condiciona, em proporção diametralmente oposta, seus limites garantidores e seus potenciais legitimadores.

No marco de uma fenomenologia totalizadora do processo de criminalização, pois, o déficit e o fracasso do poder racionalizador/garantidor da Dogmática Penal só encontram contrapartida no excesso e no sucesso do seu poder racionalizador/justificador e legitimador da totalidade do sistema penal. Até aqui tem se desenvolvido, exitosamente, como Ciência da legitimação.

Parafraseando o que Foucault conclui sobre a prisão, o sucesso da Dogmática Penal por dentro de seu aparente fracasso é tamanho que ela se mantém intacta contra mais de um século de problematizações e críticas.

Conclusão

A dogmática jurídica permite a legitimação do poder no direito, garante o seu funcionamento, sempre irrestrito, com a ficção de um limite racional. Garante uma fantasia de segurança jurídica para um poder ambivalentemente limitado e irrestrito.
(Warat, 1994, p. 87)

Se as promessas da modernidade eram as de generalização e igualdade no exercício da função punitiva, a Dogmática Penal e a técnica jurídica correspondente não conseguiriam até agora assegurar esta promessa.

As Ciências Sociais contemporâneas evidenciam que há, para além das intervenções contingentes, uma lógica estrutural de operacionalização do sistema penal nas sociedades capitalistas que implicando a violação encoberta (seletividade) e aberta (arbitrariedade) dos Direitos Humanos não apenas viola a sua programação normativa (os princípios constitucionais do Estado de Direito e do Direito Penal e Processual Penal liberais) e teleológica (fins atribuídos ao Direito Penal e à pena) mas é, num plano mais profundo, oposta a ambas, caracterizando-se por uma eficácia instrumental invertida à qual uma eficácia simbólica (legitimadora) confere sustentação. A potencialidade deste desenvolvimento contraditório está, todavia, inscrito nas bases fundacionais do próprio sistema, expressando a tensão entre um projeto jurídico-penal tendencialmente igualitário e um sistema social fundado na desigualdade real de acesso à riqueza e ao poder; entre a igualdade formal e a desigualdade substancial. O limite do sistema é, neste sentido, o limite da própria sociedade.

Globalmente considerada, pois, esta lógica se traduz numa subprodução (déficit) de garantismo e numa sobreprodução (excesso) de seletividade/arbítrio e legitimação, cuja violência institucional expressa e mantém um nexo funcional mais profundo com a reprodução das desigualdades sociais, isto é, com a violência estrutural. E deste desequilíbrio resulta a grave crise de legitimidade experimentada pelo moderno sistema penal, não obstante a sobrevivência de sua autolegitimação oficial associada a demandas político-criminais e sociais relegitimadoras de sua intervenção.

Parece suficientemente demonstrado, por outro lado, o caráter irreversível desta lógica e a impossibilidade da operacionalidade dos sistemas penais adequar-se à sua programação, já que constitui uma marca estrutural do seu exercício de poder que não pode ser eliminada sem a própria supressão dos sistemas penais.

Na medida em que a Dogmática Penal é uma instância interna do sistema penal, ela tem sido capturada pela sua lógica de funcionamento, integrando-a e coparticipando dela ao invés de controlá-la. Assim, o desequilíbrio global do exercício de poder do sistema penal acaba deixando a Dogmática prisioneira da própria fantasia que cria, condicionando seus próprios limites e possibilidades; isto é, seus déficits e excessos funcionais. A real funcionalidade dogmática não se encontra, por outro lado, controlada.

Visibilizado que tal lógica, inserindo-se no *continuum* do controle social global, radica na criminalização seletiva de pessoas de acordo com seu *status* social, e não na incriminação igualitária de condutas, objetiva e subjetivamente consideradas em relação ao fato-crime, conforme o evidencia a clientela do sistema penal; que regras e mecanismos de seleção latentes (*second code*) e processos de influência colonizam a agência judicial, condicionam e explicam a regularidade das decisões seletivas às quais o código tecnológico da Dogmática Penal, embora impotente para pautar, acaba fornecendo uma justificação técnica de base científica, legitimando-as (pela legalidade) e, na sua esteira, a operacionalidade global do sistema; e que, como produto desta lógica, é a *des*-igualdade, a *in*-segurança jurídica e a *in*-justiça que estão sob nossos olhos visibilizado fica, diretamente, que a lógica de operacionalidade do sistema não apenas viola, mas também é inversa à lógica prometida pela Dogmática Penal. E, indiretamente, que sua real funcionalidade tem-se traduzido numa eficácia instrumental invertida, acompanhada de uma eficácia simbólica.

Pois, ao invés de uma racionalização decisória para a gestação da igualdade e segurança jurídica, ela tem concorrido para a racionalização da seletividade decisória, ao mesmo tempo em que posto em circulação social "sinais" de punição perfeitamente ajustados: a "ilusão" de segurança jurídica, cuja eficácia simbólica tem cumprido efeitos fundamentais de legitimação do sistema penal.

O controle penal capitalista, que a Dogmática se propõe a racionalizar, em nome dos Direitos Humanos e da segurança jurídica exigidos pelo Estado de direito e o Direito Penal liberal, é o mesmo controle que ela contribui para operacionalizar e legitimar, mesmo quando opere seletivamente e viole, sistematicamente, os Direitos Humanos, configurando um suporte importante na manutenção da desigual distribuição da riqueza e do poder.

Nesta perspectiva, a radiografia interna dos sistemas penais vigentes é, também, uma radiografia direta e um testemunho definitivo do profundo déficit histórico de cumprimento da função instrumental racionalizadora/garantidora prometida pela Dogmática Penal (subprodução de segurança jurídica) ao mesmo tempo em que uma radiografia indireta do cumprimento excessivo de uma função instrumental racionalizadora da criminalização seletiva e de uma função legitimadora do funcionamento global do sistema penal (sobreprodução de seletividade e legitimação) que seu próprio paradigma, latente e ambiguamente tem potencializado.

Enquanto sua eficácia instrumental tem sido excessivamente inversa à declarada, sua eficácia garantidora tem sido simbólica, devido à aptidão do código ideológico do discurso dogmático para (re)produzir um certo número de representações. Ou seja, para confirmar a instrumentalidade declarada subproduzida, ocultando a instrumentalidade sobreproduzida, pois concorre, de maneira não desprezível, para socializar a crença e produzir um consenso (real ou aparente) em torno a uma imagem ideal e mistificadora do funcionamento do sistema "dentro" da legalidade e da igualdade jurídica, ao mesmo tempo em que oculta sua real funcionalidade.

O déficit de tutela real dos Direitos Humanos é assim compensado pela criação, no público, de uma ilusão de segurança jurídica e de um sentimento de confiança no Direito Penal e nas instituições de controle que têm uma base real cada vez mais escassa.

Ao mesmo tempo em que a segurança jurídica aparece empiricamente falsificada pelo império da *in*-segurança jurídica, aparece simbolicamente reafirmada e este simbolismo tem gerado efeitos legitimadores não apenas do subsistema da Justiça, mas de todo o sistema penal, acompanhando e sustentando aquela eficácia instrumental invertida (reprodução ideológica do sistema).

Parafraseando o diagnóstico de Sousa Santos sobre a Ciência moderna (citado na introdução desta tese), o diagnóstico da Dogmática Penal como problema reside, consequentemente, na dupla verificação de que os excessos (de violência punitiva) que prometeu minimizar, não só não o foram como não cessam de se reproduzir e de que os déficits (de garantia individual) que prometeu superar não só não foram superados, como se multiplicaram. Acresce, que ao longo de sua vigência, a Dogmática Penal não apenas tem sido incapaz de administrar o desenvolvimento contraditório do projeto da modernidade que se materializa no sistema penal (maximização da violência e minimização das garantias), mas ao que tudo indica tem, paradoxalmente, coparticipado do desequilíbrio havido, via técnica jurídica.

A "perversão matriarcal" e o paradoxo da Dogmática Penal na trajetória da modernidade consiste assim em que ela transita da promessa de controle da violência à captura e coparticipação na violência do controle penal e sua vocação pautadora humanista aparece colonizada e submersa por sua vocação técnica e legitimadora.

Se apreendemos a modernidade, o sistema penal e sua Dogmática desde a ótica da contradição básica entre exigências de dominação e legitimação (pilar da regulação) e exigências humanistas (pilar da emancipação) não parecem restar dúvidas de que na lógica global de funcionamento do sistema penal a ambiguidade dogmática tem sido excessivamente apropriada pelas exigências do primeiro pilar. A segurança do homem tem sido colonizada e hegemonizada pela exigência de segurança do próprio sistema social que o sistema penal contribui a reproduzir, exercendo seu poder contra alguns homens – os mesmos expropriados na partilha real do poder – em benefício de outros – os seus detentores.

Se os espaços de garantismo que o sistema penal possibilita são, por sua intrínseca "violência institucional", muito vulneráveis – e uma Justiça Penal recoberta de garantias formais parece ser um reconhecimento inequívoco disto – hoje está evidenciado que a apropriação dos potenciais garantidores da Dogmática Penal – que subsistem, todavia, no simbolismo de suas promessas – para uma ação rigorosamente correta da Justiça Penal, somente pode se dar em situações contingentes e excepcionais, mas não têm o poder de reverter a lógica da seletividade e a arbitrariedade do sistema. Não pode modificar sua natureza e resolver a crise de legitimidade que o afeta, ainda que por estas contradições.

Consequentemente, a relação funcional da Dogmática com a realidade social e sua marcada vigência histórica se explica pelo cumprimento excessivo de uma função instrumental latente e oposta à declarada (instrumentalidade de eficácia invertida) e de uma função simbólica confirmadora desta (declaração de eficácia simbólica) não obstante seu déficit empírico. Até aqui tem se desenvolvido, exitosamente, como Ciência da legitimação.

E o sucesso no cumprimento de tais funções instrumentais e simbólicas por dentro do fracasso de suas funções declaradas tem sido tamanho que ela se mantém vigente contra mais de um século de problematizações e críticas.

Por outro lado, se o desequilíbrio do sistema penal, do qual a Dogmática Penal acaba prisioneira, encontra seu limite na própria sociedade, não podendo ser atribuído unicamente às suas limitações, a incapacidade até aqui demonstrada para controlar a violência e garantir os Direitos Humanos, isto é, seu déficit funcional de segurança jurídica remonta, de qualquer modo, à sua própria debilidade analítica e idealismo; ou seja, à profunda separação cognoscitiva entre Dogmática e realidade social e aos seus déficit epistemológico-cognoscitivos.

É que, em definitivo, há uma distância abissal entre a abrangência e complexidade da fenomenologia do sistema de controle penal, revelada pelas Ciências Sociais, e a apreensão reducionista e idealizada que dela faz a Dogmática Penal e na qual a esgota. E seu campo de intervenção vital e poder garantidor nesta fenomenologia é muito menor do que o dogmaticamente idealizado e prometido.

Ela capta e pretende racionalizar o Direito Penal mediante sua abstração normativa e descontextualização do sistema penal, superpondo à imagem do sistema como ele é e funciona, a imagem do Direito Penal como ele deveria ser e tratando-o como se de fato fosse.

O problema, portanto, não aparece na tentativa de racionalização do "ser" (operacionalização) a partir do "dever-ser" (programação), mas nos pressupostos idealizados em que esta tentativa se apoia, que conduzem a Dogmática a excluir dela, consequentemente, os elementos e fatores reais que integram e condicionam a fenomenologia do sistema.

Do pilar do garantismo, o grande problema que subsiste, pois, é que a Dogmática Penal ainda não renunciou à sua onipotência quando aparece hoje demonstrado que a centralidade e o superpoder garantidor por ela assumido no marco de um modelo integrado de Ciência Penal foi um poder excessivamente superior à sua intrínseca capacidade.

Desta forma, enquanto os sistemas penais seguem a marcha de sua violência aberta e encoberta contra os sujeitos que vivem em simbiose com ele e vivemos o império da insegurança jurídica "com" uma Dogmática Penal simbólica, esta segue ancorada numa visão idealizada (ideologizada) do funcionamento do Direito Penal, na premissa de sua legitimidade e na ilusão de segurança jurídica e as Escolas de Direito e os Tribunais seguem sustentando, no prolongamento da comunidade científica, a sua reprodução. Pois, no fundo, a fantasia da segurança jurídica não deixa de ser também a fantasia de poder que alimenta a onipotência dogmática e dos próprios operadores jurídicos formados na sua tradição.

Mas se o conhecimento produzido pelas Ciências Sociais sobre o sistema penal (incluindo o Direito Penal, a criminalidade e a pena) permite hoje refundamentar a profunda separação cognoscitiva da Dogmática Penal com a realidade social, o atraso teórico e a falsificação empírica de seu discurso e afirmar que tais déficits cognoscitivos condicionam, até certo ponto, seu déficit funcional; constata-se ao mesmo tempo que tal idealismo e falsidade integram seu código ideológico (ideologia liberal e da defesa social) que tem sido fundamental à legitimação (reprodução ideológica) do sistema penal.

É precisamente por sobrepor à imagem real do sistema penal uma imagem ideal do funcionamento do Direito Penal que o discurso dogmático tem tido uma eficácia simbólica legitimadora.

Até certo ponto, pois, tal idealismo e falsidade tem sido duplamente funcional, condicionando, relativamente, tanto a subprodução de garantismo quanto a sobreprodução de legitimação; tanto os déficits quanto os excessos funcionais da Dogmática Penal, pois condiciona, em proporção diametralmente oposta, seus limites garantidores e seus potenciais legitimadores.

Se a complexidade da vigência dogmática como instância do sistema penal radica, pois, em que seu fracasso desde o pilar do garantismo é acompanhado do seu sucesso desde o pilar da regulação, esta mesma complexidade se transporta inteiramente do plano de sua vigência para o de sua crise.

A Dogmática Penal aparece, desta perspectiva, igualmente prisioneira do processo de dupla via a que desenvolvimento contraditório do sistema penal conduziu: uma grave crise de legitimidade que não afeta, todavia, sua sobrevivência histórica e a continuidade de sua autolegitimação oficial na qual a Dogmática continua sendo uma discursividade fundamental.

Desta forma, se desde o pilar da regulação a Dogmática continua se mostrando funcional à reprodução do sistema, desde o pilar do garantismo e de suas funções declaradas ela experimenta, contudo, uma profunda crise de legitimidade que, exposta pelos seus déficits e excessos funcionais, decorre da própria crise de legitimidade do sistema penal: a deslegitimação do sistema arrasta consigo a deslegitimação da Dogmática e do próprio modelo integrado de Ciência Penal a que se vincula na modernidade, e o problema de sua justificação retorna, paradoxalmente, à posição fetal: como conter os excessos de violência e superar os déficits de garantismo já não da antiga, mas da moderna Justiça Penal?

Reconduzida, contudo, da dimensão funcional à epistemológico-cognoscitiva, tal crise de legitimidade pode ser vista, num plano mais profundo, como sinalizadora de uma crise de paradigma. Pois o efeito cumulativo gerado pela dificuldade histórica da Dogmática Penal resolver os problemas práticos a que se propôs – cumprir as promessas – do interior de seus pressupostos e conhecimento aponta para o esgotamento e bloqueio destes para a funcionalização prática declarada e o próprio paradigma é que passa a se revelar como fonte última de problemas e incongruências.

Pois, não apenas aparece demonstrada a incapacidade da Dogmática Penal manter o equilíbrio do sistema como aparecem com maior razão esgotadas as possibilidades de ela conter o seu desequilíbrio e reverter a sua crise de legitimidade, que aparecem como irreversíveis. Neste sentido, nem o déficit de garantismo do sistema nem o seu déficit cognoscitivo parecem recuperáveis desde o seu interior.

A crise da Dogmática Penal é, assim, uma crise complexa que está em curso, mas não parece consumada, pois, num sentido amplo, podemos acompanhar Gramsci (1971, p. 25-6) afirmando que "a crise consiste precisamente no fato de que o velho está morrendo e o novo não pode nascer; neste interregno, surge uma grande variedade de sintomas mórbidos".

Ao tempo em que finalizamos esta conclusão, ela parece reencontrar seu verdadeiro início, pois o pretendido balanço do presente mediante o retorno ao passado entreabre necessariamente o interrogante sobre o desdobramento da crise e o futuro da Dogmática Penal.

Se este não é um interrogante a que nos propomos e podemos responder, é de todo consequente com as linhas orientadoras desta tese afirmar que o desdobramento desta crise e o futuro da Dogmática Penal não pode ser pensado no marco da lógica problema-solução pontual, mas somente pode sê-lo como processo, tão dinâmico e contraditório como o tem sido a vigência histórica do sistema e da Dogmática Penal. E situar, como seu desfecho conclusivo, os caminhos que visualizamos neste processo; caminhos que confrontam, a um só tempo, a conservação e a transformação da Dogmática Penal.

Na medida em que o tempo presente é um tempo de tensão entre a sobrevivência, a relegitimação político-criminal desde a teoria da prevenção-integração, passando pelos movimentos de lei e ordem (e outras demandas sociais), do velho sistema penal em aguda crise de legitimidade e a demanda criminológica e político-criminal crítica pela sua transformação e superação; a sobrevivência da Dogmática encontra-se também inscrita nesta tensão entre a permanência e relegitimação do velho e os sinais do novo.

Pois, se de um lado assistimos à sobrevivência da Dogmática Penal e a continuidade do pensamento sistemático, que representa a conexão com o passado; de outro lado assistimos, em meio à sua atual crise de legitimidade, à recepção de tendências político-criminais funcionalistas, relegitimantes e conservadoras, e de tendências criminológicas críticas transformadoras.

Na medida em que a Dogmática Penal mantém intacto seu discurso ou tende para uma refuncionalização político-criminal segundo um modelo tecnocrático relegitimador, como é o da prevenção-integração, que além de não problematizar suas premissas e as do próprio poder punitivo rompe com o próprio pacto dogmático com a segurança jurídica, subsiste a relação funcional da Dogmática com o sistema de controle penal e sua posição no modelo integrado de Ciência Penal, não havendo como libertar-se da captura pelo sistema. E a velha convergência funcional entre Dogmática Penal e Criminologia, também deslegitimada, pode sobreviver indefinidamente com o próprio sistema e inclusive sair fortalecida da crise.

A possibilidade, por outro lado, de que no desdobramento desta crise se realize uma transformação da Dogmática Penal e de sua relação funcional com o sistema penal tendente a compensar o pilar dos Direitos Humanos e a interagir com o próprio sistema depende do deslocamento de sua separação à sua aproximação e abertura cognoscitiva para a realidade social; de seu monólogo e isolamento acadêmico à busca do diálogo interdisciplinar; da reprodução à autocrítica e suspensão do dogmatismo na Ciência Penal e da dogmatização à problematização de suas próprias premissas.

E como a relação da Dogmática com a realidade social é uma relação mediada pelo sistema penal no qual se insere, é apenas a recepção dos resultados das Ciências Sociais, em especial da crítica criminológica, sobre o real funcionamento do sistema, que pode conduzir a este deslocamento. A possibilidade desta transformação depende assim, de maneira relevante, da relação que se estabeleça entre Dogmática Penal e Criminologia crítica no marco de um novo modelo integrado de Ciência Penal.

O ponto da mutação já se encontra, desta perspectiva, instaurado. Ele radica no aprofundamento e radicalização do caminho aberto pela parceria Criminologia-Penalismo crítico, cujo elo reside no desenvolvimento do aspecto crítico da Criminologia ao encontro do aspecto garantidor do Direito Penal dogmático e vice-versa; ou seja, no caminho de um "garantismo crítico" a curto e médio prazo inserido no horizonte utópico de superação do velho sistema de controle penal.

Pois é ela que tem protagonizado, em toda sua extensão, o aludido deslocamento e, a partir dele, as bases da reconstrução/transformação da Dogmática Penal e do modelo oficial integrado de Ciência Penal, partindo de uma inversão das próprias premissas sobre as quais assenta a Dogmática Penal: da assunção da legitimidade à assunção da perda de legitimidade do sistema e da Dogmática Penal e do esgotamento do seu discurso e poder para bloquear a violência ascencional do sistema.

Não parece ser desprovido de sentido ver então no conhecimento produzido no marco desta parceria uma "Ciência extraordinária" no sentido kuhneano. Pois tal é precisamente a atividade que se desenvolve quando um paradigma – o dogmático – começa a dar sinais de crise e até que seja substituído por outro. O cientista extraordinário é tal precisamente por ter problematizado o modelo científico tradicional e rompido com ele ao perceber suas falhas e anomalias, buscando um novo instrumental para resolvê-las e chegando eventualmente a propor e até a impor um novo paradigma. Ele não lida com quebra-cabeças, mas com autênticos problemas para os quais o paradigma vigente não oferece meios de solução e exigem um novo paradigma de acordo com o qual seja possível tratá-los e resolvê-los.

Delineia-se assim o deslocamento de um garantismo abstrato, que segue orientando a Dogmática Penal, enquanto "Ciência normal", para um garantismo crítico e criminologicamente fundado, que orienta a tematização da "Ciência extraordinária" a qual resgata e reatualiza, por sua vez, as próprias promessas da Dogmática Penal para a modernidade, repensando-as sobre as contradições do tempo presente.

A declaração dos Direitos Humanos e de um homem recoberto de garantias pela Justiça Penal que dela decorre não é, portanto, um "nada" jurídico, pois ela se encontra nesta virada de milênio e quiçá de modernidade tão viva no horizonte do futuro quanto se encontrou no horizonte pretérito da Ciência Penal.

Posfácio

NILO BATISTA[1]

Convidado para escrever um prefácio, insurjo-me contra o convite e escrevo um posfácio. A insurgência é mais do que justificada: a primeira edição do livro, de 1997, ostenta um prefácio subscrito por Alessandro Baratta. É claro que tal prefácio permaneceria na nova edição, porém meu posfácio, como Pedro ao pedir que o crucificassem de cabeça para baixo, não se considera digno de estar ao lado dele.

Antes de mais nada, e isto bastaria, todo e qualquer texto de Baratta é único e indispensável. Mas seu prefácio para *A Ilusão de Segurança Jurídica* é por muitas razões exemplar e oferece ao leitor uma abreviada, segura e insubstituível cartografia teórico-metodológica do estudo doutoral de Vera Regina Pereira de Andrade. Entre aquelas razões, ocupou certamente destacado lugar a marcante afinidade acadêmica que converteria o fecundo magistério da Autora – representado não apenas pelo conjunto notável de sua própria obra, mas também pelos trabalhos de seus inúmeros orientandos – no mais legítimo e criativo núcleo de interlocução em nosso país com o pensamento jurídico e criminológico do imenso Mestre que ela muito justamente cognominou "o peregrino do humanismo".[2] Para a ilha de Santa Catarina acorreriam dezenas de jovens juristas e criminólogos, ávidos por libertarem-se de mentiras legitimantes e de embustes positivistas: são os netos brasileiros de Alessandro Baratta, muitos dos quais já ensinando aos bisnetos.

Portanto, vamos para as últimas páginas do volume, que já constitui honra suficiente a dupla companhia. O prefácio do Mestre nos

---

[1] Professor titular de direito penal que foi da Universidade Federal do Rio de Janeiro e da Universidade do Estado do Rio de Janeiro. Presidente do Instituto Carioca de Criminologia. Advogado.

[2] ANDRADE, Vera Regina Pereira de. Fragmentos de uma grandiosa narrativa: homenagem ao peregrino do humanismo, em ANDRADE, Vera Regina Pereira de (org.). *Verso e Reverso do Controle Penal*, Florianópolis: F. Boiteux, 2002, v. 1, p. 197 ss; da mesma, Pelas Mãos da Criminologia. Rio de Janeiro: Revan, 2012, p. 76.

guiará inicialmente na releitura deste imponente livro, que reclama imediata transformação nos procedimentos da dogmática jurídico-penal. Depois observaremos como, duas décadas mais tarde, o livro parece ainda mais oportuno, ainda mais atual.

Para exprimir sua admiração pelo trabalho, Baratta recorreu a uma expressão empregada por Michel Villey na apresentação do estudo doutoral de Nicos Poulantzas: "ainda existem grandes teses", ainda se empreendem "extraordinárias aventuras intelectuais" capazes de imergir a academia numa "hora estelar". Na expressão de Villey palpita pelo avesso a consigna pós-moderna do "fim das grandes narrativas", e a prova disso está não só na referência que o prefácio fará, por duas vezes consecutivas, à "grande narração de Vera Regina", mas também no artigo com que a Autora homenagearia a memória de seu professor.[3] Voltaremos mais tarde a este ponto.

O primeiro desafio vencido pela Autora foi a complexa construção do objeto, por ela edificado como um tríptico no qual convivem "três pares de metadiscurso":[4] 1) no primeiro par, "o discurso da modernidade, com suas promessas de racionalidade e emancipação", confronta-se com a compassiva inadimplência pós-moderna daquelas promessas; 2) no segundo par, o discurso dogmático e suas pretensões de "controle científico" do poder punitivo é contrastado pelo "metadiscurso crítico que revela (não só) a ilusão" daquele controle como também a escandalosa "subordinação funcional e ideológica da ciência com relação ao sistema"; 3) por fim, no terceiro par, o "discurso oficial do sistema" (funções legitimantes da lei penal – tutela de bens, defesa social, etc. – e da pena – prevencionismos para todos os gostos, etc.) contrapõe-se ao "metadiscurso desmistificador", que denuncia a nudez do rei na revelação das funções ocultas da pena e da seletiva violência imanente aos sistemas penais.

O tratamento desse multifário objeto pressupõe grandes desafios, como inventariar o percurso das fundamentações legitimantes do direito penal (ordinariamente tratado como luta das Escolas), a constituição histórica da dogmática, as etapas construtivas da teoria do delito, a invenção dos positivismos criminológicos e os distintos questionamentos que culminarão na ruptura do paradigma etiológico, abrindo o caminho para o advento do que possa chamar-se criminologia crítica.

Pois é precisamente no enfrentamento desses desafios que se entremostra a sólida formação jurídico-penal da Autora. Sim, Vera

---

[3] Cf. a primeira referência da nota anterior, especialmente o item 7, intitulado "Entre as grandes epopéias e as pequenas histórias: uma grandiosa narrativa" (p. 205 ss).

[4] Seguimos aqui o prefácio de Baratta, cujas palavras estão entre aspas.

Regina Pereira de Andrade não é apenas uma consagrada criminóloga: é também admirável jurista. Sua exposição sobre a chamada Escola Clássica (designação cunhada por Ferri e adorada pelos positivistas para etiquetar tudo o que viera antes deles) é exemplar, e refoge ao habitual idealismo sentimentalista dos manuais. O racionalismo penal, no marco do contratualismo, estava em guerra aberta contra o poder punitivo sem fronteiras do absolutismo. Na escola toscana uma teoria racionalista do delito se elaborava ao largo do fetiche da lei: Carrara não dispunha, na Itália pré-unitária, de *um* código penal, trabalhando com diversas legislações peninsulares (códigos napolitano de 1819, sardo-piemontese de 1839 e 1859, etc.) e europeias. Ou seja, uma clara opção política guiava uma construção jurídica que tampouco estava amarrada a um texto legal que não poderia ser negado, tal como viria a propor a primeira regra iheringuiana do procedimento dogmático.

A sagaz exposição da Autora sobre o momento fundacional do moderno direito penal convida a uma comparação com o presente. O penalismo liberal "clássico" se opunha decididamente ao poder punitivo absolutista, estava interessado em preservar os infratores de opressões penais arbitrárias (ilegais). Certas tendências contemporâneas – e este livro contém talvez a primeira crítica brasileira fundamentada ao funcionalismo sistêmico de Jakobs[5] –, pelo contrário, se alinham – também decididamente – ao poder punitivo expansivo e vigilantista de hoje, estão interessadas em preservar o sistema através da criminalização dos infratores, cujas garantias são flexibilizadas até um ponto (o inimigo) no qual quase não existem. Carrara temia o carrasco; Jakobs tem medo do imigrante *gastarbeiter*. Na perspectiva do primeiro, compreende-se a lei penal como carta magna dos infratores; na do segundo, a lei penal passa a ser a carta magna dos carcereiros.

Este livro coloca na berlinda a dogmática em geral e a dogmática jurídico-penal em particular. Mais de uma vez o invoquei como contraponto ao famoso artigo de Gimbernat Ordeig;[6] curiosamente, a possibilidade de um futuro para a dogmática passa por colher as advertências e sugestões metodológicas da Autora. Para ela, a dogmática jurídico-penal é "um saber visceralmente político inscrito na contradição básica do controle penal", entre "exigências de dominação" e "exigências de segurança jurídica individual", provindo dessa posição dúbia sua característica de "ciência funcionalmente ambígua".

Nessa ambiguidade as opções políticas costumam mascarar-se de opções técnico-jurídicas (o fantasma de Rocco ainda frequenta uni-

---

[5] Cf. cap. II, 12.
[6] Por exemplo, em Zaffaroni, Raúl *et al.*, *Direito Penal Brasileiro*. Rio de Janeiro: Revan, 2000, v. II, t. I, p. 48, nota 124.

versidades e tribunais). Olhemos para um dispositivo dogmático: o bem jurídico. Nascido em meados do século XIX, consumou tardiamente, no âmbito da teoria do delito, o confisco da vítima ao substituir o direito subjetivo dela enquanto objetividade jurídica do crime. Mas tem uma inegável virtude: requisita um conteúdo de lesividade na conduta típica. Não é por acaso que esse estorvo – a lesividade – é removido por Jakobs, que se satisfaz com a violação da norma, com a infração mesmo sem vítima, com a mera infidelidade ao direito.

Pois bem: há uma diferença abissal entre quem menciona o *bem jurídico tutelado* e quem fala do *bem jurídico ofendido*. No primeiro caso a expressão legitima o sistema penal e a pena, aos quais se atribui a função positiva – jamais exercida realmente pela pena – de proteger bens jurídicos. No segundo caso a expressão formula a exigência de lesividade: não há tipicidade conglobante quando a conduta formalmente típica não lesiona ou não expõe concretamente a perigo o bem jurídico, que em minha opinião é o signo teórico que representa o outro-vítima (lesões mínimas ou perigos remotos também apontam para a atipicidade conglobante pela crise de alteridade decorrente da *insignificância*). Aí está um salutar exemplo da ambiguidade diagnosticada pela Autora: o bem jurídico pode ser posto a serviço das "exigências de dominação" ou a serviço das "exigências de segurança jurídica".

Como se explica que "um saber visceralmente político" seja apresentado por tantos juristas precisamente como um saber politicamente neutro ou apolítico? Como recorda a Autora, a dogmática tem suas raízes em estudos mais afetos ao direito privado. No caso brasileiro, Pedro Lessa falava de um "fim didático" da dogmática em 1911[7] e Pontes de Miranda tratava de "segurança jurídica" em 1922,[8] ambos trabalhando no intermitente estado de sítio, com hiatos de legalidade, que foi a primeira República. Relembre-se que as raízes europeias da dogmática vieram ao mundo muito antes do advento dos Estados constitucionais de direito.

Há mais de quatro décadas Friedrich Müller observou que "Savigny não desenvolveu suas regras de interpretação pensando no direito constitucional".[9] Ora, compreende-se que "um saber visceralmente político" possa camuflar suas tripas no modelo decisório

---

[7] *Estudos de Filosofia do Direito*. Rio de Janeiro: Boockseller, 2000, p. 19. Sobre as funções ideológicas ("transmitir uma imagem de neutralidade") da pedagogia dogmática (eludida a *contraditio in adjecto*), cf. FARIA, José Eduardo e Lima Menge, Cláudia. *A função social da dogmática e a crise do ensino e da cultura jurídica brasileira*, em Dados, Rio de Janeiro: IUPERJ, 1979, nº 21, p. 87 ss.

[8] *Sistema de Ciência Positiva do Direito*. Rio de Janeiro: Borsoi, 1972, v. II, p. 194.

[9] *Tesis acerca de la estrutura de la norma jurídica*, trad. Villacorta Mancebo, L. Q., em Müller, Friedrich *et al.*, *Postpositivismo*. Santander: Un.Cantabria, 2008, p. 135.

subsuntivo-silogístico quando chamado a decidir uma repetição do indébito ou mesmo um homicídio. As coisas mudam de figura em certas decisões constitucionais que, como assinala Müller, "necessitam de numerosos elementos interpretativos procedentes da realidade social normatizada",[10] o que torna impossível camuflar o debate político. Com a centralidade que a questão criminal adquiriu hoje, por vezes substituindo o debate político, é inacreditável que os velhos procedimentos dogmáticos ainda sejam prestigiados, que os dados da realidade do funcionamento dos sistemas penais não possam participar da reflexão penalística.

Vera Regina Pereira de Andrade faz com a dogmática, neste livro, algo similar ao que Foucault fez com a penitenciária: reconhece-lhe o sucesso mas demonstra que ele provém não das funções legitimantes que lhe são atribuídas, e sim daqueles objetivos ocultos implacável e silenciosamente exercidos.

Mas é possível sair do impasse, e a Autora indica a trilha, apostando no "aprofundamento e radicalização do caminho aberto pela parceria criminologia-penalismo crítico". Dispomos já de um experimento teórico latino-americano nessa direção: a dogmática teleológica funcional redutora de Raúl Zaffaroni.[11] Como os conceitos jurídico-penais são inevitavelmente funcionais, por intervirem de alguma maneira no exercício do poder punitivo, trata-se de assumir tal funcionalidade e, conhecido o real desempenho do sistema penal (seletividade, estigmatização, arbitrariedade nos "pontos cegos" da execução, etc.), dirigi-la para a redução do poder punitivo, excluindo cabalmente todo aquele que for inconstitucional, ilegal ou republicamente irracional e contendo no mínimo possível o restante poder punitivo.

Duas décadas depois de sua elaboração, o livro de Vera Regina Pereira de Andrade é mais atual e necessário do que nunca. Aquela superstição da neutralidade política da dogmática chegou ao senso comum graças aos meios de comunicação, estimulados pela indústria do controle do crime, na forma de uma neutralidade política do sistema penal. O pior é que este senso comum viu-se adotado por inúmeros grupos, partidos e quadros do campo progressista, que não se envergonham de lançar sobre a questão criminal um olhar moralista pré-moderno.

"Ainda existem grande teses", disse Villey de Poulantzas e disse Baratta desta obra de Vera Regina Pereira de Andrade; mas os dois

---

[10] *Ibidem*. Compreende-se que Friedrich Müller, como Vera Andrade, também fale da "ilusão de uma dogmática (...) pura" (*O Novo Paradigma do Direito*, trad. D. Dimoulis *et al*. São Paulo: RT, 2007, p. 210).

[11] *Op. cit.* (nota 5), p. 58 ss.

últimos, como vimos, disseram-se reciprocamente que ainda existem grandes narrativas. Muitos intelectuais latino-americanos, suponho que Eduardo Galeano à frente, estarão de acordo. O cruel processo de colonização espoliativa ao qual nossos povos foram submetidos, e dentro dele a saga genocida da escravidão africana, contém de sobra a matéria prima, como se pode por exemplo constatar nos romances de Alejo Carpentier e na sociologia histórica de Eduardo Grüner.[12]

Mas a história dos sistemas penais também oferece matéria prima para grandes narrativas. Se, como sugeriu Benjamin, "a experiência transmitida oralmente é a fonte de todos os narradores",[13] o mosaico dos relatos dos criminalizados, daquelas "histórias tristes" das quais fala Verinha Malaguti Batista,[14] constituirá a sólida base de tramas e episódios, às quais se agregarão as dogmáticas jurídico-penais, as teorias criminológicas, as decisões político-criminais que governaram o destino dos criminalizados e todos os discursos de resistência, todos os esforços emancipatórios, do minimalismo aos abolicionismos de qualquer orientação. Nesses tempos de grande encarceramento, algum cego cantador de feira já está reproduzindo na forma cordel alguma história triste.

Alessandro Baratta estava, como sempre, absolutamente certo ao referir-se à "grande narrativa" de Vera Regina Pereira de Andrade. Este livro representa um dos mais elevados momentos da literatura jurídico-penal e criminológica brasileira.

---

[12] *La oscuridad y las luces*. Buenos Aires, Edhasa, 2010.
[13] Benjamin, Walter. *Écrits français*. Paris: Gallimard, 1991, p. 206.
[14] *Introdução Crítica à Criminologia Brasileira*. Rio de Janeiro: Revan, 2011, p. 113.

Bibliografia

ALONSO, Justo Serna. *Presos y pobres en la España del XIX*. Barcelona: PPU, 1988.

ALVAREZ G., Ana Josefina. El interacionismo o la teoría de la reacción social como antecedente de la criminologia crítica. *In*: ALVAREZ G., Ana Josefina *et al. Criminologia Crítica*. México: Universidad Autónoma de Querétaro, 1990, p. 15-31.

ALVES, Rubem. *Filosofia da ciência*. São Paulo: Brasiliense, 1983.

ANCEL, Marc. *A nova defesa social*: um movimento de política criminal humanista. Tradução por Osvaldo Melo. Rio de Janeiro: Forense, 1979.

ANDRADE, Manuel da Costa. *A vítima e o problema criminal*. Coimbra: Coimbra Editora, 1980.

——. *Sobre o estatuto e função da Criminologia contemporânea*. Viena: Faculdade de Direito de Coimbra, 1983. IX Congresso Internacional de Criminologia.

ANDRADE, Vera Regina Pereira de. *Dogmática e sistema penal: em busca da segurança jurídica prometida*. Florianópolis, 1994. Tese (Doutorado em Direito) – Curso de Pós-Gradução em Direito, Universidade Federal de Santa Catarina, 1994a 504p.

——. Dogmática e Controle penal: em busca da segurança jurídica prometida. *In* ROCHA, Leonel Severo (Org.). *Teoria do Direito e do Estado*. Porto Alegre: Sergio Fabris, 1994b. p.121-135

——. O estatuto teórico da Dogmática Jurídica: dilemas de um saber em busca de identidade epistemológica. *Direito em Debate*. n. 4.l, p. 110-127, 1994c.

——. Do paradigma etiológico ao paradigma da reação social: mudança e permanência de paradigmas criminológicos na ciência e no senso comum. *Seqüência*. Florianópolis: UFSC, n. 30, p. 24-36, jun. 1995.

——. Violência sexual e sistema penal: proteção ou duplicação da vitimação feminina?. *Seqüência*, Flonianópolis: nº 33, dez. 1997.

——. Dogmática Jurídica: Escorço de sua configuração e identidade. Porto Alegre: Livraria do Advogado, 1996b.

ANDREUCCI, Ricardo Antunes. *Direito penal e criação judicial*. São Paulo: Revista dos Tribunais, 1989.

ANIYAR DE CASTRO, Lola. A evolução da teoria criminológica e avaliação de seu estado atual. *Revista de Direito Penal e Criminologia*, Rio de Janeiro, n. 34, p. 71-91, jul./dez. 1982a.

——. *La realidad contra los mitos*: reflexiones críticas en criminologia. Maracaibo: Universidad de Zulia, 1982b.

——. La criminologia como una rama de la planificación social. *Cenipec*. Mérida, n. 5, p. 85-9, 1982c.

——. *Criminologia da reação social*. Tradução e acréscimos de Ester Kosovski. Rio de Janeiro: Forense, 1983.

——. *Criminologia de la Liberación*. Maracaibo:Universidad de Zulia, 1987.

——. Notas para el análisis de las relaciones entre democracia y justicia penal. *Capítulo Criminológico*. Maracaibo, n. 16, p. 45-56, 1988.

ARDAILLON, Danielle; DEBERT, Guita Grin. *Quando a vítima é mulher*. Análise de julgamentos de crimes de estupro, espancamento e homicídio. Brasília: Conselho Nacional dos Direitos da Mulher / Ministério da Justiça, 1987.

ARNAUD, André-Jean.Repensar un Derecho para la época post-moderna. Tradução por Susana García Perea y Hans-Harms. *Eskubidearen Soziologiako euskal urtekaria* (Anuário Vasco de Sociologia del Derecho). San Sebastián, Laboratório de Sociologia Jurídica, n. 2, p. 63-68, 1990a.

——. El espíritu enciclopédico y la especialización del futuro post-moderno. *Nuevos extratos.* San Sebastián, n. 3G, p. 115-127, 1990b. Suplemento n° 3-G del boletín de la R.S.B.A.P.

——. *O Direito traído pela Filosofia.* Tradução por Wanda de Lemos Capeller e Luciano Oliveira. Porto Alegre: Sergio Fabris, 1991.

ASÚA BATARRITA, Adela (Coord.) *El pensamiento penal de Beccaria:* su actualidad. Bilbao: Universidad de Deusto, 1990.

ASÚA, Luis Jimenez de. *El Criminalista.* t. 1. Buenos Aires: La ley, 1947.

——. *Tratado de Derecho Penal.* t. 1. Buenos Aires: Losada, 1950.

——. *Tratado de Derecho Penal.* t. 2. Buenos Aires: Losada, 1950.

AZEVEDO, Plauto Faraco de. *Crítica à Dogmática e Hermenêutica jurídica.* Porto Alegre: Sergio Fabris, 1989.

BACIGALUPO, Enrique. Relaciones entre la dogmática penal y la criminología. *In*: MIR PUIG, Santiago (Org.) *Derecho penal y ciencias sociales.* Bellaterra: Universidad Autónoma de Barcelona, 1982. p. 53-70.

——. La Ciencia del Derecho Penal entre el ideal científico de las ciencias naturales y el de las ciencias del espíritu. *In*: CUESTA, Jose Luis de la *et. al.* (Comp.). *Criminología y Derecho Penal ao servicio de la persona.* Libro-Homenage al profesor Antonio Berinstain. San Sebastián: Instituto Vasco de Criminologia, 1989. p. 459-468

BARATTA, Alessandro. Criminologia crítica e política penal alternativa. Tradução por J. Sérgio Fragoso. *Revista de Direito Penal*, Rio de Janeiro, n. 23, p. 7-21, jul./dez. 1978.

——. Criminología y dogmática penal: pasado y futuro del modelo integral de la ciencia penal. *In*: MIR PUIG, Santiago *et al. Política criminal y reforma del derecho penal.* Bogotá: Temis, 1982a. p. 28-63.

——. *Las fuentes del derecho.* Barcelona: Universidad de Barcelona, 1983a. Primeres Jornades Jurídiques de Lleida – 13 y 14 de mayo de 1982b.

——. Observaciones sobre las funciones de la cárcel en la producción de las relaciones sociales de desigualdad. *Nuevo Foro Penal.* Bogotá, n.15, p.737-749, jul./set. 1983a.

——. Sobre a criminologia crítica e sua função na política criminal. *Documentação e Direito Comparado.* (Boletim do Ministério da Justiça). Lisboa, [s.n.] , n. 13, separata, p. 145-166, 1983b. Relatório apresentado no IX Congresso Internacional de Criminologia. Viena, setembro de 1983.

——. Problemas sociales y percepción de la criminalidad. *Revista del Colegio de Abogados Penalistas del Valle*, Cali, n. 9, p. 17-32, 1984.

——. Integración-prevención: una "nueva" fundamentación de la pena dentro de la teoria sistémica. *Doctrina Penal*, Buenos Aires, n. 29, p. 3-26 ene./mar. 1985.

——. Viejas y nuevas estrategias en la legitimación del derecho penal. *Poder y Control*, Barcelona, n. 0, p. 77-92, 1986.

——. Principios del derecho penal mínimo. Para una teoría de los derechos humanos como objeto y límite de la ley penal. *Doctrina Penal*, Buenos Aires, n. 40, p. 447-457, 1987a.

——. Estado de derecho, derechos fundamentales y "derecho judicial". *Revista de ciencia jurídica.* San José da Costa Rica, n. 57, p. 119-134, mayo/ago. 1987b. Separata.

——. El Estado de derecho. Historia del concepto y problemática actual. *Sistema*, Madrid, n°s 17-8, p. 11-23, abr. 1987c.

——. Proceso penal y realidad en la imputación de la responsabilidad penal. La vida y el laboratório del Derecho. *Revista General de Derecho*, Valencia, n° 531, p. 6655-6673, dic. 1988. Separata.

——. Por una teoría materialista de la criminalidad y del control social. *Estudios Penales y criminológicos.* Santiago da Compostela, n. 11, p. 15-68, 1989. Separata.

——. No está en crisis la criminología crítica. *In*: MARTINEZ, Mauricio (Ed). *Que pasa en la criminologia moderna*. Bogotá:Temis, 1990.

——. *Criminologia crítica y crítica del Derecho penal*: introducción a la Sociologia jurídico-penal. Tradução por Alvaro Bunster. México: Siglo Veintiuno, 1991a.

——. Che cosa è la criminologia critica? Entrevista à Sancha mata Victor. *Dei delitti e delle pene*. Torino, n° 1, p. 51-81, 1991b. Separata.

——. Funciones instrumentales y simbolicas del derecho penal. Una discusión en la perspectiva de la Criminologia crítica. Traducão por Maurício Martines. *Revista Hispanoamericana*, Barcelona, n° 1, p. 37-55, 1991c.

——. *Direitos Humanos: entre a violência estrutural e a violência penal*. Fascículos de Ciências Penais, Porto Alegre, n° 2, p. 44-61, abr./maio/jun 1993a.

——. *Democracia, Dogmática Penal e Criminologia*. Texto inédito. Conferência apresentada no II Encontro Internacional de Direito Alternativo. Florianópolis, setembro de 1993b.

BARBERO, Ruperto Nuñez. Derecho penal y política criminal. *Doctrina Penal*. Buenos Aires, n° 15, p. 479-509, [19--].

BARCELLONA, Pietro. La formación del jurista. *In*: BARCELLONA, Pietro; HART, Dieter; MOCKENBERGER, Ulrich. *La formación del jurista*. (Capitalismo monopolístico y cultura jurídica). Tradução por Carlos Lasarte. Madrid: Civitas, 1983. p. 19-56.

BARCELLOS, Caco. *Rota 66*: a história da polícia que mata. São Paulo: Globo, 1992.

BASTOS, João José Caldeira. Estrutura jurídica do crime. *Seqüência*. Florianópolis, n° 8, p. 81-89, dez. 1983.

——. Reconstrução da dogmática jurídica. *Seqüência*. Florianópolis, n° 10, p.19-27, ago. 1985.

——. Lições de um direito contraditório. *Seqüência*. Florianópolis, n° 21, p. 51-62, dez. 1990.

——. Revisão crítica do direito penal. *Seqüência*, Florianópolis, n° 23, p. 57-61, dez. 1991.

——. Direito Penal: Visão crítico-metodológica. *Revista Brasileira de Ciências Criminais*. São Paulo, n° 1. p. 98-104, jan/mar 1993.

BATISTA, Nilo. *Introdução crítica ao direito penal brasileiro*. Rio de Janeiro: Revan, 1990.

BECCARIA, Cesare. *Dos delitos e das penas*. Tradução por Torrieri Guminarães. São Paulo: Hemus, 1983.

BECKER, H. *Los extraños*. Buenos Aires: Tiempo Contemporáneo, 1971.

BEIRAS, Iñaki Rivera (Coord.). *Cárcel y derechos humanos*: un enfoque relativo a la defensa de los derechos fundamentales de los reclusos. Barcelona: Bosch, 1992.

BERGALLI, Roberto. Reflexiones sobre la criminología en América Latina. *In*: JIMÉNEZ, Huerta Mariano *et al* (Ed.). *Problemas actuales de las ciencias penales y la filosofia del derecho*: en homenage al profesor Luis Jiménez de Asúa. Buenos Aires: Pannedille, 1970.

——. *¿Readaptación social por medio de la ejecución penal?* Madrid: Universidad de Madrid, 1976.

——. Sentido y contenido de una sociología del control penal para América Latina. *In*: *Criminología crítica*. I Seminário. Medellín: Universidad de Medellín, agosto de 1984a.

——. La Criminología y las pasiones. *Nuevo Foro Penal*. Colombia, n° 25, p. 313-367, jul./sep. 1984b.

——. Control penal. *In*: ARNAUD, André-Jean *et al. Dictionnaire encyclopédique de théorie et de Sociologie du droit*. Paris: Libraire Génerale de Droit et de Jurisprudence, 1988a. Verbete.

——. Democracia y justicia penal. *Capítulo Criminológico*, Maracaibo, n° 16, p. 13-41, 1988b.

——. El control penal en el marco de la sociología jurídica. *In*: BERGALLI, Roberto (Coord.). *El Derecho y sus realidades*. Investigación y enseñanza de la sociología jurídica. Barcelona: PPU, 1989a.

——. ¿Garantismo penal? ¿Cómo, por qué y cuándo? Señores peñalistas: la polémica está servida! *Doctrina Penal*. Buenos Aires, n°s 49/52, p. 503-505, 1990.

——. La ideología del control social tradicional. *Doctrina Penal*. Buenos Aires, n°s 3/12, p. 805-818, [19--].

BERGALLI, Roberto; MARI, Enrique E.(Coords.). *Historia ideológica del control social* (España-Argentina, siglos XIX y XX). Barcelona: PPU, 1989.

BERGALLI, Roberto; BUSTOS RAMIREZ, Juan (Coords.) *El pensamiento criminológico I*. Un análisis crítico. Barcelona: Península, 1983a.

BERGALLI, Roberto; BUSTOS RAMíREZ, Juan (Coords.). *El Pensamento criminológico II*. Estado y control. Barcelona: Península, 1983b.

BETANCUR, Nódier Agudelo. Las grandes corrientes del derecho penal. *Nuevo Foro Penal*, Bogotá, n° 29, p. 285-323, jul./sep. 1985.

BETTIOL, Giuseppe. *Direito Penal*. Tradução por Paulo José da Costa Júnior, Alberto Silva Franco. São Paulo: Revista dos Tribunais, 1966. V.1.

―――. *O problema penal*. Tradução por Fernando de Miranda. Coimbra: Coimbra Editora, [19--].

BOBBIO, Norberto. *Contribuición a la teoria del derecho*. Valencia: Fernando Torres, 1980.

―――. *El problema del positivismo jurídico*. Tradução por Ernesto Galzón Valdés. Buenos Aires: Eudeba, 1965.

―――, et al. *Dicionário de política*. Tradução por Luís Guerreiro Pinto Cascais et al. Brasília: UnB, 1986.

BRUNO, Aníbal. *Direito penal*: parte geral. Rio de Janeiro: Forense, 1967. t.1.

BRUM, Nilo Bairros de. *Requisitos retóricos da sentença penal*. São Paulo: Revista dos Tribunais, 1980.

BUSTOS RAMIREZ, Juan. Estado y control: la ideología del control y el control de la ideología. *In*: BERGALLI, Roberto; RAMIREZ, Juan Bustos (Coords.). *El Pensamento criminológico II*. Estado y control. Barcelona: Península, 1983. p. 11-35

―――.. *Manual de derecho penal español*. Parte general, Barcelona: Ariel, 1984.

―――. Política criminal y dogmática. *In*: BERGALLI, Roberto; BUSTOS, Juan (Comps.). *El poder penal del Estado*. Homenage a Hilde Kaufmann. Buenos Aires: Depalma, 1985. p. 123-154.

―――. *Control social y sistema penal*. Barcelona: PPU, 1987.

―――. Necessidad de la pena, función simbólica y bien jurídico medio ambiente. *Revista Hispanoamericana*, Barcelona, n.1, p.101-109, 1991.

BUSTOS RAMIREZ, Juan; HORMAZABAL, H. *Pena y Estado*. Papers. Barcelona, n° 13, p. 97-l28, 1980.

CAFFERATA NORES, José I. Relaciones entre Derecho Penal y Derecho Procesal Penal. *Doctrina Penal*, Buenos Aires, n° 10, p. 209-226, [19--].

CANESTRI, Francisco. La investigación criminológica. *Capítulo Criminológico*. Maracaibo , n° 1, p. 87-89, 1973.

CANTERO, José A. Sainz. *La ciencia del derecho penal y su evolución*. Barcelona: Bosch, 1977.

CAMARGO, Antônio Luís Chaves. *Tipo penal e linguagem*. Rio de Janeiro, Forense, 1982.

CAPELLER, Wanda de Lemos. Violência e políticas criminais de ajustamento social. *Fascículos de Ciências Penais*, Porto Alegre, n° 4, p.39-55, out./dez. 1990a.

―――. Derechos humanos y cárcel: notas sobre la aplicación de la ley penal en el Brasil. *Jurisprudencias*, Bogotá, n° 2, p.95-102, feb. 1990b.

―――. Espacio urbano en Brasil: análisis de las transformaciones en el campo penal. *In*: CAPEL, Horácio (Coord.). *Los espacios acotados*. Geografia y dominación social. Barcelona: PPU, 1990c. p. 239-247.

―――. *La mise en oeuvre des politiques criminelles au Brésil*. Réception et adaptation des modéles occidentaux. Amiens: Université de Picardie, 1991. Tese (Doutorado) – Faculté de Droit de d'Amiens, Université de Picardie, 1991a. Fichier National des Thèses, n° 91.06587 N.

―――. Entre o ceticismo e a utopia: a Sociologia Jurídica latino-americana frente ao debate europeu. *Oñati Proceedings*. Oñati, n° 6, p.75-101, 1991b.

―――. *Cultura e contradições na crítica legislativa*: Nina Rodrigues e o código penal brasileiro de 1890. [s.l.:s.n], 1992a. Paper.

———. Fênix e o eterno retorno: a dialética entre a imaginação criminológica e a força do Estado. *In*: ARRUDA JR., Edmundo Lima. (Org.) *Lições de Direito alternativo 2*. São Paulo: Acadêmica, 1992b.

———. As interfaces do penal: notas para una discussão atual. *Direito, Estado e Sociedade*, Rio de Janeiro, n° 2, p. 83-89, jan./jul 1993.

CARNOY, Martin. *Estado e teoria política*. Campinas: Papirus, 1986.

CARRARA, Francesco. *Programa do curso de direito criminal*. Parte geral. Tradução por José Luiz V. de A. Franceschini e J. R. Prestes Barra. São Paulo: Saraiva, 1956. v. 1.

CARRASQUILLA, Juan Fernández. Sobre el subjetivismo en el último derecho penal. *Nuevo Foro Penal*. Bogotá, Temis, n° 15, p. 795-804, jul./set. 1982.

———. Panorama de las relaciones entre el derecho penal, la política criminal y la criminologia en el ámbito de la justicia penal. *Nuevo Foro Penal*, Bogotá, n° 25, p. 287- 291, jul./set. 1984.

———. Juan Fernández. Los derechos humanos como barrera de contención y criterio autoregulador del poder punitivo.*Nuevo Foro Penal*,Colombia, n° 39, p. 58-88,jul./set. 1988.

———. ¿Es la justicia extraña a la lógica del Derecho Penal? A propósito del holocausto judicial de Bogotá o la apoteosis de la irracionalidad práctica. *Nuevo Foro Penal*, Bogotá, n° 32, p. 209-229, jun. 1986.

CAVADINO, Michael; DIGNAN, James. *The penal system*. London: Sage, 1992.

CIRINO DOS SANTOS, Juarez . *A Criminologia radical*. Rio de Janeiro: Forense, 1981.

———. *As raízes do crime*. Um estudo sobre as estruturas e as instituições da violência. Rio de Janeiro: Forense, 1984.

———. *Direito Penal*. A nova parte geral. Rio de Janeiro: Forense, 1985.

———. *Teoria do crime*. São Paulo: Acadêmica, 1993.

CLEMENTE, Martin. Em busca de una nueva dogmática. aproximación a una perspectiva criminológica de la dogmática jurídico-penal. *No hay Derecho*. Buenos Aires, n° 3, p. 29, abr./mayo 1991.

COHEN, Stanley. Modelos ocidentales utilizados en el tercer mundo para el control del delito. Benignos o malignos? *Cenipec*, Mérida, n° 6, p. 63-110, 1984.

———. *Visiones de control social*. Tradução por Elena Larrauri. Barcelona: PPU, 1988.

———. The critical discourse on "social control". Notes on the concept as hammer. *International Journal of the sociology of Law*. London, n° 3, p. 347-357, aug. 1989.

———; SCULL, Andrew.*Social control and the state*. Oxford: Martin Robertson, 1983.

CONORADO FRANCO, Fernando. Dogmática jurídica y Criminologia crítica.*In*: ALVAREZ G., Ana Josefina *et al*. *Criminologia Crítica*. México: Universidad Autónoma de Querétaro, 1990, p. 65-70.

CUEVA, Lorenzo Morillas. Anotaciones sobre la ciencia del derecho penal. *In*: LA CUESTA, José Luis *et al*. (Comp.). *Criminologia y Derecho Penal al servicio de la persona*. San Sebastian: Instituto Vasco de Criminologia, 1989. p. 585-602

CUNHA, Rosa Maria Cardoso da. *O caráter retórico do princípio da legalidade*. Porto Alegre: Síntese, 1979.

CUPANI, Alberto. *A crítica ao positivismo e o futuro da Filosofia*. Florianópolis: Ed. da UFSC, 1985.

DELMAS-MARTY, Mireille. *Modelos e movimentos de política criminal*. Tradução por Edmundo Oliveira. Rio de Janeiro: Revan, 1992.

DEL PONT, Luis E. Marco. Las grandes corrientes de la Criminologia. Los delitos de cuello blano (o de los poderosos). Córdoba: Dimas, 1984.

DIAS, Jorge de Figueiredo; ANDRADE, Manuel da Costa. *Criminologia*:o homem delinqüente e a sociedade criminógena. Coimbra: Coimbra, 1984.

DÍAZ, Elíaz. El Estado democrático de Derecho y sus críticos izquierdistas. *Sistema*, Madrid, n°s 17/8, p. 51-70, abr. 1977.

ECO, Umberto. *Como se faz uma tese*. Tradução por Gilson Cesar Cardoso de Souza. São Paulo: Perspectiva, 1983.

EDWARDS, Susan. La función simbólica del derecho penal: violência doméstica. *Revista hispanoamericana*, Barcelona, n° 1, p. 83-99, 1991.

EGGER, Ildemar. *Análise sociológica da Dogmática Jurídica: a Dogmática como epistemologia, como doutrina e como ideologia*. Florianópolis, 1983. Tex (Doutorado em Direito) – Curso de Pós-Graduação em Direito – Universidade Federal de Santa Catarina, 1983, 115p.

ESCOBAR, Juan Gonzalo. Elemento disciplinario en Beccaria. *Nuevo Foro Penal*, Bogotá, n° 32, p. 270-284, jun. 1986.

ESPARZA, Marisela Parraga de. Fundamentos de la filosofia jurídica en el neo-kantismo de Baden. *Revista de Ciencias Sociales*, Chile, n° 20, p. 89-125, 1982.

FARIA, José Eduardo.*Sociologia Jurídica*: crise do Direito e práxis política. Rio de Janeiro: Forense, 1984.

———. *Eficácia jurídica e violência simbólica*. O Direito como instrumento de transformação social. São Paulo: Edusp, 1988a.

———. Dogmática Jurídica y conflito social (Apuntes para una crítica al idealismo en la Ciencia del Derecho) *Crítica Jurídica*, México, n° 9, p. 37-45, 1988b.

FERRAJOLI, Luigi. El derecho penal mínimo. *Poder y Control*. Barcelona, n.0, p. 25-48, 1986.

———. Justicia penal y democracia. El contexto extraprocesal. *Capítulo Criminológico*. Maracaibo, n° 16, p.3-12, 1988.

———. *Diritto e Ragione*. Teoria del garantismo penale. Roma: Laterza, 1989.

FERRAZ JR., Tércio Sampaio. *A função social da dogmática*. São Paulo: Revista dos Tribunais, 1980.

———. *A ciência do Direito*. São Paulo: Atlas, 1988a.

———. *Introdução ao estudo do direito*: técnica, decisão, dominação. São Paulo: Atlas, 1988b.

FERREIRA, Aurélio Buarque de Holanda. *Novo Dicionário da Língua Portuguesa*. Rio de Janeiro: Nova Fronteira, 1986.

FERRI, Henrique. *Princípios de direito criminal*. Tradução por Luiz Lemos D'Oliveira.São Paulo: Saraiva, 1931.

FOUCALT, Michel. *Vigiar e Punir*. História da violência nas prisões. Tradução por Ligia M. Pondé Vassalo. Petrópolis: Vozes, 1987.

FRAGOSO, Heleno Cláudio. *Lições de Direito Penal:* a nova parte geral. Rio de Janeiro: Forense, 1986. v.1.

FRANCO, Alberto Silva. *Crimes hediondos*: notas sobre a Lei 8.072/90. São Paulo: Revista dos Tribunais, 1991.

FRY, Peter; CARRARA, Sérgio. As vicissitudes do liberalismo no direito penal brasileiro. *Revista brasileira de ciências sociais*, São Paulo, n° 2, p. 48-54, out. 1986.

FRAILE, Pedro. *Un espacio para castigar*. La cárcel y la ciencia penitenciaria en España (siglos XVIII-XIX). Barcelona: Ministério de Cultura, 1987.

GABALDÓN, Luis Geraldo. El control social dentro de la sociedad y tendencias criminólogicas actuales. *Cenipec*, Mérida, n° 9, p. 9-41, 1984-5.

———. *Control social y criminologia*. Caracas: Editorial Jurídica Venezoelana, 1987.

———. Hacia un modelo de desempeño de las agencias formales de control social. *Cenipec*, Mérida, n° 12, p. 35-51, 1989.

GARCIA MÉNDEZ, Emilio. Para reler a Rusche y Kirchheimer en América Latina (epílogo). *In*: RUSCHE, Georg; KIRCHEIMER, Otto. Pena y estructura social. Bogotá: Temis,1984. p. 255-270.

———. Del control como delito, ao control del delito (notas para una política criminal en Argentina democrática).*Nuevo Foro Penal*, Bogotá, n° 28, p. 227-233, 1985.

———. *Autoritarismo y control social*. Argentina-Uruguay-Chile. Buenos Aires: Hammurabi, 1987.

_____. La violencia doméstica y el sistema de la justicia penal: pautas para un derecho penal mínimo. *Doctrina Penal*, Buenos Aires, nº 10, p. 227-238, [19--].

GARCIA, Basileu. *Instituições de direito penal*. São Paulo: Max Limonad, 1959. v. 1., t. 1.

GARLAND, David. *Punishment and Welfare*: a history of penal strategies. Great Britain: Gower, 1987.

_____. *Punishment and modern society*. Oxford: Clarendon Press, 1990.

GAROFALO, R. *Criminologia:* estudo sobre o delito e a repressão penal. Tradução por Júlio Matos. São Paulo : Teixeira & Irmãos-editores, 1983.

GIMBERNAT ORDEIG, Enrique. *Tiene futuro la dogmática juridicopenal?* Colombia: Temis, 1983.

GIORGI, Raffaele de. *Scienza del Diritto e Legitimazione*. Critica dell'epistemologia giuridica tedesca da Kelsen a Luhmann. Bari, De Donato, 1979.

GOMEZ DE LA TORRE, Ignacio Berdugo. Derechos humanos y derecho penal. *Nuevo Foro Penal*, Colombia, nº 39, p. 42-57, ene./mar. 1988.

GOMES, José Maria. Elementos para uma crítica à concepção juridicista do Estado. *Seqüência*, Florianópolis, nº 2, p. 112-122, 1980.

_____. Surpresas de uma crítica: a propósito dos juristas repensando as relações entre o Direito e o Estado. *In* PLASTINO, Carlos Alberto (Org.). *Crítica do direito e do estado*. Rio de Janeiro: Graal, 1984. p. 103-112.

GOTI, Jaime Malamud. Derechos individuales y facultad de castigar. Un ensayo sobre la justificación de las sanciones contravencionales. *Doctrina Penal*. Buenos Aires, Depalma, nº 30, p. 229-262, abr./jun. 1985.

GRAMSCI, Antonio. *Cadernos – seleções de notas da prisão*. Rio de Janeiro: Paz e Terra, 1971.

GRONINGEN, Karin Van. *Desigualdad social y aplicación de la ley penal*. Caracas: Editorial Jurídica Venezolana, 1980.

HABERMAS, Jürgen. *Conhecimento e interesse*. Tradução por José Lino Grünnewald *et al*. São Paulo: Abril Cultural, 1983.

HALL, Jerome. *Theft, Law and Society*. Indianópolis: Bobbs-Merill, 1952.

HART, Herbert. *O conceito de Direito*. Tradução por A. Ribeiro Mendes. Lisboa: Fundação Calouste Gülbenkian, 1986.

HASSAN, Ihab. "Fazer sentido": as atribuições do discurso pós-moderno. *Revista Crítica de Ciências Sociais*, Coimbra, nº 24, p. 47-75, mar. 1988.

HASSEMER, Winfried. *Fundamentos del derecho penal*. Tradução por Francisco Muñoz Conde e Luis Arroyo Zapatero. Barcelona: Bosch, 1984.

_____. Derecho penal simbólico y proteción de bienes jurídicos. *Revista hispanoamericana*, Barcelona, nº 1, p. 23-36, 1991.

_____. El destino de los derechos del ciudadano en un derecho penal "eficaz". *Doctrina Penal*, Buenos Aires, nºˢ 49/52, p. 193-204, [19--].

_____. Alternativas al principio de culpabilidad? *Doctrina Penal*, Buenos Aires, nº 18, p. 233-244, [19--].

HASSEMER, Winfried; MUÑOZ CONDE, Francisco. *Introducción a la criminología y al Derecho Penal*. Valencia: Tirant to blanch, 1989.

HERNÁNDEZ GIL, Antonio. *La ciencia jurídica tradicional y su transformación*. Madrid: Civitas, 1981a.

_____. *Problemas epistemológicos de la ciencia juridica*. Madrid: Civitas, 1981b.

HERNANDEZ A., Tosca. *La ideologización del delito y de la pena*. Caracas: Universidad Central de Venezuela, 1977.

_____. El discurso jurídico-penal: una nueva problemática para la investigación criminológica. *Jurisprudencias*, Bogotá, nº 2, p. 123-130, feb. 1991.

HOLLINGSHEAD, A.B. The concept of social control. *American Sociological Review*, Whashington, nº 6, p. 217-224, [19--].

HUERTAS, Emiro Sandoval. La región más oscura y más transparente del poder estatal: a propósito de la regulación disciplinaria para las cárceles colombianas. *Nuevo Foro Penal*. Bogotá, Temis, nº 25, p. 295-311, jul./set. 1984.

——. *Sistema penal y Criminologia crítica*. Bogotá: Temis, 1989.

HULSMAN, Louk. La Criminologia crítica y el concepto del delito. *Poder y Control*, Barcelona, n.0, p.119-135, 1986.

——. *Alternatives to criminal justice*: decriminalisation and depenalisation. [s.l.: s.n], 1989. ICOPA-IV – International conference on penal abolition, Kazimierz Dolny 22-25 May. 1989

——; BERNAT DE CELIS, Jacqueline. *Penas Perdidas*: o sistema penal em questão. Tradução por Maria Lúcia Karam. Rio de Janeiro: Luam, 1993.

HUNGRIA, Nelson; FRAGOSO, Heleno Cláudio. *Comentários ao Código penal*. São Paulo: Forense, 1980. v. 1. t. 1.

JESUS, Damásio Evangelista de. *Direito penal*: parte geral. São Paulo: Saraiva, 1979. v. 1.

KAISER, Günther. *Criminologia. Una introducción a sus fundamentos científicos*. Tradução por José Belloch Zimmerman. Madrid: Espasa-Calpe, 1983.

KERCHOVE, Michel Van de. Las leyes penales están hechas para ser aplicadas? Reflexiones sobre los fenómenos de la separación entre validez formal y eficacia de las normas jurídicas. *Nuevo Foro Penal*, Bogotá, nº 48, p. 181-198, jun. 1990.

KIRCHMANN, J.H. Von. *La jurisprudencia no es ciencia*. Tradução por Antonio Truyol Serra. Madrid: Centro de estudios Constitucionales, 1986.

KAUFMANN, Armin. *Teoria da Norma Jurídica*. Rio de Janeiro: Rio, 1976.

KOSOVSKI, Ester; PIEDADE JÚNIOR, Heitor. *Visão estrutural da nova parte geral*. (Lei n. 7.219 de 11 de julho de 1984). Rio de Janeiro: Freitas Bastos, 1985.

——. *Vitimilogia em debate*. Rio de Janeiro: Forense, 1990.

——. (Org.) *Vitimologia*. Enfoque interdisciplinar. Rio de Janeiro: Reproare, 1993. (Drogas)

KUHNL, Reinhard. O modelo liberal de exercício do poder, *In*:CARDOSO, Fernando Henrique; MARTINS, Carlos Estevam. *Política e sociedade*. São Paulo: Nacional, 1981-1983. v. 1. p. 242-256.

KUHN, Thomas. *A estrutura das revoluções científicas*.Tradução por Beatriz Viana Boeira de Nelson Boeira. São Paulo: Perspectiva, 1975.

LARRAURI, Elena. Abolicionismo del derecho penal: las propuestas del movimiento aboliconista. *Poder y Control*, Barcelona, nº 3, p. 95-116, 1987.

——. El surgimiento de las alternativas a la cárcel: un nuevo triunfo del humanitarismo? *Papers*, Barcelona, nº 4, p. 53-65, 1988.

——. *La herencia de la criminologia crítica*. Madrid: Siglo Veintiuno, 1991.

——. É neutro o direito penal? O mau-trato às mulheres no sistema penal. *Fascículos de Ciências Penais*, Porto Alegre, nº 1, p. 8-22, jan/fev/mar 1993.

LARRAURI, Elena (Comp.) *Mujeres, derecho penal y Criminologia*. Madrid: Siglo Veintiuno, 1994.

LAMNEK, Siegfried. *Teorias de la criminalidad*. México: Siglo Veintiuno, 1980.

LARENZ, Karl. *Metodologia da ciência do direito*. Tradução por José Lamego. Lisboa: Fundação Calouste Gülbenkian, 1989.

LEMERT, Edwin M. The folkwais and social control. *American Sociological Review*, Whashington, n. v7, p.394-389, 1942

——. *Human deviance, social problems and social control*. Englewood Cliffs: Prentice Hall, 1972.

LOMBROSO, Cesare. *O homem criminoso*. Tradução por Maria Carlota Carvalho Gomes. Rio de Janeiro: Ed. Rio, 1983.

LOPEZ, Fernando Tocora. Los procedimientos garantistas: sobre todo un modelo oficial. *Nuevo Foro Penal*, Colombia, nº 43, p. 61-82, ene./marzo 1989.

LUHMANN, Niklas. *Legitimação pelo procedimento*. Tradução por Maria da Conceição Côrte-Real. Brasília: UnB, 1980.

———. *Sistema jurídico y dogmática jurídica*. Tradução por Ignacio de Otto Pardo. Madrid: Centro de Estudios Constitucionales, 1983.

LUISI, Luiz. *O tipo penal, a teoria finalista e a nova legislação penal*. Porto Alegre: Sergio Fabris, 1987.

LYOTARD, Jean-Francois. *O pós-moderno*. Tradução por Ricardo Corrêa Barbosa. Rio de Janeiro: José Olympio, 1986.

LYRA FILHO, Roberto. *Criminologia dialética*. Guanabara: Borsoi, 1972.

MACHADO, Luís Alberto. *Direito Criminal*. Parte geral. São Paulo: Revista dos Tribunais, 1987.

MAGGIORE, Giuseppe.*Derecho penal*. Tradução por José J. Ortega Torres. Bogotá: Temis, 1954. v. 1.

MANZANERA, Luis Rodríguez. Control social en América Latina. *In*: OLIVEIRA, Edmundo (Coord.) *Criminologia crítica*. Pará. Cejup, 1990: 191-198.

MARQUES NETO, Agostinho Ramalho. *Introdução ao estudo do direito*: conceito, objeto,método. Rio de Janeiro: Forense, 1990.

MARX, Gary T. *The Engingeering of social control*. [s.l.:s.n.], 1989. *Paper* preparado para o workshop sobre "Controlling social life", European University Institute, Florence, 1989.

MATTHEWS, Roger. Descarcelarión y control social:fantasías y realidades. *Poder y Control*, Barcelona, n° 3, p. 71-93, 1987.

MAYNEZ, Eduardo Garcia. *Positivismo, realismo sociológico y iusnaturalismo*. México: Unam, 1977.

MCINTOSH, Mary. *La organización del crimen*. Tradução por Nicolás Grab. México: Siglo Veintiuno, 1977.

MELOSSI, Dario. in crisi la 'criminologia crítica'? *Dei Delitti e Delle Pene*, Bari, n° 3, p. 447-470, set./dic. 1983.

———. El derecho como vocabulario de motivos:indices de carcelarión y ciclo político-económico. Tradução por Elena Larrauri. *Poder y control*, Barcelona, n° 3, p. 49-57, 1987.

———. *The state of social control*. Cambridge: Polity Press, 1990.

———. Ideologia y Derecho penal: el garantismo jurídico y la criminologia crítica como nuevas ideologias subalternas? *Revista hispanoamericana*, Barcelona, n° 1, p. 57-66, 1991.

———; PAVARINI, Massimo. *Carcel y fábrica*: los origenes del sistema penitenciario. (siglo XVI-XIX). Tradução por Xavier Massii. México: Siglo Veintiuno, 1987.

MILLER, Gerard. El crimen imposible de Louk Hulsman. Entrevista com Louk Hulsman. *Nuevo Foro Penal*. Colombia: Temis, n° 30, p. 493-498, oct./dic. 1985.

MIRABETE, Julio Fabbrini. *Manual de direito penal*: parte geral. São Paulo: Atlas, 1985. v.1.

MIR PUIG, Santiago. *Introducción a las bases del derecho penal*. Concepto y método. Barcelona: Bosch, 1976.

———. Sobre la posibilidad y límites de una ciencia social del derecho penal. *In*: MIR PUIG, Santiago (Org.) *Derecho penal y ciencias sociales*. Belaterra: Universidade Autónoma de Barcelona, 1982. p. 9-31.

———. Que queda en pie de la resocializacion? *Eguskilore*, San Sebastián, n° 2, p. 35-41, 1989.

MONREAL, Eduardo Novoa. *Causalismo y finalismo en derecho penal*. Bogotá: Temis, 1982.

———. Desorientación epistemológica en la criminologia crítica? *Doctrina penal*. Buenos Aires: Depalma, n° 30, p. 263-275, abr./un. 1985.

———. *O Direito como obstáculo à transformação social*. Tradução por Gérson Pereira dos Santos. Porto Alegre: Sergio Fabris, 1988.

MUÑOZ CONDE, Francisco. *Introducción al derecho penal*. Barcelona: Bosch, 1975.

———. Para uma ciência crítica do direito penal. *Revista de Direito Penal*. Rio de Janeiro: Forense, n° 25, p. 7-12, jan./jun. 1979.

———. *Derecho penal y control social*. Jerez: Fundación Universitaria de Jerez. 1985.

———. La prisión en el estado social y democrático de derecho. *Eguskilore*. San Sebastián, n° 2, p. 165-171, oct. 1989.

MUÑOZ G., Jesus Antonio. Derecho y impunidad. *Revista hispanoamericana*, Barcelona, n° 1, p. 67-82, 1991.

MUÑOZ GONZALEZ, Luz. La criminologia "radical", la "nueva" y la criminologia "crítica": matizaciones y precisiones en torno a sus nombres. *Eguskilore*, San Sebastián, n° 2, p. 267-282, Oct. 1989.

MUNAGORRI, I. Algunas notas sobre el proceso penal como momento de criminalización y del control social, con comentarios a la reciente reforma española.*In*: BERGALLI, Roberto; BUSTOS RAMIREZ, Juan (Comps.). *El Poder penal del Estado*. Homenaje a Hilde Kaufmann. Buenos Aires: Depalma, 1985. p. 299-319.

NAVARRO SOLANO, Sônia. Control social y dogmática penal. *In*: OLIVEIRA, Edmundo (Coord.) *Criminologia crítica*. Pará. Cejup, 1990. p. 179-188.

NEPPI MODONA, Guido. *In*: Apresentação de MELOSSI, Dario: PAVARINI, Massimo. *Carcel y fábrica*: los orígenes del sistema penitenciario.(siglos XVI-XIX). Tradução por Xavier Massii. México: Siglo Veintiuno, 1987. p. 7-14.

NINO, Carlos Santiago. *Consideraciones sobre la dogmática jurídica*. México: Unam, 1974.

NORONHA, E. Magalhães. *Direito penal:* Introdução e parte geral. São Paulo: Saraiva, 1979. v.1.

NUVOLONE, Pietro. *O sistema de direito penal*. Tradução por Ada Pellegrini Grinover. São Paulo: Revista dos Tribunais. 1981. v. 1.

O'DONNELL, Guilhermo. Anotações para uma teoria do estado (I). *Revista de Cultura e Política*, Rio de Janeiro, n° 3. p. 71-93, nov./jan. 1981a.

———. Anotações para uma teoria do estado (II). *Revista de Cultura e Política*, Rio de Janeiro, n° 4, p. 71-82, fev./abr.1981b.

———. *Autoritarismo e democratização*. São Paulo: Biblioteca Vértice, 1986.

OLIVEIRA, Odete Maria de. *Prisão*: um paradoxo social. Florianópolis: Ed. da UFSC, 1984.

OLIVEIRA, Roberto Cardoso de et. al. *A pós-modernidade*. Campinas: Editora da Unicamp, 1987.

OLLERO, Andres. *Interpretación del derecho y positivismo legalista*. Madrid: Editoriales de Derecho Reunidas, 1982.

OLMO, Rosa de. *Estigmatización y conducta desviada*. Venezuela: Universidad de Zulia, 1973.

———. *América Latina y su Criminologia*. México: Siglo Veintiuno, 1984.

———. Criminologia y derecho penal. Aspectos gnoseológicos de una relación necesaria en la América Latina actual. *Separata de Doctrina Penal*, Buenos Aires, n° 37, p. 23-43, ene./mar. 1987.

———.La Criminologia de América Latina y su objeto de estudio. *Nuevo Foro Penal*, Colombia, n° 50, p. 483-497, 1990.

ORDEÑANA, Juan Goti. Deuda de la ciencia penal y la criminologia al derecho canónico medieval. *In*: CUESTA, José Luis et al. (Org.). *Criminologia y derecho penal al servicio de la persona*. Libro-Homenage al profesor Antonio Beristain. San Sebastián: Instituto Vasco de Criminologia, 1989.

PABLOS DE MOLINA, Antônio Garcia. *Problemas actuales de la Criminologia*. Madrid:Universidad Complutense de Madrid, 1984.

———. *Manual de Criminologia*. Introducción y teorias de la criminalidad. Madrid: Espasa-Calpe, 1988.

———. *Criminologia*. Uma introducción a sus fundamentos teóricos para juristas. Valencia: Tirant lo Blanch, 1992.

Paul, Wolf. Megacriminalidad ecológica y Derecho ambiental simbólico. *Revista Hispanoamericana*, Barcelona, n° 1, p. 111-122, 1991.

PAVARINI, Massimo. "Dentro" y "Fuera" de la justicia penal. Apuntes y reflexiones sobre las estrategias emergentes en las políticas criminales. *Capítulo Criminológico*, Maracaibo, n° 5, p. 641-661, 1977.

——. *Control y dominación*. teorías criminológicas burguesas y proyecto hegemónico. Tradução por Ignacio Munagorri. México: Siglo Veintiuno, 1988.

PEARDE, Frank. *Los crímenes de los poderosos*.Tradução por Nicolás Grab. México: Siglo Veintiuno, 1980.

PERFECTO IBAÑEZ, Andrés . Sobre democracia y justicia penal. *Capítulo Criminológico*. Maracaibo: Universidad del Zulia, n° 16, p. 59-67, 1988.

PÉREZ PERDOMO, Rogelio. *El formalismo juridico y sus funciones sociales en el siglo XIX venezuelano*. Caracas: Monte Avila, 1978.

——. Las transformaciones contemporaneas de la investigación jurídica en Venezuela. *In*: VESSURI, Hebe (Comp.). *Ciencia acadêmica en la Venezuela moderna*. Caracas: Fondo editorial Acta Científica, 1984.

——. La justicia penal en la investigación socio-jurídica de América Latina. *In*: CLARK, David S. (Ed.) *Comparative and private international law*. Berlin: Dunker & Humblot, 1990.

——. Liberalismo y Derecho en el siglo XIX de América Latina. *Sociologia del diritto*. Milano: Franco Angeli, n° 2, p. 82-l01, 1991. Separata.

PERRON, Walter. Problemas principales y tendencias actuales de la teoria de la culpabilidad. *Nuevo Foro Penal*, Bogotá, n° 50, p. 453-463, oct./dic. 1990.

PIERANGELLI, José Henrique (Coord.) *Códigos penais do Brasil*. Evolução histórica. Bauru: Jalovi, 1980.

PIMENTEL, Manoel Pedro. *O crime e a pena na atualidade*. São Paulo: Revista dos Tribunais, 1983.

PITA, António Pedro. A modernidade da condição pós-moderna. *Revista Crítica de Ciências Sociais*, Coimbra, n° 24, p.77-92, mar. 1988.

PLATT, Tony. Perpesctivas para uma criminologia radical nos EUA. *In*: TAYLOR,WALTON, YOUNG (Org.). *Criminologia Crítica*. Tradução por Juarez Cirino dos Santos e Sérgio Tancredo. Rio de Janeiro: Graal, 1980. p. 113-134.

POZO, José Hurtado. El principio de legalidad, la relación de causalidad y la culpabilidad: reflexiones sobre la dogmática penal. *Nuevo Foro Penal*, Colombia, n° 39, p. 11-41, ene./mar., 1988.

POULANTZAS, Nicos *et al*. *O Estado em crise*. Tradução por Maria Laura Viveiros de Castro. Rio de Janeiro: Graal, 1977.

PUCEIRO, Enrique Zuleta. *Paradigma dogmático y ciencia del derecho*.Madrid: Editoriales de Derecho Reunidas. 1981.

——. *Teoría del derecho*: una introducción crítica. Buenos Aires: Depalma, 1987.

QUINNEY, Richard. *The problem of Crime*. New York: Dodd, Mead & Company, 1973.

——. O controle do crime na sociedade capitalista: uma filosofia crítica da ordem legal. *In*: TAYLOR,WALTON, YOUNG (Org.).*Criminologia Crítica*. Tradução por Juarez Cirino dos Santos e Sérgio Tancredo. Rio de Janeiro: Graal, 1980, p. 221-248.

RESTA, Eligio. La desmesura de los sistemas penales. *Poder y Control*, Barcelona, n. 0, p. 137-147, 1986.

——. El concepto de "Pharmakon" y la legalidad moderna. Tradução por José L. Dominguez Figueiredo y Ramiro A.P. Sagarduy. *Oñati proceedings*. Oñati, n° 10, p. 79-103, 1991.

——. *La certeza y la esperanza*. Ensayo sobre el derecho y la violencia. Trad. Marco Aurélio Galmarini. Barcelona: Paidós, 1995.

RIBEIRO, Antônio Sousa. Modernismo e pós-modernismo – o ponto da situação. *Revista Crítica de Ciências Sociais*, Coimbra, n° 24, p. 23-46, mar. 1988.

RICO, José M. *Las sanciones penales y la política criminológica contemporanea*. México: Siglo Veintiuno, 1987.

RICKERT, Heirich. *Ciencia natural y ciencia natural*. Tradução por Manuel G. Morente. Buenos Aires: Espasa-Calpe, 1952.

RIVACOBA y RIVACOBA, Manuel de. Presencia y obra del penalismo español del exilio en hispanoamérica.*Doctrina Penal*. Buenos Aires: Depalma, n° 49/52, p. 243-258, 1990.

RIVACOBA y RIBACOBA, Manuel; ZAFFARONI, Eugénio Raúl. *Siglo y medio de codificación en Iberoamérica*. Valparaíso: Universidad de Chile, 1980.

ROCCO, Arturo. *El problema y el método de la ciencia del derecho penal*. Tradução por Rodrigo Naranjo Vallejo. Bogotá: Temis, 1982.

ROCHA, Leonel Severo.*A problemática jurídica:* uma introdução transdiciplinar. Porto Alegre: Sérgio Fabris, 1985.

ROCHA, Manuel António Lopes; ANDRADE, Manuel da Costa (Orgs.) *Relação da Criminologia com as políticas e práticas sociais*. Viena,[s.n.], 1983.

Rodríguez IBAÑEZ; José Enrique. Crisis de legitimación y capitalismo avanzado. *Sistema*, Madrid, n° 21, p. 87-104, nov. 1977.

RODRÍGUEZ, Jose Maria Morenilla. *El convenio europeu de derechos humanos*: ambito, órganos y procedimientos. Madrid: Ministerio de Justicia, 1985.

ROSS, Alf. *Sobre el derecho y la justicia*. Tradução por Genaro R. Carrió. Buenos Aires: Eudeba, 1970.

ROSSI, Jorge E. Vásquez. Crisis de la Justicia Penal. Diagnósticos y propuestas. *Doctrina Penal*. Buenos Aires: Depalma, n° 39, p.439-453, jul./set. 1987.

ROXIN, Claus. *Política criminal y sistema del derecho penal*. Tradução por Francisco Muñoz Conde. Barcelona:Bosch, 1972.

——. *Iniciación al derecho penal de hoy*. Tradução por Francisco Muñoz Conde & Luzón Peña Diego-Manuel. Sevilla: Universidad de Sevilla, 1981.

——. *Problemas fundamentais de Direito Penal*.Tradução por Ana Paula dos Santos Luís Natascheradetz. Lisboa: Vega, 1986.

RUSCHE, Georg; KIRCHEIMER, Otto. *Pena y estructura social*. Bogotá: Temis, 1984.

SANCHEZ, Maurício Martínez. El problema social. Sistema penal: el sistema acusado por los abolicionistas. *IN*: ARAÚJO JR., João Marcelo de. (Org.). *Sistema penal para o terceiro milênio*. Rio de Janeiro: Revan, 1991. p. 44-64

SANGUINÉ, Odone. Função simbólica da pena. *Fascículos de Ciências Penais*, Porto Alegre, n° 3, p.114-125, jul./ago./set. 1992

SHWENDINGER, Herman e Julia. Defensores da ordem ou guardiães dos direitos humanos.*In*: TAYLOR,WALTON, YOUNG (Org.). *Criminologia Crítica*. Tradução por Juarez Cirino dos Santos e Sérgio Tancredo. Rio de Janeiro: Graal, 1980. p. 135-178.

SOUSA SANTOS, Boaventura. Estado e sociedade na semiperiferia do sistema mundial: o caso português. *Análise Social*, Lisboa, n°s 87/88/89, p. 869-901, mar. 1985.

——. *Um discurso sobre as ciências*. Oração de sapiência. Coimbra, [s.n.], 1986. Separata.

——. La transición postmoderna: Derecho y política. *Cuadernos de Filosofia del Derecho*, Alicante, n° 6, p. 223-263, 1989a.

——. Os direitos humanos na pós-modernidade. *Direito e sociedade*, Coimbra, n° 4, p. 3-12, mar. 1989b.

——. *Introdução a uma ciência pós-moderna*, Porto: Afrontamento, 1989c.

——. O Estado e o direito na transição pós-moderna. *Revista Crítica de Ciências Sociais*, Coimbra, n° 30, p. 13-43, jun. 1990.

——. Ciência. *In*: CARRILHO, Manuel Maria (Coord.). *Dicionário do pensamento contemporâneo*. Lisboa: Dom Quixote, 1991. p. 23-43.

SCHNEIDER, Hans Joachim. La criminalidad en los medios de comunicación de masas. *Doctrina Penal*, Buenos Aires, n° 45, p. 75-102, ene./mar. 1989.

SCHUR, Edwin M. *Labeling Deviant Behavior*. Its Sociological Implications. New York: Harper & Row, 1971.

——. La tendencia para la descriminalización: algunas observaciones sociológicas. *Capítulo Criminológico*, Maracaibo, n° 1, p. 75-82, 1973.

SELIGMAN, Edwin R.A. (Ed.) *Encyclopedia of the social sciences*. New York: The Macmillano Company, 1972.

SEPULVEDA, Juan Guilhermo. Política criminal y derecho penal. *Nuevo Foro Penal*, Bogotá, nº 15, p. 479-509, jul./set. 1982.

SHECAIRA, Sérgio Salomão. Violência institucional e criminalidade. *Fascículos de Ciências Penais*. Porto Alegre, n. 4, out./dez. 1990.

SILVA, Juary. *A macrocriminalidade*. São Paulo: Revista dos Tribunais, 1980.

SIQUEIRA, Galdino. *Tratado de direito penal*. Parte geral. Rio de Janeiro: José Konfino, 1950. t.1.

SODRÉ, Moniz. *As três escolas penais*: clássica, antropológica e crítica (estudo comparativo). Rio de Janeiro: Freitas Bastos, 1977.

SOLA DUEÑAS, Angel de. Política Social y Política criminal. *In*: BERGALLI, Roberto; BUSTOS RAMIREZ, Juan (Coord.). *Pensamento criminológico II*. Barcelona: Península, 1982. p. 245-268

SONTAG, Heinz R. *Duda/certeza/crisis*. La evolución de las ciencias sociales en América Latina. Caracas:Unesco/Nueva sociedad, 1989.

SOUZA, Moacyr Benedicto de. *A influência da Escola positiva no direito penal brasileiro*. São Paulo: Editora Universitária do Direito. 1982.

SUTHERLAND, E. "White-Collar Criminality", *American Sociological Review*. New York, v. 5, p.1-12, 1940.

——."Is `White-Collar Crime' Crime? *American Sociological Review*. New York, v. 10, p. 132-139, 1945..

STAPLES, Robert.La ciencia de la liberación negra: la sociologia negra. *Capítulo Criminológico*, Maracaibo, nº 1, p. 93-97, 1973.

TASSARA, Andres Ollero. *Derechos humanos y metodologia jurídica*. Madrid: Centro de Estudios Constitucionales, 1989.

TAYLOR, Ian; WALTON Paul; YOUNG, Jock. *La nueva Criminologia*. Contribución a una teoría social de la conducta desviada. Tradução por Adolfo Crosa. Buenos Aires: Amorrortu, 1990.

TERRADILLOS BASOCO, Juan . Función simbólica y objeto de protección del Derecho penal. *Revista Hispanoamericana*, Barcelona, nº 1, p. 9-22 , 1991.

THOMPSON, Augusto. *A questão penitenciária*. de acordo com a Constituição de 1988.

TOBEÑAS, José Castán. *Crisis mundial y crisis del derecho*. Madrid: Reus, 1961.

TREVES, Renato. *La sociologia del derecho*. Origenes, investigaciones, problemas. Barcelona: Ariel, 1988.

TURK, A. *Criminality and Legal Order*. Chigago: Rand McNally, 1969.

VALBUENA, Francisco. En favor del principio de culpabilidad: un punto de vista personal. *Nuevo Foro Penal*, Colombia, n. 50, p. 465-481, oct./dic. 1990.

VIEHWEG. Theodor. *Tópica y filosofia del derecho*. Tradução por de Jorge M. Seña. Barcelona: Gedisa, 1991.

ZAFFARONI, Eugenio Raúl. *Política criminal latinoamericana*. Buenos Aires: Hammurabi, 1982.

——. *Sistemas penales y derechos humanos en América Latina* (primer informe). Buenos Aires: Depalma, 1984a.

——. *Sistemas penales y derechos humanos en América Latina* (segundo informe). Buenos Aires: Depalma, 1984b.

——. *Manual de Derecho penal*. Buenos Aires: Ediar, 1987.

——. La crítica al Derecho Penal y el porvenir de la Dogmática Jurídica. *In*: CUESTA, Jose Luis de la et al. (Comp.). *Criminologia y Derecho Penal ao servicio de la persona*. Libro-Homenage al profesor Antonio Berinstain. San Sebastián: Instituto Vasco de Criminologia, 1989.

——. Derechos humanos y sistemas penales en América Latina.*In*: CASTRO, Lola Aniyar de. *Criminologia en América Latina*. Roma: UNICRI, 1990.

——. El sistema penal en los países de América Latina. *In*: ARAÚJO JR., João Marcelo de.(Org.). *Sistema penal para o terceiro milênio*. Rio de Janeiro: Revan, 1991. p. 221-236

——. *Em busca das penas perdidas*: a perda de legitimidade do sistema penal. Tradução por Vânia Romano Pedrosa e Amir Lopez da Conceiçao. Rio de Janeiro: Revan, 1991.

ZANNONI, Eduardo A. *Crisis de la razón jurídica*. Buenos Aires: Astrea, 1980.

WARAT, Luis Alberto. Dilemas sobre a história das verdades jurídicas – tópicos para refletir e discutir. *Seqüência*, Florianópolis, n° 6, p.97-113, 1982a.

——. *Mitos e teorias na interpretação da lei*. Porto Alegre: Síntese, 1982b.

——. Sobre la dogmática jurídica. *Seqüência*. Florianópolis, n° 2, p. 33-55, 1982c.

——. *A pureza do poder* – uma análise crítica da teoria jurídica. Florianópolis: Ed. da UFSC, 1983.

——. Democracia, derechos humanos y pos-modernidade: Una reflexión sociológica a partir del principio de realidade en Freud. *Oñati proceedings*. Oñati, n° 2, p. 163-172, 1990.

——. O outro lado da Dogmática Jurídica. *In*: ROCHA, Leonel Severo (Org.). *Teoria do Direito e do Estado*. Porto Alegre: Sérgio Fabris, 1994, p. 81-95.

WARAT, Luis Alberto; ROCHA, Leonel Severo; CITTADINO, Gisele. *O direito e sua linguagem*. Porto Alegre: Sergio Fabris, 1984.

WARAT, Luis Alberto; CUNHA, Rosa Maria Cardoso da. *Teoria geral do delito em instrução programada*. Tradução por Ney Fayet. s.n.t.

WEBER, Max. *O político e o cientista*. Tradução por Carlos Grigo Babo. Lisboa: Editorial Presença, 1979.

WELZEL, Hans. A dogmática no direito penal. Tradução por Yolanda Catão. *Revista de Direito penal*. São Paulo, n°s 13/14, p. 7-12, 1974.

——. *Derecho penal alemán*. Tradução por Juan Bustos Ramírez e Sergio Yánez Pérez. Chile: Editorial Juridica de Chile, 1987.

WILHELM, Walter. *La metodologia jurídica en el siglo XIX*. Tradução por Rolf Bethmann. Madrid: Edersa, 1980.

WOLF, Erik. *El caracter problemático y necesario de la ciencia del derecho*. Tradução por Eduardo A. Vásquez. Buenos Aires: Abeledo-Perrot, 1962.

WOLKMER, Antônio Carlos. *Pluralismo jurídico*: fundamentos de uma nova cultura no direito. São Paulo: Alfa-Ômega, 1994.

YOUNG, Jock. Il fallimento della criminologia: per un realismo radicale. *Dei Delitti e Delle Pene*. Roma, n° 3, p. 387-415. set./dic. 1986.

Impressão:
Evangraf
Rua Waldomiro Schapke, 77 - POA/RS
Fone: (51) 3336.2466 - (51) 3336.0422
E-mail: evangraf.adm@terra.com.br